여호수아 & 룻기 강해

# 약속의 땅을 정복하라

여호수아 & 룻기 강해

# 약속의 땅을 정복하라

2014년 12월 19일 초판 1쇄 발행

지은이 | 김서택
펴낸이 | 박영호
펴낸곳 | 도서출판 솔로몬

주소 | 서울시 동작구 사당로 155, 신주빌딩 B1
전화 | 599-1482
팩스 | 592-2104
직영서점 | 596-5225

등록일 | 1990년 7월 31일
등록번호 | 제 16-24호



ISBN 978-89-8255-529-9 03230

여호수아 & 룻기 강해

# 약속의 땅을 정복하라

김서택 지음

여호수아서와 룻기는 시대는 다르지만
하나님이 약속하신 축복을 향하여
담대히 나아가는 주의 백성들의 모습을
그려주고 있습니다.
여호수아서가 남성적이고 공격적이라면,
룻기는 여성적이고 감동적인 내용으로
되어있습니다.
오늘 우리 앞에는 무궁무진한 하나님의
축복이 우리를 기다리고 있습니다.
현실의 어려움에 주저앉지 마시고
담대히 미래를 향해서 나아갈 수 있기를
바랍니다.

Joshua & Ruth

## 차/례/

# Contents

## 머리말

여호수아서와 룻기는 시대는 다르지만 하나님이 약속하신 축복을 향하여 담대히 나아가는 주의 백성들의 모습을 그려주고 있습니다.

여호수아서가 남성적이고 공격적이라면, 룻기는 여성적이고 감동적인 내용으로 되어있습니다.

오늘 우리 앞에는 무궁무진한 하나님의 축복이 우리를 기다리고 있습니다. 현실의 어려움에 주저앉지 마시고 담대히 미래를 향해서 나아갈 수 있기를 바랍니다.

이 부족한 책을 기꺼이 출판해주신 도서출판 솔로몬의 박영호 사장님과 출판부 직원들에게 감사를 드립니다.

2014년 가을

대구 수성교 옆에서

김서택 목사

# 여호수아 강해

*Joshua*

# J O S H U A

# 새로운 지도자

우리는 세상을 살면서 나름대로 모두 성공적인 삶을 살기를 원하지만 실제로 현실에 한번 부딪혀보면 성공한다는 것이 결코 쉬운 것이 아님을 알게 됩니다. 우리가 생각하기에 대개 세상에서 크게 성공하는 사람들을 보면 자기 자신도 피눈물 나는 노력을 해야 하지만 또 시대적인 필요와 맞아 떨어져야 성공하는 것을 볼 수 있습니다. 최근 우리나라에서도 크게 성공한 기업들이 있습니다. 특히 S전자 같은 경우에는 일본을 도저히 따라잡을 수 없다고 생각되었지만 아날로그에서 디지털로 시스템이 바뀔 때 과감한 투자와 노력으로 일본을 밀어내고 세계 최고의 전자회사가 되었습니다.

또 스포츠로 세계 최고가 된 사람들이 있는데 그 중에 피겨의 여왕 김연아 선수가 있을 것입니다. 우리나라 사람들은 원래 하체가 짧아 피겨 스케이팅은 맞지 않는 운동이라고 했지만 김연아 선수는 오히려 그런 핸디캡을 극복하고 세계 최고의 선수가 되었습니다. 그녀는 동계 올림픽에서도 금메달을 땄을 뿐 아니라 그 후에 세계 선수권대회에서도 최고의 성적으로 우승을 했습니다. 그러나 이렇게 사업이나 스포츠로 세계 최고가 된다는 것은 그야말로 백 년에 한 명 날까 말까한 일이며 거의 대부분은 모두 평범한 사람들이고 특별한 기술은커녕 세상에 적응하는 것조차도 제대로 해내지 못하는 사람이 더 많습니다.

그런데 하나님께서는 애굽에서 노예 생활을 하면서 그야말로 기술이라고는 전혀 없고 학교 문턱에도 가본 적이 없는 이스라엘 백성들을 가나안 입구까지 데리고 오신 후에 그들에게 당시 가장 뛰어난 기술과 무기로 무장된 가나안 족속들을 쫓아내고 그 땅을 차지하라고 말씀하셨습니다. 그러면서 하나님께서 여호수아에게 보장하신 것은 모세의 율법과 하나님이 여호수아와 함께 하신다는 이 두 가지뿐이었습니다.

국내에서 유명한(?) 도둑이 한 명 있었는데 이 사람이 어느 날 회개했다고 했습니다. 그래서 자기가 옛날에 도둑질했던 것도 다 고백을 하고 이제는 새사람이 되었다고 하면서 교회들을 다니며 간증도 하곤 했습니다. 그런데 얼마 전 이 사람이 다른 집을 털다가 경찰에 붙들렸습니다. 우리가 이것을 보면 사람이 죄짓는 생활에서 변하여 새사람이 되고 또 세상에 잘 적응해서 산다는 것이 얼마나 어려운가 하는 것을 알 수 있습니다.

얼마 전에 대학을 졸업한 딸을 둔 어떤 엄마는 자기 딸이 학교 성적도 괜찮은데 대학을 졸업한 후에 3백 군데 이력서를 내었지만 한 군데도 취직이 되지 못했다는 말을 한 적이 있었습니다. 그런 이야기를 듣고 저는 생각을 해 보았습니다.

사실 옛날에 취직이 잘될 때도 있었지만 전혀 안될 때도 있었습니다. 그런데 우리가 취직이 안 되는데 무조건 취직을 하려고 하니까 3백 군데 이력서를 내어도 안 되는 것입니다. 이럴 때는 무엇인가 다른 길을 생각해 봐야 하는 것입니다. 이때 다른 것이라고 하는 것은 바로 시대적인 흐름을 생각하라는 것입니다. 즉 남들이 다 하는 것을 하려고 하니까 길이 보이지 않는 것인데 내가 가지고 있는 선입견이나 고정관념을 버리고 돈 벌이나 안정된 직장보다는 내가 보람을 누리며, 가치를 느끼면서 할 수 있는 일을 찾는 것입니다. 그러면 얼마든지 길이 열릴 수 있습니다.

여호수아서는 모세가 죽은 후에 여호수아가 이스라엘 백성들을 이끌고 요단강을 건너서 가나안 족속들과 싸워서 그들을 몰아내고 가나안 땅을 차지하는 내용으로 되어 있습니다.

그러나 모세와 여호수아는 그 능력과 경력에서 비교할 수 없는 사람이었습니다. 모세는 인류 역사이래 다시는 나타날 수 없는 위대한 능력의 종이었습니다. 모세는 마른 지팡이 하나로 애굽에 무려 10가지 재앙을 퍼부었고, 홍해를 갈라서 이스라엘 백성들은 인도해 바다를 걸어서 건넜습니다. 모세가 시내 산에 올라가서 돌비를 받아가지고 내려왔을 때 모세의 얼굴에는 광채가 났습니다. 그리고 모세는 물 한 방울 나지 않고 쌀 한 톨 생산되지 않는 광야에서 무려 40년 동안이나 이스라엘 백성들을 먹고 마시며 살게 했습니다.

여호수아는 모세가 가진 그 어떤 능력도 가지지 못했습니다. 여호수아는 능력의 지팡이도 없었고 재앙을 일으킬 수 있는 능력도 없었습니다. 여호수아의 얼굴에는 광채도 없었습니다. 그럼에도 불구하고 하나님은 여호수아에게 모세도 해내지 못했던 일, 즉 가나안 땅을 정복하는 일을 하게 하셨습니다. 그런데 어떻게 여호수아가 이런 엄청난 일을 감당할 수 있었을까요? 그것은 하나님의 말씀에 능력이 있었기 때문입니다. 여호수아는 능력의 지팡이나 얼굴의 광채 없이 오직 하나님의 말씀 하나로 모세가 해내지 못했던 일을 하게 됩니다. 바로 이것이 오늘 우리 크리스천 젊은이들이 가져야 할 믿음인 것입니다.

### 하나님의 새로운 명령

**1-2절** 여호와의 종 모세가 죽은 후에 여호와께서 모세의 수종자 눈의 아들 여호수아에게 말씀하여 이르시되 내 종 모세가 죽었으니 이제 너는 이 모든 백성과 더불어 일어나 이 요단을 건너 내가 그들 곧 이스라엘 자손에게 주는 그 땅으로 가라

이스라엘 백성들이 무려 40년 동안 절대적으로 믿고 따라온 하나님의 종 모세가 드디어 죽었습니다. 사실 여호수아나 이스라엘 백성들의 입장에서는 앞일이 막막했을 것입니다. 왜냐하면 지금까지는 이스라엘 백성들에게 어떤 어려운 일이 있어도 모세의 능력으로 해결할 수 있었습니다. 그러나 모세가 죽은 후에 과연 누가 모세 같은 능력으로 이스라엘 백성들을 책임지며 인도할 수 있겠습니까? 그러나 모세가 죽은 후에 하나님의 말씀이 여호수아에게 임했습니다. 성경 말씀을 보면 모세와 여호수아의 칭호가 벌써 다른 것을 볼 수 있습니다. 모세의 칭호는 '여호와의 종 모세'였습니다. 여기서 '여호와의 종'이라는 칭호는 '하나님의 대리자'라는 뜻입니다. 이 칭호는 인간으로서는 가장 존경받는 칭호였습니다. 거기에 비해서 여호수아는 '모세의 수종자'였습니다. 여기서 '수종자'라고 하는 것은 몸종이나 사환을 의미합니다.

모세와 여호수아는 그만큼 신분에 있어서 큰 차이가 있었습니다. 모세는 손에 쥔 막대기 하나만 가지고 기적을 일으켰습니다. 그 기적도 보통 기적이 아니라 어느 누구도 흉내 낼 수 없는 놀라운 기적들이었습니다. 모세는 능력의 지팡이로 수십만 마리의 개구리가 올라오게 하고 온 세상을 흑암으로 캄캄해지게 했습니다. 모세는 그 지팡이로 홍해를 갈라서 마른 땅이 되게 했고 이스라엘 백성들이 걸어서 바다를 건너게 했습니다. 모세는 시내 산에 올라갔을 때 40일 밤낮을 먹지도 않고 마시지도 않고 잠을 자지도 않고 하나님 앞에 있었습니다. 모세는 물이 전혀 없는 광야에서 반석을 쳐서 생수가 나오게 했습니다.

그런데 여호수아는 모세의 몸종으로 모세를 뒷바라지하고 심부름하면서 한평생을 보내었습니다. 여호수아는 모세가 가졌던 그 많은 능력들 중에서 단 한 가지도 가지지 못했습니다. 그런데 하나님께서는 능력 많은 모세도 하지 못했던 일을 아무 능력 없는 여호수아에게 하게 하셨습니다.

그런데 성경 말씀을 보면 '모세가 죽었다'는 말이 두 번씩이나 나오는 것을 볼 수 있습니다. 1절에 '여호와의 종 모세가 죽은 후에…….' 그리고 2절에 '내 종 모세가 죽었으니'라고 말씀하고 있습니다. 이것은 여호수아나 이스라엘 백성들에게 모세가 죽었고 그가 없다는 것이 얼마나 큰 충격이었는지 보여주는 것이었습니다. 즉 여호수아나 이스라엘 백성들은 우리에게는 모세가 죽었기 때문에 우리는 아무것도 하지 못한다는 절망감을 가지고 있었던 것입니다. 그러나 중요한 것은 모세는 죽었지만 하나님은 죽지 아니하셨고 모세가 가지고 있던 능력도 사실은 모세의 것이 아니고 하나님의 능력이었던 것입니다. 이것이 바로 우리가 사람을 바라보고 의지하는 것과 하나님을 바라보고 의지하는 것의 차이입니다. 우리가 사람을 바라보고 의지하면 그 사람이 없거나 죽으면 우리가 아무것도 할 수가 없습니다. 그러나 하나님을 바라보고 하나님만을 의지하면 모세가 죽었다고 해서 두려워 할 필요가 전혀 없는 것입니다. 오히려 우리는 모세가 죽었기 때문에 새로운 시대가 시작된다고 생각하면 되는 것입니다.

하나님께서는 여호수아에게 모세가 죽었기 때문에 이제는 이스라엘 백성들과 함께 요단강을 건너가서 하나님이 주시는 땅으로 가라고 하셨습니다. 즉 하나님은 여호수아에게 새로운 사명을 주시는 것이었습니다.

모세의 임무는 애굽의 바로 밑에서 노예 생활을 하는 이스라엘 자손들을 건져 내어서 가나안 땅 입구까지 데려오는 것이었습니다. 그것을 위해서 모세에게는 강력한 능력이 필요했습니다. 즉 모세는 애굽의 철조망을 부수는 능력이 필요했고 노예였던 이스라엘 백성들을 훈련시키는 기적이 필요했던 것입니다. 그러나 이제는 다른 시대가 시작되었습니다. 그것은 이제 이스라엘 백성 오직 하나님의 말씀의 능력을 믿고 스스로 현실 가운데 들어가서 가나안 사람들과 싸워서 이겨야 하는 시대가 시작이 된 것입니다.

이 새로운 시대는 모세가 죽은 때부터 시작이 되는 것입니다. 모세는 어떤 의미에서 율법의 대표자였습니다. 모세는 이스라엘 백성들에게 아무것도 없는 광야에서 하나님의 말씀에 순종해야 살 수 있다는 것을 가르쳐준 선생이었습니다. 그러나 여호수아는 하나님의 말씀 하나만 가지고 세상 속으로 들어가 세상을 이기고 정복해야 하는 새로운 시대를 보여주는 것입니다. 그래서 이 여호수아서야말로 오늘 이 세상을 살아가는 우리 크리스천들에게 필요한 말씀입니다.

## 하나님의 약속

하나님께서는 여호수아에게 이스라엘 백성들을 데리고 가나안 땅으로 들어가라고 하셨습니다. 그러나 하나님은 어떤 방법으로 주실지 말씀하지 아니하셨습니다. 오직 하나님은 여호수아에게 모세와 하셨던 약속을 상기시켜 주셨습니다.

첫째는 하나님께서는 여호수아와 이스라엘 백성들이 그들의 발바닥으로 밟는 땅을 다 주시겠다고 하셨습니다.

3절 내가 모세에게 말한 바와 같이 너희 발바닥으로 밟는 곳은 모두 내가 너희에게 주었노니

여기서 우리가 알아야 할 것은 여호수아나 이스라엘 백성들은 가나안 땅을 차지하는 것이 결코 어려운 것으로 생각해서는 안 된다는 것입니다. 왜냐하면 그들이 발바닥으로 밟기만 하면 하나님께서 다 주신다고 하셨기 때문입니다. 하나님께서는 여호수아에게 그들이 가나안 땅에 들어가서 발로 밟기만 하면 다 주신다고 하셨으니까 얼마나 쉬운 일인지 모릅니다. 왜냐하면 이스라엘 백성들이 가나안 땅에 들어가 발로 밟고 돌아다니기만 하면 하나님께서는 그 땅을 다 주실 것이기 때문입니다.

만약 하나님께서 오늘 우리들에게 너희가 발로 밟는 땅은 모두 다 너희에게 주겠다고 하신다면 우리는 당장 운동화 끈을 잡아매고 쉴 새 없이 돌아다닐 것입니다. 어떤 사람은 자기가 들어갈 회사에 가서 주차장을 돌아다닐 것이고 고등학생들은 자기가 들어갈 대학을 발로 밟고 다닐 것입니다. 또 건물을 지으려고 하거나 농사를 지을 사람들

은 자기에게 필요한 땅을 사기 위해서 밤에 가서라도 그 땅을 밟고 다닐 것입니다. 그러나 아무도 그렇게 하지 않을 것입니다. 왜냐하면 이것이 미친 짓이기 때문입니다. 아무 힘도 없고 권리도 없는 사람들이 하나님의 이 말씀만 믿고 남의 땅을 밟고 다닌다면 미친 사람이나 정신병자 취급을 받을 것입니다. 그리고 사실 그 땅 주인들도 모르는 사람이 자기 땅에 와서 밟고 돌아다니는 것을 허락하지 않을 것입니다.

사실 이스라엘 백성들이 여리고 성을 하루에 반 바퀴씩 돈 것도 땅을 밟는 것이었습니다. 이것도 인간적인 생각으로는 정신이 나간 짓이었습니다. 그런데 이스라엘 백성들은 40년 광야에서 연단 받은 후에는 자존심이나 자기 생각을 다 버리고 하나님이 돌라고 하니까 돌았습니다. 그리고 여리고 성은 사람이 손도 대지 않았는데 무너졌던 것입니다.

여기서 하나님께서 네가 발로 밟는 땅을 주시겠다고 하시는 것은 미리 네 머리로 생각해서 된다 안 된다고 결정하지 말라는 것입니다. 너희는 오직 하나님의 종이기 때문에 땅을 밟으라고 하면 밟고, 성을 돌라고 하면 돌면 되는 것입니다. 왜냐하면 하나님의 백성들에게는 눈에 보이지 않는 하나님의 능력이 있기 때문입니다. 그래서 사도 바울은 말하기를 '내게 능력 주시는 자 안에서 내가 모든 것을 할 수 있다'(빌 4:13)고 말을 했습니다. 땅을 발로 밟으라는 말씀은 네 마음대로 된다, 혹은 안 된다 판단하지 말고 하나님이 시키는 대로 묵묵히 순종하면 된다는 뜻입니다.

그래서 하나님은 모세나 여호수아에게 처음 일을 시키시기 전 먼저 네가 선 땅은 거룩한 곳이니 네 발에서 신을 벗으라고 말씀하셨습니다. 이것은 이제부터는 네가 주인이라고 생각해서 네 생각대로 돌아다니지 말고 오직 하나님이 시키는 대로 하면 된다는 뜻입니다. 그런데 모세는 발에서 신을 벗는데 무려 80년의 세월이 걸려야만 했습니다. 즉 우리는 가나안 땅을 내 발로 밟기 전에 먼저 내가 하나님의 손에 붙잡히는 체험을 해야 하는 것입니다. 여호수아는 모세 같은 방황은 하지 않았지만 모세의 수종자가 되어서 연단을 받았습니다. 여호수아는 모세가 시내 산에 올라가서 율법의 돌비를 받을 때에도 같이 올라갔습니다. 그리고 광야에서 아말렉과도 싸웠습니다. 여호수아는 열두 명의 정탐꾼이 가나안 땅을 갔다 와서 믿음의 보고를 하였습니다. 그래서 그는 이미 하나님의 손에 붙들려 있었던 것입니다.

모세가 하나님 앞에서 자기 신을 벗었을 때 이미 그의 발바닥은 약속의 발바닥이 된 것입니다. 우리가 알아야 할 것은 사람들이 자기 욕심에 따라서 구두 신고 마음대로 돌아다니면서 밟는 땅은 그들의 땅이 될 수 없다는 것입니다. 우리가 하나님 앞에서 두 손 두 발 다 들었을 때 그때 우리의 발바닥은 약속의 발바닥으로 변하게 됩니다. 그때의 특징이 그 발이 아무데나 돌아다니지 않는다는 것입니다. 오직 하나님이 가라고 하는 곳만 가게 됩니다.

하나님은 이스라엘 백성들이 차지할 범위를 알려주셨습니다.

**4절** 곧 광야와 이 레바논에서부터 큰 강 곧 유브라데 강까지 헷 족속의 온 땅과 또 해 지는 쪽 대해까지 너희의 영토가 되리라

하나님은 여호수아에게 칭기즈칸이나 나폴레옹같이 세계를 정복하라고 말씀하지 아니하셨습니다. 왜냐하면 지금 이스라엘 백성들이 감당할 범위는 가나안 땅 이었기 때문입니다. 그리고 사실 그것도 과분한 것이었습니다.

오늘 우리들은 하나님께서 나를 위해서 준비하신 축복의 분량이 얼

마나 엄청나게 큰지 생각을 할 수 있어야 합니다. 우리는 눈에 보이는 것만이 하나님의 축복의 전부라고 생각해서는 안 됩니다. 특히 우리나라 사역자들은 눈에 보이는 사업을 크게 하는 것이 복이라고 생각하는 것 같습니다. 그러나 눈에 보이는 것이 하나님의 축복의 전부가 아닙니다. 우리는 눈에 보이지 않는 무한한 세계가 있다는 것을 알아야 합니다. 왜냐하면 아직 넓은 정복하지 못한 세계가 우리를 기다리고 있기 때문입니다.

사도 바울 같은 경우에는 전도를 하면서 이방인들이 자신의 전도 범위로 정했습니다. 그래서 사도 바울은 할 수 있는 한 이미 전도가 된 곳은 들어가지 않았습니다. 그러면서도 바울은 탁월한 나의 복음을 정리해서 기독교의의 기초를 세웠습니다.

세 번째는 그를 한 평생 감당할 사람이 없을 것이라고 약속하셨습니다.

**5절** 네 평생에 너를 능히 대적할 자가 없으리니 내가 모세와 함께 있었던 것 같이 너와 함께 있을 것임이니라 내가 너를 떠나지 아니하며 버리지 아니하리니

하나님께서 여호수아에게 주신 약속은 하나님이 모세와 함께 하셨던 것처럼 여호수아와도 함께 하시겠다는 것이었습니다. 그러나 하나님은 여호수아와는 모세 때와 다른 방법으로 함께 하시는 것입니다. 그래서 여호수아가 하나님께 아무리 모세 같은 능력을 달라고 기도를 해도 소용이 없는 것입니다. 왜냐하면 하나님은 여호수아에게 다른 방법으로 힘을 주시고 능력을 주시기 때문입니다. 그래서 여호수아는 모세와 다른 하나님의 능력을 찾아야만 했던 것입니다. 하나님은 한평생

어떤 사람도 여호수아를 이기지 못할 것이라는 것입니다. 그 이유는 여호수아에게는 하나님의 능력이 있기 때문입니다. 이 세상에 얼마나 강하고 능력 있는 사람들이 많습니까? 특히 악한 사람들이 강하고 능력이 있을 때 우리는 도저히 그런 사람들을 상대할 수가 없을 것입니다. 그런데 우리가 하나님의 능력만 끌고 올 수 있으면 얼마든지 모든 악한 자들을 다 이길 수가 있습니다. 그 이유는 하나님의 능력은 우리 인간의 능력보다 백만 배나 강하기 때문입니다.

하나님은 '내가 모세와 함께 있었던 것 같이'라고 말씀하셨습니다. 여호수아는 모세의 수종자이었기 때문에 모세의 능력을 가까이에서 전부 지켜보았습니다. 우리가 알아야 할 것은 모세의 능력이 모두 모세 자신의 것이 아니었다는 것입니다. 그것은 모두 하나님께서 모세를 통하여 역사하신 것이었습니다. 하나님은 여호수아에게 하나님은 모세가 아니라 다른 사람을 통해서도 얼마든지 역사하실 수 있다는 것을 약속하신 것입니다.

그러면 '평생 같이 하신다'고 해서 여호수아가 아무리 죄를 짓고 못된 짓을 해도 하나님은 함께 하신다는 뜻일까요? 그것은 그렇지 않습니다. 우리는 결코 죄를 짓거나 교만해서는 안 되는 것입니다. 그러나 우리가 죄를 짓거나 교만하지 만 않으면 하나님은 절대로 우리를 떠나시거나 버리시지 않으십니다.

## 마음을 강하게 하고 담대히 하라

**6절** 강하고 담대하라 너는 내가 그들의 조상에게 맹세하여 그들에게 주리라 한 땅을 이 백성에게 차지하게 하리라 성경 말씀을 보면 '강하고 담대하라'는 말이 세 번씩이나 나오는 것을 보게 됩니다. 6절에 '강하고 담대하라', 7절에 '오직 강하고 극히 담대하여', 9절에 '내가 네게 명령한 것이 아니냐 강하고 담대하라'고 했습니다. 왜 하나님께서는 여호수아에게 무려 세 번씩이나 '강하고 담대하라'고 하셨을까요?

이것은 여호수아가 인간적으로 볼 때 모세도 없이 가나안 땅을 정복하는 것이 불가능했기 때문입니다. 이스라엘 백성들이 가나안 땅을 공격하는 것은 너무나도 무모하고 불가능한 일이었습니다. 그래서 여호수아가 눈앞의 현실을 보면 도무지 두려워하지 않을 수 없고 낙심하지 않을 수 없는 상황이었던 것입니다. 그런데 우리가 낙심이 되고 절망이 될 때 저절로 그렇게 되는 것이지 절망을 하지 않으려고 한다고 해서 절망이 안 되는 것이 아닙니다. 그런데 하나님은 여호수아에게 이런 절망 이런 두려움과 싸워서 이겨야 한다고 말씀하시는 것입니다. 그런데 하나님은 여호수아에게 그냥 강하고 담대하라고 말씀하시는 것이 아니라 조금씩 말씀을 구체적으로 설명을 하셨습니다.

첫째는 이것은 하나님의 맹세하신 것입니다.

여호수아와 이스라엘 백성들이 가나안 땅을 차지하는 것은 그들의 일이 아니라 이미 하나님이 이스라엘 조상들에게 맹세한 것이었습니다. 즉 이것은 이미 거래가 끝난 것이기 때문에 여호수아의 능력에 달린 것이 아닌 것입니다. 하나님이 맹세한 것은 우리 능력에 달려 있지 않습니다. 우리는 믿음으로 차지하기만 하면 되는 것입니다.

여호수아에게 가장 무서운 것은 '나는 아무것도 할 수 없다'는 자포자기하는 마음입니다. 우리가 자포자기해버리면 하나님은 도우실 수가 없습니다. 그래서 우리에게 가장 필요한 것은 절대로 세상을 우습게 여겨서도 안 되지만 너무 겁을 먹고 도망쳐서도 안 되는 것입니다.

우리는 나는 할 수 없지만 하나님은 모든 것을 하실 수 있다는 것을 믿어야 합니다. 그리고 기도하면 무엇이든지 길이 열린다는 것을 믿어야 합니다. 복음서에서 아들이 귀신 들린 아버지가 예수님에게 '하실 수 있거든 무엇이든지 도와주세요'라고 했을 때 예수님은 '할 수 있거든이 무슨 말이냐 믿는 자에게는 능히 하지 못할 일이 없느니라'(막 9:23)고 대답하셨습니다.

우리가 눈앞에 나타나는 현실만 보면 절대로 우리는 이 세상에서 살아남지 못할 것 같습니다. 그래서 세상만 보고 사람만 보면 겁을 집어 먹고 도망치고 싶어질 것입니다. 그러나 우리는 이것이 내 능력에 달릴 것이 아니라는 것을 알아야 합니다.

즉, 여호수아가 이스라엘 백성들을 이끌고 가나안을 정복하는 것을 자기가 해야 할 일이라고 생각한다면 불안하고 두려워서 잠을 이루지 못할 것입니다. 그러나 이것은 하나님의 일이고 하나님께서 알아서 하실 것입니다. 여호수아는 오직 종으로 시키는 대로 하면 되는 것입니다. 아마 여호수아가 하나님이 시키는 대로 하면 실수도 하고 실패도 하고 욕도 얻어먹을 것입니다. 그러나 그것을 얻어먹어야 하는 것입니다. 여호수아는 철저하게 종으로 일을 해야 합니다. 그래서 처음에는 무지하게 욕도 얻어먹고 실패하기도 하지만 어느 순간부터 욕하는 사람도 없어지고 하나님의 위엄이 나타나기 시작할 것입니다.

두 번째는 하나님은 여호수아가 할 것을 말씀하셨습니다. 그것은 여호수아는 죽도록 하나님의 말씀 하나 붙드는 것입니다.

**7절** 오직 강하고 극히 담대하여 나의 종 모세가 네게 명령한 그 율법을 다 지켜 행하고 우로나 좌로나 치우치지 말라 그리하면 어디로 가든지 형통하리니 여기서 우리가 이해되지 않는 것은 여호수아는 가나안 땅에서 전쟁을 치러야 할 사람입니다. 그런데 전쟁을 해야 할 사람이 전쟁 준비는 하지 않고 율법 책만 낭독하고 있으면 저절로 가나안 사람들이 나와서 죽어줄까요? 절대로 그렇지 않습니다. 분명히 여호수아는 전쟁 준비도 하고 전쟁도 해야 합니다. 그런데 왜 하나님께서는 '나의 종 모세가 네게 명령한 그 율법을 다 지켜 행하라'고 하셨을까요? 하나님은 여호수아에게 가나안 땅을 정복하는 데 첫 번째 중요한 것으로 율법을 지키는 것이라고 말씀하셨습니다.

왜냐하면 우리가 하나님의 말씀을 지키고 순종할 때 하나님이 가장 기뻐하시고 하나님의 능력이 온전히 우리의 것이 될 수 있기 때문입니다. 즉 우리가 이 세상에서 성공하려면 하나님이 함께 하시고 도와주셔야 하는데, 하나님의 말씀을 붙들 때 온전한 능력이 오게 됩니다. 그뿐만 아니라 하나님의 말씀은 그 자체가 능력이 있습니다. 그래서 하나님의 말씀은 평범한 교훈이 아니고 자체가 길을 만들고, 능력을 만들고, 축복을 만드는 능력의 말씀입니다. 그리고 여호수아가 하나님의 말씀만 죽으라고 붙들 때 이스라엘 백성들의 마음속에 영적인 부흥이 일어나게 되는데 이때 기적이 일어납니다.

마찬가지로 우리가 아무것도 하지 않고 성경책만 읽고 있으면 저절로 공부가 되고 저절로 회사가 돌아가는 것일까요? 그렇지 않습니다.

우리는 공부도 해야 하고 회사 일도 해야 합니다. 그러나 하나님의 말씀을 최우선 순위를 두고 하는 것입니다. 즉 공부도 해야 하지만 하나님의 말씀에 더 우선순위를 두는 것입니다. 그러면 공부가 두렵지 않을 것입니다. 우리가 공부를 두려워하면 실패하게 됩니다. 그런데 온 성도들이 하나님의 말씀을 사모하고 특히 목회자가 하나님의 말씀만 붙들고 나갈 때 부흥이 일어나면서 기도가 응답되고 병이 나으며 기적이 일어나게 됩니다.

여기에 보면 '좌로나 우로나 치우치지 말라'고 하셨습니다. '좌로나 우로나'라고 하는 것은 부족하거나 지나친 것을 말합니다. 어떤 사람들은 좌로 빠집니다. 좌로 빠지는 사람들은 인간적인 생각을 가지고 하나님의 말씀을 빼버리고 믿는 것입니다. 어떤 사람은 축복의 말씀만 믿고 어떤 사람은 은혜만 믿습니다. 그리고 어떤 사람들은 죄에 대한 말씀은 다 빼버리는 사람들이 있습니다. 즉 내 마음에 맞는 것만 먹는 것은 좌로 빠지는 것입니다.

어떤 사람은 우측으로 빠지는 사람들이 있습니다. 이 사람들은 성경이 말하지 않는 많은 것들을 덧붙여서 잘 믿으려고 하는 것입니다. 성경 외에 많은 금식이나 기도, 꿈이나 환상 같은 것을 믿는 것입니다. 이것도 건강하지 못한 신앙입니다. 우리의 신앙에는 균형이 있어야 합니다. 우리가 하나님의 말씀만 붙들고 가면 형통할 것이라고 했지만 처음에는 많은 어려움과 역경이 있습니다. 때로는 많은 실패와 좌절이 따를 것입니다. 그래서 성경 말씀을 의심하게 됩니다. 성경 말씀에는 분명히 '네 길이 평탄하게 될 것이며 네가 형통하리라'고 했는데 실제로는 아무것도 안 되기 때문입니다. 그러나 조금씩 내가 하나님의 말씀대로 나가면서 길이 없는데 길이 열리고 기적이 일어나게 됩니다.

세 번째는 '네가 어디를 가든지 함께 하시겠다'고 하셨습니다. 여기서 어디로 간다는 것은 어떤 상황에 처하든지 라고 볼 수 있습니다. 우리는 어떤 상황에 처하든지 하나님을 바라보면 길이 열리게 되는 것입니다.

여호수아는 모세도 없이 모세가 해내지 못한 사명을 받았습니다. 그러나 하나님은 동일하시기 때문에 여호수아는 두려워 할 필요가 없었습니다. 그 대신 하나님은 여호수아에게 모세와 다른 방법으로 능력을 주셨습니다. 그것은 오직 하나님의 말씀 하나로 세상을 이기는 것이었습니다. 이것이 바로 오늘 우리들에게 주신 사명입니다. 우리는 하나님의 종으로서 강하고 담대한 마음으로 현실을 이기시기 바랍니다. 사람들이 하는 말이나 신문에서 떠드는 말을 믿지 말고 나와 함께 하시는 하나님을 믿으시고 승리하시기 바랍니다.

# 하나님의 새로운 명령

고대 그리스 문명은 남은 기록이나 유적이 없어서 사람들은 모두 이야기나 전설이라고 생각했습니다. 그러나 1800년대에 독일인 하인리히 슐리만Heinrich Schliemann이라는 사람이 있었습니다. 이 사람은 사업가였는데 주로 전쟁터에 들어가서 돈을 벌었습니다. 예를 들면, 발칸 전쟁에서는 무기를 팔고, 남북전쟁에서는 군수물자를 팔아서 돈을 벌었는데 이 사람은 그 돈을 가지고 고고학 발굴을 했습니다. 그래서 옛날 그리스에서 완전히 암흑기에 속한 트로이를 발굴해서 실제로 있었다는 것을 증명 했고 또 스파르타에 있는 아가멤논의 무덤이라는 미케네 문명을 발굴을 해서 유명하게 되었습니다. 즉 이 사람이 전쟁터에서 돈만 벌고 끝났더라면 이름을 남기지 못했을 텐데 그 돈을 고고학 발굴에 쏟아 부어서 고대 그리스 문명이 실제로 있었을 뿐 아니라 대단히 찬란하게 꽃피웠다는 것을 증명하게 되었습니다.

슐리만은 다른 사람들은 다 없다고 말하는 트로이를 발굴하게 된 것은 그가 어렸을 때 호머Homer의 『일리아드』*The Iliad*를 읽게 되었는데 거기에 나오는 지형이라든지 설명들이 너무 생생하게 때문에 그는 틀림없이 트로이는 있다고 믿었습니다. 그래서 돈을 많이 벌면 꼭 트로이를 찾아서 그 왕궁에 있을 많은 금들을 찾아내겠다는 꿈을 가졌다고 합니다. 그런데 그가 처음 트로이라고 지목했던 곳은 바닷가에서 14Km 정도 떨어진 언덕이었는데 왜냐하면 일리아드를 보면 트로이 여인들이 찬물과 뜨거운 물이 나오는 곳에서 빨래를 했다는 내용이 나오는데 거기에 비슷하다고 생각을 했던 것입니다. 그러나 슐리만이 그곳을 아무리 땅을 파도 성이 나오지 않았습니다. 그래서 그가 다시 일리아드를 자세히 읽어보니까 영웅들이 바닷가까지 말을 타고 하루에도 몇 번씩 오고간 내용이 있는데 이것을 보면 트로이 성을 바다에서 그렇게 먼 곳이 아니라는 생각을 가지고 바다에서 5Km 정도 되는 언덕을 팠는데 거기서 옛날 트로이의 성이나 왕궁을 찾게 되면서 세계적인 인물이 되었습니다. 그 후에 슐리만은 스파르타에 있는 아가멤논의 무덤을 발굴했는데 거기서 엄청난 금은과 보물들을 발굴되게 되었습니다.

이것이 그리스의 미케네 문명인데 갑자기 없어지는 바람에 사람들은 실제로 이런 문명이 있었다는 것을 믿지 않았습니다. 그런데 사람들이 실제로 옛날 문명들을 발굴해내는 바람에 찬란했던 그리스 문명은 실제로 있었고 옛날 문자도 있었다는 것을 알게 되었습니다.

슐리만이라는 사람이 성경도 아니고 호머가 쓴 책을 읽고 옛날 왕궁을 발견해서 세계적인 인물이 되었다면, 우리가 영원한 하나님의 말씀을 믿고 이 세상을 살아간다면 훨씬 더 성공적인 삶을 살 수가 있을 것입니다.

그러나 슐리만은 이미 사라진 지 오래된 도시나 성을 발굴해 보물을 찾아내었지만, 우리는 지금 살아 있는 이 세상에서 하나님의 말씀에 순종해서 엄청난 축복을 받게 될 것입니다. 이것을 너무나도 잘 보여주고 있는 것이 여호수아서입니다.

### 하나님의 두 가지 명령

하나님께서는 모세를 통하여 애굽땅에 열 가지 기적을 행하게 하신 후에 이스라엘 백성들로 하여금 애굽을 떠나게 하셨습니다. 왜냐하면 애굽은 하나님께서 이스라엘 백성들에게 주실 땅이 아니었기 때문입니다. 즉 하나님은 이스라엘 백성들로 하여금 세상을 떠나게 하셨습니다. 그리고 이스라엘 백성들을 40년 동안 광야에서 훈련시키신 후 새로운 가나안 땅을 정복하라고 하셨습니다. 하나님께서는 이스라엘 백성들에게 하나의 땅에서는 떠나게 하시고 다른 땅에는 들어가서 싸워서 차지하라고 하셨습니다.

하나님께서는 오늘날 우리들에게도 이 두 가지 명령을 내리십니다. 하나는 네가 살고 있는 이 죄악 된 세상을 떠나라는 것입니다. 하나님께서는 우리로 하여금 이 세상을 떠나게 하십니다. 그래서 우리는 신앙을 가진 후에 이 세상과 분리되는 체험을 하게 됩니다. 우리는 예수 믿고 난 후에 예전에 좋아했던 세상적인 취미나 교제나 즐거움들, 심지어는 세상의 성공 등을 다 버려야 합니다. 예수님께서는 부자 청년에게 '네 가진 것을 다 팔아서 가난한 자들에게 주고 너는 나를 따르라'고 말씀하셨습니다. 그래서 우리는 때때로 가족이나 친구들을 떠나든지, 또는 그들과의 관계가 멀어지기도 합니다. 그러나 하나님께서는 우리에게 또 새로운 명령을 내리십니다. 그것은 우리가 또 세상 속에 들어가서 이 세상을 정복하는 것입니다. 여기서 정복하라고 하는 것은 우리가 군인들이 정복하듯이 전쟁을 해서 모든 것을 다 빼앗고 차지하라는 뜻이 아닙니다. 그렇다고 해서 단순히 우리가 이 세상 속에서 직장을 가지고 사업에 성공하라는 뜻도 아닙니다.

이 세상은 우리에게는 하나의 필드와 같이 생각하라는 것입니다. 예를 들어, 과학자가 실험실에서 실험에 성공한 것이 있으면 그는 실제로 일상생활에서도 상품가치가 있는지 실험을 해 볼 것입니다. 그런데 만일 실험실에서 성공했던 것이 실제 상품화에 성공하게 된다면 그는 엄청난 돈을 벌게 될 것입니다. 마찬가지로 우리는 교회에서 하나님의 말씀으로 배우고 은혜 받은 것을 이 세상에서 실천해 볼 필요가 있습니다. 물론 많은 경우 우리가 성경에서 배운 것이나 교회에서 배운 것을 세상에 실천할 때 실패할 것입니다. 그러나 만일 하나라도 성경에서 배운 것을 이 세상에서 실천했는데 성공하게 되면 이것은 엄청난 축복으로 나타나게 될 것입니다.

그러나 많은 경우 우리가 세상 속에서 믿음의 원리를 가지고 세상을 이긴다고 하는 것이 쉽지 않을 뿐 아니라 많은 공격을 당하거나 적대적인 사람들을 만나게 될 것입니다. 결국 우리는 믿음으로 세상을 이기게 될 것입니다. 그만큼 기독교는 세상을 많이 바꾸었습니다.

어느 곳에서는 국가에서 부정부패가 너무 심해서 심지어는 학생들이 학점을 따거나 혹은 직장인이 세금을 낼 때에도 부정이라든지 뇌물 같은 것을 당연시했는데 기독교인들이 정직 운동을 해서 그런 관행을 바꾸었다고 하기도 합니다. 미국에서는 청소년이 되면 친구들이 일부러 성적인 순결을 버리도록 강요하고, 순결을 가지고 있으면 게이라고 따돌렸는데, 어떤 목사님을 중심으로 순결 운동을 벌여서 청소년들이 순결을 가지도록 하는데 성공을 한 예도 있습니다. 우리나라도 일제 때 기독교가 성경을 한글로 번역해 많이 보급했고 여성들이 교육을 받게 하고, 계급 차별문제 개선에 크게 기여를 한 바가 있습니다. 그래서 우리는 단순히 세상에서 공부하고 직장 생활을 해서 안정된 생활을 한다는 것이 삶의 목적이 되어서는 안 됩니다. 우리는 세상에서 미신과 죄를 몰아내고 거룩한 세상을 만들 사명이 있는 것입니다.

어느 기독교 청년 실업가는 회사를 세우려고 하면 관청에 가서 인사를 하고 와야 한다고 해서 그는 실제로 가서 크게 한번 인사만 하고 왔더니 공장 허가를 내어주지 않더라는 것입니다. 왜냐하면 그 인사하라는 말 속에 뇌물을 바치라는 뜻이 들어 있었기 때문입니다. 그러나 그는 열심히 인사를 해서 결국 허가를 받아 내었다고 합니다. 그러나 우리가 세상에서 믿음으로 승리한다는 것은 결코 쉬운 일이 아닙니다.

우리는 때때로 세상을 정복하는데 믿음으로 이기는 것이 아니라 야망으로 많은 것을 차지하고 높은 자리에 올라가는 것을 정복하는 것으로 생각하기 쉽습니다. 그러나 이것은 세상 사람들과 똑같이 동화되는 것이지 정복하는 것이 아닌 것입니다.

우리가 기억해야 할 것은 이스라엘 백성들이 애굽에서 나온 후 가나안 땅에 들어가기까지 무려 40년의 준비 기간이 필요했다는 사실입니다. 그래서 이스라엘 백성들에게 '광야'라고 하는 것은 아주 특별한 의미를 가지고 있습니다. 이스라엘 백성들은 광야 40년을 통해서 살아계신 하나님을 체험하였고 백성들은 하나님의 능력을 자기 것으로 가질 수 있었습니다.

이스라엘 백성들에게 광야 40년은 가장 가난하고 힘들고 비참할 때였습니다. 그러나 백성들은 이 광야 생활 때 가장 순수했습니다. 그리고 광야 생활에서 붙들고 있었던 것은 오직 하나님의 말씀밖에 없었습니다. 하나님께서 이스라엘 백성들에게 요구하신 것은 바로 이것입니다. 즉 '너희들이 광야에서 하나님의 말씀 하나로 살아남았던 것처럼 가나안 땅에서도 오직 하나님의 말씀 하나로 정복하라'는 것입니다. 이스라엘 백성들은 광야에 있을 때나 가나안 땅에 들어갔을 때나 삶의 패러다임을 바꿀 필요가 전혀 없었습니다. 이스라엘 백성들에게 가장 위험한 것은 바로 이것입니다. 즉 그들이 광야에 있을 때에는 하나님의 말씀만 가지고 살면 되는데 가나안 땅은 문명사회이기 때문에 하나님의 말씀 외에 많은 것이 필요하다고 생각하면 실패하게 되는 것입니다. 이스라엘 백성들은 가나안 땅에 들어갔을 때에도 '오직 하나님의 말씀!' 하나 붙들고 나가면 가나안 땅은 정복이 되게 되는 것입니다. 이것은 우리의 힘과 의지가 아니라 하나님의 능력인 것입니다.

오늘 우리들은 하나님의 말씀 하나 가지고 하루하루 살아가고 있습니다. 물론 남들처럼 성공적으로 잘 사는 것은 아니지만 적어도 굶어 죽지 않고 지금 살아가고 있는 것입니다. 이것은 정말 대단한 것입니다. 왜냐하면 우리는 지금 여기서 광야 생활을 하고 있는 것이기 때문입니다. 그리고 앞으로도 우리는 이 자세로 살아가면 되는 것입니다. 오직 하나님의 말씀 하나만 붙들고 나가면 이 세상에서 직장도, 가정도, 먹고 살 길과 집도 생기게 되는데 이것이 바로 가나안 땅을 정복하고 있는 것입니다.

## 여호수아의 순종

**1-2절** 여호와의 종 모세가 죽은 후에 여호와께서 모세의 수종자 눈의 아들 여호수아에게 말씀하여 이르시되. 내 종 모세가 죽었으니 이제 너는 이 모든 백성과 더불어 일어나 이 요단을 건너 내가 그들 곧 이스라엘 자손에게 주는 그 땅으로 가라

하나님께서는 모세가 죽은 후 여호수아를 이스라엘 백성들의 지도자로 임명하자 말자 즉시 이스라엘 백성들을 이끌고 가나안 땅으로 진격하라고 명령하셨습니다. 우리 생각으로는 여호수아가 이스라엘 백성들을 이끌어나가기 위해서는 시간이 좀 필요할 것 같습니다. 여호수아는 어떻게 요단강을 건너가며 어떻게 가나안 땅을 공격할 것인지 나름대로 전략을 세우는 시간이 필요했을 것입니다. 그러나 하나님께서는 여호수아에게 그런 시간을 전혀 주시지 않고 모세가 죽자 바로 그에게 백성을 이끌고 진격을 하라고 명령을 하셨습니다.

그 이유는 가나안 땅을 어떻게 정복할 것인지 계획을 가지고 계신 분은 하나님이시기 때문입니다. 그래서 때때로 종들에게 너무 생각할 시간이 많은 것은 좋은 것이 아닙니다. 우리에게 많은 시간이 주어지면 우리는 틀림없이 너무 많은 생각을 하고 난 후에 그 생각에 파묻혀 버릴 것입니다. 우리는 시간이 많으면 어떻게 요단을 건너며 어떻게 먹을 양식을 조달할 것인지 생각하기 시작할 것입니다. 그래서 우리는 너무 많은 생각 때문에 침체가 되어서 도저히 가나안 땅을 정복하지 못하겠다고 뒤로 나자빠지고 마는 것입니다. 이것이 이스라엘 백성들이 정확하게 40년 전에 한 것이었습니다. 이스라엘 백성들이 40년 전에 실컷 가나안 땅을 정탐한 후에 우리를 못하겠다고 해서 무려 40년을 광야를 돌게 되었습니다. 그러나 이스라엘 백성들이 40년 동안 광야에서 훈련받은 것이 무엇입니까? 하나님은 살아계시며 하나님은 우리보다 더 지혜로우시다는 것입니다. 그리고 이스라엘 백성들은 하나님께서 말씀하시면 무조건 순종해야 한다는 것입니다. 그리고 이스라엘 백성들은 아무것도 생각을 할 필요가 없다는 것이었습니다. 이스라엘 백성들이 이 간단한 원리를 배우는데 무려 40년의 세월이 걸렸습니다.

오늘 우리가 이 세상을 정복하는데 필요한 것이 무엇입니까? 하나님이 나보다 더 능력이 많으시며 방법과 전략이 있다는 것입니다. 그리고 우리는 결코 많은 생각을 해서는 안 된다는 것입니다.

하나님께서는 여호수아에게 '내 종 모세가 죽으니'라고 말씀하셨습니다. 여기서 '내 종 모세가 죽었다'는 것은 여호수아에게 더 이상 기댈 수 있는 사람이 없다는 것입니다. 여호수아는 지금까지 모세의 수종자이었습니다. 수종자는 그야말로 하라고 하는 대로 하기만 하면 됩니다. 수종자의 좋은 점은 고민할 필요가 없다는 것입니다. 모든 어려운 결정은 모세가 다 내리면 되는 것이고 수종자는 하라고 하는 것만 하면 됩니다. 그런데 여호수아에게는 갑자기 모세가 없어졌습니다. 이제는 모든 것을 여호수아가 책임을 져야 하는 것입니다. 그러나 여호수아는 두려워 할 필요가 없습니다. 왜냐하면 수종자 그대로 있으면 되기 때문입니다. 여호수아는 수종자 그대로 있으면서 주인만 바꾸면 되는 것입니다. 지금까지 여호수아의 주인이 모세였다면 이제부터는 하나님이 주인이 되시는 것입니다. 이제부터는 하나님이 시키시는 대로만 하면 되는 것입니다. 여호수아는 모세가 매일 하는 지시 대신에 모세의 율법의 지시대로 하면 되는 것입니다. 여호수아는 하라고 하는 것은 하고, 하지 말라고 하는 것은 안하면 되는 것입니다.

그런데 여기에 여호수아의 위기가 있습니다. 예를 들어, 모세가 주인일 때에는 사람이기 때문에 수시로 물어볼 수가 있고 눈치를 살필 수도 있습니다. 그리고 수종자가 잘못하면 야단을 맞으면 됩니다. 그러나 하나님은 사람이 아니시기 때문에 물어볼 수도 없고 눈치를 살필 수도 없습니다.

그래서 우리는 하나님의 말씀에서 하나님의 인격을 느껴야 합니다. 우리에게 가장 어려운 것이 기록된 하나님의 말씀에서 어떻게 생생한 하나님의 인격을 느낄 것인가 하는 것입니다. 이스라엘 백성들에게 중요한 것은 바로 그 훈련이었습니다.

우리가 신앙 생활하면서 연단을 받고 가장 낮은 자리로 한번 내려가 볼 필요가 있는 이유가 바로 여기에 있습니다. 우리가 인생의 광야 생활을 해보지 않으면 아무리 성경을 읽어도 성경은 성경이고 오늘 나의 현실은 나의 현실입니다. 그러나 우리가 아무 먹을 것도 없고 하루하루를 살아서 견디어야 하는 극한적인 상황에 가보면 하나님의 말씀이 살아있는 말씀이라는 것을 체험하게 되는 것입니다. 여호수아의 재산은 바로 이것이었습니다. 즉 모세의 율법이 하나님의 살아있는 음성이었다는 것입니다. 여호수아에게는 율법의 말씀이 그냥 기록된 글이 아니었습니다. 그야말로 생생한 하나님의 말씀이었습니다.

저는 어렸을 때부터 교회를 다니면서 성경도 많이 읽었고 설교 말씀도 많이 들었습니다. 그러나 하나님의 말씀이 살아있는 생생한 말씀이었던 적이 한 번도 없었습니다. 그런데 하나님께서는 어느 날 저에게 무엇을 먹을까 무엇을 입을까 염려하지 말고 그 나라와 그 의를 구하라고 말씀하셨습니다. 그래서 저는 직장에 사표를 내고 성경 말씀 붙들고 대학생 사역도 하고 청소년 사역도 했는데 극빈자가 되어버렸습니다.

저는 돈 없이 하루하루를 성경만 붙들고 살았습니다. 하나님은 만나나 까마귀 대신 좌우간 어떻게 하루하루를 살게 하셨습니다. 저는 신학생도 아니고 목사도 아니고 아무것도 아니었습니다. 그때 제가 붙들 수 있는 것은 하나님의 말씀 밖에 없었고 하나님의 말씀은 살아있는 말씀이었습니다. 그 후에 저는 성경 말씀을 들으면서 하나님의 육성을 듣는 것같이 생생한 말씀을 들을 때가 많았습니다. 지금도 애매 할 때 하나님의 육성을 듣는 것같이 너무나도 분명하게 하나님의 음성을 성경에서 듣습니다. 이것이 하나님이 나와 함께 하시는 증거이며 내가 길을 잃지 않았다는 증표인 것입니다. 이때 얼마나 제 마음이 기쁘고 담대해지는지 모릅니다.

여호수아는 굳이 모세가 될 필요가 없었습니다. 여호수아는 모세의 지팡이를 찾으러 다닐 필요도 없었고 모세같이 얼굴에서 빛이 나게 해 달라고 기도할 필요도 없었습니다. 그냥 수종자 그대로 있으면서 주인만 모세 대신에 하나님을 모시면 되는 것입니다. 이것이 모세보다 더 위대한 것입니다.

여호수아가 가나안 땅을 정복하기 위하여 첫 번째로 해야 할 일이 무엇이었겠습니까? 이것은 '일어나는 것'이었습니다.

하나님은 여호수아에게 '너는 일어나'라고 말씀하셨습니다. 여기서 '일어난다'는 말이 무슨 뜻일까요?

사실 사람이 갑자기 일어난다는 것은 무슨 결단이 생긴 것을 의미합니다. 군대에서 작전 회의를 하다가 지휘관이 갑자기 자리에서 일어서는 것은 이미 결심이 선 것입니다.

지금 여호수아에게 필요한 것이 무엇입니까? 이스라엘 백성들과 함께 일어나는 것입니다. 여기서 일어난다는 것은 더 이상 걱정하거나 인간적인 생각을 하지 않기로 결심하는 것입니다. 지금 여호수아에게 가장 필요한 것이 무엇입니까? 인간적인 생각을 하지 않는 것입니다. 이제 무조건 하나님의 말씀에 순종하겠다는 결심을 하는 것입니다.

하나님께서 요단강까지 가라고 하시면 가는 것입니다. 요단강까지 가지도 않은 상태에서 어떻게 요단강을 건널 것인지 생각하지 않는 것입니다. 거기서 하나님께서 다리를 만들라고 하시면 만들면 되는 것이고 헤엄을 쳐서 건너라고 하면 헤엄을 치면 되는 것입니다.

그래서 하나님의 진격 명령에 대하여 여호수아가 할 수 있는 것은 두 가지였습니다. 하나는 자기에게는 모세 같은 능력이나 기적을 행할 힘이 없지만, 하나님의 말씀은 모든 것을 가능하게 한다는 것을 믿는 것입니다. 그리고 다른 하나는 이 일의 승패를 미리 생각하지 말고 내가 할 수 있는 것까지만 하는 것입니다. 그러면 다음에 하나님께서 또 반드시 할 일을 가르쳐주실 것입니다. 만일 가르쳐주시지 않으면 가르쳐주실 때까지 기다리면 되는 것입니다.

## 이스라엘 백성들의 준비

하나님은 '이 요단을 건너'라고 말씀하셨습니다. '이 요단'이라는 말 속에는 그만큼 요단을 건너는 것이 쉽지 않다는 의미가 들어 있습니다. 이스라엘 백성들이 요단을 건너려고 했을 때에는 봄철이라 눈이 녹아 요단강이 넘칠 때였습니다. 이때는 요단강을 건너는 것은 결코 쉽지가 않았습니다.

더욱이 요단강은 마치 광야와 문명사회를 갈라놓은 경계선 같았습니다. 이스라엘 백성들은 지난 40년 동안 문명이라 것은 접해보지 못했습니다. 학문이나 기술 같은 것과는 완전히 거리가 먼 생활만 40년을 했습니다. 그러나 가나안은 그 동안 많은 기술과 문명이 발전했습니다. 과연 어떻게 이스라엘 백성들이 이 요단을 건너 가나안으로 진격할 수 있겠습니까?

이것은 첫 관문부터가 쉽지 않았습니다. 이스라엘 백성들에게는 요단강을 건너는 일부터 불가능하게 보였습니다.

오늘 우리는 모두 이 사회 속으로 들어가서 크리스천으로서 성공적인 삶을 살기를 원합니다. 그것은 참으로 다행스러운 일입니다. 모두 산에 올라가서 땅굴을 파고 거기서 살려고 하지 않고 세상 속으로 들어가려고 하는 것은 잘하는 것입니다. 그러나 우리에게 어려운 것은 처음 요단강을 건너는 것 자체가 불가능하게 보이는 것입니다.

이때 우리는 결심을 해야 합니다. 그것은 인간적으로 미리 생각하지 말고 하나님이 인도하시는 길로만 가자는 것입니다. 아무리 길이 열리지 않아도 낙심하거나 좌절하지 말고 하나님이 인도하는 길로 한 걸음씩 한 걸음씩 나가는 것입니다.

**10-11절** 이에 여호수아가 그 백성의 관리들에게 명령하여 이르되 진중에 두루 다니며 그 백성에게 명령하여 이르기를 양식을 준비하라 사흘 안에 너희가 이 요단을 건너 너희의 하나님 여호와께서 너희에게 주사 차지하게 하시는 땅을 차지하기 위하여 들어갈 것임이니라 하라

여호수아는 하나님의 명령을 받고 이스라엘 지도자들에게 명령을 내려서 온 이스라엘 진을 두로 다니면서 이제 3일안에 가나안 땅에 들어갈 테니까 3일치 양식을 준비하라는 지시를 했습니다.

지금 이스라엘 백성이 요단강을 건너서 가나안 땅에 들어가는데 가장 중요한 것은 두 가지였습니다. 하나는 과연 어떻게 요단강을 건널 것인가 하는 것입니다. 그러나 이스라엘 백성들은 요단강을 건너는데 전혀 준비가 되어 있지 않았습니다. 그리고 두 번째는 요단강을 건너서 가나안 땅에 들어가서 무엇을 할 것이냐 하는 것입니다. 이 점에 있어서도 여호수아나 이스라엘 백성들은 아는 것이 전혀 없었습니다. 그들이 아는 것은 오직 하나 이제 요단강을 건너서 가나안 땅에 들어가는 것입니다.

지금 이스라엘 백성들이 요단강을 건너려고 하는 때는 헬몬 산에서 눈 녹은 물이 흘러서 요단강이 가장자리까지 가득 찰 때이고 물도 급

류가 되어서 흐를 때입니다. 그런데 여호수아는 이스라엘 백성들에게 요단강을 건너기 위하여 다리나 뗏목을 만들기 위하여 나무를 잘라 오라고 시키지도 않았습니다. 오직 사흘 양식만 준비하라고 했습니다. 그 이유가 무엇입니까?

여호수아나 이스라엘 백성들은 자기들의 힘으로는 요단강을 건널 수 없다는 것을 잘 알고 있었습니다. 그래서 그들은 자기들이 할 수 없는 것을 가지고 고민을 하지 않았습니다. 그들은 자기들이 할 수 없는 요단강을 건널 뗏목을 만든다든지 다리를 건설한다든지 하는 것으로 고민을 하지 않았습니다. 여호수아나 이스라엘 백성들이 한 것은 자기들이 할 수 있는 너무나도 작은 일이었습니다. 그것은 사흘 양식을 준비하는 것이었습니다.

우리를 때때로 너무 많은 것을 생각하고 쓸데없이 많은 것을 준비할 때가 많습니다. 하나님이 우리에게 원하시는 것은 하나님의 말씀에 순종하는 마음과 사흘 양식입니다. 그러면 사흘이 지나고 나면 어떻게 됩니까? 그것은 하나님이 알아서 하실 것입니다.

원래 만나는 단 하루만 지나도 냄새가 나고 벌레가 생기기 때문에 정상적으로는 도저히 사흘치를 준비할 수가 없었습니다.

그러나 하나님의 말씀은 지금까지의 우리의 경험보다 능력이 더 많으신 것을 알아야 합니다. 지금까지 아무리 안 되었던 것도 하나님이 하라고 하시면 하면 됩니다. 예수님은 소년이 바친 보리떡 다섯 개와 물고기 두 마리로 오천 명을 먹이셨습니다.

그런데 이스라엘 백성들 중에는 단 한 사람도 '만나는 하루만 지나면 썩는데 어떻게 사흘치를 준비하라고 하느냐?'라고 묻는 사람이 없었습니다. 이것은 모든 이스라엘 백성들의 마음이 하나로 준비되어 있는 것을 보여줍니다. 즉 여호수아가 뭐라고 하든지 일체 토를 달지 말고 하라고 하는 대로 하자는 믿음이 준비되어 있었던 것입니다.

이것을 통해서 우리가 알 수 있는 것은 우리가 이 세상에 들어가는 데 가장 준비되기 어려운 것이 믿음이 준비되는 것이라는 것을 알 수 있습니다.

우리가 믿음으로 준비되면 다른 준비는 쉬운 줄 믿으시기 바랍니다.

어떤 전쟁이든지 가장 중요한 것은 어느 부대가 선발로 발탁이 되느냐 하는 것입니다. 왜냐하면 선발부대로 발탁이 되면 가장 먼저 위험한 임무를 맡게 되고 희생이 그 만큼 더 커지게 되기 때문입니다. 그래서 보통 선발대를 뽑을 때에는 가장 용감하고 전투능력이 뛰어난 부대를 선택할 것입니다.

그런데 여호수아는 모세의 말대로 이스라엘 백성들에게 해야 할 것을 요구했습니다.

**12절 이하** 여호수아가 또 르우벤 지파와 갓 지파와 므낫세 반 지파에게 말하여 이르되 여호와의 종 모세가 너희에게 명령하여 이르기를 너희의 하나님 여호와께서 너희에게 안식을 주시며 이 땅을 너희에게 주시리라 하였나니 너희는 그 말을 기억하라 너희의 처자와 가축은 모세가 너희에게 준 요단 이쪽 땅에 머무르려니와 너희 모든 용사들은 무장하고 너희의 형제보다 앞서 건너가서 그들을 돕되

르우벤 지파와 갓 지파와 므낫세 반 지파는 이미 요단 동편에서 자기 땅을 차지해버렸기 때문에 어떻게 생각하면 답답할 것이 없는 사람들이었습니다. 사람의 마음이라는 것은 참으로 간사해서 무엇인가 자기에게 필요한 것을 얻기 전에는 무엇인가 하겠다고 약속을 여러 번 하지만 일단 필요한 것을 얻고 난 후에는 약속한 것을 어길 때가

많은 것입니다.

그래서 르우벤 지파나 갓 지파나 므낫세 반 지파는 요단 동편에서 이미 자기들의 땅을 얻었습니다. 물론 모세 때 가나안 땅에 들어가서 싸우겠다는 약속을 하기는 했지만 지금은 또 지도자가 바뀐 상황이었습니다. 자칫 잘못하면 우리는 굳이 가나안 땅에 들어가서 전쟁하지 않겠다고 잡아 뗄 수도 있는 상황이었습니다. 그러나 여호수아는 이 두 지파와 반 지파에게 처음 약속한 대로 하라고 했습니다. 여호수아는 모세의 약속 그리고 하나님께서 모세에게 한 말씀은 모두 철저하게 지키기로 결심을 했습니다. 그랬더니 이 두 지파와 반 지파가 아주 기꺼이 그렇게 하겠다고 나섬으로 너무나도 이스라엘은 힘을 얻게 되었습니다.

여기서 우리가 알 수 있는 것이 무엇입니까?

우선 첫째는 여호수아가 하나님의 말씀대로 나가니까 이스라엘 백성들의 마음이 하나가 되었습니다.

우리가 이 세상에서 사람의 마음을 잡는 것이 가장 어렵습니다. 어떤 사람은 힘으로 누르기만 하면 되지 않겠느냐고 하지만, 사람의 마음은 힘으로 누른다고 해서 되는 것은 아닙니다. 대개 사람들의 마음이 하나 되기 어려운 이유는 똑똑하기 때문입니다. 대개 사람들이 스스로 덜 똑똑하다고 생각할수록 리더의 말을 잘 따르게 되어 있습니다. 오리 같은 가축은 놀라울 정도로 앞장서서 가는 오리를 따라가는 것을 볼 수 있습니다. 우리나라 사람들이 하나 되기 어려운 이유는 다들 똑똑하기 때문입니다. 크리스천들도 하나 되기 어려운 이유가 나름대로 다 은혜 받은 것이 있고 아는 것이 있기 때문입니다. 그래서 똑똑한 사람들은 참으로 하나 되기가 어렵습니다. 그런데 놀라운 것은 지도자가 하나님의 말씀대로 하면 놀랍게도 모두 따라가게 되어 있습니다. 그런데 인간의 말은 처음에는 그럴듯한 것 같은데 나중에는 분쟁이 생기고 파벌이 생기게 됩니다. 왜냐하면 하나님의 말씀은 하나 되게 하는 힘이 있기 때문입니다.

여호수아는 모세도 지도하기 어려웠던 이 이스라엘 백성들을 하나님의 말씀으로 쉽게 하나 되게 만들었습니다.

여호수아는 두 지파와 반 지파에게 사정을 하지 않았습니다. '물론 모세와 약속하기는 했지만 사정은 변할 수도 있습니다. 그러나 지금은 여러분들의 협조가 꼭 필요한 때입니다. 부탁합니다.'라고 하지 않았습니다.

여호수아는 간단하게 '여호와의 종 모세가 너희에게 이렇게 이렇게 말했는데 너희는 그 말 대로 하라'고 하니까 아무도 반대하거나 토를 달지 않고 기꺼이 그렇게 하겠다고 했습니다. 여기서 우리가 알 수 있는 것은 우리가 세상으로 나가기 전에 가장 중요한 것이 이스라엘의 마음이 하나가 되는 것입니다. 하나님의 백성들은 백 명이 모이면 백 개의 생각이 있습니다. 그러나 이런 생각이 다 옳고 필요한 것이기 때문에 교인들은 절대로 자기 생각을 양보하지 않습니다. 그러다가 하나님의 말씀을 많이 듣고 나면 내 생각을 꺾고 다른 사람의 말에 귀를 기울이고 순종하게 됩니다. 그러면서 폭발적인 부흥과 기적이 일어나게 되는 것입니다. 이것이 안 되면 광야를 또 돌아와야 하는 것입니다.

여호수아는 결코 서두르지 않았습니다. 그는 이스라엘의 지도자로서 두 가지를 지시했습니다. 하나는 요단강을 건너기 위하여 양식을 준비를 하게 하는 것이고, 다른 하나는 요단 동편의 세 지파를 싸움에 나가게 한 것입니다. 여호수아가 한 일은 결코 대단한 일이 아니었습니다. 어떻게 보면 아주 작은 일이었습니다. 그러나 이스라엘 백성들은 여호수아의 명령에 전폭적으로 복종을 했습니다.

**16절** 그들이 여호수아에게 대답하여 이르되 당신이 우리에게 명령하신 것은 우리가 다 행할 것이요 당신이 우리를 보내시는 곳에는 우리가 가리이다

사실 이 말은 이스라엘 백성들이 하는 말이기도 하지만 하나님께서 이스라엘 백성들의 입을 통하여 여호수아에게 하시는 말씀이기도 했습니다.

여호수아라고 해서 요단강을 건너는 것이 무섭지 않는 것이 아니었습니다. 물론 여호수아도 하나님을 의지하고 일어서기는 했지만 마음 속에 걱정이라든지 의심이 없는 것도 아니었습니다.

그런데 여호수아가 하나님의 말씀에 의지해서 작은 순종했을 때 이미 이스라엘 백성들을 통해서 하나님이 함께 하시는 반응이 나타나기 시작했습니다.

우리는 사람의 입에서 하나님께서 하시는 음성을 들을 때가 자주 있습니다. 물론 어떤 때에는 하나님의 음성이 전혀 아닌 음성을 들을 때도 있습니다. 그러나 그런 말은 조금이라도 들을 필요가 없고 그것에 굴복할 필요가 없습니다.

그러나 하나님의 작은 뜻에 순종을 했는데 그 결과가 아주 좋게 나타날 때 이것은 하나님께서 나와 함께 하시는 증거입니다. 그리고 앞으로도 계속 이런 식으로 함께 하시겠다는 약속인 것입니다.

여호수아는 요단강을 건너기 위하여 많은 것을 준비하게 하지 않았습니다. 이것은 하나님의 방법이 준비되어 있다는 여호수아의 믿음이었습니다.

여호수아는 이스라엘 백성들의 지지를 얻으려고 하지 않았습니다. 내가 이스라엘 백성들에게 준비도 안 된 상태에서 가나안 땅으로 진격하자고 했을 때 과연 이들이 따라 줄 것인지 염려하지 않았습니다.

오로지 그는 자기 자신이 하나님의 말씀을 먼저 믿었고 백성들에게 하나님의 말씀을 그대로 전했습니다. 그런데 이스라엘 백성들은 여호수아의 말을 믿고 따라주었습니다.

우리는 이 세상 모든 일들을 다 완전하게 준비 할 수가 없습니다. 오늘 많은 사람들은 사실 쓸데없이 너무 많은 것을 준비하고 있습니다. 그것이 얼마나 국력이 낭비이며 개인적인 희생인지 모릅니다. 우리에게 믿음이 준비되면 이제부터는 하나님께서 우리를 준비시켜주실 것입니다.

오늘도 놀라운 부흥으로 하나님이 주신 믿음의 승리를 기뻐하며 영광 돌리는 여러분들이 되시기를 바랍니다.

# 여리고의 기생 라합

한번은 아프리카 어느 나라에서 코끼리들을 다른 곳으로 옮기는 모습을 텔레비전으로 보여주었습니다. 덩치가 엄청난 큰 코끼리들 여러 마리를 수십 키로 떨어진 다른 곳으로 옮기는 것은 보통 일이 아니었습니다. 우선 전문가들이 헬기를 타고 코끼리들을 어느 한 곳으로 몰아 마취 총을 쏘아서 기절을 시켰습니다. 그리고 난 후 큰 트레일러에 기중기로 실어서 기절한 코끼리들을 옮겼습니다. 다시 대형 헬기로 코끼리들을 줄에 달아서 원래 목적한 곳으로 옮긴 후에 마취에서 깨어나게 하는 것이었습니다. 코끼리들은 왜 사람들이 자기들을 몰아붙이고 기절을 시켜서 큰 트레일러와 헬기로 옮기는지 몰랐지만 정부에서는 코끼리를 살리기 위한 세밀한 계획이 있었던 것입니다.

요즘은 대형 건물들을 철거할 때 폭탄을 심어서 건물을 폭파시켜 철거하는 경우도 많이 있습니다.

그런데 예를 들어, 어느 회사에서 큰 빌딩 하나를 철거하려고 그 안에 폭파 장치를 다 해놓고 스위치를 누르려고 하는데 화면을 보니 건물 안에 실수로 아직 빠져나오지 않은 사람이 있다는 것을 알게 되었다면 폭파를 중단하고 사람을 건물 안으로 보내 아직 남아 있는 사람을 데리고 나오려고 할 것입니다. 왜냐하면 한 사람의 생명이라고 하는 것은 그만큼 중요한 것이기 때문입니다.

만약 어느 곳에 지진이 나서 건물들이 무너졌는데 구조대가 그 무너진 건물 더미 안에 할머니와 어린 아이 한 명이 살아있다는 것을 알게 되었다면, 다른 어떤 일을 다 제쳐놓고 할머니와 아이를 구조하려고 할 것입니다. 심지어는 대통령까지 나와서 할머니와 아이를 살리라고 할 것이고, 만일 그들이 살아서 나오게 되면 온 국민들이 기뻐하고 감격해할 것입니다. 왜냐하면 한 사람의 생명이 그만큼 중요하기 때문입니다.

하나님의 계획에 의하면 이미 오래 전부터 여리고 성은 폭파되기로 계획되어 있었습니다. 그래서 여리고 성 안에 있는 악하고 못된 사람들은 모두 하나님의 심판에 의해서 멸망당하게 되어 있었던 것입니다. 그런데 이 여리고 성 안에는 하나님에 대한 믿음을 가지고 있는 사람이 한 사람 있었습니다. 사람들 중에는 어느 누구도 이 악한 여리고 성 안에 하나님을 믿는 사람이 있다는 것은 알지 못했습니다. 이것은 여호수아도 알지 못했고 다른 이스라엘 제사장들도 알지 못했는데 하나님은 알고 계셨습니다. 그 사람은 여리고 성에서 가장 천한 직업을 가진 라합이라는 기생이었습니다. 그런데 하나님은 이 여인의 믿음을 보시고 건지실 계획을 가지셨습니다. 그래서 하나님은 오직 이 한 명의 여자를 살리기 위해서 이스라엘 백성들이 요단강을 건너기도 전에 여호수아의 마음을 움직이셔서 두 명의 정탐꾼이 여리고 성 안에 들어가게 하셨습니다. 그런데 이 두 정탐꾼은 하나님이 자기들을 이 위험한 곳에 보내시는 진짜 이유를 알지 못했습니다.

그런데 사람의 생명을 구하는데 있어서는 그 사람이 남자냐 여자냐, 혹은 부자나 가난한 자냐, 혹은 직업이 빵 집 아저씨냐 술집 아가씨냐 하는 것이 전혀 문제가 되지 않습니다. 왜냐하면 위기 앞에서는 인간의 생명은 모두 똑같이 소중하기 때문입니다. 이것은 하나님 앞에서 바로 우리의 모습입니다. 우리는 우리 자신의 가치도 알지 못하고 멸망을 향하여만 가고 있었는데 하나님이 우리를 구원할 계획을 가지고 계셨습니다.

우리는 멋도 모르고 예수를 믿은 것 같고, 구원을 받은 것 같지만 하나님은 우리 한 사람 한 사람을 구원하시기 위하여 정말 세밀한 계획을 세우시고 우리를 지금까지 몰아오신 것입니다.

### 이스라엘의 두 정탐꾼

여호수아는 요단강을 건너기 전에 먼저 여리고 성을 정탐하기 위하여 두 사람의 정탐꾼들을 여리고 성에 보내었습니다.

**1절** 눈의 아들 여호수아가 싯딤에서 두 사람을 정탐꾼으로 보내며 이르되 가서 그 땅과 여리고를 엿보라 하매 그들이 가서 라합이라 하는 기생의 집에 들어가 거기서 유숙하더니

여호수아는 하나님의 지시대로 요단강을 건너기 위해서 싯딤이라는 곳까지 오게 되었습니다. 바로 이 싯딤이라는 곳이 이스라엘 백성들이 요단강을 건너기 위한 최종 집결지였습니다. 여기서 여호수아는

당연히 어떻게 요단강을 건널 것인가 하는 것을 생각해야 하는데 그런 생각은 하지 않고 여리고 성의 사정이 어떤지 알아보기 위해서 두 명의 정탐꾼을 보내는 일을 했습니다. 이것은 평소의 여호수아의 자세로는 이해가 되지 않는 것입니다. 왜냐하면 원래 정상적인 여호수아라면 당연히 요단강을 건넌 후에 여리고 성을 공격하든지 말든지 생각해야 할 것입니다. 그런데 여호수아는 요단강을 건너는 것은 뛰어넘고 여리고 성을 알아봐야 하겠다고 생각을 한 것입니다. 우리는 이것이 잘 이해가 되지 않습니다. 우리는 지금까지 하나님은 모든 일을 차근차근하시는 줄로 알았는데 어떤 때는 껑충 뛰어넘어서 아직 가지도 않은 곳의 사정을 알아보게 하시다니 이해가 안 되는 것입니다.

그런데 여호수아가 여리고 성에 두 정탐꾼을 보낸 것은 자기 마음대로 한 것이 아니라 하나님이 보내라고 하셔서 한 것입니다. 왜 하나님은 이스라엘 백성들이 요단강을 건너는 것보다 여리고 성을 알아보게 하셨을까요? 그 이유는 여리고 성에 믿음을 가진 단 한 명의 여성 라합을 먼저 구원하기 위해서였던 것입니다. 그래서 하나님은 이스라엘 백성들이 그 중요한 요단강을 건너는 일보다 우선적으로 라합을 찾는 일을 먼저 하게 하셨습니다.

우리 같으면 여호수아가 정탐꾼을 보내는데 반대했을 것입니다. 왜냐하면 가나안 땅에 정탐꾼을 보낸다고 하는 것은 이미 40년 전에 실패한 방법이었기 때문입니다. 40년 전에 이미 여호수아 자신이 가나안 땅에 정탐꾼으로 갔을 때 다른 열 명의 정탐꾼들이 '우리는 가나안 땅을 정복할 수 없습니다'라는 부정적인 보고를 하는 바람에 이스라엘 백성들이 무려 40년 동안을 광야에서 고생을 했던 것입니다. 그러나 우리는 옛날에 실패했다고 해서 지금도 실패한다는 법은 없습니다. 우리는 내가 생각하기에 아무리 이치에 맞지 않고 하기 싫은 일이라 하더라도 하나님이 하라고 하면 해야 하는 것입니다. 왜냐하면 거기에 하나님께서 구원하시기 기뻐하시는 한 영혼이 있기 때문입니다. 비록 그가 아무리 기생이라 하더라도 하나님에게는 온 천하보다 더 중요한 한 생명인 것입니다.

그런데 이스라엘 두 정탐꾼들은 여리고 성에 들어간 지 얼마 되지 않아서 정체가 탄로가 되고 금방 여리고 군인에 의하여 쫓기는 신세가 되고 말았습니다.

**2-3절** 어떤 사람이 여리고 왕에게 말하여 이르되 보소서 이 밤에 이스라엘 자손 중의 몇 사람이 이 땅을 정탐하러 이리로 들어왔나이다. 여리고 왕이 라합에게 사람을 보내어 이르되 네게로 와서 네 집에 들어간 그 사람들을 끌어내라 그들은 이 온 땅을 정탐하러 왔느니라

여리고 성 사람들은 이스라엘 백성들에 대하여 상당히 신경을 쓰고 있었기 때문에 옷이나 태도나 수상한 이스라엘 두 정탐꾼의 정체는 금방 드러나게 되어서 이 두 사람은 쫓기게 된 것 같습니다. 결국 이 두 정탐꾼은 기생 라합의 집에 들어가 있었는데 왕은 라합에게 사람을 보내어서 그 두 정탐꾼들을 잡아내라고 통보를 했습니다.

여기 1절 끝에 보면 '그들이 가서 라합이라 하는 기생의 집에 들어가 거기서 유숙하더니'라고 되어 있습니다. 이것을 보면 기생 라합의 집은 여관을 겸했던 것 같습니다. 아마도 라합의 집은 술도 팔기도 하고 음식도 팔고 숙소도 제공을 했던 것 같습니다. 아마 두 이스라엘 정탐꾼은 낮에 여리고 시장이나 거리를 어슬렁거리다가 여리고 관원들의 불심 검문에 걸렸든지 혹은 추격을 당하게 되니까 기생 라합의 집으로 피했던 것 같습니다.

아마 여리고 군인들이 아무 말도 하지 않고 라합의 집에 쳐들어가서 수색을 했으면 두 정탐꾼들을 잡을 수 있었을지도 모르는데 그들은 들어가지 않고 이스라엘 사람들을 내어놓으라고 요구를 했습니다. 그것은 아마도 그들이 라합이 자기편이라고 너무 확신한 나머지 수색할 필요가 없다고 생각했는지도 모르겠습니다.

여리고 왕은 라합에게 집에 있는 이스라엘 자손을 내어놓으라고 명령을 내렸습니다. 이것은 왕이 내린 절대적인 명령이었고 어기는 날에는 라합은 반역자로 처형될 수도 있는 형편이었습니다. 그러나 라합은 왕의 명령을 거역하고 이 두 정탐꾼을 살렸습니다.

**4-6절** 그 여인이 그 두 사람을 이미 숨긴지라 이르되 과연 그 사람들이 내게 왔었으나 그들이 어디에서 왔는지 나는 알지 못하였고. 그 사람들이 어두워 성문을 닫을 때쯤 되어 나갔으니 어디로 갔는지 내가 알지 못하나 급히 따라가라 그리하면 그들을 따라잡으리라 하였으나. 그가 이미 그들을 이끌고 지붕에 올라가서 그 지붕에 벌여 놓은 삼대에 숨겼더라

라합은 군인들이 집안을 수색할 것에 대비해서 두 이스라엘 정탐꾼들을 지붕 위에 있는 삼대 밑에 숨겼습니다. 그리고 라합은 너무나도 태연하게 군인들에게 거짓말을 했습니다. 즉 그런 사람이 여기에 들어온 적이 없다고 시치미를 떼 봐야 더 의심을 받을 것이 분명하기 때문에 그런 사람들이 실제로 들어왔다고 했습니다. 그런데 나는 그 사람들이 어디 사람들인지 몰랐고 그 사람들은 성문 닫을 때쯤 되서 성 밖으로 나가는 것을 보았다고 말을 했습니다. 그런데 여리고 군인들은 라합의 거짓말을 믿고 더 이상 집을 수색하지 않고 라합의 말대로 이 정탐꾼들을 잡으려고 성 밖으로 몰려나갔습니다.

사실 여호수아가 두 명의 정탐꾼을 여리고 성에 보낸 것은 아주 무모한 짓이 될 수 있었습니다. 왜냐하면 그렇지 않아도 여리고 성 사람들은 이스라엘 백성들에게 신경을 곤두세우고 있었기 때문에 이 두 정탐꾼들은 정체가 들통 나기 딱 좋았던 것입니다. 그런데 만일 이스라엘 백성들이 요단강을 건너기도 전에 두 명의 이스라엘 사람들이 잡혀서 죽어서 목이 성에 매달려 있으면 이스라엘 백성들이 크게 낙심을 했을 것이고 여호수아의 지도력도 많이 흔들렸을 것입니다.

그러나 하나님께서 이 두 명의 정탐꾼의 정체가 드러나서 쫓기게 하심으로 결국 라합의 신앙이 드러나게 하셨습니다. 결국 이 모든 것은 하나님이 하셨던 것입니다.

만약 이 두 정탐꾼들에게 아무 일이 없었더라면 라합도 두 사람에게 자기 신앙을 이야기 할 기회를 노리다가 놓쳤을 수도 있습니다. 또 라합이 두 사람에게 불쑥 자기는 하나님을 믿는다고 해봐야 두 사람이 믿지도 않았을 것입니다. 그러나 하나님은 이 두 정탐꾼을 위기에 몰아붙임으로서 꼼짝 못하고 라합의 도움을 받게 하셔서 결국 그의 믿음의 이야기를 듣게 하셨던 것입니다.

기생 라합은 아주 용기가 있는 사람이었습니다. 라합은 자기 나라 여리고를 배반하고 두 이스라엘 정탐꾼들을 살림으로 그는 하나님의 백성이 되기를 원했습니다.

그런데 많은 사람들이 라합이 너무나도 멋지게 거짓말을 해서 여리고 왕의 군대를 따돌린 것을 보고 '우리도 선의의 거짓말을 해도 되는가?' 라는 생각을 하게 됩니다. 왜냐하면 성경은 라합이 거짓말을 해서 정탐꾼을 살린 것을 전혀 나쁘게 말하지 않고 오히려 이것을 그의 믿음으로 보기 때문입니다. 그래서 어떤 사람들은 선의의 거짓말은 해도 된다고 주장을 하기도 합니다.

그러나 우리가 보통 때 하는 선의의 거짓말도 다 죄가 되기 때문에 회개를 해야 합니다. 그러나 라합이 여기서 여리고 왕의 군사들에게 거짓말을 한 것은 선의의 거짓말 차원이 아닙니다. 이것은 자기 나라를 배반하는 것이었습니다. 결국 믿음이라고 하는 것은 자신의 나라와 왕을 배반하고 하나님의 나라의 백성이 되는 것입니다.

라합은 여리고 사람들에게 자신의 신앙을 감추었습니다. 그리고 라합은 거짓말을 해서 자기도 살고 이스라엘 두 정탐꾼들도 살렸습니다. 이것이 영적 전쟁입니다. 나라가 전쟁을 할 때 모든 것을 비밀로 해서 암호로 명령을 주고받을 뿐 아니라 어떤 때는 거짓 역선전을 해서 적을 속이기기도 합니다. 이것은 전쟁을 하는데 아주 중요한 전략인 것입니다. 우리는 교회 안에서 일어나는 일에 대하여 예수 믿지 않는 사람들에게 모든 것을 다 이야기할 필요가 없고 또 해서도 안 됩니다. 왜냐하면 그 사람들은 그런 이야기를 가지고 교회를 공격하는데 쓰기 때문입니다.

그런데 여성들의 무서운 무기가 상대방을 믿게 만드는 것입니다. 삼손 같은 믿음의 영웅도 들릴라의 속임수에 넘어가서 머리털이 밀리고 눈알이 뽑히게 됩니다. 결국 우리의 신앙은 사탄과의 머리싸움일 때가 많습니다. 우리는 사탄이 어떻게 우리를 넘어지게 하려고 하며 이때 우리가 어떻게 하면 사탄을 따돌릴 수 있는지 생각을 해야 합니다. 그래서 라합이 여리고 병사들을 멋지게 따돌린 것은 술집을 오래해서 생긴 지혜는 아닌 것 같습니다. 이것은 하나님께서 라합에게 주신 지혜인 것입니다.

## 기생 라합의 믿음

기생 라합은 여리고 왕의 군사들을 따돌린 후에 자기 이야기를 하기 시작했습니다. 그런데 라합이 이야기한 것은 자기가 어떻게 해서 기생이 되었는지 하는 자신의 신세 한탄도 아니었고 앞으로 이스라엘이 어떻게 할 것인지에 대한 질문도 아니었습니다. 라합이 이스라엘 두 정탐꾼에게 말한 것은 완전한 자신의 신앙 고백이었습니다.

우선 라합은 자기가 이렇게 하는 이유는 이스라엘에 대하여 들은 소문을 이야기 했습니다.

**9-10절** 말하되 여호와께서 이 땅을 너희에게 주신 줄을 내가 아노라 우리가 너희를 심히 두려워하고 이 땅 주민들이 다 너희 앞에서 간담이 녹나니. 이는 너희가 애굽에서 나올 때에 여호와께서 너희 앞에서 홍해 물을 마르게 하신 일과 너희가 요단 저쪽에 있는 아모리 사람의 두 왕 시혼과 옥에게 행한 일 곧 그들을 전멸시킨 일을 우리가 들었음이니라

라합의 말을 들어보면 이스라엘 백성들이 출애굽한 사건은 전 세계적인 뉴스 거리였던 것을 알 수가 있습니다. 주위에 있는 모든 나라 사람들이 이스라엘 백성들의 출애굽 사건을 통하여 여호와가 누구신지 알게 되었습니다. 그들이 알게 된 여호와는 온 세상을 주장하시는 참 신이셨습니다. 그 하나님은 바로를 이기셨고 홍해를 갈랐으며 요단 동편에 있는 두 왕 시혼과 옥을 전멸시키셨습니다. 여기서 그들이 듣게 된 것은 아주 강력한 한 신이 나타나셨다는 것입니다. 그리고 그는 아주 능력이 많으신데 이 분은 죄인의 나라는 완전히 심판하신다는 것입니다. 라합은 지금까지 되어진 일을 보면 여리고는 반드시 망할 수

밖에 없는데 라합은 직업이 기생이었습니다. 라합은 자기 자신도 죄짓는 생활을 해 왔지만 여리고 성에서 일어나는 모든 추잡하고 더러운 죄들은 다 알고 있었을 것입니다.

그러나 라합의 마음속에는 이 죄악된 삶을 떨쳐버리고 새로운 삶을 살고 싶은 마음이 강하게 있었습니다. 그런데 하나님은 그 마음을 귀하게 생각하셔서 이 두 사람의 이스라엘 정탐꾼을 보내신 것입니다.

하나님께서 이 세상에서 최고로 귀하게 생각하는 것은 우리가 생각하는 것과 근본적으로 다릅니다. 우리는 누가 최고의 성적을 거두었으며 누가 나라를 위해서 큰일을 했는가 하는 것을 가지고 칭찬을 합니다. 그러나 하나님이 가장 귀하게 보시는 것은 누가 지금 하나님의 말씀을 듣고 은혜를 받고 있으며 누가 지금 새로운 삶을 살려고 결단을 하고 있느냐 하는 것입니다. 하나님은 그런 사람을 가장 귀하게 생각하십니다.

만약 라합이 이 두 사람을 신고하고 넘기면 많은 상을 받았을 것이고 그의 술집은 더 장사가 잘되었을 것입니다. 그러나 라합은 이 세상에서 돈을 더 받고 장사가 잘되는 것보다 새로운 사람이 되기를 원했습니다. 그는 이 죄악된 여리고와 함께 멸망하고 싶지 않았고 하나님의 백성들과 함께 새로운 삶을 살기를 원했습니다. 이 믿음이 그로 하여금 위기에 빠진 이스라엘 백성들을 숨기게 했습니다. 이것이 바로 자기가 살 수 있는 길이었습니다.

다른 사람들은 이스라엘 자손들에 대하여 관심은 가지면서도 죄를 버리는 것을 원치 않았습니다. 그러나 라합은 여리고에 대한 미련을 과감하게 버렸습니다. 왜냐하면 지금까지 들은 소문에 의하면 이스라엘 백성들이 가는 곳마다 죄악의 도시를 모두 다 멸망하고 말았기 때문입니다.

그리고 라합은 하나님에 대한 자신의 신앙을 고백했습니다.

**11절** 우리가 듣자 곧 마음이 녹았고 너희로 말미암아 사람이 정신을 잃었나니 너희의 하나님 여호와는 위로는 하늘에서도 아래로는 땅에서도 하나님이시니라

여리고 사람들은 하나님께서 가나안 땅의 죄를 심판하시기 위하여 이스라엘 자손들을 보내신 것을 알았습니다. 그리고 여리고 성이 가나안 땅에서는 그 첫 번째 성이 될 것입니다. 여리고 사람들은 여리고에 대한 하나님의 심판은 임박한 것을 알았습니다. 그러나 여리고 사람들은 아무도 자신들의 죄를 버리고 회개하려고 하지 않았습니다. 오히려 여리고 성 사람들은 마음이 더 강퍅하여져서 이스라엘을 대적하려고 했습니다. 그 이유는 이미 여리고의 죄는 회개할 수준을 넘어섰기 때문입니다. 회개도 하나님께서 은혜를 주셔야 할 수 있는 것이지, 자기가 회개하고 싶다고 해서 회개할 수 있는 것이 아니기 때문입니다. 라합은 '너희의 하나님 여호와는 위로는 하늘에서도 아래로는 땅에서도 하나님'이라고 했습니다. 하나님은 하늘에도 하나님이시고 땅에서도 하나님이신 온 세상의 주인이신 하나님이신 것입니다.

그리고 난 후 라합은 가장 중요한 이야기를 했습니다. 그것은 자기가 그들의 목숨을 살려주었기 때문에 이제는 그들이 자기와 가족들에게 인애를 베풀어 달라는 것입니다.

**12-13절** 그러므로 이제 청하노니 내가 너희를 선대하였은즉 너희도 내 아버지의 집을 선대하도록 여호와로 내게 맹세하고 내게 증표를 내라. 그리고

나의 부모와 나의 남녀 형제와 그들에게 속한 모든 사람을 살려 주어 우리 목숨을 죽음에서 건져내라

여기서 중요한 표현이 '선대하다'는 말입니다. 히브리어로 '헤쎄드' 인데 '인애'라고 번역이 됩니다. 즉 '인애'는 다른 사람에 대하여 책임이 있는 사랑을 하는 것을 말합니다. 하나님의 백성에게 있어서 가장 중요한 것은 바로 이 '인애'입니다. 이것은 상대방에게 약속한 것은 어떤 일이 있어도 반드시 지키는 것을 말합니다. 이것은 자신을 희생하면서 상대방을 살리는 것을 의미합니다. 결국 하나님의 백성들에게 가장 중요한 것은 바로 이 인애입니다.

하나님의 백성들은 다른 사람들에게 신실한 사람이 되어야 하고, 결코 그들의 신뢰를 배반하는 일을 해서는 안 됩니다. 그러나 나중에 이스라엘 백성들은 이 인애를 잃어버림으로 망하게 됩니다. 호세아 선지자는 이스라엘 백성들을 향하여 '너희의 인애가 아침 구름이나 쉬 없어지는 이슬 같도다'(호 6:4)고 말을 했습니다. 하나님의 백성들이 욕심을 가지게 되면 인애를 지키기가 어렵게 되고 오히려 다른 사람을 자신의 성공을 위한 수단으로 이용하려고 하게 됩니다. 하나님의 백성들에게 있어서 인애를 잃어버리면 하나님의 백성의 생명을 잃어버리게 됩니다.

예전에 상영했던 선교 영화 '미션'을 보면 남미의 폭포 위에 있는 과라니 족들에게 선교하기 위해서 한 선교사가 갔는데 이 선교사는 붙들려서 십자가에 매여서 폭포 밑으로 떨어져 죽습니다. 그때 폭포 밑에 두 명의 예수회 수도사가 와서 누가 다시 절벽 위에 올라가서 원주민들에게 선교할 것인가 하는 것을 이야기를 합니다. 그러자 한 신

부가 자기가 젊기 때문에 자기가 가야 한다고 하니까 나이든 신부는 자기가 죽은 신부를 보내었기 때문에 자기가 가야 한다고 해서 자기가 올라가서 선교를 하다가 역시 죽습니다. 이런 것을 보면 기독교인들에게 있어서 신의라고 하는 것은 목숨과 같은 것이고 함부로 약속을 해서는 안 되고, 또 함부로 말해서도 안 되고, 한번 말한 것은 반드시 지켜야 하는 것입니다.

하나님께서는 먼저 이 두 정탐꾼으로 라합의 사랑을 입게 하심으로 그들이 라합의 요구를 거절할 수 없게 하셨습니다. 결국 두 정탐꾼은 라합이 자기들의 목숨을 살려주었기 때문에 이제는 자기들이 약속을 해야만 하게 되었습니다. 그래서 하나님은 라합으로 하여금 구원을 얻되 비굴하게 구원 얻는 것이 아니라 당당하게 구원을 얻게 하셨습니다.

기생 라합이 왕의 명령을 두려워하지 않고 거역하고 두 정탐꾼을 살린 것은 왕의 명령보다 하나님의 심판을 더 두려워했기 때문입니다. 아마도 라합이 여리고를 버릴 수 있었던 것은 그가 여리고에서 기생일을 하면서 이 여리고에 대해서 환멸을 느꼈기 때문이었을 것입니다. 우리는 때때로 이 세상에 실망을 하고 환멸을 느껴야 천국을 소망하게 됩니다. 그런데 요즘 보게 되는 기독교인들의 특징은 세상이 너무 살기 좋기 때문에 천국을 가려고 하지 않는 것입니다. 어떻게 해서든지 교회를 더 멋있게 만들고 이상적으로 만들고 천국을 가려고 하지 않고 세상에서 온갖 명예나 좋은 것을 다 누리려고 하는 것입니다. 그러나 우리는 이 세상에 대하여 실망을 해야 합니다. 그리고 우리는 우리가 가야 할 곳과 우리가 소망하는 곳이 어디인지 분명히 인식을 해야 합니다. 결국 이 세상을 위해서 사는 사람들은 세상이 자기 생각과 다를 때 맨붕을 겪게 될 것입니다. 그러나 이 세상은 언제나 그런 것입니다.

## 두 정탐꾼의 약속

**14절** 그 사람들이 그에게 이르되 네가 우리의 이 일을 누설하지 아니하면 우리의 목숨으로 너희를 대신할 것이요 여호와께서 우리에게 이 땅을 주실 때에는 인자하고 진실하게 너를 대우하리라

하나님께서 두 사람의 이스라엘 정탐꾼을 여리고에 보내신 것은 아무도 알지 못하는 가운데 하나님에 대한 믿음을 가지고 있는 라합을 구원하시기 위해서였습니다. 라합은 위대하신 하나님께서 자기처럼 천한 직업을 가진 이방인을 알고 계실 뿐 아니라 자기 한 사람을 위하여 이런 계획을 가지고 계신 줄을 알지 못했을 것입니다. 그러나 하나님께서는 우리 마음속에 있는 작은 믿음을 알고 계시며 그것을 이루시기 위하여 생각지도 못한 사람들을 사용하시고 또 만나게 하시는 것입니다.

이제 두 사람의 정탐꾼은 라합에게 가장 중요한 약속을 했습니다. 그것은 라합이 자기 생명을 걸고 그들의 목숨을 살려준 것처럼 이제 자기들도 목숨을 걸고 라합과 그 가족의 생명을 지켜주겠다는 것입니다. 두 정탐꾼들은 라합에게 한 가지 약속을 받고 그들을 살려주겠다고 약속을 했습니다.

그 조건이라고 하는 것은 라합과의 약속을 다른 사람들에게 누설하지 않는다는 것이었습니다. 14절 상반절에 보면 '그 사람들이 그에게 이르되 네가 우리의 이 일을 누설하지 아니하면'이라고 했습니다. 왜 이 두 정탐꾼은 자기들의 이 약속이 다른 사람들에게 누설되는 것을 원치 않았을까요? 할 수 있으면 더 많은 사람들이 이 약속을 알고 구원을 받으면 좋은 일이 아닐까요?

이것은 결코 그렇게 간단한 문제가 아니었습니다. 왜냐하면 여리고성 사람들은 모두 하나님 앞에서 멸망당하기로 작정되어 있었기 때문입니다. 그럼에도 불구하고 라합이 이 사실을 발설함으로 많은 거짓된 신앙 고백자가 생기게 되면 자기들이 책임을 져야하기 때문입니다. 신앙은 생명과 생명을 맞바꾸는 것입니다. 예수님의 생명과 우리 생명을 맞바꾸는 것입니다. 그래서 장난삼아 믿는 사람들까지 다 구원할 수는 없는 것입니다.

야고보서에서는 이렇게 말씀하고 있습니다.

**약 2:25** 이와 같이 기생 라합이 사자들을 접대하여 다른 길로 나가게 할 때에 행함으로 의롭다 하심을 받은 것이 아니냐

즉, 라합이 행위로 구원을 얻는 것은 아닙니다. 누구든지 하나님 앞에서 행위로는 의롭다 함을 받을 수 없습니다. 더욱이 라합은 직업이 기생이었기 때문에 많은 죄를 지었을 것입니다. 그러나 라합은 믿음으로 구원을 받았습니다. 그러나 그 믿음은 속으로만 하나님을 믿는 생각이 아니었습니다. 이것은 자기 목숨을 걸고 위기에 빠진 두 정탐꾼을 살려주는 행동으로 나타난 믿음이었습니다.

오늘 사람들은 생각만 합니다. 생각으로만 이스라엘 백성들을 숨겨주어야지라고 생각하고 행동은 하지 않습니다. 그러나 믿음은 행동에 옮기는 것입니다. 지적인 동의만으로 위기를 이길 수가 없습니다.

그런데 기생 라합은 두 정탐꾼의 구원의 약속을 받은 후에도 다시 한 번 이 사람들이 어디로 피신을 해야 하는지 자세하게 가르쳐 주었습니다. 그것은 바로 요단 강 쪽으로 가지 말고 반대편 산 쪽으로 가서

거기서 3일 정도 숨어 있다가 수색이 완전히 끝난 후에 요단 나루턱으로 가라는 것입니다.

라합이 이 두 정탐꾼을 도울 수밖에 없었던 이유는 바로 이 두 사람이 살아야 자기가 살 수 있기 때문입니다. 왜냐하면 라합이 하나님께 대한 믿음을 가지고 있으며 그가 자기 목숨을 걸고 이스라엘 사람을 도왔다는 것을 증명할 수 있는 사람은 이 두 사람 밖에 없었기 때문입니다. 그래서 만약 이 두 사람이 죽어버리면 라합의 수고는 아무 소용이 없어지기 때문입니다. 가끔 이 세상에는 그런 억울한 일을 당하는 사람들이 있을 것입니다. 즉 자신의 무죄를 인정해 줄 사람이 죽어버리는 바람에 누명을 뒤집어쓰고 감옥에 갇혀 있는 것입니다. 그러나 하나님은 절대로 실수하시지 않습니다. 왜냐하면 이미 하나님께서는 라합을 구원하시기 위하여 이 두 사람을 보내셨기 때문입니다. 그러나 라합은 아무리 하나님의 뜻을 믿는다 하더라도 사람의 상식으로 할 수 있는 최선의 지혜를 다하여 이 두 사람을 도왔습니다.

이 두 사람은 여리고를 떠나기 전에 라합과 다시 한 번 자기들이 세운 언약을 재확인했습니다.

**17-20절** 그 사람들이 그에게 이르되 네가 우리에게 서약하게 한 이 맹세에 대하여 우리가 허물이 없게 하리니 우리가 이 땅에 들어올 때에 우리를 달아 내린 창문에 이 붉은 줄을 매고 네 부모와 형제와 네 아버지의 가족을 다 네 집에 모으라 누구든지 네 집 문을 나가서 거리로 가면 그의 피가 그의 머리로 돌아갈 것이요 우리는 허물이 없으리라 그러나 누구든지 너와 함께 집에 있는 자에게 손을 대면 그의 피는 우리의 머리로 돌아오려니와 네가 우리의 이 일을 누설하면 네가 우리에게 서약하게 한 맹세에 대하여 우리에게 허물이 없으리라 하니

우선 첫째는 자기들을 내리운 창문에 붉은 줄을 매달라는 것입니다. 여기서 이 두 정탐꾼은 무엇보다 라합의 집을 자기들이 찾기 쉬워야 한다고 생각한 것 같습니다. 왜냐하면 성위에 비슷한 집들이 다닥다닥 붙어 있는데 시간이 지난 후에 다시 라합의 집을 찾는다는 것을 어려울 수도 있기 때문입니다.

그래서 먼 곳에서도 그 창문에 있는 붉은 줄을 보면 금방 라합의 집을 찾을 수 있도록 붉은 줄을 매달게 한 것입니다. 이 붉은 줄은 이스라엘 백성들이 출애굽 할 때에 문기둥에 발랐던 양의 피와 관계가 있습니다. 즉 죽음의 천사가 애굽에 내려왔을 때 문기둥에 어린양의 피가 있는 집은 넘어간 것처럼 붉은 줄을 볼 때에 이스라엘 백성들은 라합의 집을 멸하지 않고 그냥 넘어가겠다는 약속인 것입니다.

그리고 이 두 정탐꾼은 라합의 식구들이 여리고 사람들과 구별된 생활을 할 것을 요구하였습니다. 즉 만일 그들이 마음대로 시내를 돌아다니다가 이스라엘 백성들의 칼에 맞아 죽었다면 그 피에 대해서는 책임이 없는 것입니다. 그래서 라합의 식구들이 목숨을 건지기 원한다면 이제부터는 절대적으로 라합의 말만 듣고 집밖으로 나가지도 말고 또 다른 손님들을 받지도 못하게 된 것입니다. 그래서 이스라엘 사람들이 찾아온 후부터 라합의 집은 변하게 되었습니다. 즉 예전처럼 여리고 사람들과 어울려서 놀지도 못하고 더 이상 라합도 술장사를 한다거나 여관업이나 매춘업을 하지 못합니다. 이것이 어떻게 보면 라합의 식구들에게는 큰 고통이 아닐 수 없습니다. 그리고 지금까지 친했던 이웃들이나 주변 사람들과도 더 이상 친할 수가 없었습니다. 그들은 눈에 보이지 않는 이스라엘 백성으로 살아야만 했습니다. 그리고 언제 이스라엘 백성들이 올지 모르기 때문에 언제나 긴장하고 있어야만 했습니다.

**21절** 라합이 이르되 너희의 말대로 할 것이라 하고 그들을 보내어 가게 하고 붉은 줄을 창문에 매니라

라합이 두 정탐꾼을 보내고 가장 먼저 한 것이 무엇일까요? 바로 붉은 줄을 매다는 것이었습니다. 우리 생각에 두 정탐꾼이 무사하게 요단강을 건너 이스라엘 진영으로 돌아가려면 아직 여러 날이 남았고 또 이스라엘 백성들이 강을 건너 쳐들어오려면 더 여러 날을 기다려야 할 것입니다. 그럼에도 불구하고 라합은 바로 그 즉시부터 붉은 줄을 매었습니다. 그것은 이것이 가장 중요한 것이었기 때문입니다. 우리에게 구원과 관계되는 일은 가장 우선적으로 해야 합니다. 사람들은 아직 죽을 때가 멀었다고 생각해서 구원에 관하여 등한히 합니다. 그러나 차차 믿겠다고 하다가 혹시라도 잊어버리게 된다면 아무리 후회를 해도 소용이 없기 때문입니다. 그래서 정탐꾼들이 돌아간 후로 라합의 집에서는 가장 중요한 것이 그 붉은 줄이 잘 매여져 있느냐 하는 것을 확인하는 일일 것입니다. 왜냐하면 그 줄이 자기들의 목숨을 지켜주는 보증이기 때문입니다.

두 정탐꾼은 무사하게 여호수아에게 돌아가서 중요한 보고를 할 수 있게 되었습니다. 그것은 여리고 성 안에서 하나님을 믿는 한 가정이 있다는 것과 자신들이 그의 도움을 받아서 위기를 벗어난 이야기입니다. 그리고 하나님께서 이미 여리고 사람들의 마음을 낙담케 하셔서 그들이 이스라엘을 크게 두려워하고 있다는 소식이었습니다.

**23-24절** 그 두 사람이 돌이켜 산에서 내려와 강을 건너 눈의 아들 여호수아에게 나아가서 그들이 겪은 모든 일을 고하고 또 여호수아에게 이르되 진

실로 여호와께서 그 온 땅을 우리 손에 주셨으므로 그 땅의 모든 주민이 우리 앞에서 간담이 녹더이다 하더라

이 두 사람은 여호수아에게 승리를 확신할 수 있다고 보고했습니다. 여호수아와 이스라엘 백성들은 아직 어떻게 요단강을 건널지 모릅니다. 그리고 어떻게 그 성을 무너지게 할지 모릅니다. 그러나 분명한 것 하나는 자신들이 여리고를 이긴다는 것입니다. 무엇으로 그것을 알 수 있습니까? 모든 여리고 성 사람들이 이스라엘 백성들을 두려워하고 있더라는 것입니다. 우리가 두려워하고 있는 사람들과 싸우는 것은 반드시 이기게 됩니다.

# JOSHUA

# 요단강의 기적

한강에는 여러 개의 댐들이 만들어져 있습니다. 그래서 큰 비가 내리면 댐에서 엄청난 양의 물이 떨어지게 되는데 댐에서 떨어진 물들이 또 솟구쳐 오르는데 멋진 장관을 이루게 됩니다. 한번은 텔레비전에서 화면으로 비추어주는데 댐에서 물이 떨어지면서 그 물을 타고 물고기들이 뛰어 오는 모습이었습니다. 사실 댐이 높으면 물고기들이 댐을 거슬러 올라갈 수가 없어서 거의 대개 다시 아래로 떨어지게 됩니다. 그런데 물고기들의 힘이 얼마나 센가 하면 댐에서 떨어지는 물을 거슬러 상류를 향해 올라가는 물고기들이 있는 것입니다. 물고기들이 댐을 뛰어 오르지 못하면 그냥 댐 아래서 오글오글 모여 있을 수밖에 없지만 댐에서 떨어지는 물을 차고 올라가면 더 넓은 호수에서 마음껏 헤엄을 치면서 지낼 수가 있습니다. 마찬가지로 아이들이 공부하기 싫어서 공부하는 것을 게을리하게 되면 상급 학교에 들어갈 수가 없습니다. 그러면 그 학생의 배움은 그것으로 끝나고 맙니다. 그러나 학생들이 공부할 기회가 주어졌을 때 열심히 공부를 하면 더 좋은 학교에서 좋은 강의를 들으며 좋은 친구들을 사귀면서 좋은 도서관에서 마음껏 책을 빌려서 많은 지식을 배울 수 있게 됩니다.

지금 우리나라에서는 젊은이들의 수도권 집중이 더 심해지고 있습니다. 그래서 과거 십 년 전에 비해서 더 많은 젊은이들이 서울에서 직장과 가정을 가지고 더 좋은 문화적인 혜택을 누리면서 살려고 합니다. 그러나 젊은이들이 서울에 상경한다고 해서 다 성공할 수 있는 것은 아닙니다. 옛날에는 가난한 집에서 무조건 서울에 상경을 해서 밑바닥 인생부터 올라가는 사람들은 거의 다 실패를 하게 됩니다. 서울에 적응하는 가장 좋은 방법은 교육이기 때문에 사람들은 할 수 있는대로 서울에 있는 대학에 진학을 하려고 애를 쓰고 있는 것입니다. 그러면 지방에 있는 젊은이들은 어떻게 성공적인 삶을 살 수 있느냐 하는 문제가 생기게 되는 것입니다.

저는 어렸을 때 중학교 시험을 치기 위해서 서울에 올라갔습니다. 그때 우리 집은 완전히 빈털터리였습니다. 그래서 학교에 다니지도 못하고 상당한 시간 다른 집의 양계장에 얹혀서 살았는데 나중에 김 진홍 목사님의 청계천 이야기를 들으니까 그 양계장이 아니었더라면 우리도 청계천 신세를 면할 수 없었겠구나하는 생각이 들었습니다. 저는 당시 학교는 다니지 못했어도 교회를 열심히 다녔습니다. 그때 저는 인격적으로 주님을 만나지 못한 상태였지만 그래도 무엇인가 알 수 없는 힘이 저를 인도하고 계셨습니다. 그리고 하나님은 저에게 대학 교육을 받을 수 있는 길을 주셨습니다. 물론 이 대학 교육을 통해서 인생의 자신감을 얻은 것은 사실이지만 내 자신을 찾지 못했습니다. 그러다가 어느 날 주님의 말씀을 듣고 무릎 꿇고 기도하는 가운데 주님을 나의 주 나의 하나님으로 영접하게 되었습니다. 그리고 제 인생은 완전히 변하기 시작했습니다. 즉 서울이 아니라 이 세상 어디를 가든지 살아남을 수 있는 자신감을 가지게 된 것입니다. 그때 제가 깨닫게 된 것은 무조건 세상에 적응하는 것이 중요한 것이 아니라 '하나님의 인도하심'이 중요하다는 것을 알게 되었습니다.

사도 바울은 당시 유대인들에게는 가장 중요한 예루살렘 출신이 아니었습니다. 바울은 소아시아 수도 중 하나인 길리기아 다소 출신이었습니다. 바울은 확실히 예루살렘 사람들에 비해서는 출신이 떨어지는 편이었습니다. 그러나 바울은 예루살렘으로 유학을 가서 율법으로 성공을 한 것 같았습니다. 실제로 바울은 길을 찾지 못하고 있었고 그가 정말 자신의 길을 찾게 되었을 때에는 예수 믿는 사람들을 핍박하기 위해서 다메섹으로 가다가 길에서 주님을 보고 땅에 엎드러져서 시력을 잃어버렸을 때였습니다. 나중에 바울은 자기는 예수 그리스도는 아는 지식이 너무 고상하기 때문에 예전에 자기가 자랑하던 학벌이나 가문이나 세상의 성공을 모두 배설물로 버렸다고 말을 했습니다.

하나님께서는 우리를 이 세상에서 부르셔서 하나님을 믿는 사람들이 되게 하십니다. 이때 우리는 세상의 모든 좋은 것들과 끊어지는 체험을 하게 됩니다. 그 후에 하나님은 우리를 다시 세상에 들어가게 하셔서 세상에서 살게 하시는데 이때 우리는 이미 세상에서 성공하기에는 한 발 늦을 때가 많고 세상은 이미 높은 담을 쌓아서 우리가 들어갈 수 없도록 막을 때가 많습니다. 이때 우리는 하나님의 인도하심을 따라가면 얼마든지 이 세상에 들어갈 수 있는 길이 있고 성공할 수 있는 기회가 있다는 것을 믿어야 하는 것입니다.

이스라엘 백성들은 애굽을 떠난 후 40년 동안 광야를 돌아다녔습니다. 20년 동안 이스라엘 백성들은 학교의 문턱에도 가 본 적이 없고 세상의 교양이나 문화는 단 한번이라도 체험해 본 적이 없었습니다. 심지어 이스라엘 백성들은 전부 옷 한 벌을 가지고 40년을 살아야 했고 샌들 하나를 가지고 40년을 끌고 다녀야만 했습니다. 그런데 하나님께서는 이스라엘 백성들에게 가나안 땅에 들어가서 가나안을 정복하라고 하셨습니다. 그런데 이스라엘 백성들은 가나안 땅에 들어가기는커녕 그 땅에 발을 들여놓을 수 있는 방법이 없었습니다. 왜냐하면 이스라엘 백성들은 일단 요단강을 건너야 가나안 땅에 발을 디뎌놓을 수가 있는데 이스라엘 백성들은 요단강을 건널 수가 없었기 때문입니다. 그러나 하나님께서는 이스라엘 백성들이 요단강을 건널 수 있는 길을 준비해놓고 계셨습니다. 그것은 바로 하나님의 말씀에서 나오는 능력이었습니다. 하나님은 옛날 홍해를 가르셨던 것처럼 이제는 요단강을 가르려고 하시는 것입니다. 이것을 이스라엘 백성들은 아무도 알지 못했습니다.

### 3일을 기다리게 하심

하나님께서는 이스라엘 백성들을 요단강가까지 오게 하신 후 3일을 요단강가에서 기다리게 하셨습니다.

**1-2절** 또 여호수아가 아침에 일찍이 일어나서 그와 모든 이스라엘 자손들과 더불어 싯딤에서 떠나 요단에 이르러 건너가기 전에 거기서 유숙하니라 사흘 후에 관리들이 진중으로 두루 다니며

이스라엘 백성들이 가나안 땅에 들어가기 위해서는 처음으로 건너야 하는 강이 있었습니다. 그것은 바로 요단강이었습니다. 물론 지금

성지 여행을 갔다 온 분들은 요단강이 너무 작은 것에 실망하시겠지만 이스라엘 백성들이 요단강을 건널 때에는 상류 헬몬 산에서 눈 녹은 물이 많이 흘러서 요단강이 가득 차서 급류가 되어서 흐르고 있었습니다. 그런데 이스라엘 백성들은 당장 이 요단강을 건널 수 있는 묘안이 없었습니다.

아마 이스라엘 백성들이 요단강을 건너려고 하면 수십만 명이 건널 수 있는 다리를 만들든지 뗏목을 만들든지 아니면 더 상류나 하류로 가서 물이 얕은 곳을 찾아야 할 것입니다. 그러나 하나님은 이스라엘 백성들에게 그 어떤 방법도 가르쳐주시지 않으셨습니다. 그 대신 하나님께서 이스라엘 백성들에게 하게 하신 것은 사흘 동안 거기서 아무것도 하지 않고 쉬게 하신 것입니다.

'요단에 이르러 건너가기 전에 거기서 유숙하니라'

이스라엘 백성들은 싯딤에서 요단강까지 온 후에 바로 요단강을 건너지 않고 3일을 멍청하게 요단강가에서 쉬게 됩니다. 하나님께서는 이 3일 동안 여호수아나 이스라엘 백성들에게 구체적으로 무엇을 하라는 말씀을 일체 하시지 않으셨습니다. 그래서 이스라엘 백성들은 요단강가까지는 왔지만 강을 건너지 못하고 3일 동안 모두 강만 쳐다보고 있었습니다.

그런데 놀라운 것은 그 많은 이스라엘 백성 중에서 어느 누구 한 사람도 우리가 이렇게 가만히 있을 것이 아니라 강을 건널 수 있는 얕은 곳이 있는지, 또 이 많은 사람이 건너갈 다리를 만들 수 있는지, 배가 있는지 알아보기 위해서 돌아다니는 사람이 없었습니다. 여호수아나 이스라엘 백성들은 모두 하나님의 지시가 없으니까 3일 동안 아무것도 하지 않고 흘러가는 강물만 쳐다보고 있었습니다.

그러면 이스라엘 백성들이 이 3일 동안 기다리면서 무슨 생각을 했을까요? 그것은 '우리 머리나 우리 힘으로는 도저히 이 많은 인원이 이 강을 건널 수 없다'는 것이었습니다. 그러나 이스라엘 백성들은 다른 한편으로 '하나님은 무슨 방법을 가지고 계실까?'하는 생각을 했을 것이 틀림이 없습니다. 우리는 어려운 일을 당하게 되었을 때 생각을 하게 됩니다. 그때 우리는 먼저 부정적인 것을 생각할 것입니다. 그것은 우리 힘으로는 이것을 감당할 수 없다는 것입니다. 그러나 그 다음 우리는 하나님을 생각하게 됩니다. 하나님은 이런 경우 무슨 방법을 가지고 있을까 하는 것입니다.

우리는 때때로 신념과 믿음을 혼동할 때가 있습니다. 신념은 '내가 할 수 있다'는 것을 믿는 것입니다. 사람은 '내가 할 수 있다'는 것은 자꾸 생각을 하면 정말 할 수 있을 것 같은 생각이 들게 되고 또 열심히 하면 되는 경우가 많이 있습니다. 그러나 대개 이렇게 신념이 통하는 경우는 어느 정도 내가 해낼 수 있는 일일 때가 많습니다. 어느 정도 내가 해낼 수 있는 어려움을 정신 집중을 하면 해내게 되는 것입니다. 그러나 내 눈 앞에 있는 어려움이 너무 크면 그런 신념은 여지없이 실패하고 맙니다. 그런데 믿음은 자기 최면을 걸거나 혹은 자기 자신을 설득시키는 것이 아닙니다. 우리는 현실을 있는 그대로 보니까 우리는 할 수가 없습니다.

그런데 우리가 믿는 것은 '하나님은 하실 수 있다'는 것을 믿는 것입니다. 우리는 내가 할 수 없는 것을 하나님이 하신다는 것을 어떻게 알고 어떻게 믿을 수 있느냐 하는 것이 우리 신앙에서 가장 어려운 것입니다. 그래서 이것은 그냥 믿는 것으로는 안 되고 체험을 해봐야 알 수 있습니다. 이스라엘 백성들이 요단강을 앞에 두고 모두 조용히 기다릴 수 있었던 것은 이미 40년의 광야 체험이 있었기 때문입니다. 이스라엘 백성들의 힘으로는 도저히 광야에서 40년을 살 수도 없었고 오늘 이곳까지 올 수도 없었습니다. 그러나 하나님은 하게 하셨습니다. 그래서 하나님이 지금까지 우리를 살게 하셨다면 앞으로도 살게 하실 것을 믿는 것입니다.

저는 청년의 때가 신념을 신앙으로 생각했던 것 같습니다. 그래서 저는 정말 열심히 전도하려고 했고 열정적으로 하나님의 일을 하려고 했습니다. 그러나 그 결과는 모두 실패였습니다. 저는 결국 할 수 있는 것이 아무것도 없었습니다. 성경에 보면 무엇이든지 믿고 구하는 것은 다 이루어주신다고 했는데 아무리 믿어도 이루어지는 것은 없었습니다. 그때 저는 제가 할 수 있는 것은 아무것도 없다는 것을 알았습니다. 제가 할 수 있는 것이 없으면 죽어야 하는데 죽는 것도 마음대로 되지가 않았습니다. 그 대신 하나님은 저를 오직 하루하루 살게 하셨습니다. 이 세상에 얼마나 좋은 직장이 많고 공부할 것이 많은데 하루하루를 산다고 하는 것은 죽는 것보다 고통스러운 일이었습니다. 그래도 끝까지 공부를 포기하지 않았습니다. 결국 성경을 붙들 수밖에 없었고 하나님은 계속 저에게 말씀을 하셨습니다. 저는 그 말씀을 들을 수밖에 없었습니다. 그런데 어느 순간부터 인생의 주인이 바뀌게 되었습니다. 즉 하나님이 주인이 되셔서 제 인생을 끌고 가기 시작하시는 것이었습니다.

우리에게 길이 없을 때 하나님이 길이신 것을 믿으시기 바랍니다. 하나님이 저를 인도하신 길은 너무나도 평범한 길이었습니다. 제가 너무나도 가기 싫어했던 그 평범한 길 안에 엄청난 능력과 축복이 있었습니다. 그래서 지금도 특별하게 목회를 해서 성공하는 분들이 있고 사람들은 그 길을 열광적으로 따라가는 것을 많이 보게 되는데 사실은 길을 찾지 못한 것입니다. 하나님의 길은 너무나도 평범한 가운데 있었습니다. 그것은 내가 가기 싫어하는 뻔한 길을 가는 것이었습니다.

이스라엘 백성들 중에서 어느 누구도 '우리가 이렇게 멍청하게 시간만 낭비해서는 안 된다. 우리가 건너갈 만한 곳이 있는지 찾아보자'라고 충동질 하는 사람이 아무도 없었습니다. 모두 요단강에 조용히 서서 생각하고 있었습니다. '우리 힘으로는 요단강을 건너갈 수 없다. 그러나 하나님에게는 방법이 있다'는 생각을 했을 것입니다. 이스라엘 백성들이 기다린 3일은 바로 하나님을 기다리는 시간이었던 것입니다. 그러나 이스라엘 백성들이 묵묵하게 3일을 기다릴 수 있었던 것은 이미 40년을 기다려왔기 때문입니다.

우리는 때때로 이 세상을 살아가면서 하나님을 기다려야 할 때가 있습니다.

즉, 내가 할 수 있는 일은 아무것도 없고 하나님은 아무것도 할 일을 주시지 않으시는 것입니다. 다른 말로 표현하면 '내가 실업자가 된 것'입니다. 이때 우리는 굉장히 답답해합니다. 왜냐하면 세상에서는 아무것도 할 일이 없는 사람은 실패한 사람으로 생각하기 때문입니다. 세상에서는 무조건 바쁘게 살아가는 것을 좋아하지 멀뚱멀뚱하게 요단강을 3일씩이나 쳐다보고 있는 것은 아무 할 일 없는 사람들이 하는 것이라고 생각하는 것입니다. 그러나 하나님의 백성들에게 아무것도 할 것이 없는 시간은 하나님을 기다리는 시간입니다. 우리가 병원에서 수술을 하고 병실에 누워 있는 시간이나, 시험에 떨어져서 아무것도 할 수 없는 시간이나, 직장을 그만두고 새 직장을 얻지 못해서 할 일이 없는 시간은 인생으로 보면 공백기이지만 하나님을 기다리는 시간입니다.

우리들은 이렇게 아무것도 하지 못하고 가만히 있어야 하는 시간을 굉장히 힘들어 합니다. 우리는 무엇이든지 할 일이 있어야 살맛이 나지 아무것도 하는 일도 없이 그냥 멀거니 강물만 쳐다보고 있으라고 하면 너무나도 힘들어할 것입니다. 아마 요즘 정년퇴직하신 분들이 겪는 어려움이 바로 이 어려움일 것입니다. 옛날에는 마치 시계 부속이 돌아가듯이 빡빡한 인생길을 살아왔고 성공적인 삶을 살아왔다고 생각했는데 이제는 아무것도 할 수가 없게 된 것입니다. 그때 우리는 비로소 내가 할 수 있는 것이 없고 이제는 하나님을 바라보아야 한다는 것을 생각하게 되는 것입니다.

지금 여호수아와 이스라엘 백성들이 건너가서 차지하려고 하는 가나안 땅은 이스라엘 백성들의 힘으로는 차지하는 것이 불가능합니다. 이때 하나님은 이스라엘 백성들에게 조용히 하나님을 생각하며 기다리게 하셨습니다.

'하나님은 지금 우리를 위하여 도대체 어떤 방법을 준비해 놓고 계실까?' 우리는 이것을 기대해야 합니다. 왜냐하면 우리가 이 세상에서 늘 빡빡하던 생활을 좋아한 것은 우리가 기계 부속품처럼 살아왔기 때문입니다. 기계 부속은 쉬는 시간이 없습니다. 그러나 그 대신 그는 하나님의 능력을 느끼지 못하고 부속품의 가치만 느끼고 있었던 것입니다. 그러나 하나님은 우리로 하여금 이 세상이라는 거대한 기계에서 떼어놓으셔서 하나님 앞에 단독자가 되게 하십니다. 그러나 이미 사람들은 일중독이 되어서 자꾸 일에서 일로 넘어가는 것을 좋아합니다. 그래서 우리는 어떤 일이 해결되었을 때 하나님께서 얼마나 멋진 방법으로 우리를 도우셨는가 하는 것을 생각하지 못하고 자기가 다 한 것으로 생각합니다. 그리고 그 다음 일 그리고 그 다음 일 하는 식으로 자꾸 일을 통해서 자신의 존재 의미를 찾으려고 하는 것입니다. 그러나 이것은 하나님을 무시하는 것이며 하나님을 생각하지 않는 것입니다. 우리는 하나님이 하시는 일 하나 하나를 깊이 음미를 해야 하는 것입니다.

예를 들어, 어느 집에서 엄마가 아이를 키우는데 '이제 큰 아이를 낳았다. 어서 둘째 아이를 낳자. 그리고 빨리 세 번째를 가지도록 하자. 그리고 얼른 열 명을 키워서 어떤 축구팀이나 야구팀을 만들자'라고 생각하는 엄마는 없을 것입니다. 왜냐하면 엄마에게는 아이 하나하나 키우는 것이 너무 어렵고 힘들기 때문에 시간이 필요한 것입니다.

특히 엄마는 아이 하나하나가 눈을 뜨고 기기 시작하고 서기 시작하고 말을 배우는 것 하나 하나를 보면서 자기 아이의 가치를 깨닫게 됩니다.

그러나 많은 경우 부모는 돈 벌고 먹고 사는데 너무 바빠서 자기 아이들이 무엇을 생각하며 무엇을 고민하며 어떻게 자라고 있는지 생각을 하지 못할 때가 많습니다. 그러나 아이 하나하나는 충분한 관심을 받을 자격이 있는 것입니다. 왜냐하면 아이들은 부속품이 아니기 때문입니다.

마찬가지로 우리가 당하는 어려움이나 위기 하나 하나도 충분히 우리를 감상할 자세가 되어 있어야 합니다. 왜냐하면 그 하나하나가 하나님의 지혜요 능력이기 때문입니다. 그래서 우리는 때때로 아무것도 할 수 없는 가운데 겁에 질리지 말고 하나님이 하시는 것을 조용히 기대하는 시간이 필요한 것입니다.

사실 우리가 이 세상의 현실을 생각할 때 세상 속에 들어갈 수 있는 길이 보이지 않습니다. 이때 우리는 처음 절망감이 들 때가 많습니다. '나는 도저히 이 세상에서 할 수 있는 것이 없구나.' 그러나 우리는 나는 할 수 없지만 하나님은 하실 수 있다는 것을 알아야 합니다. '하나님은 나를 위해서 어떤 지혜를 준비하셨을까? 하나님은 나를 위해서 또 어떤 기가 막힌 길을 준비해 놓으셨을까?'하는 기대를 가져야 하는 것입니다.

### 언약궤를 따라가라

하나님께서 요단강가에서 기다리고 있는 여호수아와 이스라엘 백성들에게 첫 번째로 명령하신 것은 하나님의 언약궤를 따라 진행을 하라는 것입니다.

3절 백성에게 명령하여 이르되 너희는 레위 사람 제사장들이 너희 하나님 여호와의 언약궤 메는 것을 보거든 너희가 있는 곳을 떠나 그 뒤를 따르라

하나님께서는 여호수아와 이스라엘 백성들에게 가나안 땅에 들어갈 수 있는 방법을 가르쳐주셨습니다. 그것은 여호수아나 이스라엘 백성들이 요단강의 얕은 곳을 찾는 것도 아니고 다리를 만드는 것도 아니었습니다. 더욱이 이스라엘 백성들이 배를 만드는 것도 아니었습니다. 여호수아나 이스라엘 백성들이 할 일은 오직 여호와의 언약궤를 따라서 가는 것이었습니다.

이스라엘 백성들이 요단강을 건너기 위해서 해야 하는 것은 아주 간단한 것이었습니다. 그것은 하나님의 언약궤 뒤를 따라가는 것이었습니다. 그러니까 여호수아가 해야 할 가장 중요한 일은 이스라엘 백성들 맨 앞에 하나님의 언약궤가 행진하게 하는 것이었습니다. 그러면 모든 이스라엘 백성들이 그 언약궤를 보고 뒤를 따라가면 되는 것이었습니다.

이것은 모든 이스라엘 백성들이 철저하게 하나님의 말씀을 앞세우고 말씀을 따라가는 것을 말합니다. 그러면 놀랍게도 이 세상에서도 승리하게 되는 것입니다.

우선 우리는 언약궤가 두루마리 율법 책과는 무엇이 다른지 생각을 해 볼 필요가 있습니다. 두루마리 율법 책은 그야말로 하나님의 말씀을 책에 기록해 놓은 책입니다. 거기에 비해서 언약궤는 조금 복잡합니다. 하나님은 이스라엘 백성들이 광야에 있을 때 광야에서 나는 아카시아 나무로 궤를 만든 후에 금으로 안팎을 완전히 싸고 그 안에 모세의 십계명을 넣게 하신 것입니다. 그런데 이 아카시아 나무는 정말 나무의 결이 좋지 못한 나무입니다. 아카시아는 나무는 단단하고 결은 좋지 못해서 판으로 만드는 것이 너무나도 어렵습니다. 그러나 하나님은 모세와 이스라엘 백성들에게 이 아카시아 나무로 상자를 만들고 그 안팎을 완전히 금으로 입히게 하셨습니다.

즉, 아카시아 나무는 이스라엘 백성들을 상징하는 것입니다. 이들이 변하기 전에는 아카시아 나무같이 질이 못된 나무였습니다. 그런데 이스라엘 백성들이 연단을 받아서 반듯한 궤가 되고 금을 입혀지고 그 안에 언약의 돌비를 넣었을 때 하나님은 그들 가운데 계시는 것입니다. 결국 이 언약궤를 말씀으로 변화된 이스라엘 백성 자신을 상징합니다. 그들에게 가장 중요한 것은 언제나 그들 안에 하나님의 살아있는 말씀이 있는 것입니다. 결국 하나님의 말씀이 우리 안에 살아 있게 하려고 하면 우리는 이 말씀을 가지고 인생 밑바닥까지 내려갔다가 말씀만 붙들고 올라오는 체험이 있어야 살아있는 말씀을 가질 수 있습니다. 이때 하나님은 우리를 세상으로 인도하시는데 그때도 철저하게 하나님의 말씀을 앞세우고 가야 합니다.

결국 우리가 이 세상을 정복할 수 있는 가장 중요한 비결은 우리 안에 살아있는 하나님의 말씀이 선포되고 우리가 그것을 붙들고 살아가는 것을 말합니다. 그러면 우리는 더욱 더 말씀으로 변화되게 되는데 어느 순간 요단강이 갈라지면서 길이 열리게 됩니다.

그런데 이 언약궤 안에는 다른 곳이 들어있으면 안 됩니다. 오직 모세의 두 돌비만 들어 있어야 하는 것입니다. 어떤 사람은 안약궤 안이 너무 비어 있으면 홀빈하다고 해서 자꾸 다른 것으로 채우려고 하는데 그렇게 하면 하나님의 능력이 막히게 됩니다. 교회 안에서 하나님의 말씀이 살아있게 선포되면 놀랍게도 우리 한 사람 한 사람이 모두 아카시아 같은 나무에서 정금으로 변하게 되면서 이 세상을 이길 수가 있는 지혜와 믿음이 생기게 됩니다.

우리는 하나님의 말씀을 들으면서 세상에 대한 확신과 자신감을 가지게 됩니다. 이것은 하나님이 주시는 자신감입니다. 그리고 우리는 하나님의 말씀을 들으면 자꾸 기도하고 싶어집니다. 이것이 바로 부흥이 일어나는 비결입니다. 하나님의 말씀이 없으면 사람들은 자꾸 인간적인 말을 하려고 합니다. 결국 남을 욕하거나 자기 자랑을 하게 되는데 그것은 부흥이 꺼지는 것입니다. 그런데 우리가 하나님의 말씀을 들으면 자꾸 기도하고 싶어지고 기도하기를 원하는데 이때 마음이 뜨거워지면서 기도 응답이 나타나게 됩니다.

그래서 우리가 교회에서 하나님의 말씀을 지속적으로 듣는 것이 언약궤를 앞세우고 행진하는 것이 됩니다. 그렇게 하면서 하나님께서 힘을 주시고 기회를 주시대로 이 세상 현실에 우리가 도전을 하게 되는 것입니다.

두 번째로는 하나님께서는 가나안 땅으로 진격을 하는데 제사장들을 가장 앞에서 행진하게 하셨습니다.

보통 어떤 나라에 다른 나라 사람들이 들어갈 때 가장 먼저 들어가는 사람들은 외교관들일 것입니다. 아니면 장사하는 사람들이나 군인들일지도 모릅니다. 그러나 하나님은 이스라엘 백성들은 가나안 땅으로 진군하면서 가장 먼저 제사장들이 행진하게 하셨습니다. 왜냐하면 이스라엘 백성들은 제사장 나라이며 그들은 모든 것을 신앙의 눈으로 보기 때문입니다.

즉, 우리가 어느 곳을 볼 때 금전적인 이해관계로 볼 수도 있습니다. 어떤 사람들은 정치적인 입장에서 볼 수도 있을 것입니다. 그러나 이스라엘 백성들은 모든 것을 신앙의 눈으로 보며 하나님의 말씀으로 도전하고 싸우는 자들이기 때문에 제사장이 가장 먼저 들어가게 되는 것입니다. 그래서 이미 많은 성도들은 집안에서 제사를 예배로 바꾸는데 성공을 했습니다. 그리고 개업을 하거나 회사에 중요한 일에도 예배로 드리는 것을 보게 됩니다. 우리가 예배를 드렸다고 하는 것은 이미 하나님의 나라의 깃발을 꽂은 것이며 하나님의 능력이 임하게 됩니다. 물론 우리가 예배부터 드릴 때 그것을 아주 싫어하고 미워하는 사람들이 있지만 이상한 것은 어느 선 이상은 공격하지 못하는 것입니다. 그것은 바로 하나님이 세우신 경계선입니다.

이스라엘 백성들이 가나안 땅에 들어가는 이유는 장사하기 위해서나 땅을 차지하거나 곡식을 빼앗으려고 들어가는 것이 아닌 것입니다. 이스라엘 백성들이 가나안 땅에 들어가는 이유는 이 땅에서 미신을 몰아내고 죄를 몰아내어서 하나님의 영광을 나타내기 위해서 들어가는 것입니다. 우리는 다시 이 세상의 현실에 들어가려고 하는 목적이 무엇인지 분명히 알 필요가 있습니다. 우리는 무엇 때문에 공부를 하려고 하며, 무엇 때문에 이 직장에 들어가려고 하며, 무엇 때문에 사업을 하려고 하는지 생각을 하셔야 합니다.

그래서 우리는 이 세상의 죄에 대하여 아는 것은 아니라고 분명하게 말을 해주어야 합니다. 세상이 우상과 타협하자고 해도 안 된다고 해야 하고 음란한 짓을 용납해 달라고 해도 안 된다고 분명하게 잘라야 하는 것입니다.

그리고 우리는 누군가가 자기 죄를 회개하고 새사람 되기를 원하거나 하나님의 용서와 치료를 원하는 사람이 있으면 우리는 그들을 위하여 가장 우선 것으로 도와주어야 합니다.

하나님께서는 이스라엘 백성들에게 언약궤를 따라가되 너무 언약궤에 딱 붙지 말고 조금 떨어져서 행진하라고 말씀하셨습니다.

**4절** 그러나 너희와 그 사이 거리가 이천 규빗쯤 되게 하고 그것에 가까이 하지는 말라 그리하면 너희가 행할 길을 알리니 너희가 이전에 이 길을 지나보지 못하였음이니라 하니라

만약 이스라엘 백성들이 언약궤에 너무 가까이 붙어버리면 그들이 언약궤를 앞질러 가게 될 것입니다. 그러면 하나님의 말씀이 이스라엘 백성을 인도하는 것이 아니라 이스라엘 백성들이 하나님의 말씀을 인도하게 될 수도 있고 아니면 언약궤와 이스라엘 백성들이 뒤죽박죽이 될지도 모릅니다. 그래서 하나님께서는 이스라엘 백성들에게 절대로 언약궤를 앞지르지 말고 오히려 이천 규빗 정도 거리를 두고 뒤에서 따르면 갈 길을 알게 될 것이라고 말씀을 하셨습니다. 여기서 이천 규빗이면 약 900m 정도가 되는 거리입니다. 우리가 너무 하나님의 말씀과 붙어버리면 내가 하나님의 말씀을 끌고 가게 됩니다. 그러나 좀 거리가 떨어져 있어야 조심스럽게 하나님의 말씀의 뒤를 따라가게 됩니다.

축구에서 가장 조심해야 하는 반칙이 오프사이드 반칙입니다. 선수가 공보다 먼저 상대팀에 들어가 있으면 반칙이 되는 것입니다. 마찬가지로 우리가 하나님의 말씀보다 앞서가면 오프사이드 반칙이 됩니다. 아무리 훌륭한 일을 많이 했어도 하나님은 인정하지 않으시는 것입니다. 우리가 하나님의 말씀을 따라가면 아무것도 안하는 것 같아서

답답할 수 있습니다. 사람들은 모두 장거리 계획을 가지는 것을 좋아합니다. 그러나 내가 계획을 가지는 것보다 중요한 것이 하나님의 말씀에 순종하는 것입니다.

사실 이스라엘 백성들이 광야에서 내내 훈련받았던 것이 하나님의 말씀을 따라가는 것이었습니다. 그때는 구름 기둥과 불기둥으로 훈련을 받았습니다. 이스라엘 백성들은 구름이 내려오면 텐트를 쳤습니다. 그러나 구름이 올라가면 아무리 더 있고 싶어도 텐트를 거두어 떠나야만 했습니다. 그런데 이제는 구름 기둥 대신 언약궤가 되었습니다.

## 이스라엘 백성들의 순종

하나님께서는 이스라엘 백성들이 요단강을 건너기 전에 몇 가지 지시를 하셨습니다.

첫째는 이스라엘 백성들에게 성결하도록 명령하신 것입니다.

**5절** 여호수아가 또 백성에게 이르되 너희는 자신을 성결하게 하라 여호와께서 내일 너희 가운데에 기이한 일들을 행하시리라

여호수아는 우리가 기적을 경험하는 것을 하나님을 만나는 것으로 생각을 했습니다. 그래서 이스라엘 백성들이 하나님의 기적을 체험하고자 할 때에는 무엇보다 자기 자신을 성결케 할 필요가 있었습니다. 즉 이스라엘 백성들이 하나님의 도우심을 경험하고 하나님의 기적을 체험하려고 할 때에는 반드시 자기 자신을 거룩하게 준비를 시켜야만 했습니다. 즉 자기가 할 일은 다 하면서 '하나님, 도와주시고 싶으면 도와주세요'라는 자세로 해서는 안 되는 것입니다. 왜냐하면 하나님

의 기적은 특별한 은혜이기 때문에 우리도 그만큼 준비가 되어 있어야 하는 것입니다. 그래서 우리도 현실적인 어려운 문제가 생겼을 때 할 수 있는 한 자신의 생활을 단순하게 하면서 겸허하게 하나님을 기다리는 것입니다.

우리는 많은 경우에 하나님의 도우심을 바라면서도 자기 생활은 단순하게 하지 않고 오히려 더 복잡하게 하는 사람을 볼 때가 있습니다. 그것은 좋은 자세가 아닙니다. 특히 요즘은 사람들의 생각이 너무 복잡한 것이 문제인 것 같습니다. 우리가 하나님의 도우심을 바라려고 하면 생각을 단순하게 해야 합니다. 그런데 우리가 어떻게 생각을 단순하게 할 수 있습니까? 그것은 하나님의 말씀을 들으면 됩니다. 다른 것으로 우리 생각은 절대로 단순해지지 않습니다. 그런데 하나님의 말씀을 들으면 이상하게 복잡한 염려와 근심이 싹 씻겨지면서 굉장히 생각이 단순하게 됩니다. 이것이 하나님을 기다리는 바른 자세인 것입니다.

두 번째는 법궤를 맨 제사장이 요단강에 들어서게 했습니다. 그래서 이번에는 하나님께서 요단강을 갈라놓고 들어가라고 하신 것이 아니라 제사장들이 언약궤를 메고 요단강에 들어가게 하시고 발이 물에 잠겼을 때 강이 끊어지게 하셨습니다.

하나님께서 이스라엘 백성들이 처음 홍해를 건널 때에는 먼저 홍해를 갈라놓고 들어가게 하셨습니다. 왜냐하면 그때에는 이스라엘 백성들이 물에 들어설 믿음이 없었기 때문입니다. 그러나 이번에 이스라엘 백성들이 요단강을 건널 때에는 강을 갈라놓지 않고 제사장에게 들어가라고 하셨습니다. 그리고 제사장이 순종했을 때 요단강 물이 끊어지게 되었습니다. 이것은 하나님께서 제사장의 순종을 이스라엘 백성 전체의 순종으로 보신다는 뜻입니다.

그래서 다른 어느 누구보다 말씀을 맡은 종들의 순종이 중요합니다.

하나님께서는 우리의 길을 인도하시는데 두 가지 방법이 있습니다. 하나는 길을 열어 놓으시고 몸만 들어가기만 하면 되는 방법이고, 다른 하나는 전혀 길이 없는 상태에서 오직 믿음으로 부딪히면 하나씩 길이 열리는 것입니다.

가나안 땅을 들어서는 이스라엘 백성들은 믿음으로 훈련을 받은 사람들이었습니다. 그들은 더 이상 어중이떠중이들이 아니었습니다.

그래서 하나님께서는 그들로 하여금 직접 부딪히게 했습니다. 우리들에게는 미리 문제가 다 해결되는 것은 없습니다. 그와는 반대로 아무것도 해결되어 있지 않습니다. 그러나 믿음으로 첫발을 들여놓을 때부터 해결의 실마리가 풀릴 때가 많습니다.

그러나 제사장들이 믿음으로 강에 발을 내디뎠을 때 강물이 끊어져 쌓였습니다. 그리고 제사장의 발이 물을 밟고 있는 동안에 강물은 이스라엘 백성들을 덮치지 못했습니다. 이것은 마치 이스라엘 백성들이 아말렉 군대와 싸울 때 모세가 산 위에서 팔을 들고 기도하면 이스라엘이 이기고 팔이 아파서 내리면 아말렉 사람들에게 밀렸던 것과 비슷한 것입니다. 제사장들이 언약궤를 메고 굳게 서 있는 동안에 강물은 이스라엘 백성들을 해칠 수 없었습니다.

여호수아는 이스라엘 백성들에게 왜 하나님께서 이런 식으로 요단강을 가르시는지 이유를 설명해 주었습니다.

**9-10절** 여호수아가 이스라엘 자손에게 이르되 이리 와서 너희의 하나님 여호와의 말씀을 들으라 하고 또 말하되 살아 계신 하나님이 너희 가운데에 계시사 가나안 족속과 헷 족속과 히위 족속과 브리스 족속과 기르가스 족속과 아모리 족속과 여부스 족속을 너희 앞에서 반드시 쫓아내실 줄을 이것으로서 너희가 알리라

하나님께서는 왜 이스라엘 백성들이 이런 식으로 요단강을 건너야 하는지 설명해주셨습니다. 즉 이스라엘 백성들이 앞으로 가나안 땅에서 겪어야 할 것들은 완전히 산 너머 산이었습니다. 그들은 앞으로도 자기들의 힘으로 할 수 있는 것이 아무것도 없을 것입니다. 그래서 처음 요단강을 하나님의 능력으로 건넜던 것을 기억하고 앞으로도 계속 믿음으로 이겨야 하는 것입니다. 만일 이스라엘 백성들이 홍해를 건넌 것을 우연이라고 생각한다면 앞으로 가나안 땅에서 오도 가도 못하게 될 것입니다.

이제 이스라엘 백성들은 하나님께서 언약궤를 앞세우고 요단강을 건넌 것처럼 앞으로도 계속 하나님의 말씀만 앞세우고 나가면 모든 가나안 족속들을 다 몰아낼 것을 약속으로 보여주신 것입니다. 그러니까 앞으로 이스라엘 백성들은 요단강을 건넌 이런 식으로만 나가면 되는 것입니다.

즉 이스라엘 백성들은 실력으로는 절대로 가나안 족속들을 이길 수가 없습니다. 그렇지만 그들에게는 하나님의 도우시는 능력이 있습니다. 그래서 그들은 말씀의 능력으로 이 세상을 이겨야 하고 지속적으로 믿음으로 나가면 되는 것입니다.

하나님은 우리를 한번만 도우시고 버리시는 분이 아니십니다. 홍해를 가르셨던 하나님은 요단강을 또 가르시는 것입니다. 너무 가난한 사람들은 한번만 돕는다고 해결되지 않습니다. 마찬가지로 하나님은 우리를 한번만 돕고 끝내지 않으십니다. 그래서 우리는 끝까지 하나님을 의지할 용기가 생깁니다.

이스라엘 백성들이 강을 건널 준비가 안 되어 있는데 하나님이 도와주시지 않으면 어떻게 됩니까? 그러나 하나님은 반드시 우리를 도와주십니다.

하나님은 이스라엘 백성들이 생각하지도 못한 방법으로 또 기적이 일어나게 하셨습니다.

**14-16절** 백성이 요단을 건너려고 자기들의 장막을 떠날 때에 제사장들은 언약궤를 메고 백성 앞에서 나아가니라 요단이 곡식 거두는 시기에는 항상 언덕에 넘치더라 궤를 멘 자들이 요단에 이르며 궤를 멘 제사장들의 발이 물 가에 잠기자 곧 위에서부터 흘러내리던 물이 그쳐서 사르단에 가까운 매우 멀리 있는 아담 성읍 변두리에 일어나 한 곳에 쌓이고 아라바의 바다 염해로 향하여 흘러가는 물은 온전히 끊어지매 백성이 여리고 앞으로 바로 건널새

여호수아의 말대로 법궤를 멘 제사장의 발이 요단강 물에 잠기자 물이 끊어지는데 상류쪽 아담 변방에서 끊어지고 나머지 물들은 사해로 흘러가서 이스라엘 백성들은 마른 땅을 건널 수 있게 되었습니다.

요단강은 바다가 아니기 때문에 홍해처럼 양쪽에 물이 쌓이지 않고 한쪽에 물이 쌓이고 다른 한쪽은 흘러갔습니다.

하나님은 한번만 기적을 행하시는 분이 아니십니다.

하나님께서는 홍해를 가르셨듯이 이번에는 요단강을 가르셨습니다.

이스라엘 백성들이 애굽을 떠나는 것이 하나님의 능력이라면 그들이 가나안 땅을 정복하는 것도 하나님의 능력으로 될 수 있습니다. 우리가 예수 믿는 것이 하나님의 능력이라면, 우리가 이 세상에서 사는 것도 하나님의 능력입니다.

그래서 바울이 말하기를 '믿음에서 믿음에 이르게 하려 함이라'고 말을 했습니다. 처음에 시작할 때 믿음으로 시작했으면 그 후에도 계속 믿음으로 살아가야 합니다. 그러나 우리는 처음 예수 믿는 것은 믿

음으로 시작하는 것이 믿어지는데, 결혼하거나 사업을 하거나 직장 생활하는 것을 믿음으로 해야 한다는 것을 잊어버릴 때가 많습니다.

물론 홍해를 가르는 것에 비하면 요단강을 가르는 것은 그렇게 웅장하지는 않았습니다. 그러나 중요한 것은 겉으로 보기에 웅장하느냐 웅장하지 않느냐 하는 것이 아닙니다. 많은 경우에 정상적으로 이루어지는 것도 하나님의 능력입니다. 눈에 보이지 않는 하나님의 능력인 경우가 많습니다.

이제 우리는 이미 믿음으로 시작을 했기 때문에 이 세상 살아가는 것도 믿음으로 끝까지 순종하여 하나님의 놀라운 능력을 날마다 체험하시기를 바랍니다.

# JOSHUA

# 기억의 돌덩이들

요즘은 스마트 폰의 카메라가 워낙 좋아서 사람들이 경치가 좋은 곳에 가면 바로 그 자리에서 폰으로 사진을 찍어서 전송하거나 자신의 페이스북에 올려 멋진 모습을 생생하게 공유할 수 있습니다. 그러나 카메라가 드물던 시절에는 어느 곳에 가면 그곳에서 기념이 될 만한 것을 가지고 왔습니다. 예를 들어, 어린 아이들이 바닷가에 놀러 가면 바닷가에 예쁜 조개껍질들이 있는데 아이들은 그 예쁜 조개껍질을 주워 와서 책상 위에 올려놓거나 학교에 가지고 가서 친구들에게 자랑을 하곤 했습니다. 특히 소라껍질같이 크고 멋있는 것은 좋은 기념품이 될 수 있습니다. 또 혹은 아이들이 가족들과 함께 강가에 놀러갔는데 색깔이 예쁜 조약돌이 있으면 그 조약돌을 주워 와서 기념으로 삼기도 했습니다. 옛날에 성지 순례를 다녀오시는 분들을 보면 대개 사해 바다에서 머드크림 같은 것을 사와서 선물을 하는 것을 볼 수 있습니다. 사람들에게 역시 여행을 한다는 것은 좋은 추억이 되는 것 같습니다.

그러나 우리 그리스도인들에게는 이런 여행 추억보다 더 중요한 추억이 있습니다. 그것은 바로 하나님께서 우리의 병을 치료해주시고 기적으로 기도에 응답해주셨던 추억인 것입니다. 그런데 사람들은 다른 추억들은 많이 기억하면서 하나님께서 우리 병을 낫게 해주시고 기적으로 기도를 응답해주신 것은 다 잊어버릴 때가 많습니다. 그러나 하나님이 과거에 우리의 기도를 들어주시고 기적으로 병을 낫게 해주신 추억은 우리의 영적인 재산입니다. 만일 우리가 하나님께서 과거에 응답하신 것들을 다 잊어버린다면 우리는 영적인 빈털터리가 되고 맙니다. 즉 영적인 파산자가 되고 마는 것입니다.

제가 저희 교회 온지 얼마 되지 않아서 어떤 젊은 부부가 태어난 지 얼마 안 되는 남자 아기를 안고 저의 집으로 쳐들어왔습니다. 이야기를 들어보니까 아기가 실명을 했는데 병원에서는 자꾸 눈알을 빼야 한다는데 어떻게 하면 좋으냐는 것입니다. 그래서 그것은 그렇게 급할 필요가 없는 것 같다고 하면서 함께 기도했는데 아이의 눈 하나가 완치가 되고 다른 하나는 실명을 했습니다. 그리고 1년 뒤 쯤 그 아이를 보니까 정말 잘생긴 얼굴이었습니다. 그런데 분명히 하나의 눈은 정상이 되어 있었습니다. 그 후 그 부부는 다른 지방으로 이사를 갔는데 제가 아이 이름을 알아보려고 사람들에게 물어보니까 아무도 기억을 못했습니다. 그런데 그 후에 다른 한 아기가 백혈병으로 목숨이 위태했는데 마침 헬기가 있어서 그 아기를 바로 서울의 큰 병원으로 데리고 가서 골수 이식해서 살았습니다. 그 아이는 1년 뒤에 걸어와서 유아세례를 받았는데 그 아이는 다 기억을 하고 있었습니다. 얼마 전에는 또 다른 아기가 골수염으로 죽어 가고 있었는데 온 성도들이 기도를 해서 이 아기가 살았습니다. 이것은 이 아기의 아빠와 아기가 지금도 우리 교회에 잘 다니고 있기 때문에 증거가 될 것입니다. 어떤 권사님은 암으로 진단이 나서 자신이 죽는다고 생각하고 가게나 신변을 정리까지 했는데 다음에 병원에 가니까 암이 없어져버렸습니다. 그 권사님은 울면서 교역자들에게 떡을 돌렸습니다. 그래서 떡을 먹은 사람은 그것을 기억을 할 책임이 있습니다. 또 우리 교회에 결혼한 지 십 년이 넘도록 아기를 낳지 못하는 부부가 있었습니다. 그런데 기도해서 임신을 했고 출산 전에 임신 중독 증세가 나타났지만 무사히 출산해서 아기가 이제는 초등학교에 들어갈 정도의 나이가 되었습니다. 어떤 부인은 남편이 바람이 나서 딴 여자와 사는 바람에 남편을 뺏기게 되었는데 기도를 해서 그 여자가 아이를 데리고 도망을 치는 바람에 남편이 돌아오게 되었습니다. 한 형제는 암이 온 몸에 퍼져서 죽게 되었을 때 그 형제의 부모님은 믿지 않는 분이었지만 아들 때문에 교회에 오시게 되었는데 이 아들은 암이 완치가 되어버렸습니다.

우리가 이 세상에서 정말로 기억해야 할 가치가 있는 것은 바로 하나님께서 우리에게 기적을 베풀어주셔서 우리를 위기에서 건져주시고 우리를 병으로부터 살려주신 체험입니다. 하나님께서는 우리가 이 기적들을 잊지 않기를 원하십니다. 왜냐하면 이런 체험들을 통해서 하나님이 살아계신 것을 느끼게 되고 또 하나님이 우리 가까이 계시는 것을 깨닫게 되며 또 위기가 오더라도 두려워하지 않고 하나님께 기도할 수 있게 되기 때문입니다.

우리가 하나님께 나아가는데 있어서 가장 어려운 점이 하나님이 눈에 보이지 않는다는 사실입니다. 그런데 우리가 어떻게 담대하게 하나님의 은혜의 보좌 앞에 나아갈 수 있습니까? 그것은 바로 하나님께서 과거에 나에게 베풀어주신 은혜를 기억하는 것입니다. 하나님께서 과거에 나에게 베풀어주신 은혜를 기억한다는 것은 마치 내가 하나님의 얼굴을 보는 것과 같습니다.

우리가 잘 아는 사람과 전화 통화를 할 때에는 그의 얼굴을 그려가면서 이야기를 할 수 있습니다. 그러니까 이야기가 너무나도 풍성하고 다정다감하게 되는 것입니다. 마찬가지로 우리가 과거에 하나님께서 베풀어주신 은혜를 기억할 때 하나님과 그만큼 가까워지게 되고 많은 추억을 공유하게 되는 것입니다. 그래서 하나님과 아주 친밀한 대화를 나눌 수 있게 됩니다.

본문 말씀은 이스라엘 백성들이 요단강을 건넜을 때 하나님께서 백성들이 기억을 잊지 않도록 하기 위해서 요단강에서 열두 개의 돌을 취해서 그들이 유숙하는 곳에 두게 하신 것입니다.

이스라엘 백성들이 요단강을 건넌다고 하는 것은 대단한 일이었습니다. 그러나 이들이 막상 요단강을 건너고 난 후에는 다른 여러 가지 일 때문에 요단강을 건넌 사실을 새카맣게 잊어버리고 말 것입니다. 그러나 하나님께서는 이스라엘 백성들이 기적으로 요단강을 건넌 사실을 잊지 말도록 돌을 하나씩 가져오게 하셨습니다.

## 기억의 열두 개의 돌

이스라엘 백성들이 믿음으로 요단강을 건넌 후에 그들이 해야 할 일은 너무나도 많았을 것입니다. 요단강을 건너 후에는 안전한 곳까지 계속 전진을 해야 할 것입니다. 그렇지 않으면 적의 공격을 차단하기 위해서 진지를 만들든지 울타리를 세우든지 해야 할 것입니다. 그러나 하나님께서는 그 어떤 일보다도 이스라엘 백성들이 믿음으로 요단강을 건넌 것을 기억하게 하셨습니다.

**2-3절** 백성의 각 지파에 한 사람씩 열두 사람을 택하고 그들에게 명령하여 이르기를 요단 가운데 제사장들의 발이 굳게 선 그 곳에서 돌 열둘을 택하여 그것을 가져다가 오늘밤 너희가 유숙할 그 곳에 두게 하라

하나님께서는 이스라엘 백성들이 요단강을 건너서 안전한 육지로 올라오게 되었을 때 그들이 그 다음에 할 일들을 지시하지 아니하셨습니다. 하나님께서 백성들에게 지시하신 것은 그들이 하나님의 능력으로 요단강을 건넌 것을 잊지 않도록 요단강 안에 지금 제사장이 굳게 서 있는 그 발치에서 각 지파마다 하나씩 열두 개의 돌을 가져오라고 하신 것입니다.

우리가 이것을 보면 이스라엘 백성들이 건넌 요단강 바닥은 모래나 작은 자갈로 되어 있지 않고 큰 돌들이 많이 있었던 것 같습니다. 그런데 그 돌들이 얼마나 큰가 하면 어른 한 사람이 돌 한 개를 어깨로 메어야 할 정도였습니다. 하나님께서는 이스라엘 열두 지파에서 한 사람씩 가서 모두 열두 개의 돌을 가져오라고 하셨습니다.

여기서 왜 하나님께서는 이스라엘 백성 전체를 합쳐서 큰 돌 하나를 가져오라고 하시지 않고 각 지파마다 한 개씩 가져오라고 하셨을까요? 이것은 우리가 하나님의 은혜를 기억하는데 있어서는 다른 사람을 통하지 말고 각자 자기가 기억을 하는 것이 중요하기 때문입니다. 즉 우리는 하나님과 관계되는 일을 다른 사람의 신세를 질 생각을 해서는 안 됩니다. 즉 우리는 모두 각자가 하나님과 일대일의 관계를 맺어야 하고 모두 각자 내가 하나님으로부터 은혜 받은 체험이 있어야 하는 것입니다. 그래서 하나님은 다른 지파의 하나님이 아니라 바로 나의 하나님이 되셔야 하는 것입니다. 하나님은 기도 많이 하는 분의 기도만 들으시는 것이 아니라 바로 나의 기도를 들으시는 하나님

이신 것입니다.

그리고 하나님께서는 이스라엘 백성들이 가나안 땅에 들어갈 때 다른 모든 것을 다 잊어버리고 오직 하나님의 능력으로 요단강을 건넌 것만 기억하고 새 출발하라고 말씀하시는 것입니다.

우리는 이 세상을 살아가면서 수많은 기억들을 가지고 살아갑니다. 물론 그런 기억들 중에는 내가 성공한 좋은 기억도 있지만 내가 실패했고 창피했던 부끄러운 기억들도 있을 것입니다. 그런데 어떤 때는 내가 성공하고 잘한 기억만 하면 자기도취에 빠지는 경우가 많습니다.

오늘 특히 성공하는 기업들이 갑자기 몰락하는 이유 중 하나가 옛날에 성공할 때만 기억하다가 오늘 현실을 보지 못하기 때문에 그렇게 된다고 합니다. 그런데 만일 우리가 과거에 실패했던 부끄러운 것만 기억을 한다면 우리는 자신감을 잃게 되고 좋지 않은 자존감을 가지게 되어서 열등감에 빠지고 침체에 빠지게 되고 말 것입니다. 그래서 하나님께서는 이스라엘 백성들에게 다른 것은 다 잊어버리고 오직 하나님께서 이스라엘 백성들의 기도를 들어주셔서 기적으로 요단을 건넌 것만 가지고 들어가라고 말씀하시는 것입니다. 사실 우리는 할 수만 있다면 좋지 않았던 옛날 일들을 다 잊고 싶은데 사실은 그것들이 잊어지지 않고 계속 생각나는 것이 문제인 것입니다. 우리는 우리 마음을 설득시킬 필요가 있습니다. 그래서 우리는 내가 인간이기 때문에 실수하고 넘어진 좋지 못한 기억은 머리에서 지워버리고 하나님께서 주신 아름다운 새 추억만 생각하는 것입니다.

우리 성도님들 중에는 옛날 자신이 한 말이나 행동이 부끄러워서 하나님 앞에서 침체될 때가 많이 있습니다. 그러나 이 세상에 처음부터 완전했던 사람은 아무도 없습니다. 우리는 모두 과거의 그 부족했던 징검다리를 밟아서 오늘까지 온 것입니다. 그래서 우리가 과거의 자신을 부끄러워한다는 것은 그만큼 우리 자신이 성장한 증거인 것입니다. 그러나 우리는 우리 자신이나 다른 사람에 대하여 너무 쓸데없는 것을 기억할 때가 많이 있습니다. 이런 쓸데없는 기억들은 우리가 하나님을 바라보는데 모두 장애가 됩니다. 그래서 하나님은 이스라엘 백성들에게 그들이 요단을 기적으로 건넌 체험 외에는 다 지워버리고 이제 완전히 새 출발하라고 말씀하시는 것입니다.

우리가 알아야 할 것은 우리 안에 있는 좋지 못한 기억들은 한편으로는 우리를 겸손하게 하지만 다른 한편으로는 영적인 독이 될 때가 많습니다. 그래서 우리로 하여금 하나님 앞에서 은혜 받을 때 담대하지 못하게 하고 죄를 지은 아담처럼 하나님을 피하여 숨게 만들 것입니다. 또 우리에게 좋지 못한 자아상을 가지게 해서 늘 넘어지게 만들고 늘 주저앉게 만듭니다. 이 나쁜 기억들을 내 속에서 몰아내는 방법은 강력한 하나님의 성령의 체험으로 내 속을 채우는 것입니다. 이스라엘 백성들은 하나님의 능력으로 요단강을 건넜을 때 모든 나쁜 기억들을 다 지우고 새로 출발했습니다.

그래서 우리는 새로 은혜 받았을 때 나쁜 기억들을 다 지우고 다시 새로운 인생을 시작해야 합니다. 그래서 우리들에게 있어서 새로운 은혜를 받는다는 것이 얼마나 소중한 일인지 모릅니다. 예를 들어, 우리 손이나 몸에 더러운 것들이 묻어 있을 때 물로 씻어버리면 깨끗해지게 됩니다. 그래서 우리가 새 은혜를 받으면 과거의 모든 좋지 못한 수치는 굴러가게 됩니다.

하나님께서는 여호수아에게 지시하기를 이스라엘 열두 지파에서 한 사람씩 대표를 뽑아서 요단강의 돌을 하나씩 짊어지고 나오게 했습니다. 그래서 이스라엘 백성들은 요단강을 통과하면서 큰 돌을 하나씩 지고 나오게 되었습니다. 이 돌은 성인 어른이 어깨에 짊어질 정도니까 상당히 큰 돌이었습니다. 그리고 하나님은 그 열두 돌을 이스라엘 백성들이 처음 잠을 잤던 길갈에 두게 했습니다. 길갈은 이스라엘 백성들이 가나안을 공격했던 출발점이었습니다. 즉 하나님께서는 모든 이스라엘 백성들에게 다 이 약속의 돌을 하나씩 주셨던 것입니다. 즉 모든 이스라엘 백성들이 이 돌 같은 믿음을 가지고 나가면 반드시 가나안을 이기고 정복하게 되는 것입니다. 이 돌 같은 믿음이 무엇입니까? 그들이 믿음으로 요단 강물 속을 들어가면 이 물이 끊어질 것이며 모든 이스라엘 백성들이 다 요단강을 건너갈 때까지 물이 덮치지 않는다는 것입니다. 이스라엘 열두 지파가 하나씩 지고 나왔던 돌은 제사장이 서 있는 발아래서 가져온 돌이었습니다.

결국 이 굳건한 믿음을 가지고 이스라엘 열두 지파가 나가기만 하면 한 지파도 실패하지 않고 모두 다 성공한다는 것을 약속하신 것입니다.

### 이스라엘을 끝까지 책임지시는 하나님

이스라엘 백성들이 요단강을 건너면서 한 사람 한 사람이 철저히 하나님의 말씀에 순종한 것을 볼 수 있습니다.

여기서 중요한 것은 여호수아는 하나님의 말씀을 받아서 백성들에게 선포했고 백성들은 그 말씀에 순종했던 것입니다.

우리는 하나님의 말씀을 그렇게 해야 합니다. 하나님께서 연출자이시고 우리는 배우입니다. 우리는 하나님의 말씀을 완전히 내 것으로 소화를 해서 오늘 이 시대에 맞는 멋진 연기를 만들어내어야 하는 것입니다.

우리가 영화 찍는 곳에 가보면 배우들이 한 장면을 소화하기 위하여 여러 번씩 반복하는 액션을 보게 됩니다. 배우들은 이것을 귀찮아해서는 안 됩니다. 엄청난 열정을 가지고 그 모든 대사를 다 소화를 해내어서 다른 사람들에게 감동을 불어 일으켜야 하는 것입니다.

우리가 하나님이 원하시는 뜻에 정확하게 맞게 연기를 하면 또 요단강이 갈라지는 것 같은 기적이 일어나는 것입니다. 사실 여호수아는 하나님의 뜻에 맞게 순종함으로 여리고 성에서 또 기적을 체험했습니다. 그리고 기브온 골짜기에서는 태양이 머무는 기적을 또 체험했습니다.

본문을 보면 같은 하나님의 말씀을 가지고 제사장들이나 백성들이 최선을 다해서 순종하는 것을 볼 수 있습니다.

제사장들은 모든 백성들이 다 건너기까지 굳게 자리를 지키고 있었습니다.

**10-11절** 또 여호와께서 여호수아에게 명령하사 백성에게 말하게 하신 일 곧 모세가 여호수아에게 명령한 일이 다 마치기까지 궤를 멘 제사장들이 요단 가운데에 서 있고 백성은 속히 건넜으며 모든 백성이 건너기를 마친 후에 여호와의 궤와 제사장들이 백성의 목전에서 건넜으며

아마 이스라엘 백성들 이백만 명이 강을 건너려면 하루 종일 걸렸을 것입니다. 그러나 그 동안 제사장들은 모두 자기 자리를 지켰습니다.

텔레비전에서 동물의 왕국 프로를 보니까 엄청난 사슴 떼가 작은 강을 건너는 모습이 있었습니다. 그 강에는 악어들이 우글거리고 있었는데 사슴 떼는 그 강을 건너가야만 했습니다. 그때 맨 처음 딱 한 마리의 사슴이 물에 뛰어 들었습니다. 그리고 그 후에는 잔뜩 먼지를 날

리면서 다른 사슴 떼들이 물로 뛰어들기 시작하는데 악어들도 감당을 할 수가 없는 정도였습니다. 나중에는 엄청나게 많은 사슴 떼가 물에 뛰어들어서 헤엄을 쳐서 강을 건넜습니다. 물론 그 중에는 악어에게 물려서 죽는 것들도 있었습니다. 그러나 사슴 떼가 강을 건너는 것은 장관이었습니다.

제사장들은 언약궤를 매고 백성들이 다 강을 통과하기까지 서 있었습니다.

이것은 제사장이 하나님의 능력에도 불구하고 최선을 다 했다는 것을 의미합니다. 우리는 하나님의 능력이 나타날 때 더 최선을 다 해야 합니다. 그 이유는 하나님께서 우리를 통하여 일하시기 때문입니다. 우리는 하나님의 일에 대하여 열정을 가지고 있어야 합니다.

그리고 백성들이 물을 다 건넌 후에도 여호수아에게 제사장들이 올라오라고 하셨을 때 그때서야 비로소 제사장들이 육지로 올라왔습니다. 그리고 땅을 밟는 즉시 물이 원래대로 흘러 언덕에 넘쳤더라고 말씀하고 있습니다. 제사장들은 철저하게 하나님의 말씀에 순종했습니다.

이스라엘 백성들이 요단강을 순전히 하나님의 능력으로 건넜다는 것은 대단히 중요한 의미를 가집니다. 이것은 이스라엘 백성들이 하나님의 능력으로 가나안 땅에 첫발을 내디딘 것을 의미합니다. 그렇다면 하나님께서는 그들이 가나안 땅에서 생활하는 모든 것도 이와 같은 방식으로 감당하게 해주시겠다는 것을 약속하시는 것입니다.

어떤 사람은 언제나 일은 벌려 놓고 제대로 마무리는 전혀 하지 못하는 사람도 있습니다. 그러나 하나님은 일을 시작하시는 분이시고 마무리까지 하시는 분이십니다. 그러나 이스라엘 백성들이 가나안 땅에 들어가는 것은 하나님이 계획하셨습니다. 그러면 가나안 사람들과 싸우는 것이나 집을 짓고 정착하는 것이나 모두 하나님의 능력으로 이루어지게 되는 것을 믿어야 하는 것입니다. 단지 그 기간이 빠를 수도 있고 늦을 수도 있습니다. 이것은 이스라엘 백성들의 믿음에 달린 것입니다.

이전에 하나님께서는 이스라엘 백성들을 광야로 들어가게 하셨습니다. 그리고 하나님께서는 광야 40년 동안 그들을 책임지셨습니다. 하나님께서는 구름 기둥과 불기둥으로 그들을 인도하셨고 하늘의 만나와 반석에서 나온 물로 그들을 살게 하셨습니다. 따라서 하나님께서 이스라엘 백성들을 가나안 땅으로 인도하셨다면 그들이 가나안 땅에서 살아남는 모든 것을 하나님께서 책임을 지실 것입니다. 가나안 족속들을 몰아내는 것이나 농사를 짓는 것이나 전쟁을 하는 것이나 모든 것을 하나님께서 책임을 지실 것입니다. 그래서 이스라엘 백성들은 끝까지 하나님을 의지해야 합니다. 그렇다면 하나님께서는 앞으로도 기적으로 이스라엘 백성들을 도우실 것입니다.

하나님의 말씀의 능력은 불가능한 것을 가능하게 만들었습니다. 따라서 우리가 하나님의 말씀만 순종해서 나가기만 하면 불가능한 모든 일들이 이루어지게 될 것입니다. 그래서 우리는 다른 것은 걱정하면 안 됩니다. 내가 지금 하나님의 말씀을 붙잡고 있느냐 아니냐 하는 것만 중요한 것입니다.

그런데 하나님께서는 이스라엘 백성들에게 요단강을 건넌 것은 조상들이 홍해를 건넌 것과 같은 원리라고 하셨습니다. 즉 하나님은 얼마든지 기적을 행하실 준비가 되어 있으신 것입니다.

사실 우리는 하나님의 말씀을 붙들고 산다고 하면서도 얼마나 준비가 부족한지 모릅니다. 사실 이스라엘 백성들은 요단강을 건널 준비가 전혀 되어 있지 않았습니다. 그러나 어느 이스라엘 백성도 우리가 어떻게 요단강을 건널지 물어보거나 건널 수 있는 곳을 찾느라고 돌아다니지 않았습니다. 이스라엘 백성들은 하나님이 말씀하시지 않은 것은 하나님의 방법이 있다는 것을 믿었습니다. 그런데 마귀는 이때 우리 귀에 대놓고 속삭일 것입니다. 즉 만일 하나님에게 방법이 없으면 어떻게 하느냐는 것입니다. 즉 어쩌면 너희들은 지금도 늦지 않으니까 인간적인 방법을 쓰라고 말할 것입니다. 그러나 이스라엘 백성들은 하나님이 말씀하시지 않은 것에 대하여 묻지 않았습니다. 왜냐하면 하나님의 말씀하지 않은 것은 하나님이 하실 것이기 때문입니다. 이스라엘 백성들은 아주 작은 것 하라고 하는 것 만 했습니다. 즉 사흘분 양식만 준비했더니 요단강이 갈라졌던 것입니다.

우리는 미래에 대하여 너무 많은 것을 생각하고 너무 완벽하게 준비하려고 하기 때문에 생각이 복잡할 때가 많습니다. 그것이 바로 마귀의 시험에 든 것입니다. 하나님은 우리에게 너무 많은 것을 요구하시지 않으십니다. 하나님은 우리에게 완벽하게 준비하라고도 말씀하시지 않으십니다. 하나님이 원하시는 것은 오늘 우리에게 하라고 하시는 아주 작은 것입니다.

여호수아와 이스라엘 백성들이 하나님 앞에서 이렇게 큰 복을 받을 이유는 아무것도 없었습니다. 그런데 하나님께서는 그들이 하나님의 말씀을 의지하고 있기 때문에 그들이 생각지도 않은 기적을 체험하게 하셨습니다.

### 여호수아를 크게 하심

여호수아와 제사장과 이스라엘 백성들이 하나님의 말씀에 순종했을 때 온 이스라엘이 위대해지게 되었습니다. 그리고 온 백성들의 마음이 하나가 되었습니다. 특히 하나님께서는 여호수아를 크게 하셨습니다.

14절 그 날에 여호와께서 모든 이스라엘의 목전에서 여호수아를 크게 하시매 그가 생존한 날 동안에 백성이 그를 두려워하기를 모세를 두려워하던 것 같이 하였더라

사람이 위대해지는 것은 자기가 위대해지고 싶다고 해서 되는 것이 아닙니다. 하나님께서 그 사람을 위대하게 만들어주셔야 합니다. 위대한 백성들에게 위대한 지도자가 만들어지는 것입니다.

여호수아는 위대해지기 위해서 위인전을 읽거나 어떤 큰 정복 사업을 벌이지 않았습니다. 여호수아는 오직 하나님의 말씀에 순종하기만 했습니다. 그렇게 하니까 온 이스라엘이 위대해졌습니다. 이스라엘이 위대해지니까 여호수아도 위대해지게 되었습니다.

오합지졸들의 지도자는 위대해질 수가 없습니다. 왜냐하면 자기가 지도자보다 더 똑똑하다고 생각하니까 지도자가 한 마디를 하면 자기들은 백 마디를 하는 것입니다. 그러나 위대한 백성들은 말이 없습니다. 오직 모든 것을 기적과 능력으로 보여줄 뿐입니다.

여호수아가 하나님의 말씀에 순종했더니 기적이 일어났습니다. 그러니까 모든 사람들이 여호수아를 두려워하게 되었고 이스라엘의 마음은 하나가 되었습니다.

나라가 세워지려면 사람들의 마음이 저절로 하나가 되어주어야 합니다. 그렇지 않고 모든 사람들이 다 자기가 옳다고 떠들어대기 시작하면 어떤 나라든지 망할 수밖에 없는 것입니다. 그런데 인간의 생각은 아무리 훌륭하다고 해도 모든 사람들의 뜻을 하나로 만들 수가 없습니다. 그러나 하나님의 말씀대로 하면 모든 사람들의 마음이 하나가 되게 되어 있습니다. 왜냐하면 성령께서 모든 사람들의 마음속에 같은 생각을 주시기 때문입니다. 그러면 저절로 부흥이 일어나게 되어 있습니다.

그리고 요단 동편의 지파들이 순종을 했습니다.

12절 르우벤 자손과 갓 자손과 므낫세 반 지파는 모세가 그들에게 이른 것 같이 무장하고 이스라엘 자손들보다 앞서 건너갔으니

르우벤 지파와 갓 지파와 므낫세 반 지파는 요단강 동편에서 자기 땅을 차지했습니다. 그래서 그들은 굳이 요단강을 건너서 가나안 땅에서 싸울 필요가 없었습니다. 그럼에도 불구하고 이 두 지파 반 사람들은 다른 이스라엘 자손들과 함께 요단강을 건넜습니다. 오히려 그들이 앞장서서 요단강을 건넜습니다.

그 이유는 자기들이 땅을 차지하는 것보다 하나님의 말씀이 더 크게 보였기 때문입니다. 가나안 땅이라고 하는 것은 말씀에 순종한 대가로 주어지는 것이지 이것이 우선적인 것이 아닌 것입니다. 그러나 하나님의 백성들의 열정이 식어지게 되면 말씀보다는 땅이 먼저 눈에 들어오게 됩니다. 그래서 땅만 차지하고 말씀을 붙잡으려고 하지 않는 것입니다. 그러면 결국 모든 것을 다 잃게 됩니다. 우리에게 중요한 것은 눈에 보이는 돈이나 자리보다 말씀을 붙잡는 것입니다.

결국 이스라엘 백성들은 하나님의 출애굽과 동일한 능력을 체험할 수 있었습니다.

23절 너희의 하나님 여호와께서 요단 물을 너희 앞에서 마르게 하사 너희를 건너게 하신 것이 너희의 하나님 여호와께서 우리 앞에 홍해를 말리시고 우리를 건너게 하심과 같았나니

여호수아는 홍해를 건넌 세대였습니다. 다른 사람들은 그 다음 세대

이기 때문에 출애굽 기적의 말만 들었지 실제로 체험하지는 못했습니다. 그러나 그들이 하나님의 말씀에 순종했을 때 홍해를 가른 것과 같은 기적이 나타났습니다. 그러나 홍해를 가른 것과 똑같지는 않았습니다. 우리가 알아야 할 것은 하나님은 똑같은 방식으로 일하시지는 않으신다는 것입니다. 하나님은 너무나도 다양하게 일을 하십니다. 그러나 그 기적의 힘과 원리는 동일한 것입니다.

하나님께서는 이것을 자녀들에게 가르쳐주라고 말씀하셨습니다.

**21-22절** 이스라엘 자손들에게 말하여 이르되 후일에 너희의 자손들이 그들의 아버지에게 묻기를 이 돌들은 무슨 뜻이니이까 하거든 너희는 너희의 자손들에게 알게 하여 이르기를 이스라엘이 마른 땅을 밟고 이 요단을 건넜음이라

하나님의 나라는 하루 이틀에 이루어지는 것이 아닙니다. 그래서 자녀들과 청년들에게 자꾸 하나님의 위대한 일을 가르쳐주어야 합니다. 청년들이나 자녀들은 가르쳐주는 대로 만들어지게 되어 있습니다. 성경을 가르치는 성경적인 사람이 되고 공산주의를 가르치면 공산주의자가 되게 되는 것입니다.

우리는 하나님께서 과거와 똑같은 방식으로 일하실 것이라고 생각해서는 안 됩니다. 하나님은 늘 언제나 다른 방식으로 일하십니다. 그러나 그 기적의 원리는 동일한 것입니다.

지금 여호수아가 증거하는 말이 무엇입니까? 하나님의 능력은 변함이 없다는 것입니다. 우리가 이 능력을 우리의 능력으로 만들어야 하겠습니다. 그것은 하나님을 두려워하고 하나님의 말씀의 능력을 믿는 것입니다. 오늘도 하나님은 변함이 없으십니다. 능히 우리로 하여금

현실의 여러 장벽을 깨고 가나안을 정복하게 하실 것입니다.

이스라엘 자손들에게는 아주 중요한 약속이 하나 있습니다. 그것은 어려울 때 하나님을 의지하고 부르짖기만 하면 하나님의 기적이 나타난다는 약속입니다. 이것이 하나님의 백성들의 비밀 무기입니다. 그래서 우리가 알아야 할 것은 우리가 가진 능력이 절대로 전부가 아니라는 것입니다. 우리는 모두 비밀 무기들을 하나씩 가지고 있습니다. 그것은 어려울 때 하나님께 부르짖으면 하나님께서 요단강을 말리시고 홍해를 가르신 능력으로 응답을 하신다는 것입니다. 얼마나 엄청난 비밀입니까? 그래서 하나님께서는 앞으로 이스라엘 백성들이 가나안 땅에서 이기는 비결이 얼마나 하나님의 능력을 믿느냐에 달려 있다고 보신 것입니다. 이스라엘 사람들이 세상을 보면 실패하게 되어 있습니다. 그러나 하나님의 능력을 믿으면 이기게 되어 있습니다.

# 길갈의 결단

외국 사람들이 한국에 와서 가장 먼저 배우는 한국어는 '빨리 빨리'라는 말이라고 합니다. 한국 사람들은 참 성격들이 급해서 오래 참고 기다리는 것을 못하고 모든 것을 급하게 해치우기 좋아합니다. 그런데 한국인들의 이 '빨리 빨리' 본성이 지금과 같은 IT강국이 되게 했다고 합니다. 처음 스마트폰이 나왔을 때 사람들은 이렇게 빨리 전 세계에 보급이 될 줄 몰랐습니다. 그러나 지금 우리나라나 전 세계에서 웬만한 사람들은 스마트폰을 사용하고 있습니다. 옛날에 우리가 모르던 길을 운전해서 가려고 하면 지도를 펴놓고 주위 사람들에게 길을 물어물어 가곤 했습니다. 그러나 지금은 내비게이션을 작동시켜 놓으면 말로 차를 오른쪽 왼쪽으로 가라는 것을 친절하게 다 가르쳐주고 있습니다. 그래서 지금 사람들은 집에서는 부인 말을 들어야 하지만 밖에 나와서는 내비게이션에서 여자가 하는 말을 들어야 한다고 합니다.

지금 세상은 너무 빨리 변하고 있습니다. 그런데 우리는 2000년 혹은 4000년 전의 성경 속에 있는 세계를 믿고 있습니다. 우리가 과연 이 성경 신앙을 가지고 이렇게 급변하는 세상을 따라잡을 수 있을까요? 아마 그럴 수 있다고 믿는 사람들은 거의 없을 것입니다.

또 대학원에서 석사 혹은 박사 공부를 한 분들이 공부를 다 마치면 논문을 쓰게 됩니다. 이 논문이 공부를 마치는 마지막 시험인 것입니다. 그런데 논문은 쓴다는 것은 참 쉬운 일이 아닙니다. 그리고 논문을 다 썼다고 해서 되는 것이 아니라 교수들 앞에서 발표를 하고 디펜스를 해서 통과가 되어야 합니다. 마찬가지로 하나님은 우리가 신앙 훈련을 다 마친 후에 하나님은 우리 신앙을 테스트를 하십니다. 그 신앙의 테스트는 정말 하나님이 말도 되지도 않는 것을 우리에게 물어보시고 요구하시는 것입니다. 그런데 만일 우리가 이 신앙의 테스트에 불합격하면 또 다시 연단을 받아야 합니다.

이스라엘 백성들은 40년 동안 광야에서 훈련을 받은 후 요단 강가까지 오게 되었습니다. 그런데 이스라엘 백성들은 3일 동안을 아무것도 하지 않고 우두커니 있으면서도 그 어느 누구 한 사람도 여호수아에게 어떻게 요단강을 건너갈 계획이냐고 묻는 사람이 없었습니다. 왜냐하면 그들은 40년을 광야에서 훈련받으면서 깨달은 것이 우리는 할 수 없지만 하나님은 하실 수 있다는 믿음을 가지게 되었습니다. 하나님은 드디어 여호수아에게 제사장이 하나님의 언약궤를 앞세우고 요단강으로 들어서라고 하셨습니다. 그래서 제사장들이 언약궤를 어깨에 메고 요단강에 들어서니까 요단강이 끊어져서 쌓이기 시작했습니다. 그리고 이스라엘 백성들은 어른이나 어린아이, 가축 할 것 없이 이백만 명이 요단강을 건너게 됩니다. 이것은 대단한 장관이었습니다.

그리고 마지막으로 이스라엘 백성들이 한 명도 빼놓지 않고 요단강을 다 건너자 제사장들이 언약궤를 매고 육지로 올라왔는데 그때 쌓였던 요단강이 허물어지면서 다시 강이 되어서 흘렀습니다. 이스라엘 백성들이 한명도 빠짐없이 모두 요단강을 건넜다는 것은 그들이 얼마나 이 일에 열심이 있었는지 알 수 있습니다. 교회에서 단체로 어디에 몇 백 명이 움직일 때에도 한 명도 빠지지 않고 모두 다 움직이는 것은 대단히 어렵습니다. 꼭 한두 명이 화장실에 갔다든지, 약 사러 갔다든지 슈퍼에 가서 오지 않아서 기다려야 할 때가 많이 있습니다. 그러나 이스라엘 백성들은 한 명도 빠짐없이 이백만 명이 다 요단강을 건넜습니다.

이제 이스라엘 백성들은 다시 광야로 돌아갈 수 없게 되었습니다. 이제 그들이 이 가나안 땅에서 처음으로 해야 할 일은 무엇이었을까요? 아마 그들은 어서 안전한 곳으로 이동을 하든지 아니면 거대한 진지를 구축해서 가나안 족속들이 공격하는 것을 막아야 할 것입니다. 그러나 하나님께서 이스라엘 백성들에게 요구하신 것은 그동안 하지 않고도 잘 살았던 할례를 이곳에서 하라고 하시는 것이었습니다. 지금 이스라엘 백성들은 거의 몇 명을 제외하고는 할례를 다 받지 않았는데 이들이 할례를 받는다면 아파서 움직이지 못하게 됩니다. 이때 가나안 족속들이 쳐들어오면 죽을 수밖에 없었습니다. 그러나 하나님은 이스라엘 백성들을 축복하시기 전에 마지막 시험을 하셨습니다.

오늘 우리가 알아야 할 것은 하나님은 우리에게 큰 복을 주시기 전에 반드시 우리 믿음을 달아보는 시험을 치신다는 것입니다. 우리는 이 시험에 합격을 해야 복을 받을 수 있습니다.

## 이스라엘 백성들의 시험

이스라엘 백성들이 하나님의 기적으로 요단강을 건너게 되었을 때 이것을 모든 가나안 족속들이 알았고 그들은 이 사실에 너무나도 크게 두려워했습니다.

1절 요단 서쪽의 아모리 사람의 모든 왕들과 해변의 가나안 사람의 모든 왕들이 여호와께서 요단 물을 이스라엘 자손들 앞에서 말리시고 우리를 건너게 하셨음을 듣고 마음이 녹았고 이스라엘 자손들 때문에 정신을 잃었더라

이스라엘 백성들이 하나님의 능력으로 요단강을 건널 때 가나안 족속들은 아무도 보지 않는 것 같았습니다. 이스라엘 백성들이 요단강을 건널 때 가나안 족속들이 먼 둑 위에 늘어서서 이 모습을 다 구경하지는 않았을 것입니다. 그러나 가나안 족속들은 이스라엘 백성들이 기적으로 요단강을 건너는 것을 숨어서 보고 있었고 그들의 마음은 완전히 녹아버렸습니다. 즉 가나안 족속들은 이스라엘 백성들이 요단강을 건너는 것을 보고 완전히 정신을 잃어버렸습니다.

여기서 '마음이 녹았다'는 것은 너무 놀라서 정신을 차릴 수가 없게 된 것을 말합니다. 즉 가나안 족속들은 모두 패닉 상태에 빠지게 된 것입니다.

가나안 족속들은 요단강이 범람하는 것을 보고 좀 여유를 가졌던 것 같습니다. 즉 그들은 이스라엘 백성들이 숫자는 많지만 지금은 요단강을 건널 수 없다고 생각을 했습니다. 즉 이스라엘 백성들은 요단강을 건널 수 있는 장비나 기술이 없었고 그들이 요단강 위에 다리를

놓으려면 적어도 한두 달은 걸릴 것이라고 생각하고 있었던 것입니다. 그렇다고 해서 그들이 요단강을 둘러서 가나안으로 갈 수 있는 길도 없었습니다. 그래서 모든 가나안 족속들은 당장 이스라엘 백성들이 요단강을 건너지는 못할 것이라고 믿고 있었는데 그들이 전원 너무나도 쉽게 요단강을 건너는 것을 보고 이제 마지막 방어막이 무너졌다는 것을 깨달은 것입니다. 가나안 족속들은 모두 벌벌 떨게 되었고 정신이 하나도 없어서 아무것도 할 수 없는 상태였습니다.

그런데 이스라엘 백성들은 그 사실을 알지 못하고 있습니다. 즉 그들은 자신들이 얼마나 가나안 족속들에게 두려운 존재인지 모르고 있었던 것입니다. 이스라엘 백성들이 자신의 처지를 보면 아직 땅 한 평도 가지지 못하고 집도 없고 아무것도 없는 거지같은 신세였습니다. 그러나 가나안 족속들에게는 가장 두려운 존재들이었습니다.

우리가 알아야 할 것은 오늘날도 세상 사람들이 겉으로는 모르는 체 하면서도 교인들의 상태에 관심이 대단히 많다는 사실입니다. 그리고 이 세상에 가장 두려워하는 것이 우리 가운데 하나님의 능력이 나타나고 기도의 능력이 나타나는 것입니다. 이때 세상 사람들은 아무 정신이 없는 것입니다. 그래서 사탄의 졸개들이 가장 두려워하는 것이 성도들이 하나님의 말씀에 은혜를 받게 되고, 기도의 능력을 얻게 되는 것입니다. 이것을 세상 사람들이나 마귀의 졸개들은 가장 무서워하는 것입니다,

그래서 마귀는 할 수 있는 대로 우리 성도들로 하여금 자꾸 자기 문제에 빠지게 만들고 자기 자신을 과소평가해서 믿음에 굳게 서지 못하게 하려고 애를 씁니다. 우리는 절대로 자신을 너무 과소평가하거나 자기 문제에 빠지지 않기로 결심을 해야 합니다. 오직 우리에게 하나님의 능력이 나타나고, 기적이 일어나면 사탄의 세력은 죽은 것과 같

습니다.

이 세상 사람들이 가장 두려워할 때가 언제입니까? 우리 성도들이 세상적인 것을 많이 가질 때가 아닙니다. 왜냐하면 그런 것은 세상 사람들과 다를 바가 없기 때문입니다. 그러나 성도들이 세상 것을 하나도 가지지 않았는데도 불구하고 말씀을 붙들고 기도해서 하나님의 능력이 나타나게 되었을 때 세상은 두려워하게 됩니다.

우리가 우리 자신을 세상의 눈으로 보면 세상 사람들과 다를 것이 아무것도 없습니다. 우리는 아마 되어 있는 것도 아무것도 없을 것입니다. 그러나 우리가 우리 자신을 하나님의 눈으로 보면 우리는 이 세상에서 가장 강한 자들이며 사탄의 세력은 지금 사시나무 떨듯이 떨고 있는 것입니다.

이상한 것은 세상 사람들은 교회가 분열되고 싸우고 유치한 짓들을 하면 그렇게 좋아할 수가 없습니다. 그들은 너무나도 기뻐하고 좋아합니다. 그러나 하나님의 백성들이 정신을 차리고 말씀을 붙들고 기도해서 능력을 받을 때 세상은 교회를 두려워하게 됩니다.

오순절에 성령이 믿는 자들에게 임했을 때 다른 사람들은 그들이 새 술에 취한 줄 알았습니다. 왜냐하면 그들이 너무 기뻐서 영적인 흥분 상태에 빠져 있었기 때문입니다. 그러나 그들의 정신은 온전했고 가슴에는 능력이 넘쳤습니다.

이때 하나님께서는 이스라엘 백성들에게 도무지 이해가 되지 않는 요구를 하셨습니다. 그것은 이스라엘 백성들이 도망 갈 길도 없는데 가나안 땅에서 모두 할례를 받게 하신 것입니다.

**2절** 그때에 여호와께서 여호수아에게 이르시되 너는 부싯돌로 칼을 만들어 이스라엘 자손들에게 다시 할례를 행하라 하시매 그런데 여기에 보면 하나님께서 여호수아에게 '부싯돌'로 칼을 만들어서 할례를 행하게 하십니다. 왜 하나님께서는 부싯돌로 할례를 행하게 하셨을까요? 그것은 이스라엘 백성들은 아직까지 쇠로 된 칼을 쓰지 않았기 때문입니다. 그들이 애굽을 떠날 때에는 청동기 문명이었습니다. 그래서 동으로 된 칼은 녹이 있어서 할례를 행하면 상처가 곪을 수 있었습니다. 그래서 하나님께서는 여호수아에게 녹이 없는 부싯돌로 칼을 만들라고 하신 것입니다. 즉 이스라엘 백성들은 아직 청동기 시대 내지는 석기 시대에 살고 있었던 것입니다. 이스라엘 백성들이 광야를 돌아다니는 40년 동안에 가나안 지역의 문명은 철기 문명으로 변했습니다. 그래서 가나안 사람들은 철로 된 칼을 쓰고 있었고 철로 된 병거까지 가지고 있었는데 오직 이스라엘 백성들만 아직까지 청동기 문명 내지는 석기 문명 시대에 살고 있었던 것입니다.

그러니까 이스라엘 백성들이 광야에서 40년 동안 훈련을 받는 동안 세계는 청동기 문명에서 철기 문명으로 넘어가버렸습니다. 그래서 이스라엘 백성들은 40년을 뒤진 것이 아니라 400년을 뒤지고 있었던 것입니다.

청동기 문명과 철기 문명의 차이는 마치 미개인과 현대인의 차이와 같았습니다. 가나안 족속들은 모두 쇠로된 기구를 쓰고 있는데 여호수아와 이스라엘 백성들은 아직 부싯돌 칼을 쓰고 있는 것입니다.

이스라엘 백성들이 하나님의 말씀으로 훈련받는 동안에 세상은 너무 빨리 변해버렸습니다. 아마 이스라엘 백성들이 이것을 따라가려면 밤낮으로 몇십 년을 뛰어가도 부족할 것입니다.

그러나 하나님께서는 이스라엘 백성들에게 시대에 뒤떨어진 것을 회복하라고 말씀하시지 않으셨습니다. 하나님께서 여호수아와 이스라엘 백성들에게 요구하신 것은 오직 모든 사람이 다 할례를 받는 것이었습니다.

이것은 여호수아와 이스라엘 백성들에게 너무나도 싫은 것이었습니다. 왜냐하면 이스라엘 백성들은 지금까지 할례를 받지 않고 얼마든지 잘 살아왔습니다. 그리고 할례는 아주 고통스럽습니다. 그리고 할례는 사람이 살고 죽는 데 아무런 영향을 주지 않는 것입니다. 만일 이스라엘 백성들이 암에 걸려서 죽어가고 있다면 다 수술을 받아야 하겠지만 할례는 그런 것이 아니었습니다. 그리고 더 심각한 것은 할례를 받은 후에 가나안 족속들이 쳐들어온다면 손 한번 제대로 놀리지 못하고 모두 떼죽음을 당하는 형편이었습니다.

하나님은 이스라엘 백성들에게 우선 반만 먼저 할례를 받고 나머지는 다음에 적을 지키고 있다가 먼저 할례 받은 사람이 나으면 그때 받으라고도 하시지 않으셨습니다. 하나님은 이스라엘 백성 전체가 가나안 땅에서 동시에 할례를 받으라고 하셨습니다.

지금 이스라엘 백성들이 생각하기에는 요단강을 건넜으니까 빨리 진지를 만들고 방어 자세를 갖추어야 할 때입니다. 또 이스라엘 백성들은 칼도 준비하고 창도 만들어야 할 것입니다. 그러나 하나님은 그 어느 것도 명령하지 아니하시고 전혀 중요하지 않은 할례를 하필이면 지금 받게 하시는 것입니다. 그 이유가 무엇입니까? 하나님께서는 이스라엘 백성들에게 '너희들은 하나님이 죽으라고 하면 죽을 수 있겠느냐?'를 물어보시는 것입니다. 하나님께서는 이스라엘 백성들에게 '하나님께서 아무리 바보 같은 일을 시키시더라도 하나님이 이스라엘 백성들보다 더 지혜로우신 것을 믿을 수 있겠느냐?'는 것을 물으시는 것입니다.

하나님께서 이스라엘 백성들에게 과연 이 가나안 땅에서 100퍼센트 하나님의 말씀에 순종할 수 있겠느냐는 것을 물어보신 것입니다.

하나님께서는 이스라엘 백성들이 세상적인 지식이나 기술로 무장되는 것보다 그들이 100퍼센트 하나님의 뜻에 순종하는 사람이 되는 것을 원하셨습니다. 놀라운 것은 모든 이스라엘 백성들이 단 한 명도 불평하거나 군소리 하지 않고 한결같이 할례를 받았다는 사실입니다.

적을 앞에 두고 할례를 받는 것은 바보 아니면 미친 사람들이나 하는 짓이었습니다. 그러나 모든 이스라엘 백성들은 하나님 앞에서 바보가 되기를 원했고 미친 사람들이 되기를 원했습니다.

### 못난 이스라엘 세대를 축복하신 하나님

하나님께서 여호수아에게 새삼스럽게 할례를 행하게 하시는 이유는 4절과 5절에 설명되고 있습니다.

**4-5절** 여호수아가 할례를 시행한 까닭은 이것이니 애굽에서 나온 모든 백성 중 남자 곧 모든 군사는 애굽에서 나온 후 광야 길에서 죽었는데 그 나온 백성은 다 할례를 받았으나 다만 애굽에서 나온 후 광야 길에서 난 자는 할례를 받지 못하였음이라

여기에 보면 두 이스라엘 세대가 나오는 것을 볼 수 있습니다. 한 세대는 출애굽을 한 세대이고, 다른 한 세대는 출애굽한 후 광야에서 태어난 세대였습니다. 그런데 이 두 세대 사이에 엄청난 차이가 있었습니다.

원래 이스라엘 백성들 중에서 정식으로 출애굽을 한 세대 사람들은 모두 할례를 받은 사람들이었습니다. 그런데 출애굽한 후에 길에서 태어난 자들은 여행 중이었기 때문에 할례를 행할 수가 없었습니다. 아

마도 계속 행진을 해야 했기 때문에 아이들에게 할례를 시킬 수가 없었던 것 같습니다.

그런데 출애굽 세대는 이스라엘 백성들 중에서 가장 위대한 기적을 체험한 세대였습니다. 그들은 세계 최대 문명국이었던 에집트의 문명과 학문을 경험했던 사람들이었습니다. 그리고 그들은 출애굽의 열 가지 기적을 보았고 홍해를 가르는 체험을 한 사람들이었습니다. 그들은 모두 홍해를 걸어서 건넜습니다. 그리고 모두 다 할례를 정식으로 받은 자들이었습니다.

그런데 광야에서 태어난 세대는 할례를 받지 못한 것은 물론이고 에집트의 그 학문과 문명을 전혀 알지 못하는 자들이었습니다. 이 세대는 공부라고는 전혀 배워본 적이 없는 자들이었습니다. 학교라고는 문턱에도 가 본 적이 없었습니다. 그리고 출애굽의 그 놀라운 기적들은 모두 말로만 들었지 본 사람이 아무도 없었습니다. 그리고 치명적인 것이 할례도 받지 않은 자들이었다는 것입니다. 그래서 출애굽 세대는 이 광야 세대를 무시했고 창피하게 생각을 했습니다. 그리고 툭하면 하는 소리가 '너희는 이스라엘도 아니라'는 것이었습니다.

옛날에 명문 고등학교가 있을 때였습니다. 그때 명문 고등학교에 대한 프라이드는 대단했습니다. 그러다가 갑자기 신입생 모집이 제비뽑기로 바뀌었을 때 시험 쳐서 들어간 선배들은 제비 뽑아서 들어온 후배들을 후배로 인정도 해주지 않았습니다. 마찬가지로 출애굽 세대는 광야 세대를 이스라엘 취급도 하지 않았습니다. 이것은 그만큼 수준도 차이가 나고 정통성에도 차이가 났던 것입니다. 그런데 하나님 앞에서는 이야기가 완전히 달랐습니다.

하나님 앞에서는 출애굽 세대가 너무나도 교만해서 하나님께서 모세를 통해서 하시는 말씀 하나 하나에 반항하고 자기 생각을 가지고 대들었습니다. 그래서 하나님께서는 이 출애굽 이 세대는 한 사람도 약속의 땅에 들어가지 못할 것이라고 맹세를 하셨습니다. 그리고 그들이 다 죽을 때까지 하나님은 이스라엘 백성들을 광야에서 40년 동안 돌리셨던 것입니다. 그리고 이 출애굽 했던 엘리트 세대가 다 죽은 후에 하나님은 이 광야 세대를 이스라엘로 삼으셔서 가나안 땅에 들어가게 하시는 것입니다.

**6-7절** 이스라엘 자손들이 여호와의 음성을 청종하지 아니하므로 여호와께서 그들에게 대하여 맹세하사 그들의 조상들에게 맹세하여 우리에게 주리라고 하신 땅 곧 젖과 꿀이 흐르는 땅을 그들이 보지 못하게 하리라 하시매 애굽에서 나온 족속 곧 군사들이 다 멸절하기까지 사십 년 동안을 광야에서 헤매었더니 그들의 대를 잇게 하신 이 자손에게 여호수아가 할례를 행하였으니 길에서는 그들에게 할례를 행하지 못하였으므로 할례 없는 자가 되었음이었더라

참으로 놀라운 것은 위대한 출애굽의 체험도 하고 할례도 받은 자들은 하나님의 말씀에 불순종하는데, 출애굽의 경험도 없고 할례도 받지 않은 자들은 하나님의 말씀에 순종을 한 것입니다. 하나님 앞에서 중요한 것은 얼마나 좋은 조건을 갖추고 있고 얼마나 체험이 많으냐 하는 것이 아니었습니다. 하나님 앞에서 중요한 것은 세상적인 조건도 심지어는 신앙 체험이 없어도, 교양이나 학식이 없어도 하나님의 말씀을 믿고 순종하는 자들을 좋아하셨습니다. 그래서 하나님께서는 잘난 세대가 다 죽을 때까지 40년을 기다리셨습니다.

할례는 두 가지 의미가 있는데 신학적으로는 하나님의 백성의 표시를 몸에 지니는 것입니다. 이것은 마치 소나 말에 낙인을 찍는 것과 같

습니다. 그러나 체험적으로는 몸의 부패한 본성을 잘라버린다는 뜻입니다. 옛날 사람들은 남성의 성기 표피를 깨끗지 못하다고 생각을 했습니다. 그래서 할례를 행하면 표피의 더러운 것들이 제거되듯이 이스라엘은 할례를 받음으로 마음속의 더러운 죄악을 잘라낸다는 의미가 있는 것입니다. 물론 할례를 행한다고 해서 사람 속에 있는 못된 본성이 잘라지는 것은 아닙니다. 그러나 할례를 행하는 자체가 내 속에 이런 못된 본성이 있다는 것을 믿음으로 고백을 드리는 것입니다. 그래서 우리 신앙에 있어서 가장 중요한 것은 우리가 하나님의 말씀을 믿음으로 우리의 기질이 변하는 것입니다.

예수님은 제자들을 세상에 보내시면서 내가 너희를 보내는 것은 양을 이리 가운데 보내는 것과 같다고 말씀하셨습니다. 그러나 우리도 옛날에는 모두 이리의 본성을 가진 자들이었습니다. 우리도 얼마든지 주님 없이 살 수 있었고 누가 공격하면 이빨을 드러내 으르렁거리면서 대어들었습니다. 그러나 우리가 은혜 받으면서 사나운 이빨이나 발톱이 다 뽑히고 양이 되어버렸습니다. 교회는 이리를 양으로 바꾸는 것입니다. 그러나 교인들이 제대로 말씀을 듣지 못하면 겉은 양 비슷한데 실제로는 이리의 본성을 가지고 있어서 싸우기 시작합니다. 별것 아닌 것을 가지고 정의라는 이름으로 끝까지 싸웁니다. 이리들이 정의로우면 얼마나 정의롭겠습니까? 그러나 사실은 맹수들이 더 정의를 가지고 싸웁니다. 왜냐하면 그래야 내가 잡아먹을 것이 많아지니까요. 우리가 이리였다가 양으로 변하는 것이 진정한 할례인 것입니다. 그래서 우리가 은혜를 받으면 뇌 구조가 이미 변하게 되는데 말을 잘하고 논쟁하는 구조가 아니라, 설교를 듣고 눈물 흘리며 기도하는 구조로 변하게 됩니다.

이스라엘 출애굽 세대는 최고의 하나님의 능력을 체험했지만 믿음이 없어서 사사건건 모세와 싸우고 하나님께 대항을 했습니다. 그래서 하나님께서는 그들을 버리시기로 작정하셔서 40년 간을 광야에서 돌도록 하셨습니다. 그래서 할례 받았던 자들은 다 죽고 지금 남아 있는 자들은 모두 할례를 받지 않은 자들이었습니다. 그런데 하나님께서는 할례 받지 않은 이들을 사랑하셨습니다. 이것을 통하여 우리가 알 수 있는 것은 형식적으로 할례를 했느냐 안했느냐 혹은 출애굽의 체험이 있느냐 없느냐 하는 것보다, 얼마나 하나님을 믿느냐 하는 것을 중요하게 보시는 것입니다.

하나님께서는 그동안 할례 받지 않았던 이들을 마지막으로 시험하셨습니다. 즉 너희가 이 위기 가운데서 하나님의 말씀에 죽도록 순종할 수 있느냐하는 것입니다. 옛날 이스라엘 백성들 같으면 절대로 할례를 받지 않았을 것입니다. 왜냐하면 적을 눈앞에 두고 할례 받는 것은 자살하는 것이나 마찬가지였기 때문입니다. 그러나 이 광야 세대는 진정으로 하나님 앞에서 양이었습니다. 그들은 아무 소리도 하지 않고 하나님의 말씀대로 할례를 받았습니다.

**8-9절** 또 그 모든 백성에게 할례 행하기를 마치매 백성이 진중 각 처소에 머물며 낫기를 기다릴 때에 여호와께서 여호수아에게 이르시되 내가 오늘 애굽의 수치를 너희에게서 떠나가게 하였다 하셨으므로 그 곳 이름을 오늘까지 길갈이라 하느니라

하나님께서는 이스라엘 백성들이 적을 눈앞에 두고 할례를 받았을 때 그들에게 위대한 말씀을 주셨습니다. 그것은 이때 비로소 그들에게서 애굽의 수치가 떠나갔다고 말씀을 하셨습니다. 무슨 뜻입니까? 이스라엘 백성들은 몸은 애굽을 떠났지만 마음은 여전히 애굽의 종이었

습니다. 이스라엘 백성들은 몸만 애굽을 떠났지, 말하는 것이나 행동하는 것이 언제나 애굽의 노예의 본성이었습니다. 그들은 결코 이스라엘의 믿음을 가지지 못하고 있었습니다. 언제나 행동하는 것이 세상적이었고 세상의 종 된 사람들이 하는 언어를 했습니다. 이스라엘 백성들이 몸은 애굽을 나왔지만 정신적으로는 여전히 애굽을 떠나지 못했던 것입니다. 그들은 여전히 원망하고 불평하기 잘하는 사람들이었습니다. 그러다가 이들이 적들을 눈앞에 두고 죽는 것을 두려워하지 아니하고 하나님의 말씀에 순종했을 때 이제 비로소 그들은 애굽의 노예의 딱지가 떨어지고 위대한 이스라엘의 이름을 가지게 된 것입니다.

교회 안에서 보면 오래 예수를 믿고 중직을 맡았음에도 불구하고 세상의 딱지가 전혀 떨어지지 않은 사람들이 많이 있습니다. 그들은 자기 생각과 조금만 맞지 않으면 무리를 지어서 원망하고 불평을 합니다. 어떤 때는 혈기를 부리기도 하고 소리를 지르기도 합니다. 이 분들은 아직 세상의 종의 딱지를 붙이고 돌아다니고 있는 것입니다.

예를 들어, 어떤 사람이 교도소에서 출소했는데도 교도소의 번호가 붙은 죄수복을 입고 돌아다닌다면 창피할 것입니다. 그러나 어떤 사람들은 아무리 예수 믿고 직분을 받아도 여전히 세상 꼬리표를 붙이고 돌아다니고 있는 것입니다. 그런데 진정으로 노예의 딱지가 떨어진 때가 언제입니까? 하나님의 말씀 앞에 자기 자신의 모든 생각과 고집을 버리고 하나님의 말씀에 자신을 쳐 복종시킬 때입니다.

진정으로 위대한 이스라엘은 언제 시작이 됩니까? 도저히 말도 되지도 않은 하나님의 말씀 앞에 아무 소리 하지 않고 복종할 때입니다. 그때 세상의 딱지가 떨어져서 완전히 굴러가는 것입니다. 그곳이 바로 길갈입니다.

원래 '길갈'이라는 말이 어떤 물건이 데굴데굴 굴러가는 의성어에서 나온 것입니다. 그러니까 이스라엘 백성들에게 애굽의 수치는 슬그머니 없어진 것이 아니라 자기 자신과 다른 사람들이 분명히 알 수 있도록 확실하게 없어진 것입니다. 우리에게 지난 모든 부끄러움과 실수가 확실하게 해결되는 체험이 한번은 있어야 합니다. 그것이 언제입니까? 자기 생각을 버리고 하나님의 말씀에 순종할 때입니다.

### 새로운 양식을 주심

**10-12절** 또 이스라엘 자손들이 길갈에 진 쳤고 그 달 십사일 저녁에는 여리고 평지에서 유월절을 지켰으며 유월절 이튿날에 그 땅의 소산물을 먹되 그 날에 무교병과 볶은 곡식을 먹었더라 또 그 땅의 소산물을 먹은 다음 날에 만나가 그쳤으니 이스라엘 사람들이 다시는 만나를 얻지 못하였고 그 해에 가나안 땅의 소출을 먹었더라

이스라엘 자손들이 광야에서 40년 동안 만나라는 음식을 먹고 살았습니다. 40년 동안 만나는 한 번 더 중단된 적이 없었습니다. 심지어는 이스라엘 백성들이 하나님을 대적하고 반항할 때에도 만나는 내렸습니다. 그러나 이스라엘 백성들이 가나안 땅에 들어왔을 때에는 더 이상 만나는 내리지 않았습니다. 그 대신 하나님은 이스라엘 백성들에게 가나안의 곡식을 먹게 하셨습니다. 이때 가나안 들판에는 밀이 익고 있었습니다. 이스라엘 백성들은 그 밀을 거두어 40년 만에 처음으로 곡식을 양식으로 먹었습니다. 요단강 들판에 얼마나 밀이 많았든지 이스라엘 백성들은 이백만 명이나 되는 사람들이 가나안의 곡식으로 음식을 먹었습니다. 그리고 그때부터는 만나가 내리지 않았습니다.

이것은 두 가지 의미가 있습니다.

우선 첫째로 만나가 내리지 않았다는 것은 이스라엘 백성들이 다시는 광야로 돌아갈 필요가 없다는 뜻입니다. 즉 이스라엘 백성들은 이제부터 반드시 가나안 땅을 차지하게 될 것입니다. 이스라엘 백성들은 아무도 돈을 내지 않고 가나안의 밀을 먹었습니다. 이것은 하나님께서 주신 선물이었습니다.

그리고 두 번째는 이제부터 하나님께서는 이스라엘 백성들에게 먹을 것을 공급하시는 방법을 바꾸겠다고 하시는 것입니다. 지금까지 하나님께서 이스라엘 백성들에게 만나를 먹이신 것은 정상적인 것이 아니었습니다. 오로지 하나님의 능력을 의지해서 살게 하기 위한 훈련이었습니다. 그러나 이제는 이런 훈련을 잘 마쳤기 때문에 정상적인 곡식으로 그들을 축복하셔서 풍성한 삶을 살도록 하시겠다고 약속하시는 것입니다.

우리 성도들이 물질적으로 연단 받고 여러 가지 환란을 당하는 것이 정상적인 것은 아닙니다. 이것은 영적으로 더 하나님을 의지하게 하기 위한 훈련인 것입니다. 그리고 훈련을 마친 후에는 정상적인 방법으로 풍성하게 채워주십니다. 그런데 정상적이 되었을 때 위험한 것이 무엇인가 하면 내가 잘나서 돈을 많이 번다고 생각하게 되는 것입니다. 즉 사람이 가난하다가 풍족해지면 내가 잘 해서 이렇게 잘 살게 된 줄 알고 교만해지기 쉽습니다. 그렇게 하면 시험에 넘어지는 것입니다. 우리는 돈이 있든지 없든지 집이 있든지 없든지 하나님이 모든 것을 주신다는 것을 믿어야 합니다.

그래서 이스라엘 자손들이 가나안 땅에서 볶은 곡식을 먹으면서도 늘 광야에서 만나를 먹던 심정으로 하루하루 하나님의 도우심으로 살아야 하는 것입니다. 그러면 절대로 타락하지 않습니다. 그래서 예수님은 우리에게 일용할 양식을 달라고 기도하라고 하셨습니다. 우리는 세상의 돈이나 내가 가지고 있는 양식으로 사는 것이 아니라 하나님이 매일 주시는 능력으로 살아야 하는 것입니다. 그러나 이스라엘 백성들은 가나안 땅에서 자기들이 잘해서 잘 사는 줄 알고 교만하다가 결국 타락해서 망하게 됩니다.

여호수아는 유월절을 지킨 후 혼자서 여리고 성을 살피다가 칼을 빼어 들고 마주 섰는 한 용사를 만나게 되었습니다. 여호수아가 이 장수는 전에 본 적이 없었습니다. 그래서 여호수아는 그 장수에게 너는 어느 편이냐고 물어보았습니다.

**13절** 여호수아가 여리고에 가까이 이르렀을 때에 눈을 들어 본즉 한 사람이 칼을 빼어 손에 들고 마주 서 있는지라 여호수아가 나아가서 그에게 묻되 너는 우리를 위하느냐 우리의 적들을 위하느냐

이때 이 장수가 대답을 했습니다.

**14절** 그가 이르되 아니라 나는 여호와의 군대 대장으로 지금 왔느니라 하는지라 여호수아가 얼굴을 땅에 대고 엎드려 절하고 그에게 이르되 내 주여 종에게 무슨 말씀을 하려 하시나이까

이 장수는 자기는 하나님의 군대 장관이라고 말을 했습니다. 하나님의 천사들을 지휘하는 총책임자였던 것입니다. 여호수아는 자기 힘으로 여리고 성을 쳐야하는 줄 생각하고 성을 살피고 있었는데 하나님은 천사중의 군대 장관을 보내어서 가나안을 치게 하셨던 것입니다. 우리는 자주 하나님께 묻습니다. 하나님은 우리 편이십니까? 아니면

저 사람 편이십니까? 그러나 이 질문은 옳지 않습니다. 우리가 하나님 편에 서야지, 하나님을 우리 편으로 끌어오려고 하면 안 됩니다. 그래서 이 장수는 '아니라 나는 여호와의 군대 장관이라'고 말씀하고 있습니다. 즉 이 분은 여호수아에게 '내가 누구편이냐가 중요한 것이 아니라 네가 어느 편이냐가 중요하다'는 뜻입니다.

그런데 그 장수는 내가 이제 도착했다고 말을 합니다. 즉 우리가 이유를 알 수 없지만 이 분은 어제 오신 것도 아니고 내일 오시는 것도 아니고 이제 막 도착하신 것입니다. 우리가 알아야 할 것은 모든 하나님의 일에는 때가 있습니다. 그래서 비록 내 생각에는 더디게 느껴질지라도 하나님의 정확한 시간에 일을 해야 합니다. 우리가 이것을 보면 하나님의 일을 하는데 때가 얼마나 중요한가 하는 것을 알게 됩니다. 하나님의 때가 되어야 하며 우리가 그때를 결정하지 못합니다. 그런데 하나님의 때가 되면 그 전에는 그렇게 안 되던 일들이 순조롭게 풀리기 시작하는 것을 경험하게 될 것입니다. 그래서 하나님의 일은 억지로 하는 것이 아닙니다. 억지로 하는 것은 아직 때가 안 된 것입니다. 모든 것을 순리대로 풀어나가야 하는 것입니다.

이때 여호수아는 하나님의 군대장관 앞에 무릎을 꿇으면서 '주여 무엇을 원하시나이까?'라고 물었습니다.

그때 여호와의 사자는 여호수아에게 '네가 선 곳은 거룩한 곳이니 발에서 신을 벗으라'고 말씀하셨습니다. 이 말씀은 모세에게 하신 말씀과 같습니다. 여호수아가 이스라엘 지도자로서 해야 할 일은 많은 작전이나 전략이 아니었습니다. 그가 해야 하는 일은 오직 하나님의 사자 앞에서 신을 벗고 그의 명령에 복종하는 것이었습니다. 옛날에 노예는 주인 앞에서 맨발이었습니다. 여호와의 사자는 여호수아에게 너는 내 종이 되어야 한다고 말씀하셨습니다.

우리는 오늘날 얼마나 많이 자기가 주인 노릇하는 것을 보게 됩니다. 자기가 완전히 교회의 모든 것을 결정하는 주인인 것입니다. 그리고 심지어는 교회를 아들에게 물려주기도 합니다.

이때 여호와의 사자는 칼을 빼어 들고 있었습니다. 아마 여호수아가 멋도 모르고 설쳐대었다면 자기가 먼저 그 칼에 맞아 죽었을 것입니다. 우리는 결코 하나님의 사자를 앞서지 않도록 해야 합니다. 우리는 언제나 발에서 신을 벗고 종의 자세로 여호와의 사자의 뒤를 따라가야 합니다.

'네가 선 곳은 거룩하니라'

우리가 하나님을 만나는 곳은 거룩한 곳입니다. 거기서 우리는 신을 벗어야 합니다. 그래서 옛날 어느 교회는 교회에 들어갈 때 반드시 신을 벗었다고 합니다. 그러나 이것은 반드시 신 문제만은 아닌 것입니다. 우리가 다시 하나님 앞에서 한 사람의 종으로 어떤 말씀, 어떤 명령에도 순종하는 겸손한 자세를 말하는 것입니다.

우리는 직장에서나 학교에서나 신발을 벗는 것이 필요합니다. 왜냐하면 거기에서 하나님이 일하실 것이기 때문입니다. 내가 멋진 구두를 신고 뛰어다니는 것이 아니라 하나님이 일하시도록 겸손하게 주인의 자리를 내어드리는 것입니다.

여호와의 군대장관은 여호수아에게 '이제부터 너는 내 종이니까 무조건 내 뒤만 따라오라'고 하셨습니다. 그렇게 하기만 하면 여호수아는 가나안 땅을 차지할 수 있는 것입니다.

우리가 이 세상에서 성공하기 위해서 할 일은 겸손하게 발에서 신을 벗는 것입니다. 즉 예수님의 종이 되어서 예수님이 가시는 뒤만 따라가면 됩니다. 우리는 절대로 주님을 앞지르면 안 됩니다. 만약 우리가 함부로 주님을 앞서게 된다면 우리는 주님의 칼에 다치든지 가나안 사람들의 칼에 죽을 것입니다. 우리가 주님의 뒤만 따라가면 생각보다 쉽게 가나안 땅을 정복하게 될 것입니다. 그런데 도대체 우리는 어떻게 해야 주님의 뒤를 따라갈 수 있습니까? 자꾸 하나님의 말씀을 앞세워야 합니다. 다른 어떤 것보다 내가 신앙적으로 자라는 것을 최우선적으로 하는 것이 중요합니다.

우리는 이 시간 우리의 발에서 신을 벗어야 합니다. 내가 겸손히 주님의 종이며 주님이 시키시는 대로 하겠다는 것을 각오해야 합니다. 주님이 가라고 하는 곳에 가야하며 주님이 싸우라고 하는 전쟁을 싸워야만 합니다. 그러면 생각보다 쉽게 가나안 땅을 정복하게 될 것입니다.

# 여리고의 정복

얼마 전 우리나라 전쟁 영화 중에 '고지전'이라는 것이 있었습니다. 이것은 6.25 때 우리나라 국군과 북한 인민군 사이에 고지를 서로 차지하기 위해서 육탄전을 벌리는 것이었습니다. 옛날에 전쟁을 할 때는 고지를 차지한다는 것이 아주 중요했습니다. 왜냐하면 그 고지를 밑받침으로 해서 적의 공격을 물리치기도 하고 또 거기서 앞으로 전진할 수도 있기 때문입니다. 그런데 이런 고지를 하나 차지하려고 하면 엄청난 군인들이 죽어야 했습니다. 옛날 6.25 때 다부동 전투 같은 기록을 보면 매일 젊은이들을 수천 명씩 산에 올려 보내어 죽게 했는데 그것이 전부 고지를 차지하기 위한 것이었습니다.

2차대전 때 연합군은 유럽에서 전혀 발을 붙일 곳이 없었습니다. 그래서 연합군 사령관 아이젠하워 장군은 사상 최대의 작전을 하게 되는데 그것은 프랑스 노르망디 해변에 연합군을 상륙시켜서 독일로 밀고 들어가는 작전이었습니다. 독일은 결국 노르망디 상륙 작전에 지는 바람에 망하게 되는 것입니다.

요즘 우리가 사회에 진출하려고 하면 첫 경력을 잘 쌓는 것이 중요합니다. 왜냐하면 사람들은 첫 경력을 보고 그 사람의 실력을 평가하기 때문입니다. 그것이 옛날에는 대학 졸업장이었습니다. 그래서 옛날에는 아무리 가난해도 좋은 대학교 졸업장이 있으면 사회에 진출하는데 유리했습니다. 그러나 지금은 대학 졸업장만 가지고는 안 되고 남들보다 경력이 있어야 직장을 구하는데 유리한 것을 볼 수 있습니다. 그래서 어떤 한 청년은 아예 이태리로 가서 거기서 패션으로 성공을 한 사람도 있습니다. 또 어떤 사람은 자기 작품을 지방 대학 출신이라고 해서 알아주지 않았는데 외국에 출품을 했는데 당선이 되는 바람에 인정을 받게 된 사람들도 있습니다. 특히 미국으로 이민을 간 분들 중에는 우리나라에서는 좋은 대학도 나오고 대기업체에도 있었지만 미국에서는 완전히 밑바닥부터 고생을 하는 경우가 많습니다. 어떤 분들은 닭 공장에서 닭털 뽑는 일을 하기도 하고 어떤 분은 한국인이 경영하는 슈퍼마켓에서 일을 해야 하기도 합니다. 그래도 지금은 한국인들이 미국 사회에 많이 진출하고 있는 편이라고 합니다.

이런 것을 보면 우리가 생판 모르는 세계에 아무 연고도 없이 무작정 뚫고 들어가서 성공한다는 것이 얼마나 어려운 일인지 알 수 있습니다. 그런데 예수 믿는 사람들은 이 세상에 적응해서 성공하는데 이중 삼중으로 어려운 점이 있습니다. 우선 첫째로 예수 믿지 않는 사람들은 오직 세상에서 성공하는 것만 생각하면 되지만 예수 믿는 사람들은 예수 믿는 일도 해야 하고 또 세상일도 해야 하기 때문에 일단 일의 집중성에서 떨어지게 됩니다. 그리고 세상에 믿지 않는 사람들은 믿는 사람들과 다른 문화를 가지고 있습니다. 즉 술을 함께 마신다든지 욕을 같이 한다든지 아니면 양심에 저촉이 되는 일도 얼마든지 할 수 있습니다. 그러나 예수 믿는 사람들은 신앙 때문에 이런 짓을 할 수 없어서 따돌려지게 됩니다. 뿐만 아니라 하나님께서는 하나님의 백성들을 연단하시려고 그나마 가지고 있던 것들을 가져가시고 완전 빈털터리가 되게 하십니다. 때로는 직장도 주시지 않으시고 병에 걸리기도 하시고, 결혼이 안 되거나 실패하기도 하는 것입니다. 우리가 이런 일을 겪는 동안 세상과 너무 멀어져버려서 도저히 세상을 따라잡을 수 없게 됩니다. 그런데 우리가 어떻게 이 세상 속에서 빛이 되며 소금이 되는 삶을 살 수 있을까요? 그런데 바로 애굽을 떠난 이스라엘 백성들이 바로 이런 처지였습니다. 그들은 애굽을 떠난 후 광야에서 40년을 돌면서 세상과는 전혀 접촉을 하지 못했습니다. 거기에다가 세상의 기술이라든지 지식 같은 것도 전혀 준비되어 있지 않았는데 가나안 사회는 너무 발전해 버렸습니다. 그래서 이스라엘 백성들은 가나안 땅에 발을 붙일 수도 없는 처지였습니다. 이때 하나님께서는 가나안 땅 첫 번째 여리고 성을 아주 특이한 방법으로 정복하게 하셨습니다. 이것은 앞으로 이스라엘 백성들이 하나님이 주시는 능력으로 얼마든지 가나안 땅을 정복할 수 있다는 것을 약속하시는 것입니다.

## 첫 번째 성 여리고

이스라엘 백성들이 요단강을 건너서 처음으로 상대를 해야 했던 성은 여리고 성이었습니다. 그런데 이 여리고 성은 아주 튼튼한 성이었고 아예 문을 걸어 닫고 있어서 이스라엘 백성들이 들어갈 수가 없었습니다.

**1절** 이스라엘 자손들로 말미암아 여리고는 굳게 닫혔고 출입하는 자가 없더라

이스라엘 백성들이 가나안 땅에서 살기 위해서는 반드시 여리고 성을 정복해야 했습니다. 그러나 그들에게는 여리고를 공격할 방법이 없었습니다. 일단 성을 공격하려고 하면 성을 포위를 해야 할 것입니다. 성을 포위해서 양식이 공급되지 못하게 하든지 사다리 같은 것을 만들어서 밤에 성을 공격해야 할 것입니다. 그러나 이스라엘 백성들은 성을 포위하는 법도 몰랐고 성을 공격할 수 있는 수단이 전혀 없었습니다. 오직 이스라엘 백성들이 가지고 있었던 것은 하나님의 약속의 말씀 밖에 없었습니다.

**2절** 여호와께서 여호수아에게 이르시되 보라 내가 여리고와 그 왕과 용사들을 네 손에 넘겨주었으니

이스라엘 백성들이 가지고 있는 것은 오직 '내가 여리고를 너희 손에 넘겨주었다'는 하나님의 말씀뿐이었습니다. 그래서 우리는 때때로 우리가 이 세상을 정복하기 위해서 하나님의 말씀을 붙들어야 하는가 아니면 세상을 따라가야 하는가 하는 것이 헷갈릴 때가 많이 있습니다. 우리는 차라리 이 둘 중의 하나만 하라고 하면 잘하겠는데 둘 다 해야 하니까 하나만 하는 세상 사람들에 비하여 너무나도 불리한 것입니다. 그런데 하나님의 백성들은 두 가지 다 해야 합니다. 그래서 예수님께서는 유대인들에게 세금을 바칠 때 '가이사의 것은 가이사에게 바치고 하나님의 것은 하나님께 바치라'고 하셨습니다. 그런데 우리는 여기서 하나님의 약속을 받아내는 법을 배워야 합니다.

이스라엘 백성들이 40년에 걸쳐서 훈련받았던 것은 하나님의 약속을 받아내는 것이었습니다. 그러나 하나님의 약속을 받아내는 방법은 하나님의 말씀에 목숨을 걸고 믿는 것입니다. 우리가 성경을 단순히 참고되는 말씀으로 생각하면 하나님의 약속을 받을 수가 없습니다. 우리는 설령 이 말씀 때문에 실패하고 인생 밑바닥까지 가는 한이 있어도 하나님의 말씀을 붙들고 살겠다고 결심을 해야 합니다.

그러나 막상 우리는 현실에 부딪쳤을 때 하나님의 말씀과 이 세상 현실 사이에 엄청난 갭이 있을 것을 볼 때가 많이 있습니다. 하나님께서는 여호수아에게 여리고와 그 왕과 용사를 주셨다고 말씀하시는데 실제로는 성은 견고하고 성문은 굳게 닫히고 여리고는 전혀 무너질 생각을 하지 않고 있는 것입니다. 우리에게 하나님의 말씀은 있고 이 세상 속으로 파고 들어갈 수 있는 길이 전혀 없을 때 우리는 어떻게 해야 할까요? 많은 경우는 수단과 방법을 가리지 않고 어떻게 해서든지 뚫고 들어가 보려고 몸부림을 쳐볼 것입니다. 즉 이스라엘 백성들이 매일 부대를 나누어서 여리고 성 여기저기를 공격해 보는 것입니다. 또 사실 그렇게 하다보면 길이 열릴 때도 있을 것입니다.

그러나 하나님의 명령은 여호수아나 이스라엘 백성들이 도저히 이해할 수 없는 방법이었습니다. 놀라운 것은 여호수아나 이스라엘 백성들이 도무지 이해가 되지 않고 말도 되지도 않는 하나님의 말씀을 믿고 순종하는 것이었습니다. 사실 이것이 처음에는 절대로 되지 않습니다. 이스라엘 백성들도 40년 동안 훈련받은 후에 이런 말씀에 순종할 수 있게 되었습니다.

**2-3절** 여호와께서 여호수아에게 이르시되 보라 내가 여리고와 그 왕과 용사들을 네 손에 넘겨 주었으니 너희 모든 군사는 그 성을 둘러 성 주위를

매일 한 번씩 돌되 엿새 동안을 그리하라

하나님께서 여호수아에게 지시한 방법은 하루에 한 번씩 성을 한 바퀴씩 도는 전법이었습니다. 하나님께서는 이스라엘 백성들에게 아무 소리도 내지 말고 하나님의 언약궤를 앞세우고 하루에 한 바퀴씩 여리고 성을 돌라고 말씀하셨습니다. 도대체 우리에게 이해가 되지 않는 것은 하나님의 언약궤를 메고 성을 하루에 한 바퀴씩 돈다고 해서 여리고 성에 무슨 일이 일어나겠습니까? 아마 하루에 한 바퀴가 아니라 하루에 백 바퀴를 돈다고 해도 여리고 성에는 아무 이상이 생기지 않을 것입니다. 그러나 하나님은 이 이상한 방법을 지시하셨습니다.

우리가 이것을 통해서 알 수 있는 것은 여리고 성은 돌 수 있도록 평지에 세워진 성이었던 것 같습니다. 이스라엘 백성들은 여리고 성을 하루에 한 바퀴씩 빙 돌 수 있었습니다.

우리가 상식적으로 생각해 볼 때 성을 공격하는 가장 중요한 첫걸음이 성을 포위하는 것입니다. 그래서 로마 군인들은 어떤 성을 공격할 때 반드시 성 주위에 빙 둘러 토성을 쌓았습니다. 그러면 사람들이 오고 가는 것이나 물건들이 반입되는 것을 막을 수 있고 결국 나중에는 굶기기 작전으로 나갈 수도 있을 것입니다. 이스라엘 백성들의 숫자를 보면 여리고 성 정도야 얼마든지 포위할 수 있었을 것입니다. 그러나 하나님은 이스라엘 백성들이 여리고를 포위하는 것보다는 하루에 한 번씩 행진만 하게 하셨습니다.

하나님께서 이스라엘 백성들에게 하루에 한 번씩 행진하게 하신 이유가 무엇일까요?

가장 중요한 것은 여리고 성 사람들에게 이스라엘 백성들의 모습을 처음으로 보여준 것이었습니다. 여리고 성 사람들이 본 첫 이스라엘 백성들의 모습은 어떤 모습이었습니까? 모두 하나님의 언약궤 뒤를 따라서 아무 말 없이 따라가는 모습이었던 것입니다. 이것이 바로 하나님의 백성들의 진정한 모습입니다. 하나님의 백성들은 유능하고 똑똑하고 말을 잘 타고 전투에 능한 사람들이 아니었습니다. 그들은 모두 양이었습니다. 모두 하나님의 말씀을 앞세우고 아무 말 없이 따라가는 양들이었던 것입니다.

아마 여리고 성 사람들에게는 이런 이스라엘 사람들의 모습이 충격이었을 것입니다. 왜냐하면 가나안 족속들에게는 조용하게 뒤따라간다는 것이 없었습니다. 그들은 모두 떠들고 웃고 자기 멋대로 행동하는 잘난 사람들이지 아무 말 없이 하나님의 언약궤 뒤를 따르는 사람들이 아니었던 것입니다. 하나님께서 이 세상에 보여주기 원하는 하나님의 백성들은 어떤 모습일까요? 바로 여리고 성에서 이스라엘 백성들이 보여주었던 그 모습이었습니다. 그들은 말 탄 사람도 없었습니다. 그들은 군인도 아니었습니다. 그들은 모두 평범한 사람들이었는데 놀라운 것은 아무 말 없이 하나님의 궤 뒤만 따르고 있었습니다.

예수님께서는 제자들에게 이렇게 말씀하셨습니다. '누구든지 나를 따라오려거든 자기를 부인하고 자기 십자가를 지고 나를 따를 것이니라'(마 16:24)

이 세상 사람들은 모두 자기가 살기 위해서 날뛰는 세상입니다. 사람들은 모두 미래를 향하여 출세를 향하여 질주를 하고 있습니다.

그런데 예수님의 제자들은 모두 자기 십자가를 지고 묵묵히 주님의 뒤를 따라가는 사람들이었습니다. 겟세마네 언덕에도, 갈보리 언덕에도, 그리고 예수님이 부활하신 무덤에도 묵묵히 따라가는 자들이었습니다. 왜 이 사람들은 주님의 뒤만 따라갑니까? 주님 외에는 길이 없기 때문입니다.

오늘 하나님께서 세상에 보여주기 원하시는 우리의 모습은 유능하고 똑똑하고 말 잘하는 사람의 모습이 아니라, 하나님의 말씀 외에는 길이 없는 꽉 막힌 자들의 모습인 것입니다. 우리에게는 주님 외에는 길이 없었습니다. 주님이 길을 열어주시지 않으면 우리는 다른 길이 없는 것입니다.

그리고 두 번째는 하나님은 하루에 단 한 번씩만 성을 돌라고 하셨습니다.

왜 하나님께서는 한꺼번에 일곱 번이나 열 번 돌게 하시지 않으시고 하루에 단 한 번씩만 돌게 하셨을까요? 그것은 우리에게 믿음으로 일하는 것이 어떤 것인지 보여주시려고 하시는 것입니다.

우리는 어떤 일을 할 때 한 번에 뛰어들어서 요절을 내어버려야 직성이 풀릴 것입니다. 그런데 그렇게 내 뜻대로 되지 않으면 완전히 포기를 해버리는 것입니다. 그런데 하나님께서는 우리가 그렇게 성급하게 일하는 것을 원치 않으십니다. 하루에 한 번씩 돈다는 것은 완전히 포기하지 않으면서 그렇다고 해서 성급하게 덤벼들지도 않으면서 그 일을 꾸준하게 해 나가는 것을 의미합니다. 그러면서도 우리는 하나님이 일하실 여지를 남겨 놓아야 합니다.

우리가 높은 산에 올라갈 때 가장 중요한 것이 한 걸음씩 한 걸음씩 꾸준하게 올라가는 것입니다. 처음에 빨리 올라가려고 뛰어서 올라가는 사람은 결국 지쳐서 중간에 포기하게 됩니다. 우리가 이 세상에서 성공할 수 있는 길은 내가 가장 잘할 수 있는 것을 찾아서 꾸준하게 해나가는 것입니다.

그러나 우리에게 어려운 것은 내가 가장 잘할 수 있는 것이 무엇인지 알기가 어려운 것입니다. 여기서 우리가 잘할 수 있는 것은 내 대학 전공이나 혹은 천부적인 재능을 의미하는 것이 아닙니다. 이것은 우리가 은혜를 받은 후에 하나님께서 주시는 때가 많습니다. 그래서 은혜를 받는 것이 아주 중요합니다. 은혜를 받고 나면 새 길이 열리는 것입니다.

그리고 우리는 나의 길을 끝까지 가기가 어렵습니다. 왜냐하면 너무 시시하게 느껴지기도 하고 딴 일을 해보고 싶기도 하기 때문입니다. 또 어느 정도 성공하고 나면 인기를 끌고 싶고 유명해지고 싶어서 외도를 하게 되는 것입니다. 그러나 우리는 하나님께서 나에게 하라고 하신 것을 끝까지 해 나가야 합니다. 이것이 아무리 지겹고 아무리 답답해도 끝까지 견디어내어야 하는 것입니다.

세 번째로 하나님께서 이스라엘 백성들에게 하루에 한 번씩 돌라고 하신 것은 여리고 성 사람들에게 회개할 기회를 주시기 위해서였습니다. 여리고 성 사람들은 말로만 듣던 이스라엘 백성들을 직접 자기들의 눈으로 보게 되었습니다. 그런데 그들이 왜 여기까지 오게 되었을까요? 그것은 하나님의 뜻을 따라 죄를 심판하기 위해서 온 것입니다. 이스라엘 백성들이 아무리 소리도 하지 않고 성을 하루에 한 바퀴씩 도는 것은 일종의 시위였습니다. 이미 그들은 하나님의 능력으로 포위되었고 이스라엘 백성들은 그들 앞에서 하루에 한 바퀴씩 돌고 있습니다.

이것은 기회가 있을 때 항복하던지 도망을 치라는 뜻입니다. 그러나 여리고 성 사람들은 튼튼한 성을 믿었습니다. 그러나 가나안 사람들은 성을 너무나도 믿은 나머지 이스라엘 백성들이 일주일이나 도는데도 아무도 항복하지도 않고 도망치지도 않았습니다. 즉 그들은 '설마 여리고가 무너지겠느냐'라는 생각을 했던 것입니다. 그러나 요단강은 갈라졌고 여리고 성은 무너졌습니다. 오늘 사람들은 너무나도 이 세상을 믿을 때가 많습니다.

세상 사람들이 가장 두려워하는 것이 철저하게 하나님의 말씀에 헌신된 사람들입니다. 하나님의 말씀에 살기도 하고 죽기도 할 수 있는 사람들입니다. 마귀는 많은 사람의 숫자에 놀라는 것이 아닙니다. 오로지 하나님의 말씀에 자기 목숨을 건 사람들에게 두려워 떠는 것입니다.

우리가 이 세상에서 큰 승리를 거두기 위해서 할 수 있는 일이 무엇일까요? 아무것도 없습니다. 우리는 이 세상에서 성공하기 위해서 굉장히 큰일을 계획해야 하는 것이 아닙니다. 우리는 무엇인가 요란한 대행사를 치루어야 하는 것도 아닙니다. 우리는 그냥 일상적으로 나에게 주어진 말씀만 조용히 붙들고 순종하는 것입니다. 그런데 이 소리 없이 순종이 세상을 두려워 떨게 만들고 급기야는 여리고 성을 무너지게 만듭니다.

산에서 자기 길을 찾은 사람과 찾지 못한 사람의 차이는 여기에 있습니다. 산에서 자기 길을 찾지 못한 사람은 마구 소리를 지르면서 여기저기를 마구 돌아다닙니다. 그렇게 하는 이유는 길을 잃어버렸기 때문입니다. 그러나 길을 찾은 사람은 소리를 지르거나 당황해 하지 않고 오직 한 걸음씩 앞으로 나아가기만 합니다. 그러면 우리는 어느새 목적한 곳에 도달하게 되는 것입니다. 그래서 우리 그리스도인들에게 중요한 것은 바른 길을 찾는 것입니다. 그리고 아무 말 없이 나에게 주어진 길을 꾸준히 가는 것입니다. 서두르지도 말고 중간에 포기하지도 말고 꾸준히 가는 것입니다. 그렇게 할 때 결국 하나님의 기적이 일어나게 됩니다.

## 이스라엘 백성들의 순종

이스라엘 백성들에게서 놀라운 것은 그들이 도무지 이해가 되지 않은 하나님의 말씀에 어른이나 어린아이 할 것 없이 모두 한결같이 순종을 했다는 사실입니다.

**6-7절** 눈의 아들 여호수아가 제사장들을 불러 그들에게 이르되 너희는 언약궤를 메고 제사장 일곱은 양각 나팔 일곱을 잡고 여호와의 궤 앞에서 나아가라 하고 또 백성에게 이르되 나아가서 그 성을 돌되 무장한 자들이 여호와의 궤 앞에서 나아갈지니라 하니라

하나님께서는 이스라엘 백성들은 조용히 걷게 하시고 제사장들이 양 뿔로 된 나팔을 불면서 걷게 하셨습니다.

여기서 '양각 나팔'이라고 하는 것은 양 뿔로 만든 나팔을 말합니다. 아마도 양 뿔로 만든 나팔은 소리가 그렇게 멋있지는 않았을 것입니다. 어떻게 보면 좀 슬픈 것 같은 시시한 소리가 났을지도 모릅니다. 그러나 이 양각 나팔은 제사장이 언약궤 앞에서 부르는 나팔이었습니다. 즉 하나님의 말씀에 순종해서 부는 나팔 소리였습니다. 즉 이 제사장의 나팔은 그냥 자기들이 불고 싶어서 부는 나팔이 아니라 하나님이 불라고 하시기 때문에 부는 것이었습니다.

나중에 사도 바울은 나팔 소리가 분명치 않으면 어떻게 군인들이 전쟁을 준비하겠느냐는 말을 했습니다. 즉 제사장이 나팔을 불 때에는 소리가 있는데 길게 부는 법이 있고 짧게 부는 법이 있으며, 한번 불 때가 있고 두 번 불 때가 있었습니다. 그런데 제사장이 나팔을 불면 이스라엘 백성들도 행동을 하지만 더 중요한 것은 하나님께서도 그 나

팔 소리를 듣고 어떤 일을 일으키셨습니다. 그래서 우리가 하나님의 말씀에 순종해서 어떤 일을 할 때 이것은 사람만 감동하는 것이 아니라 하나님께서도 함께 감동하시는 것이었습니다. 그래서 하나님의 말씀에 맞는 찬양, 하나님의 말씀에 맞는 기도, 하나님의 말씀에 맞는 설교 이 모든 것이 다 나팔소리인 것입니다. 하나님께서는 그 소리를 들으시고 하늘에서 능력을 부어주십니다.

이스라엘 백성들이 전쟁을 할 때도 나팔을 부는 이유는 이스라엘 백성들에게 전진하라는 뜻도 있지만 하나님께 '우리는 하나님의 말씀에 순종해서 나갑니다'라는 보고의 의미가 있습니다. 이때 하나님은 하늘에서 우박이 떨어지게 하기도 하시고 때로는 바람에 불게 하기도 하셔서 적을 달아나게 하셨던 것입니다. 그래서 우리는 어떤 일을 할 때 하나님과 함께 하는 것이 중요합니다.

두 번째는 어떻게 이스라엘 백성들이 이렇게 한결같이 말없이 순종할 수 있었겠느냐 하는 것입니다.

이스라엘 백성들은 하루에 한번 돌라고 하면 한번 돌고, 아무 소리도 들리게 하지 말라고 하면 침묵을 하고, 일곱째 날에는 소리를 지르라고 하면 소리를 질렀습니다. 어떻게 이스라엘 백성들은 이렇게 순종을 잘할 수 있었을까요?

이것이 바로 하나님의 말씀으로 훈련된 세대의 특징입니다. 이스라엘 백성들은 사람의 머리로는 이해가 되지 않아도 하나님의 말씀이면 순종을 했습니다. 믿음이 없는 사람일수록 말이 많고 또 성경을 잘 알아듣지도 못합니다. 그 이유가 무엇입니까? 내가 이만큼 똑똑하다는 것입니다.

이스라엘 백성들이 하나님께서 자기들보다 더 지혜로우시고 똑똑하시다는 것을 깨닫는데 40년이 걸렸습니다. 이스라엘 백성들은 광야에 있는 동안에는 하나님께서 어떤 일을 하나 시키시면 늘 불평하고 원망했습니다. 그리고 무슨 조그만 일이라도 자기들의 뜻대로 되지 않으면 하나님을 대적했습니다. 그 결과가 무엇입니까? 광야에서 한 걸음도 밖으로 나가지 못하고 계속 같은 자리에서 맴돌았던 것입니다. 이스라엘 백성들은 무려 40년 동안 광야에서 뺑뺑이를 돈 다음에 생각해낸 것이 하나님은 나보다 더 지혜로우시다는 것이었습니다. 그리고 하나님께서 어떤 일을 시키시면 입을 다물고 순종을 하게 된 것입니다. 다시 말해서 이스라엘 백성들의 입이 다물어지는데 무려 40년이 걸렸던 것입니다.

교회가 영적으로 자라지 못하면 무엇을 하나 하는데도 말이 많습니다. 모든 사람들이 여기저기서 자기주장을 해댑니다. 그것이 무엇을 의미하는가 하면 내가 이만큼 똑똑하다는 것입니다. 그러나 말씀으로 훈련되면 훈련될수록 아무도 말이 없습니다. 하나님의 뜻을 분별하여 조용하게 순종을 합니다. 이것이 위대한 믿음입니다.

세 번째는 이스라엘 백성들이 외치는 음성이었습니다. 하나님은 이스라엘 백성들이 마지막 날에 여리고 성을 일곱 번 돈 후에 크게 소리를 지르게 하신 것입니다.

**15-16절** 일곱째 날 새벽에 그들이 일찍이 일어나서 전과 같은 방식으로 그 성을 일곱 번 도니 그 성을 일곱 번 돌기는 그 날뿐이었더라 일곱 번째에 제사장들이 나팔을 불 때에 여호수아가 백성에게 이르되 외치라 여호와께서 너희에게 이 성을 주셨느니라

여기서 우리에게 궁금한 것이 왜 하나님께서는 이스라엘 백성들에게 칠일 째는 또 일곱 번을 돌게 하셨을까 그리고 왜 그때에 소리를 외치게 하셨는가 하는 것입니다.

먼저 우리가 알아야 할 것은 이 마지막 날은 기적의 날이고 능력의 날이며 큰 부흥의 날이었습니다. 이때 우리는 하나님의 일을 칠 배나 할 각오를 해야 합니다. 사실 이 '칠'이라는 숫자는 '완전수'입니다. 하나님께서 우리들에게 성령을 물 붓듯이 하시고 큰 부흥의 역사를 일으켜 주실 때 우리는 평소에 전혀 할 수 없었던 것들을 하게 되는데 적어도 칠 배 이상의 능력을 발휘하게 되는 것입니다. 사실 어떤 의미에서는 칠 배가 아니라 칠십칠 배 혹은 칠백 배되는 일도 행할 수 있습니다.

하나님의 때는 모두 다 같은 것이 아닙니다. 하나님께서 우리에게 부흥의 기회를 주셨을 때 우리는 칠 배 이상의 일을 할 수 있고 또 그것을 해내어야 하는 것입니다. 그런데 어리석은 사람들은 하나님께서 부흥의 기회를 주셨음에도 불구하고 평소와 같이 먹고 놀고 쉬는 바람에 그 기회를 놓칠 때가 많습니다. 그래서 우리는 하나님께서 우리에게 평소에 없었던 능력을 주실 때 놀려고 해서는 안 됩니다. 우리는 기도도 일곱 배나 많이 해야 하고 전도도 일곱 배나 많이 해야 하고 모든 일들을 더 열정적으로 해야 하는 것입니다.

바다에서 고기를 잡은 어부들에게는 '물때'가 중요합니다. 즉 고기들이 몰려들 때인 것입니다. 그때 어부들은 먹는 것이나 쉬는 것이나 자는 것이나 모든 것을 다 포기하고 고기 잡는 일에만 열중을 하는 것입니다. 왜냐하면 쉬는 것은 고기를 다 잡은 후에 얼마든지 쉴 수 있기 때문입니다.

그런데 여기에서 놀라운 것은 마지막 순간에 하나님께서 이스라엘 백성들에게 외치라고 하신 것입니다. 이스라엘 백성들이 이 말씀에 순종하여 외쳤을 때 여리고 성이 무너졌습니다. 즉 지진이 일어나면서 그 난공불락의 성이 그만 폭삭 주저앉고 만 것입니다. 이것이 보여주는 것이 무엇입니까?

하나님의 백성들이 은혜를 받고 부르짖는 것은 기도입니다. 우리가 하나님의 말씀에 은혜 받고 부르짖을 때 이 위력은 원자 폭탄의 백만배의 위력을 가지게 됩니다. 하나님의 백성들에게 무서운 것은 바로 이것입니다. 하나님의 백성들이 하나님의 은혜에 충만해서 큰 소리로 부르짖을 때 원자 폭탄의 능력이 나타나면서 이 난공불락의 성이 폭삭 주저앉아버리는 것입니다.

우리가 알아야 할 것은 우리에게 핵무기가 있다는 것입니다. 이것은 이 세상의 어떤 무기보다 더 강력한 것입니다. 우리는 이 무기를 사용해야 합니다. 우리는 세상 말을 하는 입은 다물어져야 합니다. 원망하고 불평하는 입은 다물어져야 합니다. 오직 하나님의 말씀을 듣고 찬송할 때 온 힘을 다하여 부르짖으면서 기도해야 합니다. 그때 여리고 성을 무너지게 되는 것입니다.

하나님께서는 우리에게 말없이 인내하면서 순종하다가 한번 외치게 하실 때가 있습니다. 이때에는 외치지 않을 수가 없도록 우리를 몰아가십니다. 그때 우리가 말씀에 순종해서 부르짖을 때 하나님께서는 우리의 부족한 음성에 신적인 능력을 주셔서 기적이 일어나게 하십니다. 이것은 세상이 감당할 수 없는 능력입니다. 이스라엘 백성들이 소리를 지를 때에 여리고 성에서 하나님의 능력이 나타나면서 성이 그 자리에서 폭삭 무너져버렸습니다.

### 하나님의 놀라운 구원

하나님께서는 이스라엘 백성들이 처음으로 상대한 여리고 성을 하나님의 능력으로 무너지게 하셨습니다.

20절 이에 백성은 외치고 제사장들은 나팔을 불매 백성이 나팔 소리를 들을 때에 크게 소리 질러 외치니 성벽이 무너져 내린지라 백성이 각기 앞으로 나아가 그 성에 들어가서 그 성을 점령하고

이스라엘 백성들이 가나안 땅을 차지하는 것은 이스라엘 백성들의 일이 아니고 하나님의 일입니다. 그래서 하나님께서는 첫 성 여리고를 순수하게 하나님의 능력으로 무너지게 하셨습니다. 이것은 앞으로도 물론 이와 똑 같은 방식은 아니겠지만 하나님의 말씀을 말없이 순종하면 동일한 하나님의 능력으로 우리가 승리할 수 있는 것을 보여주는 것입니다.

우리가 이 세상을 사는 것은 마치 여리고 성을 공격하는 것과 같습니다. 그러나 불가능할 것 같은 일이 하나님의 능력으로 이루어집니다. 그러므로 우리는 이 세상이 아무리 난공불락의 성처럼 우리를 거부한다고 하더라도 조금도 두려워 할 필요가 없습니다.

우리가 이 세상사는 것은 우리의 일이 아니고 하나님의 일입니다. 우리는 하나님의 능력으로 이 세상을 이길 것입니다.

하나님께서는 가나안의 이 첫 성을 철저하게 진멸하게 하셨습니다.

우리가 생각하기에 여리고는 가나안 땅의 첫 성이고 이스라엘 백성들은 이 여리고 성을 본부로 삼아서 가나안 땅을 진격해야 할 것입니다. 그러나 하나님은 여리고 성을 완전히 파괴시키시고 여기서는 아무

것도 가지지 못하게 하셨습니다. 그 이유는 하나님이 이스라엘 백성들의 본부였기 때문입니다.

하나님은 여호수아나 이스라엘 백성들이 끝까지 이 세상의 성을 의지하지 않고 하나님을 의지하게 하셨습니다.

**18-19절** 너희는 온전히 바치고 그 바친 것 중에서 어떤 것이든지 취하여 너희가 이스라엘 진영으로 바치는 것이 되게 하여 고통을 당하게 되지 아니하도록 오직 너희는 그 바친 물건에 손대지 말라 은금과 동철 기구들은 다 여호와께 구별될 것이니 그것을 여호와의 곳간에 들일지니라 하니라

하나님께서 여리고 성의 모든 것을 다 진멸하게 하셨는데 이렇게 하는 것을 히브리어로 '헤렘'herem이라고 합니다. 이것은 저주를 받았다는 뜻입니다. 하나님께서 '헤렘'으로 정하신 것은 하나님의 백성이 개인적으로 소유를 해서는 안 됩니다. 하나님께서는 여리고를 죄악의 상징으로 보셨습니다. 하나님께서는 여리고를 마치 소돔과 고모라 같이 보셨던 것입니다. 그리고 아마도 여리고 성의 모든 물건에는 우상의 모습이 그려져 있든지 아니면 이스라엘 백성들에게 유익하지 않은 그림들이 새겨져 있었을 것입니다.

하나님께서 이스라엘 백성들에게 여리고 성의 물건을 손대지 못하게 하신 것은 여리고에 주저앉지 말라는 뜻이었습니다. 그들은 여리고를 넘어서 훨씬 더 넓은 세상을 바라보아야 하는 것입니다. 그것을 위해서 그들은 여리고를 극복했어야 했던 것입니다. 우리는 지금 우리가 하고 있는 것에 주저앉아서는 안 됩니다. 교사가 되는 것이 목표라고 하더라도 교사에 눌러 앉아서는 안 됩니다. 교사를 넘어서야 하는 것입니다. 장사는 하지만 장사를 넘어설 필요가 있습니다. 돈은 벌지만

돈의 노예가 되지는 말아야 합니다. 우리는 더 넓은 목표를 향하여 나아가기 위하여 눈앞에 있는 적은 것을 극복할 필요가 있습니다.

하나님은 기생 라합의 가정을 살려 주셨습니다. 라합은 하나님을 믿고 이스라엘 두 정탐꾼을 살려주었습니다. 그리고 단 하루도 빼놓지 않고 붉은 줄을 달아놓고 이스라엘 백성들을 기다렸습니다. 그런데 실제로 이스라엘 백성들은 왔고 성은 무너졌으며 오직 기생 라합과 그 가정만은 구원을 받았습니다.

**25절** 여호수아가 기생 라합과 그의 아버지의 가족과 그에게 속한 모든 것을 살렸으므로 그가 오늘까지 이스라엘 중에 거주하였으니 이는 여호수아가 여리고를 정탐하려고 보낸 사자들을 숨겼음이었더라

여호수아는 여리고 성이 무너졌을 때 가장 먼저 한 것이 사람을 죽이는 것이 아니었습니다. 보물을 챙기는 것도 아니었습니다. 오직 먼저 갔던 두 정탐꾼을 보내어서 라합과 그 식구들을 가장 먼저 여리고 성에서 데리고 나오게 한 것입니다. 라합과 그 식구들은 자신들의 생명을 이스라엘 자손들에게 맡겼고 이스라엘 백성들은 신실하게 약속을 지켰습니다.

사람들이 교회에 오는 것은 자신들의 영혼을 맡기는 것입니다. 교회는 그들의 영혼이 다시는 고통당하는 일이 없도록 신실하게 지켜주어야 할 책임이 있습니다.

여호수아는 하나님께서 명령하신 대로 여리고 성을 철저하게 파괴시켰습니다. 그 안에 있는 물건들이나 사람들이나 짐승들을 조금도 불쌍히 여기지 않고 불과 칼날로 심판을 했습니다. 이것은 여호수아의 심판이 아니고 하나님의 심판이기 때문입니다. 왜냐하면 이미 하나님

께서 너무 오래 이 성을 기다렸기 때문입니다. 우리는 하나님보다 더 관대하려고 해서는 안 됩니다.

여호수아는 여리고를 영원히 저주했습니다. 그래서 영원히 폐허더미가 되도록 하기 위해서 이런 죄악의 도시를 재건하지 못하게 했습니다. 누구든지 여리고 성을 다 쌓는 자는 성 기초를 놓을 때 장자가 죽고 문을 세울 때 막내 아이가 죽을 것이라고 했는데 나중에 이 저주가 이루어지게 됩니다. 500년이 지난 후에 아합 왕 때에 히엘이라는 사람이 여리고 성을 증축하기 위헤 기초를 놓을 때 맏아들 아비람이 죽었고 문을 달 때 둘째 아들 스굽을 잃었습니다. 사람이 믿다가 타락하게 되면 일부러 하나님의 말씀을 업신여기게 됩니다. 이것을 볼 때 우리는 언제까지나 하나님의 말씀을 두려워해야 하고 소중하게 지켜야 합니다.

우리는 이 세상의 썩어질 물건들을 너무 탐을 내어서는 안 됩니다. 오직 하나님께서 주시는 것만 가지면 됩니다. 그것만 가져도 나중에는 도저히 쌓아둘 곳이 없을 정도로 넘치도록 채워주실 것입니다. 우리가 하나님의 뜻에 따라 순종하다 보면 하나님은 우리에게 필요한 모든 것을 다 주실 것입니다. 끝까지 하나님과 함께 동역하는 성도들이 되시기를 바랍니다.

# J O S H U A

# 아이 성의 실패

최근에 우리나라도 우주선을 발사하면서 발사 기술이 얼마나 까다롭고 어려운지 알게 되었습니다. 예전에 미국에서 유인 우주선을 발사해서 사람들이 달에도 착륙하는 것을 보고 우주선 발사가 쉬운 줄 알았는데 아주 약간의 기술적인 미비로 발사된 우주선 자체가 공중에서 폭발하는 것을 눈으로 봐야만 했습니다. 그래서 우리나라에서는 우주선 발사 준비가 100퍼센트 완전해질 때까지 연기하고 또 연기해서 결국 성공을 한 적이 있습니다. 그러나 이것은 단순히 우주선 발사만이 아니라 교회 일이나 국가 전체의 일에도 나타나고 있습니다. 즉 아무리 교회가 크고 많은 일을 했다 하더라도 목회자 한 사람의 처신이 잘못되었을 때 신문과 방송에서 떠들고 온 교회가 엄청난 고통을 받는 것을 우리는 경험을 하고 있습니다.

그러나 가장 무서운 것은 바로 승리에 도취가 되어서 사람들이 자신들의 죄성을 돌아보지 않았을 때 아주 작은 하나의 죄가 엄청난 재앙을 초래하게 되는 것입니다. 더욱이 우리 예수 믿는 사람들은 대통령이 아니라 하나님을 섬기는 사람들입니다. 하나님은 원자력 발전의 수억 만 배 되는 능력을 가진 분이십니다. 우리가 하나님의 말씀에 바로 순종했을 때에는 하나님의 능력이 우리를 통해서 상상할 수 없는 축복으로 나타나지만 교만해서 하나님의 말씀을 무시하고 업신여겼을 때에는 아주 작은 죄 하나가 나라 전체를 멸망 직전까지 몰고 가게 되는 것입니다.

여호수아의 지도력 하에 이스라엘 백성들은 전적으로 하나님의 말씀에 헌신되어 있었습니다. 이스라엘 백성들은 요단강까지 왔지만 어느 누구도 어떻게 요단강을 건널 것이냐 묻는 사람이 없었습니다. 그들은 하나님이 말씀하시지 않은 것에 대해서는 하나님의 뜻이 있다는 것을 믿었습니다. 그리고 그들은 요단강을 건너서 가나안 땅에 들어간 후 가장 먼저 할례를 다 행했습니다. 이것은 죽음을 각오한 순종이었습니다. 그리고 이스라엘 백성들은 하나님의 말씀에 순종해서 하루에 한 바퀴씩 여리고 성을 돌다가 마지막 날에는 일곱 바퀴 돌고 소리를 질렀을 때 여리고 성이 무너져버렸습니다. 지금 이스라엘 백성들에게는 하나님의 능력이 나타나고 있었고 기적이 몇 번씩이나 일어나고 있었으며 이런 식으로 나가다가는 당장 가나안 땅을 다 정복할 수 있을 것 같았습니다. 그러나 이스라엘 백성들은 아주 작은 아이 성이라는 곳에서 참패를 당하게 됩니다. 지금까지 거칠 것이 없이 전진하던 이스라엘 백성들이 오도 가도 못하고 꼼짝 못하는 처지에 갇히게 되었습니다. 이때 이스라엘 백성들이 가나안 연합군의 공격을 받으면 몰살할 수 있었습니다. 그 모든 것은 아간이라는 단 한 사람의 죄 때문이었습니다. 하나님께서 아간 딱 한 사람이 하나님의 말씀에 몰래 불순종했을 때 이스라엘 백성 전체가 절망하게 하셨습니다. 이것은 단 한 사람의 죄가 이스라엘 공동체 안에서 얼마나 무서운지 보여주는 것입니다.

### 이스라엘 백성들이 알지 못했던 죄

**1절** 이스라엘 자손들이 온전히 바친 물건으로 말미암아 범죄하였으니 이는 유다 지파 세라의 증손 삽디의 손자 갈미의 아들 아간이 온전히 바친 물건을 가졌음이라 여호와께서 이스라엘 자손들에게 진노하시니라

여호수아와 이스라엘 백성들은 모세도 없이 자기들만의 힘으로 가나안을 정복해야 하는 것에 굉장한 두려움을 가졌을 것입니다. 여호수아는 모세가 가진 능력을 단 하나도 가지지 못한 모세의 종이었던 사람이었습니다. 그러나 여호수아나 이스라엘 백성들이 일단 하나님의 말씀에 한번 순종을 해보니까 모세 때 못지않은 하나님의 능력을 체험하게 되었습니다. 여호수아와 이스라엘 백성들은 아무 말도 하지 않았는데 하나님의 말씀대로만 하니까 요단강이 끊어져 쌓이고 여리고성이 무너지는 것을 체험했습니다. 이때 여호수아나 이스라엘 백성들이 얼마나 자신감에 충만했고 얼마나 신이 났을지 우리는 충분히 짐작할 수 있습니다. 이스라엘 백성들은 그야말로 무적의 용사들이었고 가나안 땅에서 이스라엘 백성들을 이길 수 있는 사람들은 없을 것 같았습니다. 여기서 여호수아나 이스라엘 백성들이 빠지기 쉬운 감정은 바로 승리의 자신감이요 자기 도취였습니다. 사람이 승리에 도취된다고 하는 것은 마치 술에 취하는 것 이상으로 위험한 것입니다. 사람이 술에 취하면 기분은 엄청나게 좋고 모든 것을 다 할 수 있을 것 같

은 자신감이 들지만 실제로는 자기 몸 하나도 제대로 감당하지 못하게 됩니다. 하나님의 백성들이 승리에 도취되게 되면 우리가 얼마나 유혹에 약한 인간이며, 얼마나 크시고 두려우신 하나님을 섬기는 자인지 잊어버리고 지금까지 승리했듯이 앞으로도 승리할 것이라는 확신을 가지게 됩니다.

여호수아는 이 두 번의 큰 기적과 승리에 도취되어서 이스라엘 백성들이 얼마나 죄짓기 쉬운 자들인지 생각을 하지 않게 되었습니다. 그러나 이스라엘 백성들 중 아무도 모르는 가운데 딱 한 사람 아간이 하나님 앞에서 죄를 짓고 있었습니다. 하나님께서는 여호수아와 이스라엘 백성들에게 여리고 성의 물건은 그 어떤 것이든지 개인적으로 가지지 말라고 말씀하셨는데 그 많은 이스라엘 백성 중에서 딱 한 사람이 하나님의 말씀을 어기고 물건을 감추었던 것입니다. 사실 이스라엘 백성들 전부가 여리고 성의 물건들은 이 세상에 태어나서 한 번도 본 적이 없는 자들이었습니다. 즉 명품이라는 것을 구경도 하지 못했던 이스라엘 백성들이 여리고의 물건들을 보았을 때 얼마나 가지고 싶었을까요? 그런데 이스라엘 백성들이 하나님의 말씀에 순종해서 여리고 물건을 하나도 가지지 않았다는 것은 대단한 일이었습니다. 즉 그 많은 이스라엘 백성들 중에서 한 명 빼놓고는 모두 다 하나님의 말씀에 순종했다는 것은 엄청난 일이었습니다. 그러나 하나님은 이 한 사람의 불순종 때문에 이스라엘 전체에 대하여 진노하고 계셨는데 여호수아는 이 사실을 알지 못하고 있었습니다. 그래서 여호수아와 이스라엘 백성들은 여리고 성 다음에 있는 아이 성의 정복을 계획을 했습니다.

여기서 아간이라는 사람이 아주 중요한 실수를 하게 됩니다.

그 하나는 아간은 생각하기를 과연 그 많은 이스라엘 백성들 중에서 자기 한 사람이 죄를 짓는다고 해서 하나님께서 아시겠느냐는 것입니다. 이것은 오늘 우리가 늘 마귀의 시험에 빠지는 것과 같습니다. 오늘 우리들도 생각할 때 이 세상에 얼마나 많은 사람들이 있습니까? 지금 지구상에만 해도 수십억의 사람들이 살고 있는데 그 중에서 내 한 사람이 몰래 죄짓는 것을 과연 하나님께서 알고 계시겠습니까? 그것에 대한 답은 '하나님은 알고 계신다'는 것입니다. 하나님께서는 우리 모두를 알고 계시며 나 한 사람이 생각하는 것과 아무도 모르게 하는 일을 알고 계십니다.

그리고 아간이 두 번째 실수한 것은 자기의 작은 죄가 이스라엘 전체에 얼마나 엄청난 충격을 줄 수 있는지 생각하지 못한 것입니다. 아간은 단지 눈앞에 보이는 금덩어리와 은덩어리와 외투에 눈에 뒤집어져서 자기 장막에 감추었습니다. 그러나 이 작은 죄가 이스라엘 전체의 전쟁에 찬물을 끼얹었고 이스라엘 백성 전체가 거의 망하기 직전까지 가게 된다는 것을 몰랐던 것입니다.

그래서 하나님의 백성들은 우리가 하고 싶고, 돈이 있고, 힘이 있다고 해서 모든 것을 우리 계획대로 밀고 나갈 수가 없습니다. 왜냐하면 우리 안에는 죄지을 가능성이 있기 때문입니다. 그래서 우리는 가장 먼저 하나님의 말씀으로 우리 자신을 살피는 일부터 해야 합니다. 물론 우리 자신만 살핀다고 해서 세상 일이 저절로 되는 것은 아닐 것입니다. 그러나 우리가 자신을 살피지 않고 의욕만 가지고 덤벼들었다가는 자기 안에 있는 죄성 때문에 여지없이 실패하게 되는 것입니다. 그래서 우리는 먼저 자기 자신을 살피고 그 후에 하나님이 능력 주시는 범위 안에서 최선을 다해서 하면 되는 것입니다. 하나님께서 길을 열어주시는 대로 따라가기만 하면 되는 것입니다.

## 아이 성에서의 실패

여호수아는 아이 성을 공격할 때 전혀 이상한 징후를 발견하지 못했습니다. 즉 여호수아는 자기 자신들 안에 죄를 지은 사람이 있으며 하나님께서 이스라엘에 대하여 진노하고 계신 것을 전혀 알지 못했습니다. 여호수아는 평소와 똑같이 오히려 더 신중하게 아이 성을 정탐해오고 했습니다.

2절 여호수아가 여리고에서 사람을 벧엘 동쪽 벧아웬 곁에 있는 아이로 보내며 그들에게 말하여 이르되 올라가서 그 땅을 정탐하라 하매 그 사람들이 올라가서 아이를 정탐하고

그러나 반드시 신중하게 한다고 해서 실패하지 않는 것은 아닙니다. 가장 중요한 것은 죄가 확인이 되어져야 하는 것입니다. 우리 한 사람 한 사람이 숨어서 무슨 짓을 하는지 모르면서 나타난 결과만 보고 스스로 자만에 취할 때 엄청난 실패의 순간이 오게 되는 것입니다.

여기서 우리가 알게 되는 것은 여호수아는 이스라엘 백성들이 하나님 앞에 죄를 지었을 것이라고는 꿈에도 생각하지 못한 사실입니다. 여호수아는 그만큼 이스라엘 백성들을 믿고 있었습니다. 그러나 가슴 아픈 사실은 그 믿는 자들 가운데 하나님의 말씀을 어긴 자가 있었다는 사실입니다. 그래서 여기에 우리의 갈등이 있습니다. 우리는 할 수 있는 한 다른 모든 사람들을 다 믿고 싶습니다. 그러나 또 다른 한편 우리는 자기 자신을 포함해서 모두 죄성을 가지고 있는 죄인들이어서 믿을 수가 없습니다. 이 세상에서 가장 위험한 사람이 '자기는 무조건 믿어도 된다'고 큰 소리를 치는 사람입니다. 우리는 다른 사람들을 믿

고 싶지만 믿어서는 안 된다는 것을 인정해야 합니다.

그런데 여호수아는 너무나도 이스라엘 백성 한 사람 한 사람이 믿고 있었기 때문에 전혀 문제가 없다고 생각한 것입니다. 그래서 여호수아는 정탐꾼이 하는 말을 믿게 됩니다.

**3절** 여호수아에게로 돌아와 그에게 이르되 백성을 다 올라가게 하지 말고 이삼천 명만 올라가서 아이를 치게 하소서 그들은 소수이니 모든 백성을 그리로 보내어 수고롭게 하지 마소서 하므로

여호수아는 아무리 작은 것이라 하더라도 하나님께 물어보아야 합니다. 그런데 여호수아는 아이 성은 아주 작은 성이기 때문에 이 정도 성은 하나님께서 묻지 않고 자기들끼리 결정해서 전쟁을 해도 충분히 이길 수 있다고 생각을 했습니다. 만약 여호수아가 아이 성의 정탐꾼들의 말을 너무 믿지 않고 하나님께 물어보았더라면 분명히 하나님께서 뭐라고 말씀을 하셨을 것입니다. 즉 너희들은 아이 성을 치는 것이 중요한 것이 아니라 너희 자신을 더 정결하게 하는 것이 옳은 것이라고 말씀하셨을 것입니다. 그러면 거기서 더 이상 앞으로 나아가서는 안 되는 것입니다. 그러나 여호수아는 하나님께 물어보지도 않고 정탐꾼들의 말만 듣고 군대를 보내었습니다. 이것이 여호수아가 이미 승리에 도취가 되어 있었고 이스라엘 백성들이 하는 말을 하나님의 말씀보다 더 믿고 있었던 것입니다.

**4-5절** 백성 중 삼천 명쯤 그리로 올라갔다가 아이 사람 앞에서 도망하니 아이 사람이 그들을 삼십육 명쯤 쳐죽이고 성문 앞에서부터 스바림까지 쫓아가 내려가는 비탈에서 쳤으므로 백성의 마음이 녹아 물 같이 된지라

이스라엘 백성들은 아이 성 전투에서 이상하게 패배를 했습니다. 전혀 힘을 쓸 수가 없었습니다. 마음도 하나가 되지도 않고, 작전도 전혀 먹혀들지 않았고, 힘을 쓸 수가 없었습니다. 그래서 이스라엘 백성들은 아이 성 사람들에게 일방적으로 두들겨 맞고 비참하게 패배해서 도망을 치고 말았습니다.

이스라엘 백성들은 죽은 숫자는 삼십육 명 밖에 안 되었지만 그들이 받은 정신적인 충격은 너무나도 컸습니다. '백성의 마음이 녹아 물같이 된지라' 이스라엘 백성들은 아이 성의 패배에서 너무 속이 상하고 너무 분노하여 도무지 마음이 수습이 되지 않았던 것입니다.

이것이 바로 하나님이 우리와 함께 하시지 않을 때 나타나는 현상입니다.

하나님이 우리와 함께 하시면서 힘을 주시지 않으시면 육체적으로 전혀 힘을 쓸 수가 없고, 작전이나 전략이나 준비한 것이나 아무것도 소용없이 완전히 무기력 상태에 빠지게 되는 것입니다. 우리에게 이런 현상이 나타날 때 빨리해야 하는 것이 더 이상 일을 추진해서는 안 되는 것입니다. 그리고 하나님 앞에 무릎 꿇고 앉아서 우리의 죄를 자복을 해야 합니다.

이스라엘 백성들은 작은 아이 성 사람들 앞에서 대패를 했습니다. 그리고 심리적으로 엄청난 충격을 받았습니다. 여호수아나 그들은 모두 영적인 공황 상태에 빠졌습니다. 그 이유가 어디에 있습니까? 그들이 믿었던 자신감이 완전히 실패로 드러났기 때문입니다.

물론 여호수아나 이스라엘 백성들이 하나님을 믿었던 것은 잘못이 아닙니다. 그러나 그들의 믿음은 승리에 대한 도취였던 것입니다. 그러나 우리는 이스라엘 백성들이 작은 아이 성에서 실패했던 것이 얼마나 큰 다행이었나하는 것을 생각해야 합니다. 이런 작은 성에서 실패해서 서른여섯 명이 죽었는데도 이스라엘 백성들이 완전히 절망했다면 만일 큰 성에서 수천 명이 죽었더라면 이스라엘은 완전히 자신감을 잃었을 것입니다.

우리는 언제나 우리가 죄를 지을 수 있는 가능성이 있다는 사실에 조심을 해야 합니다. 그래서 우리는 사업 위주로 혹은 일 위주로 밀고 갈 수가 없습니다. 왜냐하면 우리 모두가 죄인이기 때문에 어디서 일이 터질지 모르기 때문입니다. 그래서 우리는 엎드려 있고 하나님이 움직이라고 하면 가야 하는데 우리는 한두 번 성공하면 기고만장해서 계속 일을 하려고 하게 되는 것입니다. 만일 여호수아가 모든 이스라엘 백성들이 죄를 지을 수 있다는 것을 생각했더라면 아이 성을 정복하러 가기 전에 또 하나님 앞에 엎드려 있어야 하는 것입니다.

그러나 여호수아는 하나님께 물어보지 않았고 그 결과 실패함으로 더 큰 교훈을 얻게 되었습니다. 그것은 우리가 결코 우리 자신을 믿어서는 안 된다는 것입니다. 우리는 매 순간 하나님께 물어보아야 하고 하나님이 능력을 주시는 범위 안에서 최선을 다해야 하는 것입니다.

초대 교회 때도 이와 유사한 일이 일어났습니다. 교회가 부흥되면서 사람들이 은혜를 받아서 사도들 앞에서 재산을 갖다 바쳤을 때 가장 많은 칭찬을 받은 사람들이 밭이나 집을 팔아서 헌금으로 낸 사람들이었습니다. 그때 아나니아와 삽비라라는 부부가 자기들도 집을 팔아서 베드로 앞에 돈을 내어놓았습니다. 자기 집을 팔아서 돈을 내어 놓는 것이 얼마나 귀한 일입니까? 그러나 이들은 돈을 다 내어놓는 것이 아까워서 반만 내어놓고 '우리는 다 바쳤습니다'라고 거짓말을 했습니다. '이것은 우리 집값의 반입니다'라고 했으면 되는 것인데 '전부 입니다'라고 했다가 그 자리에서 죽었습니다.

왜냐하면 이것이 성령을 속인 죄가 되기 때문입니다. 만일 하나님께서 요즘도 이렇게 하신다면 헌금을 내다가 죽을 사람들이 굉장히 많을 것입니다. 그때만 해도 교회가 그만큼 성령 충만하고 건강했던 것입니다. 하나님께서는 교회에 거짓말하면서 헌금하는 것이 용납이 된다면 교회는 반드시 돈 때문에 망할 것을 아셨던 것입니다.

여호수아는 아이 성의 패배에서 마음에 큰 충격을 받고 침체되었습니다.

**6절** 여호수아가 옷을 찢고 이스라엘 장로들과 함께 여호와의 궤 앞에서 땅에 엎드려 머리에 티끌을 뒤집어쓰고 저물도록 있다가

여호수아가 옷을 찢고 이스라엘 장로들과 함께 여호와의 궤 앞에 엎드려 있은 것은 너무나도 마음이 상했기 때문입니다. 그런데 사람의 마음은 너무 상하거나 화가 나면 기도가 되지 않습니다. 아마 여호수아나 이스라엘 장로들은 아이 성에게 이스라엘 백성들이 이유를 알 수 없이 패배한 것이 받아들여지지 않아서 하나님 앞에서 씩씩 거리면서 계속 있었던 것 같습니다.

여호수아와 이스라엘 장로들은 해가 질 때까지 그 자세로 하나님 앞에서 가만히 엎드려 있었습니다. 그 이유는 너무나도 화가 나기도 했고 너무나도 마음이 슬퍼서 그냥 하나님 앞에서 엎드려서 생각만 하고 있었던 것입니다.

'도대체 왜 하나님은 우리를 패배하게 하셨을까?' '왜 하나님은 우리를 잘 데리고 오시다가 이 아이 성에서 우리를 패대기를 치시는 것일까?' '도대체 하나님은 어떤 분이실까?' '하나님의 본심은 무엇일까?' '우리는 하나님 앞에서 도대체 어떻게 해야 하나님의 긍휼을 얻을 수 있을까?' '하나님은 왜 이렇게 이랬다저랬다 변덕을 부리는 분

이실까?'

아마 여호수아는 하나님 앞에서 별의별 생각을 다 했을 것입니다. 그러나 하나님 앞에서 이 많은 잡생각은 결코 기도가 아닙니다. 여호수아와 이스라엘 장로들이 하나님 앞에 아무리 오래 무릎을 꿇고 앉아 있어도 하나님의 응답은 없었습니다. 이것은 하나님 앞에서 힘겨루기 하는 것 밖에 되지 않는 것입니다. 기도는 언제부터 시작이 됩니까? 우리가 입을 열어서 자신의 생각을 하나님 앞에서 진술하기 시작할 때부터 기도가 시작되는 것입니다.

여호수아는 너무 속이 상하고 하나님이 하신 것이 이해가 되지 않아서 기도의 첫마디를 떼는데 하루 종일이 걸렸습니다. 그리고 드디어 입을 열어서 기도를 시작했을 때 하나님께서도 말씀을 하셨습니다.

**7절** 이르되 슬프도소이다 주 여호와여 어찌하여 이 백성을 인도하여 요단을 건너게 하시고 우리를 아모리 사람의 손에 넘겨 멸망시키려 하셨나이까 우리가 요단 저쪽을 만족하게 여겨 거주하였더면 좋을 뻔하였나이다

여호수아는 하나님 앞에서 자신의 모든 불만과 억울한 심정을 있는 그대로 다 토해내었습니다.

여호수아는 하나님 앞에서 '슬픕니다'라고 기도를 시작합니다.

여호수아는 하나님 앞에서 지금까지 하나님이 인도하신 모든 것에 대하여 그의 신뢰가 무너진 것을 고백하고 있습니다. '하나님께서 우리를 이 요단강을 건너게 하셔서 아모리 사람들의 손에 붙여서 멸망시키려고 하시는 것입니까? 그리고 차라리 요단강을 건너지 않은 편이 더 좋을 뻔했다'고 기도를 하고 있습니다.

여호수아는 하나님의 말씀에 철저하게 헌신된 사람이었습니다. 그

런데 하나님의 말씀이 한 번 실패하니까 지금까지 되어진 모든 것이 다 의심이 되었습니다. 지금까지 하나님께서 우리에게 승리 주신 진의가 의심이 되었습니다. 그리고 절대로 앞으로 가나안 땅을 정복하지 못할 것 같은 불신이 생겼습니다. 그만큼 영적 침체는 무서운 것입니다. 영적 침체는 하나님을 가장 나쁜 분으로 생각하게 만들고 지금까지 하나님이 주신 축복을 다 저주로 바꾸는 것입니다. 그런데 여호수아는 이것을 속으로 생각만 한 것이 아니라 입으로 표현을 했습니다.

하나님께서는 하루 종일 엎드려 있는 여호수아를 책망하셨습니다.

**10절** 여호와께서 여호수아에게 이르시되 일어나라 어찌하여 이렇게 엎드렸느냐

우선 여호수아가 엎드려 화만 내지 않고 일단 기도를 시작한 것은 모든 문제가 해결되는 계기가 되었습니다. 왜냐하면 일단 어떻든지 간에 기도를 시작하니까 하나님께서 말씀을 하시기 때문입니다.

그래서 야고보 사도를 말하기를 '성내지 말라. 성내는 것이 하나님의 의를 이루지 못하느니라'고 말씀을 했습니다. 우리가 화를 내고 있으면 하나님께서 아무것도 하실 수가 없습니다. 여호수아가 분을 삭이고 자신이 걱정하고 있는 것을 하나님께 말씀을 드리니 하나님께서도 여호수아에게 말씀을 하십니다.

하나님은 여호수아에게 일어서라고 하십니다. 왜냐하면 이렇게 엎드려 있다고 해서 문제가 해결되는 것이 아니고 빨리 이스라엘 안에서 죄를 해결해야 하기 때문입니다. 그러면서 하나님은 이스라엘 안에 숨은 죄가 있는 것과 그것 때문에 전쟁에서 패배할 수밖에 없었던 이유를 설명을 하십니다.

**11-12절** 이스라엘이 범죄하여 내가 그들에게 명령한 나의 언약을 어겼으며 또한 그들이 온전히 바친 물건을 가져가고 도둑질하며 속이고 그것을 그들의 물건들 가운데에 두었느니라 그러므로 이스라엘 자손들이 그들의 원수 앞에 능히 맞서지 못하고 그 앞에서 돌아섰나니 이는 그들도 온전히 바친 것이 됨이라 그 온전히 바친 물건을 너희 중에서 멸하지 아니하면 내가 다시는 너희와 함께 있지 아니하리라

하나님께서는 숨은 죄의 영향력이 이렇게 크다는 것을 말씀하셨습니다. 차라리 드러난 죄는 다른 사람들도 알기 때문에 어느 정도 조심이 되는데 숨어 있는 죄는 다른 사람들이 모르기 때문에 한순간 전체에 누룩처럼 퍼지게 됩니다. 하나님께서는 여호수아가 잘못했다고 말씀하시는 것이 아닙니다. 여호수아가 이스라엘 백성들의 모든 처지를 다 알 수 없습니다. 그러나 그가 잘못하고 있는 것은 마치 이스라엘 백성들 중에는 아무 잘못도 없는 것처럼 생각하고 있는 것입니다. 여호수아도 인간인 이상 이런 죄를 미리 막을 수는 없습니다. 그러나 일단 일이 터진 후에는 빨리 일어나서 수습을 해야지 그렇게 실망만 하고 좌절만 하고 있으면 안 되는 것입니다.

우리는 인간이기 때문에 모든 것을 알 수도 없고 미리 다 막을 수도 없습니다. 그러나 일이 터졌을 때 엎드려 있기만 해서는 안 되고 빨리 조치를 해야 하는 것입니다.

### 숨은 죄를 찾아내게 하심

**15절** 온전히 바친 물건을 가진 자로 뽑힌 자를 불사르되 그와 그의 모든 소유를 그리하라 이는 여호와의 언약을 어기고 이스라엘 가운데에서 망령된

일을 행하였음이라 하셨다 하라

하나님께서는 이스라엘 백성들 중에 너무나도 분명하게 하나님의 말씀을 어기고 하나님의 말씀에 불순종한 자를 찾아내어서 죄를 없애지 않으면 하나님이 함께 하시지 않겠다고 말씀하셨습니다.

하나님께서 죄인을 찾아내실 때에는 그야말로 도저히 생각하지 못했던 우연치 않은 일로 인하여 과거의 죄들이 다 들통이 나게 됩니다. 그러나 그것은 우연이 아니고 모두 하나님이 하시는 것입니다.

그러나 하나님께서는 이번에 제비뽑기라는 방법에 의해서 공개적으로 죄인을 찾아내게 하셨습니다.

하나님께서는 숨은 죄인을 찾아내기 위해서 모든 이스라엘 지파들이 다 모인 앞에서 제비뽑기를 하게 하셨습니다.

아침 일찍 이스라엘 대표들은 하나님 앞에 나와서 제비를 뽑았습니다. 제비에 뽑힌 지파는 또 족속 대표가 나와서 제비를 뽑았습니다. 족속이 뽑히면 이번에는 가족이 나와서 제비를 뽑았습니다. 하나님께서는 죄인을 바로 발표하시지 않고 이런 제비 뽑는 과정을 통하여 범죄자로 하여금 스스로 심리적인 압박을 받게 하셨을 것입니다.

만약 아간이 이런 제비뽑기 방식이 발표되었을 때 미리 여호수아를 찾아가서 자수했더라면 용서받을 가능성이 있었는지도 모릅니다. 그러나 아간은 설마 이 많은 이스라엘 백성 들 중에서 자기가 제비에 뽑힐 줄은 몰랐던 것입니다. 그래서 결국 자비 이름이 뽑힐 때까지 시치미를 떼고 모르는 척 하고 있었습니다. 이것이 얼마나 무서운 위선인지 모릅니다. 아간은 끝까지 자기가 하나님을 속일 수 있다고 생각했던 것입니다.

결국 갈미의 아들 아간이 뽑혔습니다.

여호수아는 아간이 죄인으로 뽑히자 그를 직접 심문을 했습니다.

19절 그러므로 여호수아가 아간에게 이르되 내 아들아 청하노니 이스라엘의 하나님 여호와께 영광을 돌려 그 앞에 자복하고 네가 행한 일을 내게 알게 하라 그 일을 내게 숨기지 말라

아무리 멸망할 죄인이라 하더라도 끝에는 모든 사실을 밝힘으로 하나님께 영광을 돌려야 합니다. 그래서 하나님께 영광을 돌리는 방식이 두 가지가 있습니다. 하나는 처음부터 스스로 예수 그리스도 앞에 믿음으로 순종함으로 영광을 돌리는 사람들이 있습니다. 이것이 우리 인간들이 할 수 있는 가장 존귀한 것입니다. 우리가 하나님 앞에서 나를 낮추고 나를 버릴수록 더 큰 은혜가 임하게 되어 있고 더 존귀하게 되어 있습니다. 그래서 사도 바울은 이렇게 되는 것을 귀한 그릇이라고 말을 했습니다(롬 9:21). 그러나 어떤 사람들은 하나님을 두려워하지 않고 끝까지 자기 욕심대로 살다가 마지막 심판대에 끌려 나와서 자기가 지은 모든 죄를 다 자복하고 심판받음으로 하나님께 영광을 돌리는 사람들이 있습니다. 이런 사람은 멸망함으로 하나님께 영광을 돌리는 것입니다. 사도 바울은 이런 사람들을 진노의 그릇이라고 말을 했습니다(롬 9:22). 우리가 보기에 이 세상에서 자기 욕심대로 마음껏 사는 사람들이 행복한 것 같지만 실제로 가장 불쌍한 사람들인 것입니다.

아간은 여호수아 앞에서 자신의 모든 죄를 다 고백하고 인정했습니다. 그가 훔친 것은 시날 산 외투 한 벌과 은 이백 세겔과 무게가 오십 세겔 되는 금덩이 하나였습니다. 아간은 이 물건들을 장막 속 땅에 파묻었고 은은 가장 깊은 곳에 넣어두었습니다.

아간은 자기 장막 안을 파고 거기에 물건을 감추면 모를 줄 알지만 하나님은 다 알고 계셨습니다. 하나님이 알고 계시고 자기가 알고 있기 때문에 죄는 언젠가는 다 드러나게 되어 있습니다.

결국 하나님 앞에서 인간들은 이 세상에 살면서 지은 죄들이 아주 적은 것까지 다 드러나게 될 것입니다.

하나님께서는 여호수아에게 아간과 그 모든 가족과 가축들 다 끌고 아골 골짜기로 가서 돌로 쳐서 심판하게 하셨습니다.

**24절** 여호수아가 이스라엘 모든 사람과 더불어 세라의 아들 아간을 잡고 그 은과 그 외투와 그 금덩이와 그의 아들들과 그의 딸들과 그의 소들과 그의 나귀들과 그의 양들과 그의 장막과 그에게 속한 모든 것을 이끌고 아골 골짜기로 가서

여호수아는 아간의 말대로 그의 장막에 가서 땅을 파 보았더니 아간이 말한 모든 물건들이 다 있었습니다. 아간은 아무도 모르게 땅 속에 파묻으면 모르고 넘어갈 줄 생각했는데 이제 온 세상에 그 죄가 다 들통 나게 되었습니다. 하나님께서는 여호수아에게 아간을 아골 골짜기로 데리고 가서 돌로 처형하라고 하셨습니다. 그때 아간만이 아니라 아간의 자식들과 짐승들까지 다 데리고 가서 돌로 치게 한 것입니다.

우리가 생각하기에 하나님이 너무 잔인하시다는 생각을 하기 쉽습니다.

또 설사 아간은 그렇다 치더라도 아간의 자식들까지 돌로 쳐 죽이는 것은 너무한 것이 아닌가 하는 생각이 들지도 모릅니다. 그러나 아간의 자식들은 모두 공범이었습니다. 장막 안에서 땅을 파고 묻는 것을 다 보았던 것입니다. 그리고 그의 가축들도 주인을 잘못 만나는 바

람에 더 이상 아무도 소유할 수 없게 되었습니다. 결국 가축들까지도 다 죽었습니다.

물론 여호수아도 인간적으로는 아간을 용서하고 싶었을 것입니다. 그러나 이제는 더 이상 아간은 용서 받을 수가 없었습니다. 왜냐하면 이미 아간의 죄로 이스라엘 백성들은 아이 성에서 실패해서 삼십육 명이 죽었고 이스라엘 백성 전체가 멸망당할 위치에 빠지게 되었기 때문입니다.

결국 아간과 그 식구들이 다 죽음으로 하나님의 진노는 풀렸던 것입니다.

**24절** 그에게 속한 모든 것을 이끌고 아골 골짜기로 가서 여호수아가 이르되 네가 어찌하여 우리를 괴롭게 하였느냐 여호와께서 오늘 너를 괴롭게 하시리라 하니 온 이스라엘이 그를 돌로 치고 물건들도 돌로 치고 불사르고 그 위에 돌 무더기를 크게 쌓았더니 오늘까지 있더라

여호수아는 아간에게 '네가 어찌하여 우리를 괴롭게 하였느냐?'고 물었습니다. 즉 아간의 죄는 이스라엘 백성 전체를 멸망의 위기로 몰아갔던 것입니다. 아간 한 사람이 하나님의 말씀을 무시하고 업신여김으로 이스라엘 백성 전체가 하나님을 놓치게 되었으며 가나안에서 멸망당할 뻔했습니다.

그래서 여호와께서도 너를 괴롭게 하신다고 하면서 돌로 쳐 죽이고 돌 무더기를 쌓았습니다. 그리고 그 골짜기 이름을 아골 골짜기라고 불렀습니다. 고통의 골짜기라는 뜻입니다. 즉 완전히 골짜기 사이게 갇혀서 오도 가도 못하고 꼼짝 못하고 죽게 된 경우를 말하는 것입니다.

나중 이스라엘 역사에도 '아골 골짜기'는 소망이 없는 장소의 대명사가 됩니다. 하나님께서 이스라엘 백성들을 버리시면 바로 그곳이 아골 골짜기가 되는 것입니다. 그런데 하나님께서는 호세아서에서 아골 골짜기에도 소망의 문이 생기게 하겠다고 약속을 하십니다.

> **호세아 2:15** 거기서 비로소 그의 포도원을 그에게 주고 아골 골짜기로 소망의 문을 삼아 주리니 그가 거기서 응대하기를 어렸을 때와 애굽 땅에서 올라오던 날과 같이 하리라

아골 골짜기는 아무 소망이 없는 곳입니다. 철저하게 절망 가운데 있던 사람들도 하나님 앞에 부르짖음으로 새로운 소망의 문이 열리게 됩니다. 이것이 얼마나 감사한 일이며 얼마나 극적인 일입니까? 우리에게 도무지 앞으로 나아갈 수 있는 길이 없는데 하나님께서 새로운 길을 열어주시는 것입니다. 하나님께서 누구에게 이런 길을 열어주십니까? 하나님 앞에 정직한 자들입니다. 사람들 앞에서 창피를 당할 각오를 하고 하나님 앞에서 자기의 모든 부끄러운 죄들을 다 토해놓고 회개하는 자에게 하나님은 새로운 길을 열어주시는 것입니다.

이 세상에 부흥보다 더 아름답고 영광스러운 것은 없을 것입니다. 부흥은 우리가 이 세상에 재벌이 되는 것이나, 최고 대학에서 학위를 받는 것이나, 가장 유명한 사람이 되는 것과 비교되지 않는 최고의 복입니다. 하나님은 다시 우리에게 부흥을 주시는 것입니다.

우리에게 중요한 것은 우리에 일어나고 있는 이 부흥의 불을 꺼트려서는 안됩니다. 아간같은 비열하고 야비한 욕심으로 다른 모든 성도들을 절망의 늪에 빠트려서는 안 됩니다. 이것은 결국 자기 자신과 자기 가족들이 망하는 길인 것입니다.

본문을 보면 끝에 '여호와께서 그의 맹렬한 진노를 그치시니'라고 했습니다. 이스라엘 백성들은 느끼지 못했지만 하나님께서는 이스라엘에 대하여 맹렬하게 진노하고 계셨습니다. 무서운 병도 없었고 천둥이나 번개도 없었는데 어떻게 하나님의 진노를 알 수 있습니까? 하나님께서 아무 말씀을 하시지 않고 이스라엘 백성들이 아이 성 사람들에게 지도록 내버려두신 것이 무서운 진노였습니다. 반드시 하나님께서 소리를 지르고 매를 들어야 진노하는 것이 아닙니다. 하나님께서 우리에게 아무 말씀도 하시지 않고 고민과 번민가운데 내버려두시는 것이 하나님의 진노의 표현인 것입니다. 그 대신 하나님께서 우리에게 말씀을 주시는 것은 아직 우리를 사랑하고 계시며 치료하고 계시며 용서하고 계신 것입니다.

하나님은 사랑하는 자들에게 말씀을 주십니다. 하나님은 소멸하는 불이시며 원자폭탄 수백만 개보다 더 두려우신 분이십니다. 그러나 우리가 하나님의 말씀대로만 나가면 하나님의 원자폭탄은 축복으로 변하게 됩니다.

# J O S H U A

# 하나님의 모략

어니스트 헤밍웨이의 『킬리만자로의 눈』이라는 소설 앞부분에 킬리만자로 산은 적도 아래에 있지만 정상은 항상 눈으로 덮여 있는데 그 정산 부근에 한 표범이 죽어서 얼어 있는 것입니다. 저자는 그 높은 산꼭대기에는 동물들도 없는데 왜 표범이 그 높은 곳까지 올라가서 얼어 죽게 되었을까 하는 이야기에서부터 시작하고 있습니다. 그 소설에는 주인공 해리가 아프리카에 사냥도 하고 동물 사진으로 찍으려고 왔는데 철조망에서 다리가 긁혔는데 제대로 치료도 하지 않고 하마 떼를 찍다가 보트가 뒤집어지는 바람에 물에 빠지게 됩니다. 그리고 그 후에 다리가 곪아서 썩게 되는데 비행기가 와야 병원에 가서 치료를 받을 수 있는데 비행기가 오지 않아서 죽어가게 됩니다. 그는 병으로 죽어가면서 원래 부인과의 관계를 생각하기도 하고 여러 가지 자기 인생을 돌아보는데 결국 나중에 비행기가 와서 병원을 향해 가는 상상을 하면서 죽습니다. 여기서 말씀드리려고 하는 것은 약간 철조망에 다리가 긁혔을 뿐인데 그냥 두니까 이것이 나중에 치명적인 병이 되어서 결국 주인공의 목숨이 위태롭게 된 것입니다.

요즘 우리나라에서는 원자력 발전소 부정 때문에 나라가 시끄럽습니다. 사실 원전이라고 하는 것은 우리나라 전력의 많은 부분을 차지하고 있는 발전 시설인데 그 부속품을 불량품으로 쓰도록 함으로써 지금 나라 전체의 전력에 큰 차질이 생기게 되었습니다. 그 본인들은 그런 불량품으로 얼마나 돈을 버는지 모르겠지만 만일 그것 때문에 사고가 터지거나 혹은 전기 부족으로 블랙아웃 현상이 생긴다면 국민들은 상상할 수 없는 피해를 입게 되는 것입니다. 우리가 이런 것을 통해서 알 수 있는 것은 결코 실수해서는 안 되며 결코 부정을 저질러서는 안 되는 아주 중요한 부분이 있다는 것입니다. 그래서 음식물이나 의약품 같은 경우에는 단 하나의 불량품이 발견되어도 그 전체를 폐기해야 국민들의 신뢰를 되찾게 되는 것입니다.

플렉시라는 회사는 오직 개 줄 하나만 생산하는 회사인데 회장이 개를 데리고 산책을 하다가 개 줄이 기니까 손에 줄을 감아서 다니는 것이 불편해서 줄이 늘어났다가 감겼다가 하는 개 줄을 개발하게 되었습니다. 그런데 이 개 줄이 얼마나 인기가 있는지 일 년에 몇 억 개씩 팔리는데 단 한 개의 불량품이 발견이 되어도 어느 라인에서 나온 것인지 조사를 해서 거기서 나온 모든 개 줄은 전량 폐기 시킨다고 합니다.

아이 성은 이스라엘 백성들이 가나안 땅에서 두 번째로 정복하기 위해서 공격했던 성이었습니다. 그런데 이스라엘 백성들은 이 아이 성을 얕잡아 보았다가 모든 이스라엘 백성들이 낙심할 정도로 비참한 실패를 경험하게 되었습니다. 그런데 이 아이 성은 덩치는 작지만 이스라엘 백성들은 아이 성의 실패를 통해서 한평생 잊을 수 없는 중요한 교훈을 얻게 되었습니다.

그 첫째는 하나님의 일을 하는데 있어서 아주 작은 하나의 부정이나 흠이 얼마나 엄청난 비극을 가져올 수 있느냐 하는 것이었습니다. 물론 아무리 여호수아나 이스라엘 백성들이라 하더라도 인간이기 때문에 모든 부정이나 모든 숨은 죄를 알 수는 없습니다. 그러나 그들은 적어도 자기 생각이나 자신감만 가지고 일을 밀어붙이다가 결국 큰 실패를 당하게 된 것입니다. 우리는 하나님이 하라고 하실 때까지 기다려야 하고 이 일을 해야 하는지 하지 말아야 하는지 물어봐야 하는 것입니다.

또 하나의 교훈은 하나님은 모든 것이 반드시 기적의 힘으로 이루어져야 하는 것이 아니라는 것을 가르쳐주셨습니다. 예를 들면, 지금도 어떤 분들은 기도로 해서 병이 낫는 것은 하나님이 고쳐주시는 것이고 병원이나 약국에 가서 치료받는 것은 신앙이 부족한 것이라고 생각하는 사람이 있는데 그것이 아니라는 것입니다. 하나님께서는 이스라엘 백성들이 요단강을 건너고 여리고 성을 무너뜨리는데 까지는 기적의 힘으로 이기게 하셨지만 이 아이 성부터는 하나님이 가르쳐주신 모략을 가지고 순수하게 이스라엘 백성들의 힘으로 이기게 하셨습니다. 그래서 어떤 의미에서 이스라엘 백성들이 이 아이 성에서 경험한 것은 아주 중요한 경험이었습니다. 우리는 어떤 일을 할 때 어디서 어디까지나 하나님이 하실 일이며 어디부터 내가 해야 할 것인지 모르겠다고 이야기하는 것을 많이 듣게 됩니다. 그러나 우리는 하나님이 하시는 것과 내가 하는 것을 구별해서는 안 됩니다. 즉 하나님은 우리에게 모략을 주시고 우리는 그것을 실제로 행해야 하는 것입니다. 그래서 저절로 되는 것은 없습니다. 우리는 전부 우리가 다 해야 하는데 하나님이 주시는 지략을 가지고 해야 하는 것입니다.

그런데 때때로 우리 머리로는 분명히 될 것 같은데 실제로 부딪혀 보면 안 되는 것이 많습니다. 예를 들어, 학생들이 교실에서 선생님이 문제를 풀어주거나 영어를 번역을 해 주시면 다 알 것 같은데 실제로 자기가 문제를 풀어보면 전혀 풀리지 않고 또 영어 문장을 해석해 보려고 하면 전혀 생각이 나지 않습니다. 왜냐하면 귀로 듣는 것으로는 아직 완전히 내 것이 되지 않았기 때문입니다. 우리가 배운 것을 완전히 내 것으로 만들려고 하면 내 자신의 힘으로 풀어서 실제로 해봐야 되는 것입니다. 결국 이스라엘 백성들은 아이 성에서 처음 자신들의 힘으로 가나안의 한 성을 정복하는 경험을 하게 됩니다. 이것은 이스라엘 백성들이 순전히 자신들의 실력으로 이긴 것이었습니다.

## 하나님의 말씀의 회복

여호수아나 이스라엘 백성들이 아간이라는 사람이 하나님의 말씀을 어긴 줄 모르고 자기들 생각으로 아이 성을 공격할 때 하나님은 이스라엘 백성 안에 죄가 있다는 사실을 말씀해주시지 않으셨습니다. 그래서 이스라엘 백성들은 아이 성을 이기는 것이 쉬울 줄 알고 그냥 올라갔다가 실패를 한 것이었습니다. 이때 하나님께서는 이스라엘 백성들에게 한 가지 중요한 것을 가르쳐주셨는데 하나님께서 그들에게 진노하실 때 아무 말씀을 하시지 않으신다는 사실이었습니다.

즉, 이스라엘 백성들은 아무 일이 없다고 신이 나서 전쟁하러 올라갔지만 실제로 하나님은 이스라엘 백성들에 대하여 침묵하고 계셨던 것입니다. 그러다가 이스라엘 백성들에게 하나님의 말씀이 회복되기 위해서 여호수아나 이스라엘 백성들은 철저한 회개를 해야만 했습니니다. 그것은 이스라엘 전체가 모인 앞에 제비뽑기를 하고 그 결과 아간이 뽑히고 아간은 자기 죄를 실토를 하고 아간과 그 가족들과 숨긴 물건을 가지고 돌로 쳐 죽인 후에야 비로소 하나님의 말씀이 회복이 된 것입니다. 오늘 사람들은 하나님이 아무 말씀도 하시지 않고 가만히 계시는 것을 하나님이 자기의 뜻을 지지하신다고 생각하시거나 혹은 하나님이 아무것도 모르신다고 생각할 때가 많습니다. 그러나 하나님이 아무 말씀을 하시지 않으시고 사람들이 하고 싶은 대로 하도록 내버려두시는 것이 진노하시는 것이었습니다. 결국 여호수아나 이스라엘 백성들이 하나님의 말씀을 회복하기 위해서는 철저한 회개가 필요했습니다. 즉 아간이라는 같은 이스라엘 백성을 돌로 쳐 죽어야 했던 것입니다.

오늘 많은 교인들은 하나님의 말씀을 듣는 것을 쉽게 생각하고 또 설교에서 은혜 받지 못하는 것은 목사님이 실력이 없거나 준비가 부족한 것으로 생각할 때가 많습니다. 그러나 우리가 살아있고 생생한 하나님의 말씀을 듣지 못하는 것은 실력 부족이나 준비 부족의 문제가 아니고 부흥의 불이 꺼져서 그런 것입니다. 그때 부흥의 불을 다시 일으키려고 하면 하나님의 말씀에 방해가 되는 모든 것을 다 버려야 합니다. 그리고 모든 성도들이 목숨을 걸다시피 하고 하나님의 말씀을 붙잡을 때 하나님은 다시 능력의 말씀을 듣게 하십니다. 하나님은 다시 여호수아와 이스라엘 백성들에게 능력의 말씀을 듣게 하셨습니다.

**1절** 여호와께서 여호수아에게 이르시되 두려워하지 말라 놀라지 말라 군사를 다 거느리고 일어나 아이로 올라가라 보라 내가 아이 왕과 그의 백성과 그의 성읍과 그의 땅을 다 네 손에 넘겨 주었으니 여호수아와 이스라엘 백성들은 얼마나 듣고 싶었던 하나님의 말씀을 다시 듣게 되었는지 모릅니다. '여호와께서 여호수아에게 이르시되 두려워 말라 놀라지 말라……내가 아이 왕과 그 백성과 그 성읍과 그 땅을 다 네 손에 넘겨 주었으니' 이스라엘 백성들은 뼈아픈 고통을 치루고 난 후에 다시 이 능력의 말씀을 되찾게 된 것입니다.

그래서 우리는 기도의 응답이 없고 신앙이 뜨겁지 않을 때 어떤 일이나 사업을 가지고 집착할 것이 아니라 지금 하나님과 우리 사이에 무엇이 막혀 있는지 생각을 해야 합니다. 그러나 사람들은 거의 이 문제를 심각하게 생각하지 않습니다. 왜냐하면 능력의 말씀이 없어도 얼마든지 우리 지혜와 계획으로 하나님의 일을 잘 꾸려나갈 수 있다고 생각하기 때문입니다. 그러나 그것은 더 이상 하나님의 일이 아니고 인간의 일이 되는 것입니다. 하나님은 너희 일이니까 잘되든 못되든 너희들이 알아서 하라고 하시는 것입니다. 그리고 어느 순간 사람들은 너희들이 썩었다는 말을 하게 될 것입니다. 왜냐하면 하나님이 함께 하시지 않는 일은 썩게 되어 있고 큰일을 하면 할수록 더 큰 부정이 생기게 되는 것입니다. 그래서 만약 우리가 영적으로 좋지 않은 상태에서 아무리 노력하고 아무리 애를 써도 결코 승리하지 못할 것입니다. 그 이유는 나에게 오는 하나님의 축복을 막는 걸림돌이 있기 때문입니다. 우리는 고통스럽더라도 이것을 제거해야 우리는 다시 힘을 낼 수 있고 이 세상에서 승리할 수 있는 것입니다. 그러나 이 영적인 문제를 찾는 것이 너무나도 어렵습니다. 왜냐하면 이것을 좀처럼 찾아내기가 어렵기 때문입니다. 그런데 우리가 모든 인간적인 생각이나 자존심이나 계획을 다 내려놓고 완전히 밑바닥에서부터 다시 시작할 때 어느 순간 능력 있는 하나님의 말씀을 다시 듣게 됩니다. 그리고 하나님의 백성들은 신선해지게 되고 다시 세상을 이길 새 힘을 얻게 됩니다.

하나님께서는 여호수아에게 '일어나서 아이로 올라가라'고 말씀하셨습니다. 우리는 한번 실패했다고 해서 죽을 때까지 계속 실패하는 것이 아닙니다. 우리에게 하나님의 축복이 회복이 되면 옛날에 실패했던 것도 다시 성공할 수 있습니다. 그래서 우리는 너무 과거의 실패에 연연해할 필요가 없습니다. 하나님께서는 여호수아가 한번 실패했다고 해서 두려워할 수 있기 때문에 '두려워하지 말라 놀라지 말라'고 말씀하셨습니다.

그러나 사람은 이상하게도 일단 이기고 보면 별것도 아닌데 졌을 때에는 그것이 굉장히 크게 느껴지게 됩니다. 그래서 그 다음부터는 상대방을 보면 자신감부터 잃게 될 때가 많습니다. 운동 경기를 해보면 이기면 상관이 없는데 이상하게 한번 지기 시작한 팀에게는 계속 지게 됩니다. 그리고 그 다음에는 상대할 때마다 '우리는 질 것이다'라는 두려운 생각을 가지고 시작을 하니까 몸이 경직이 되고 결국 또 지게 되는 것입니다. 사람들은 이런 현상을 징크스라고 부릅니다. 이럴 때에는 어떻게 해서든지 그 팀을 이겨서 징크스를 깨야 하는 것입니다. 학교도 마찬가지입니다. 시험에 합격해서 학교를 다니고 보면 별것이 아닌데 그 학교에서 떨어지면 그 학교에 대한 부담을 평생 가지고 살게 되는 것입니다.

지금 이스라엘 백성들에게 아이 성은 굉장히 부담스러운 존재가 되어버렸습니다. 이스라엘 백성들은 한 번 패배를 한 후 이상하게 아이 성이 크게 느껴지고 이기지 못할 것 같은 두려움이 생깁니다.

그때 하나님께서는 일어나서 아이 성으로 올라가라고 말씀하셨습니다. 왜냐하면 이제 이스라엘 백성들이 지난번과 달라졌기 때문입니다. 사실은 이스라엘 백성들이나 아이 성 사람들은 똑같습니다. 똑같은 조건에서 싸운다면 이스라엘은 또 지게 될 것입니다. 그러나 이제 이스라엘 백성들에게는 하나님의 능력이 가동이 되고 있었습니다. 지난번에는 이스라엘 백성들에게 하나님의 능력이 죄 때문에 없어졌는데 이제는 하나님의 능력이 정상적으로 가동이 되고 있기 때문에 얼마든지 이길 수 있습니다.

본문 말씀을 보면 여호수아가 하나님이 주신 지혜를 가지고 생전 처음으로 작전이라는 것을 하게 됩니다. 즉 이스라엘 백성들이 아이 성을 정복한 것은 기적의 힘이 아니었습니다. 여호수아는 여리고와 완전히 다른 방법으로 아이 성을 정복합니다. 즉 여리고는 전적으로 하나님의 기적으로 무너뜨린 성이었습니다. 그런데 여호수아는 아이 성을 무너뜨릴 때 전혀 기적 없이 하나님이 주신 지혜와 이스라엘의 노력으로 성을 정복하게 됩니다. 이것이 더 정상적인 것입니다.

그래서 우리 마음속에는 언제나 이 두 개의 모델이 살아있어야 합니다. 하나는 여리고 성의 모델입니다. 즉 우리는 하나님의 언약의 말씀을 조용히 뒤 따라가다가 나중에 소리를 질러서 기적을 일으키는 부흥의 모델인 것입니다. 이 여리고의 모델은 가나안 땅을 정복하는 내내 여호수아와 이스라엘 백성들의 마음속에 살아있어야 합니다. 또 다른 하나의 모델은 아이 성의 모델입니다. 즉 하나님이 주신 지혜와 나의 노력으로 아이 성을 무너트리는 것입니다. 이것은 우리가 이 세상에서 정상적인 상황에서 해야 하는 것입니다.

## 아이 성에서 전리품을 얻음

**2절** 너는 여리고와 그 왕에게 행한 것 같이 아이와 그 왕에게 행하되 오직 거기서 탈취할 물건과 가축은 스스로 가지라 너는 아이 성 뒤에 복병을 둘지니라 하시니

하나님께서는 아이 성을 정복하는데 있어서 여리고 성 때와는 다른 두 가지 지시를 하셨습니다.

첫째는 이스라엘 백성들이 아이 성에서는 사람은 모두 죽이되 물건이나 가축은 전리품으로 취할 수 있다고 하신 것입니다. 이것이 여리고 성과는 다른 점입니다. 하나님께서는 여리고 성에서는 모든 것을 다 부수고 죽이고 멸망시키되 하나도 손에 넣어서는 안 된다고 말씀하셨습니다. 그러니까 하나님께서는 이스라엘 백성들에게 여리고에서는 철저하게 무보수로 일하게 하신 것입니다. 그러나 아이 성에서는 각자가 수고한 바에 따라 전리품을 보수로 얻게 하셨습니다. 여기서 우리는 무보수로 일하는 것과 보수를 받고 일하는 것의 차이를 보게 됩니다.

하나님께서 이스라엘 백성들에게 여리고 성을 공격하면서 일체 물건에 손을 대지 못하게 하신 이유가 어디에 있을까요? 하나님께서는 이스라엘 백성들을 하나님의 대리자로 사용하신 것입니다. 여기서 하나님의 대리자라고 하는 것은 천사를 의미합니다. 천사는 어떤 일을 하더라도 보수를 받지 않습니다. 왜냐하면 하나님을 대신해서 그 일을 하기 때문입니다. 그래서 우리는 어떤 일을 할 때에 돈을 받는 것보다는 돈을 받지 않는 것이 훨씬 급수가 높아지는 것입니다. 그 사람은 한 인간으로 그 일을 하고 있는 것이 아니라 하나님의 대리자로 그 일을 하고 있는 것이며 하나님의 능력이 바로 나타나게 됩니다. 하나님께서는 이스라엘 백성들인 여리고 성을 공격하면서 자기들이 천사와 같은 존재들이라는 것을 깨닫기를 원하셨습니다. 그래서 그들은 실제로 천사들처럼 여리고 성을 돌았고 하나님의 손을 대지 않고 그들의 목소리만으로 성이 무너졌던 것입니다.

그런데 하나님께서 이스라엘 백성들이 아이 성을 공격할 때에는 전리품을 가지게 하신 이유가 무엇일까요? 역시 현실적으로 이스라엘 백성들은 사람이며 사람은 이 세상에 살면서 먹을 것과 입을 것이 필요하다는 것을 하나님께서 인정해주시는 것입니다. 만일 이스라엘 백성들이 수고만 하고 전혀 상을 얻지 못했다면 그들은 스스로 우리는 도대체 무엇을 먹고 살 것인가 하는 정체성의 혼란을 가지게 되었을지 모릅니다. 사람들은 때때로 자기가 수고한 것의 보상을 받음으로 의욕이 생기고 또 자신의 가치를 느끼게 됩니다. 그래서 사람이 자기가 수고한 것에 비하여 너무 적은 보수를 받게 되면 나는 가치가 아무래도 떨어지는 모양이라고 생각하기 쉽습니다. 그래서 하나님의 백성들은 무보수를 원칙으로 하지만 어떤 때 정당하게 줄 것은 주고 받을 것은 받을 때 그 관계가 오래 갈 수 있습니다.

결국 하나님께서는 우리에게 필요한 것을 모두 다 주십니다. 단지 하나님께서는 우리에게 필요한 것을 조금 늦게 주실 뿐입니다. 하나님께서 그렇게 하시는 이유는 우리가 돈의 노예가 되지 말라는 것입니다. 직업주의나 금전만능주의에 빠지지 말고 끝까지 믿음으로 나가라는 뜻입니다. 즉 처음 가졌던 이상을 돈에 의하여 오염시키지 말고 끝까지 붙들고 나가라는 것입니다. 사실 이것보다 더 아름답고 멋있는 것은 없을 것입니다.

두 번째 특징은 하나님께서 이스라엘 백성들에게 아이 성을 공격할 때에는 인간적인 지혜를 쓰게 하신 것입니다. 이스라엘 백성들이 여리고 성을 공격할 때에는 순전히 하나님의 능력으로 공격을 했고 여호수아는 전혀 인간적인 작전을 사용하지 않았습니다. 그러나 아이 성의 경우에는 하나님이 작전을 쓰게 하셨는데 그것도 거짓으로 도망치는 것처럼 해서 아이 성 사람들을 유인해내게 하신 것입니다.

처음 아이 성을 정탐했던 사람들이 군사들 이삼천 명 정도만 보내어도 되겠다고 한 것은 잘못 판단한 것이었습니다. 이것은 그들이 여리고 성의 승리에 도취되어서 잘못 생각한 것이었습니다. 결코 아이 성도 정복하기에 쉬운 것은 아니었습니다. 가나안의 어느 성도 가볍게 정복할 수 있는 곳은 없었습니다.

하나님께서는 아이 성을 하나님의 능력으로 무너트리지 아니하시고 사람의 지혜로 아이 성 사람들을 유인해내게 하셨습니다. 우리가 이 세상에서 이기는 것이 반드시 기적적인 능력으로만 이기는 것이 아닌 것입니다. 우리는 인간적인 지혜도 사용해야 하고 때로는 엄살을 부릴 필요도 있는 것입니다.

그래서 먼저 삼만 명으로 하여금 성 뒤에 가서 매복하라고 합니다. 그리고 이스라엘 백성들이 도망칠 때 성 사람들이 따라올 텐데 그때 성안에 들어가서 불을 지르라고 지시를 했습니다. 그러면 다른 이스라엘 백성들도 모두 돌이켜서 아이 성 사람들을 치는 것입니다.

여호수아도 인간이기 때문에 아이 성 사람들이 어떤 상태에 있는지는 알지 못했습니다. 그러나 하나님이 지혜를 주셨습니다. 즉 아이 성 사람들은 지난번 이스라엘의 패배로 자신감에 넘쳐 있을 것입니다. 하나님께서는 여호수아에게 그것을 역이용해서 거짓으로 패배하는 척하고 도망치면 아이 사람들을 성 밖으로 유인해내어서 공격을 하라는 것입니다.

여기서 심각한 질문이 하나 제기되는데 과연 하나님의 백성들이 이런 속임수를 써도 되느냐 하는 것입니다. 물론 그리스도인들이 남을 속이거나 기만을 해서는 안 됩니다. 그러나 늘 정공법을 써야 하는 것은 아닙니다. 싸움이라는 것은 우리가 늘 잘난 체 하거나 큰 소리를 쳐서 이기는 것만이 잘하는 것은 아닙니다. 때로는 그때그때 상황에 맞게 창조적으로 전략을 세워야 하는 것입니다. 어떤 경우에는 상대방의 비위를 맞추어주기도 하고 어떤 때에는 덕이 되지 않는 것은 감추기도 해서 전체적으로 유익하게 하는 것입니다. 손자는 말하기를 '전쟁은 적을 속이는 것'이라고 했습니다.

사도 바울도 선교를 하면서 전략을 가졌기 때문에 효과적으로 선교할 수 있었습니다. 그 한 가지는 이방인들을 위주로 선교함으로 이미 전도자가 들어간 곳은 경쟁적으로 들어가지 않는 것이었습니다. 그리고 사도 바울은 '나의 복음'이라는 구원론을 발전시켜서 기독교 교리를 확립을 시켰습니다. 그리고 그가 감옥에 갇혔을 때나 교회가 분쟁이 생겼을 때나 말씀이 필요할 때에는 편지라는 형식을 통해서 하나님의 말씀을 전했습니다. 그리고 사도 바울은 율법 없는 자들에게는 율법 없는 자같이 접근을 하고 율법이 있는 자들에게는 율법 있는 자같이 접근을 했습니다. 사도 바울은 사람의 영혼을 얻기 위해서라면 얼마든지 자신의 기준을 포기할 수 있었습니다.

그런데 이 매복 작전에서 중요한 것은 이스라엘 백성들이 실컷 매복을 했는데 아이 성 사람들이 매복에 걸려들지 않으면 어떻게 하느냐 하는 것입니다. 아이 성 사람들이 매복 작전에 말려들지 않고 굳게 성을 지키면 여호수아만 우습게 되는 것입니다. 그러면 이스라엘 백성들이 다시 한 번 여호수아를 불신하게 될 것입니다. 그래서 우리는 기도하지 않을 수가 없습니다. 즉 악한 자가 마음이 교만해져서 이 매복 작전에 걸려들게 해 달라는 것입니다. 그러나 여호수아의 경우처럼 철저하게 준비하고 기도로 준비할 때 거의 100퍼센트 적은 걸려들게 되어 있습니다. 왜냐하면 벌써 철저하게 준비하고 기도하는 것 자체가 하나님이 함께 하시는 것이기 때문입니다.

본문 말씀을 보면 여호수아는 확신을 가지고 행동합니다. 즉 적은 분명히 우리의 매복 작전에 걸려들게 되어 있다는 것입니다. 그 이유가 무엇입니까? 그 이유는 하나님은 말씀에 순종하는 자로 하여금 실패하지 않게 하십니다. 그러나 우리가 끝까지 기도하면서 싸워야 하는 이유가 바로 여기에 있습니다. 즉 하나님께서 적이 걸려들게 해 주셔야 합니다.

본문 말씀을 보면 아이 성 사람들이 걸려 든 것을 보게 됩니다.

**14절** 아이 왕이 이를 보고 그 성읍 백성과 함께 일찍이 일어나 급히 나가 아라바 앞에 이르러 정한 때에 이스라엘과 싸우려 하나 성읍 뒤에 복병이 있는 줄은 알지 못하였더라

하나님은 결코 실패하지 않는 하나님이십니다. 이것을 볼 때 이스라엘 백성들이 첫 번째 싸움에서 실패한 것이 얼마나 유익하게 사용되는지 모릅니다. 아이 사람들은 이스라엘을 업신여기고 아예 성문을 열어 놓고 전원이 다 공격에 가담을 했습니다. 그래서 아이 성 사람들은 결국 매복에 걸려서 한 사람도 살아남지 못하고 모두 다 죽었습니다.

이 작은 아이 성 전투는 앞으로 이스라엘 백성들이 어떻게 이 세상을 싸워나가야 할 것인지 하나님께서 연습을 시켜주신 기회였습니다.

악한 자들의 특징이 한번 이기면 그 후부터는 교만을 참지 못하는 것입니다. 아이 성 사람들이 겸손하게 가만히 성안에 있으면 어떻게 공격하지 못할 텐데 그들은 교만하게 성문을 열고 다른 사람들을 치러 나왔다가 결국 하나님의 손에 걸려들게 되는 것입니다. 그래서 우리 성도들은 결국 하나님이 함께 하시면 반드시 세상을 이기게 되어 있습니다. 즉 우리가 죄를 짓지 않고 교만하지만 않으면 하나님의 작전으로 이기게 되어 있습니다.

## 아이 성의 승리

이스라엘 백성들은 여호수아가 지시한대로 행동을 했습니다. 즉 적을 유인해 내기 위하여 일부러 패하는척하면서 도망치는 전법을 사용하였습니다. 이런 전법을 사용할 수 있는 지휘관은 전쟁을 아주 많이 해 본 노련한 사람입니다. 하나님께서는 아이 성에서 아주 노련한 지휘관이 하는 방식으로 적을 유인을 해 내게 하십니다. 그 이유가 무엇입니까? 이스라엘 백성들이 이미 하나님의 말씀에 순종하는데 훈련되어 있었기 때문입니다. 하나님의 말씀으로 훈련된 사람은 어떤 어려운 작전도 척척 소화를 해내게 되는 것입니다.

**15-16절** 여호수아와 온 이스라엘이 그들 앞에서 거짓으로 패한 척하여 광야 길로 도망하매 그 성읍에 있는 모든 백성이 그들을 추격하려고 모여 여호수아를 추격하며 유인함을 받아 아이 성읍을 멀리 떠나니

성경은 예수 그리스도에 대하여 지혜와 모략의 신이라고 합니다. 그것은 그가 사용하시는 전법은 하나도 같은 것이 없기 때문입니다. 또한 그분은 도저히 사람으로는 상상할 수 없는 지혜로 싸우십니다. 그래서 악한 마귀는 아무리 머리를 쓴다 하여도 결코 그리스도의 지혜를 이길 수가 없습니다. 마귀는 실컷 잘하다가 결정인 순간에는 꼭 바보 같은 짓을 해서 실패를 하고야 맙니다. 우리가 소설이나 영화를 보면 악한 자들이 정말 잘 나가다가 나중에 끝에 가서는 도저히 이해가 되지 않는 바보짓을 하다가 망합니다. 그래서 마귀는 바보인 것입니다. 마귀는 사람을 못되게 만들 수는 있고 악하게 충동질은 할 수 있지만 하나님의 작전은 따라잡을 수가 없습니다.

전쟁에서 이기려고 하면 우선 상대방의 약점을 알아내어서 집중 공격을 해야 합니다. 그러니까 우리 편은 할 수 있는 대로 힘을 응집시키고 상대방의 약점을 찾아서 집중적으로 공격을 하면 이기게 되어 있습니다.

아이 성 사람들의 약점이 무엇이었을까요? 그것은 바로 그들의 교만이고 자만심이었습니다. 하나님께서는 여호수아에게 바로 아이 성 사람들의 이 약점을 노리게 하신 것입니다. 아이 성 사람들은 자기들이 이스라엘을 이겼다는 사실 자체에 크게 만족을 했습니다. 특히 자기들보다 훨씬 큰 여리고가 완전히 멸망한 대상을 자기들이 이겼다는 사실에 흥분을 했습니다. 그 다음 날에도 이스라엘이 도망을 치니까 아예 성문을 열어놓고 이스라엘 백성들을 추격하게 되었습니다.

바로 이것이 하나님께서 함께 하시지 않는 자들에게서 나타나는 현상입니다. 하나님이 함께 하시는 자들은 이겼을 때 더 주의를 하고 더 조심을 합니다. 그리고 누군가가 자기를 추켜 세워줄 때 '나를 망하게 하려고 이러느냐?'하면서 아주 조심을 합니다. 왜냐하면 믿는 자들은 교만이나 우쭐거리는 것이 얼마나 위험한 줄 잘 알기 때문입니다. 우리는 하나님이 도와주시지 않으면 아무리 작은 것이라도 실패할 수밖에 없습니다.

그러나 세상 사람들은 조금 잘되기 시작하면 교만하게 행동하다가 결국 겁 없이 죄에 빠지게 되어 망하게 되는 것입니다. 그래서 우리가 이 세상에서 이길 수 있기 위해서는 내 생각보다는 끝까지 주님을 신뢰해야 합니다. 그렇게 하지 않으면 작전을 걸다가 역습을 당하게 됩니다.

이스라엘 백성들의 작전은 '작전상 후퇴'라는 것이었습니다. 우리는 이 세상에서 무조건 저돌적으로 밀어붙이는 것만이 좋은 것은 아닙니다. 우리는 때때로 후퇴를 해야 할 때도 있습니다. 특히 너무 일이 많고 분주해서 자신의 경건이 지켜지지 않고 죄의 유혹이 집요하게 따라붙을 때에는 후퇴를 해야 합니다. 그래야 우리는 다시 힘을 내어서 앞으로 전진하게 되는 것입니다.

그런데 한 순간에 이스라엘 백성들은 다시 돌아섰습니다. 그것은 하나님께서 여호수아에게 단창을 높이 들라고 하셨을 때입니다.

**18절** 여호와께서 여호수아에게 이르시되 네 손에 잡은 단창을 들어 아이를 가리키라 내가 이 성읍을 네 손에 넘겨주리라 여호수아가 그의 손에 잡은 단창을 들어 그 성읍을 가리키니

여기서 주의해야 할 것이 무엇인가 하면 이스라엘 백성들이 계속 후퇴한 것은 적들이 성에서 빠져나와 무방비 상태에 있는 그 시점을 포착하기 위해서입니다. 그래서 여호수아는 그 시점에 단창을 높이 들어서 온 이스라엘 백성들에게 공격 명령을 내렸습니다.

사람의 능력은 한계가 있기 때문에 모든 일을 다 잘할 수는 없습니다. 그렇기 때문에 가장 중요한 것을 위하여 사소한 것은 포기를 해야 합니다. 그래서 가장 중요한 것이 힘을 다 집중시킬 수가 있습니다. 지혜로운 사람은 남이 뭐라고 하든지 가장 중요한 것을 위하여 다른 것들은 포기합니다. 그러면 일시적으로 다른 사람들이 좋은 것을 다 차지하는 것 같습니다. 그런데 하나님의 사인이 났을 때에는 온 힘을 다하여 공격해서 가장 중요한 것을 차지해버리는 것입니다. 그래서 하나님의 백성에게는 우선순위가 중요하고 때가 중요합니다.

하나님이 기회를 주셨을 때 절대로 양보하거나 물러서서는 안 되는 것입니다. 오직 순식간에 덤벼들어서 철저하게 이 일을 해치우는 것입

니다. 본문을 보면 '내가 이 성읍을 네 손에 넘겨주리라'고 하나님께서 약속하셨습니다. 이것은 바로 지금이 그때라는 것입니다. 이스라엘 백성들은 바로 그 순간에 돌아섰고 성에 들어간 사람들은 불을 질렀습니다. 그리고 성을 빼앗긴 아이 성 사람들을 철저하게 죽였습니다.

그래서 우리는 나에게 가장 중요한 것이 무엇인지 늘 확인을 해 보아야 합니다. 중요하지 않은 것에 매달리는 사람은 결정적인 승리를 거둘 수 없습니다. 내가 무엇 때문에 존재하는지 그리고 온 사력을 다하여 해내어야 할 일이 무엇인지 찾아야 합니다.

승리한 이스라엘 백성들은 아이 성 사람들에게 자비를 베풀지 않았습니다.

**24-25절** 이스라엘이 자기들을 광야로 추격하던 모든 아이 주민을 들에서 죽이되 그들을 다 칼날에 엎드러지게 하여 진멸하기를 마치고 온 이스라엘이 아이로 돌아와서 칼날로 죽이매 그 날에 엎드러진 아이 사람들은 남녀가 모두 만 이천 명이라

하나님께서는 이유 없이 아이 성 사람들을 다 죽이라고 말씀하신 것이 아닙니다. 그들은 악인 중의 악인이었습니다. 즉 아이 성은 깡패나 산적들의 소굴과 같은 곳이었습니다. 그들은 놓아두면 다른 곳에 가서도 똑같은 짓을 할 것입니다.

아이 성 왕은 아예 나무에 목을 매달아 죽였습니다. 여호수아가 아이 왕을 목매달아 죽였다는 것은 그를 철저하게 저주한 것입니다. 이것은 이스라엘 자손들은 이런 자와는 어떤 협상도 할 수 없다는 뜻입니다. 다시 말해서 이런 사람의 말은 아예 말도 들을 것도 없고 사정을 봐줄 것도 없다는 뜻입니다. 그럼에도 불구하고 여호수아는 모세의 율

법대로 밤에는 시체를 나무에 달아놓지 않았습니다. 왜냐하면 하나님께서는 시체를 밤에 달아놓으면 그 땅이 더러워진다고 말씀하셨기 때문입니다. 악한 자를 처형하면 되는 것이지 땅까지 더럽힐 필요는 없었던 것입니다. 이것은 아무리 죄악을 정죄하더라도 너무 도에 지나치면 안 되는 것을 보여줍니다. 우리는 어떤 일을 하려고 할 때 너무 흥분해서 정도에 지나치게 하는 것은 안 됩니다. 우리는 언제나 적당한 수준에서 감정을 절제하는 것이 중요합니다. 아이 성 왕을 저주하는 것도 중요하지만 더 중요한 것은 자신들이 하나님의 말씀을 지키는 것입니다.

우리는 하나님의 말씀을 어겨가면서 악인들을 심판하거나 다른 사람들을 정죄하는 일을 해서는 안 됩니다. 우리가 주의 일을 하는 것은 하는 것이고 지켜야 할 것은 지켜야 합니다.

여호수아는 전투가 끝날 때까지 단창 든 손을 내리지 않았습니다. 그래서 이스라엘 백성들은 완전한 승리를 거둘 수 있었습니다.

**26절** 아이 주민들을 진멸하여 바치기까지 여호수아가 단창을 잡아 든 손을 거두지 아니하였고

여호수아가 이스라엘 백성들이 아이 성 사람들과 싸울 때 끝까지 단창을 들고 있었던 것은 이것은 하나님의 도우심을 간구하는 행위였습니다. 여호수아가 이렇게 한 것은 옛날 모세에게 배운 것이었습니다. 과거에 여호수아가 아말렉 사람들과 싸울 때 아말렉 사람이 쳐들어 왔습니다. 그런데 모세가 산 위에서 보니까 모세가 팔을 들고 있으면 이스라엘 군대들에게 힘이 나서 아말렉을 밀어붙이고, 반대로 모세의 팔이 아파서 내려오면 아말렉이 이스라엘을 밀어붙이기 시작했습

니다. 이것을 보고 아론과 훌이 모세를 바위 안에 앉게 하고 자신들은 양쪽에서 모세의 팔을 하나씩 붙잡고 서 있었습니다. 그랬더니 여호수아와 이스라엘 백성들에게 힘이 회복되면서 결국 아말렉을 물리칠 수 있었던 것입니다.

하나님께서 여호수아에게 이 경험을 하게 하신 것은 하나님의 백성들은 절대로 혼자 싸워서는 안 된다는 것을 가르쳐주시기 위해서입니다. 하나님의 백성들은 뒤에서 중보 기도해주는 힘이 반드시 있어야 합니다.

그래서 여호수아는 이스라엘 백성들은 나가서 싸우게 하고 자기는 혼자 나무 밑에서 휴식을 취한 것이 아니라 아무리 팔이 아파도 끝까지 이를 악물로 단창을 들고 있었습니다.

우리가 다른 성도들을 기도로 후원한다는 것이 얼마나 중요한지 모릅니다. 왜냐하면 영적인 싸움은 우리 힘으로는 도저히 이길 수 없는 싸움입니다. 이것은 눈에 보이지 않는 사탄과의 싸움입니다. 눈에 보이지도 않는 사탄의 세력과 도대체 어떻게 싸웁니까? 그래서 기도를 해야 합니다. 우리가 기도를 하면 사탄의 실체가 드러나게 됩니다. 그리고 우리가 말씀과 기도로 나아갈 때에 사탄은 자꾸 힘을 잃게 되어 있습니다. 우리가 기도와 믿음으로 나아가면 자꾸 힘이 생기게 되어 있습니다. 그러면 사탄은 자꾸 약해지면서 도망할 곳을 찾게 되어 있습니다. 그래서 교회는 기도가 언제나 살아있어야 하고 말씀이 환하게 비춰어야 합니다. 그러면 마귀가 힘을 쓸 수가 없습니다. 우리는 결단코 하나님의 말씀을 빼앗기는 어리석은 교인들이 되지 않기 바랍니다. 우리는 하나님이 주시는 지혜로 최선을 다해서 매일 매일 승리하는 성도들이 되시기 바랍니다.

# J O S H U A

# 기브온 족속의 속임수

과거에 교회에서 청년들을 지도했을 때 가끔 그들 중에서 가짜 대학생이 있었습니다. 예전에 대학생들은 모두 배지를 달고 다녔는데 이런 청년들이 어디서 배지를 구했는지 번듯이 서울대 배지를 달고 다니면서 여학생들을 교회 밖에서 만나곤 했습니다. 그런데 놀라운 것은 청년부 안에서 부흥의 뜨거운 불길이 일어나니까 그런 가짜들이 견디지 못하고 모두 달아나고 말았습니다.

하루는 제 아내가 어느 청년을 보면서 저 청년은 서울대 학생이 아니라고 말을 했습니다. 그래서 제가 그것을 어떻게 아느냐 그리고 의심하면 되느냐 책망하듯이 말했더니 서울대 학생은 다 오만한데 저 청년은 저렇게 자신감이 없는 것을 보면 가짜라고 했습니다. 그런데 나중에 알아보니까 실제로 가짜였습니다. 만일 자매들이 괜히 학벌에 속아서 따라갔다가는 사람에게 속을 수 있었을 것입니다.

이 세상에는 가짜를 가지고 사람을 속이는 일들이 많이 있습니다. 그런데 이상하게도 가짜는 무엇인가 너무 진실한 것 같고 자연스럽지 못한 것 같은 느낌이 들 때가 많이 있습니다. 예전에 우리나라 황우석 교수가 줄기 세포 발표를 했을 때 외국 전문가들은 그 발표를 듣고 'too good to be true'라고 했습니다. 이것은 결국 믿을 수 없다는 뜻인 것입니다. 결국 그 멋진 발표에 온 나라가 흥분을 해서 어느 항공사에서는 이 분에게 평생 비행기 일등석 무료 티켓을 주고, 백화점에서는 엄청난 특혜를 주고 줄기 세포 연구하라고 우리나라 여성들 천명이 난자 제공을 자원했는데 결국 엉터리로 판명이 났습니다.

요즘 우리나라에 중국 관광객들이 많이 몰려와서 백화점에서 명품 가방이나 시계 같은 것들을 많이 사 가고 있습니다. 그래서 어떤 분이 중국에도 똑같은 이런 명품을 살 수 있을 텐데 왜 굳이 한국에서 사가려고 하느냐고 물어보니까 중국은 가짜가 많아서 믿을 수가 없다고 말을 했습니다. 우리는 중국에서 가짜 명품을 많이 만들어서 판다는 말은 들었지만 가짜 달걀까지 만들어서 판다는 것에 놀라지 않을 수가 없습니다. 어떻게 사람이 가짜 달걀을 만들 수 있을지 이해가 잘되지 않는데 가짜 달걀 안에는 노른자까지 있다는 것입니다. 그런데 영양가는 하나도 없고 오히려 인체에 해롭다고 합니다.

가끔 우리나라에서 사기를 당해서 재산을 날리는 사람들이 많이 있었습니다. 어떤 분은 아주 좋은 땅이라고 해서 비싼 돈을 주고 샀는데 알고 보니까 개발할 수 없도록 묶인 땅이어서 망한 경우도 있고, 아예 땅이 자기 땅도 아니면서 자기 땅인 것처럼 가짜 서류를 만들어서 팔았는데 알고 보니까 속아서 돈을 날린 경우도 있습니다. 심지어는 자기가 아주 수익성이 높은 사업을 시작했는데 돈을 빌려주면 많은 이자를 주겠다고 속였는데 알고 보니까 모든 것이 거짓말이어서 빌려준 돈을 하나도 받지 못하는 경우도 있을 것입니다. 우리가 이 세상을 살다보면 가짜에 속을 때가 많이 있는데 그래도 돈을 손해 보는 것은 나은 편입니다. 가장 무서운 것은 결혼을 사기 당하는 것이고, 더 무서운 것은 영혼을 사기당하는 것입니다. 즉 중도 아니면서 중 행세를 하고 다니는 사람에게 속아서 추종을 한다든지 아니면 엉터리 목사인데 그것도 모르고 죽으라고 따라다니다가 영혼을 망치는 경우도 있는 것입니다. 그런데 우리 속담에 '열 길 물속은 알아도 한 길 사람 속은 알 수 없다'고 했는데 정말 사람 속은 알 수가 없는 것입니다.

결국 이스라엘이 멸망할 때 놀라운 사실은 거짓 선지자가 그렇게 많이 생겨서 사람들을 잘못된 길로 인도했다는 사실입니다. 그런데 이 거짓 선지자들이 모두 얼굴에 거짓 선지자라고 써 놓은 사람들이 아니었습니다. 오히려 사람들이 보기에 이 거짓 선지자들은 사람들이 너무 훌륭했고 인격적으로도 훌륭했는데 그들은 하나님의 진리를 믿지 않는 자들이었습니다. 거기에 비해서 바른 하나님의 말씀을 전하는 종들은 무엇인가 너무 비관적인 것 같았고 사람들의 자신감을 깎아 내리는 것 같았고 성공을 시기하는 것처럼 보여서 사람들이 싫어했는데 결국 모든 것이 그들의 말대로 되었던 것입니다.

결국 우리는 이 세상에서 모든 것을 다 알지 못하는 상태에서 아주 중요한 결정들을 내려야 하는 형편에 있습니다. 그런데 우리가 한번 잘못 알고 중요한 결정을 내리면 이것이 한평생 우리 발목을 잡고 우리를 불행하게 할 수 있습니다. 그러나 우리가 기억해야 할 것은 하나님은 모든 것이 합력해서 선을 이루시는 분이십니다. 즉 우리가 때로는 실수하기도 하고 다른 사람에게 속을 수도 있지만 우리가 하나님을 의지하면 하나님은 그 모든 실수나 잘못까지도 합력해서 선을 이루게 하십니다.

우리가 본문 말씀을 보면 이것을 분명히 알 수 있습니다.

여호수아는 가나안 땅을 정복하는 과정에서 기브온 족속에게 속아서 화친을 맺게 되었습니다. 즉 기브온 족속들은 자기들이 기브온 족이라고 말하지 않고 먼데서 온 족속이라고 속이고 이스라엘 백성과 화친을 맺었는데 알고 보니까 사기였던 것입니다. 결국 여호수아와 이스라엘 백성들은 기브온 족속에게 속아서 화친을 맺었는데 알고 보니까 기브온 족은 부실덩어리였습니다. 이때 이스라엘 백성들은 여호수아와 지도자들을 원망하려고 하였습니다. 그러나 여호수아는 이것을 믿음으로 받아들이고 최선을 다했을 때, 엄청난 위기를 맞이하지만, 결국 기브온 전투에서 태양이 머무는 기적이 일어나게 됩니다. 즉 하나님은 모든 것이 합력해서 선을 이루시는 하나님이신 것입니다.

## 기브온 족속과의 화친

**1–2절** 이 일 후에 요단 서쪽 산지와 평지와 레바논 앞 대해 연안에 있는 헷 사람과 아모리 사람과 가나안 사람과 브리스 사람과 히위 사람과 여부스 사람의 모든 왕들이 이 일을 듣고 모여서 일심으로 여호수아와 이스라엘에 맞서서 싸우려 하더라

이스라엘 백성이 여리고와 아이 성을 정복했을 때 가나안 족속들은 비로소 이스라엘 백성들의 정체를 분명히 알 수 있었기 때문입니다. 즉 이스라엘 백성들이 지금 하려고 하는 것은 그냥 가나안 족속들 사이에 끼어서 살려고 하거나 빈 땅을 차지하려고 들어온 것이 아니라 가나안 족속들을 다 죽이거나 몰아내고 가나안 땅을 차지하려고 하고 있기 때문입니다.

우리가 어떻게 생각해 보면 이스라엘 백성들이 너무한 것 같습니다. 이스라엘 백성들은 자기 땅도 아닌 남의 땅에 들어가서 지금까지 살고 있던 사람들을 다 몰아내고 자기들의 도시를 세우겠다는 것입니다.

그러나 하나님께서 이스라엘 백성들에게 시키신 것은 무허가 집들을 몰아내라는 것이 아니었습니다. 하나님께서 이스라엘 백성들에게 시키신 것은 오랫동안 가나안 땅에서 갖은 악한 짓을 다 해온 악한 자들을 심판하시는 것이었습니다.

몇 년 전 서울 어느 지역에 윤락 행위를 하는 집들이 많이 있어서 주민들이 굉장히 어려움을 겪고 있었습니다. 어떤 때에는 식구들이 같이 걸어가는데서 윤락 여성들이 와서 남편이나 아이들의 팔을 잡고 끌고 가려고 하니까 가족들이 기겁을 하게 되는 것입니다. 거기에다가 아예 그 동네에 산다고 하면 사람들이 선을 보려고 하지 않는다는 것입니다.

이 사실을 새로 부임한 경찰 서장이 알고는 이런 집들을 다 몰아내기로 결심을 했습니다. 그가 가장 먼저 한 것은 단속하는 경찰 거의 대부분을 교체를 시킨 것입니다. 왜냐하면 기존의 경찰들은 아무리 단속을 해도 자기들끼리 먼저 알려주기 때문에 아무 소용이 없는 것입니다. 그리고 경찰이 신분을 위장하고 집 안까지 들어간 후에는 아예 그 집에 있는 목욕통들을 모두 다 뜯어내었습니다. 숨어서 윤락업을 하던 사람들도 수백만 원 하는 샤워실을 뜯어버리니까 결국 한 집 두 집 장사를 포기하고 다른 곳으로 옮겨가기 시작을 했다고 합니다. 그러나 이 경찰 서장은 아직도 그 지역에서 뜯어내어야 할 목욕통이 수백 개 이상은 된다고 말을 했습니다.

가나안 땅은 지금으로 치면 깡패 소굴과 같았고 창녀들의 동네였고 점치는 무당들의 본고장이었습니다. 하나님께서는 이곳에 대하여 일체 자비심을 베풀지 말고 아예 철저하게 목욕통을 뜯어내듯이 이 사람들을 쫓아내라고 명령을 하신 것입니다. 그러나 가나안 족속들은 절대로 쫓겨나지 않으려고 대궐기 대회를 가지고 집단적으로 반발해서 싸우겠다고 나온 것입니다.

아이 성 다음에 이스라엘이 공격하려고 했던 족속이 기브온 족속들인데 이들은 다음이 자기들 차례라는 것을 알았습니다. 기브온 족속들은 이스라엘 백성들에 대하여 생각을 해보았는데 자기들의 힘으로는 도저히 이스라엘을 이길 수 없고 그렇다고 해서 이스라엘 백성들이 자기들과 타협할 것 같지도 않다는 것을 알게 되었습니다. 결국 기브온 족속들이 생각한 것은 자기들을 기브온 족이라고 말하지 말고 아주 먼데서 온 족속인 것처럼 속여서 화친을 맺기로 한 것입니다.

**3-6절** 기브온 주민들이 여호수아가 여리고와 아이에 행한 일을 듣고 꾀를 내어 사신의 모양을 꾸미되 해어진 전대와 해어지고 찢어져서 기운 가죽 포도주 부대를 나귀에 싣고 그 발에는 낡아서 기운 신을 신고 낡은 옷을 입고 다 마르고 곰팡이가 난 떡을 준비하고 그들이 길갈 진영으로 가서 여호수아에게 이르러 그와 이스라엘 사람들에게 이르되 우리는 먼 나라에서 왔나이다 이제 우리와 조약을 맺읍시다하니

기브온 사람들은 아이 성이 망했다는 소문을 들었을 때 이 문제를 심각하게 생각을 했습니다. 즉 이번에 아이 성이 멸망했다면 이제 다음 차례는 기브온이 될 것입니다. 기브온 사람들은 이제 자기들이 어떻게 해야 하는지 생각을 해 보았습니다. 그들이 이 상태로 가만히 있으면 좋겠지만 곧 이스라엘의 공격을 받게 될 것입니다. 그들은 할 수만 있으면 조상 대대로 살아온 이 기브온 땅을 지키고 싶었던 것입니

다. 그때 기브온 족속들에게 생각이 난 것은 이스라엘 백성들은 신실한 백성들이기 때문에 한번 약속한 것은 어기지 못한다는 것이었습니다. 그래서 이들은 속여서라도 이스라엘 백성들의 화친을 받자는 것이었습니다.

여기서 중요한 것은 기브온 족속들이 자기들에게 심판의 시간이 오기 전에 이 문제를 미리 심각하게 생각하고 회의를 했다는 사실입니다. 그들은 자신들이 처해 있는 상황을 정확하게 파악을 했습니다. 그들은 그대로 있으면 한 사람도 살지 못하고 죽을 수밖에 없다는 것을 알았습니다. 그런데 이스라엘 사람들은 신실한 사람들이었기 때문에 한번 약속하면 그것을 거절하지 못한다는 것을 알았습니다. 이때 '배째라'는 식으로 나가면 자기들이 살수 있다는 것이었습니다.

한 두 사람도 아니고 한 부족 전체가 무조건 이스라엘 백성들에게 항복을 하겠다고 결정을 한 것은 이스라엘의 믿음의 승리였습니다. 즉 이스라엘 백성들이 철저하게 하나님의 말씀에 순종했기 때문에 기브온 족속들은 싸울 것인지 항복할 것인지 타협할 것인지 생각을 했던 것입니다. 기브온 족속들은 전쟁도 안 되고 항복도 안 되고 타협도 안 되기 때문에 결국 속여서라도 화친하기로 계략을 세운 것이었습니다. 왜냐하면 이스라엘 백성들에게 가장 약한 것이 누군가가 거짓말하는 것을 잘 모르는 것이었기 때문입니다. 결국 이스라엘 백성들은 전쟁에서는 이기고 있었지만 세상 물정은 하나도 모르는 어리숙한 사람들이었던 것입니다.

## 여호수아의 방심

여호수아는 지금까지 어떻게 하든지 하나님의 말씀대로 철저하게 순종하려고 애를 썼습니다. 그럼에도 불구하고 여호수아는 기브온 사람들의 거짓말에 깜짝 속아 넘어가고 말았습니다. 그것은 여호수아가 방심해서 하나님께 물어보지 않았기 때문이라고 말씀하고 있습니다.

**14절** 무리가 그들의 양식을 취하고는 어떻게 할지를 여호와께 묻지 아니하고

기브온 족속들은 자기들이 가나안 족속이 아닌 것처럼 보이기 위하여 여러 가지 것들을 준비했습니다. 그들은 아주 먼 것에서 온 것처럼 가장 하기 위하여 일부러 해어진 전대와 찢어서 기운 가죽 포도주 부대와 낡은 옷에다 낡은 신을 신고 곰팡이가 난 떡을 가지고 이스라엘 진을 방문했습니다. 즉 너무나도 먼 곳에서 왔기 때문에 오는 동안에 떡은 곰팡이가 피었고 포도주는 낡았으며 옷도 다 해어졌다는 것입니다. 그런데 문제는 바로 여기에 있었습니다. 원방에서 온 사신들이 조약을 맺자는 것입니다. 하나님께서는 원방에서 온 사람들에게 대해서는 어떻게 하라는 말씀이 없었습니다. 이럴 때는 어떻게 해야 합니까? 여호수아는 반드시 하나님께 물어보아야 합니다.

'하나님, 지금 눈앞에 먼 곳에서 한 족속들의 대표가 와서 화친을 하자고 하는데 어떻게 해야 합니까?' 이렇게 물어보기만 했더라도 여호수아는 어떻게 되었을까요? 아마 하나님께서 무엇인가 말씀을 하셔서 여호수아가 속지 않게 하셨을 것입니다. 결국 여호수아는 하나님께 너무 당연하다고 생각해서 물어보지 않는 바람에 두 번이나 속게 되는데 한번은 아간에게 속고 다른 한번은 기브온 족에게 속게 되는 것입니다. 그래서 우리는 너무 당연하고 너무 옳은 것 같더라도 선불리 승낙하지 않고 반드시 기도하는 시간을 가지는 것이 옳습니다.

왜냐하면 우리는 모르는 부분들이 너무 많기 때문입니다. 사실 사람들은 반드시 속이려고 하기 보다는 누구든지 자기에게 불리한 것은 좀 감추든지 축소시키고, 유리한 것은 부각시키려고 하기 때문에 전체적인 것을 모르면 속게 되는 것입니다. 이럴 때 우리는 하나님께 '주여, 내가 보지 못하고 있는 부분은 어떤 것입니까? 저에게 가르쳐 주시옵소서'라고 기도를 반드시 해야 합니다.

우리가 이 세상을 살아가면서 사람이 말하는 것이 전부가 아니라는 것입니다. 즉 사람들이 말로 이야기 하는 것과 실제는 많이 다를 수 있는 것입니다. 그런데 세상 경험이 별로 없으면 아차 하는 순간에 속아 버리는 것입니다. 가끔 목회자의 경우에도 처음 볼 때 생각했던 것과 겪어보면 너무나도 다른 사람일 때가 종종 있습니다. 예를 들어, 교회에서 담임 목사님을 청빙하는데 인상이나 학벌을 보니까 너무 좋아서 좋아라 하고 청빙을 했는데 겪어보니까 설교도 불성실하게 하고 성격도 진실하지 못하고 강단에서 미워하는 교인을 향해서 저주나 퍼붓는다면 완전히 속은 것입니다. 그래서 결국은 교인들이나 목회자나 피차간 서로 많은 상처를 받고 결국 오래 있지 못하고 떠나는 경우가 많습니다.

우리는 사람 속을 볼 수 없기 때문에 겉만 보고 믿으면 나중에 속게 될 수도 있습니다. 그래서 우리는 중요한 결정을 해야 할 때 사람의 진실한 모습을 볼 수 있게 해 달라고 기도를 해야 하고 너무 서두르지 않는 것이 좋습니다.

그러나 여호수아나 이스라엘 백성들은 기브온 족속들의 말을 듣고 아무도 하나님께 물어보지 않았습니다. 왜냐하면 그들의 제안이 너무나도 귀를 솔깃하게 했기 때문입니다. 즉 기브온 족속들은 완벽하게 소품을 준비하고 연기를 해서 순진한 여호수아와 이스라엘 백성들을 속였던 것입니다. 그런데 여호수아나 이스라엘 백성들에게도 약점이 있었습니다.

그것은 이스라엘 백성들은 아직 국가도 이루지도 못했는데 원방에서 어느 부족이 조약을 맺자고 찾아 온 것입니다. 이것은 그들이 이미 이스라엘을 한 나라로 생각하고 있다는 뜻입니다. 이것이 얼마나 기분이 좋은 일인지 모릅니다. 즉 아직 나라도 아닌데 나라 취급을 해주니까 너무 기분이 좋은 것입니다. 지금 이스라엘 백성들은 땅도 없고 수도도 없고 정부 조직도 없었습니다. 그냥 떠돌아다니는 난민일 뿐입니다. 그런데 어디서 먼데 나라에서 와서 국가로 상대를 하겠다는 것입니다. 그래서 우리는 누군가가 지나치게 칭찬을 할 때 조심을 해야 합니다. 왜냐하면 이 사람은 우리를 추켜세워서 정신을 빼놓으려고 하기 때문입니다.

이때 여호수아가 얼른 정신을 차리고 '우리를 국가로 인정해주겠다니 대단히 고맙습니다. 그러나 우리는 아직 땅도 없고 성도 없는 제대로 된 나라가 아닙니다. 우리가 가나안 땅을 정복하고 난 후에 그때 다시 오면 화친을 받아주겠습니다'라고 했더라면 절대로 속지 않았을 것입니다. 그러나 여호수아나 이스라엘 백성들은 '화친'이라는 말에 속아 넘어 갔던 것입니다.

예를 들어, 아직 사무실도 없는 사람에게 '사장님'이라고 불러주면 기분이 굉장히 좋을 것입니다. 아직 공부하고 있는 학생들에게 '박사님'이라고 불러 주거나 '교수님'이라고 불러주면 너무 기분이 우쭐할 것입니다. 그러나 우리는 남들이 추켜 세워주는 소리에 너무 우쭐 해서는 안 됩니다. 또 반대로 두들겨 패고 깎아내리고 저주하는 소리에 기가 죽어도 안 되겠지만 높여주는 말에 속아 넘어가면 안 됩니다.

이스라엘 백성들의 치명적인 약점이 나라의 형태를 갖추지 못한 난

민이라는 사실이었습니다. 그런데 얼마나 소문이 났는지 먼 곳에서부터 어떤 사람들이 나라로 인정하고 찾아 온 것입니다. 여기서 여호수아와 이스라엘 백성들이 깜빡 속아 넘어간 것입니다.

그러니까 우리는 다른 사람들이 추켜세울 때 엄살 작전으로 나가야 합니다. '우리는 이것도 없고 저것도 없고 아무것도 없고 완전히 떠돌아다니는 거지 떼들이나 마찬가지입니다'라고 능청을 떨어야 하는 것입니다. 그러면 기브온 족속들도 이스라엘이 대단한 줄 알았더니 별것 아니네 라고 생각하면서 돌아갔을 것입니다. 그러면 그때는 본때를 보여주는 것입니다.

그러나 이때 이스라엘 백성 줄에 문제를 제대로 볼 수 있는 사람이 있었습니다. 이 사람들은 어떤 의미에서 입 바른 소리를 하는 사람들인데 어떻게 보면 그것 때문에 미움을 받을 수도 있었습니다.

**7절** 이스라엘 사람들이 히위 사람에게 이르되 너희가 우리 가운데에 거주하는 듯하니 우리가 어떻게 너희와 조약을 맺을 수 있으랴

지금 기브온 족은 먼데서부터 화친하겠다고 왔는데 어떤 사람들이 찬물 끼얹는 소리를 하고 있었습니다. 그것은 아무리 봐도 너희들은 우리 중에 즉 가나안에서 온 사람 같다는 것입니다. 이것은 결국 전체의 분위기를 깨는 소수의 소리일 수 있었습니다. 그러나 사실은 이 사람들이 문제를 상당히 정확하게 보는 사람이었습니다. 사실 이스라엘은 이런 사람들이 있었기 때문에 덜 부패할 수 있었던 것입니다. 이 사람들은 쉽게 남이 칭찬하거나 아부하는 말에 넘어가는 사람들이 아니었습니다. 이 소수의 사람들이 '아무래도 너희들은 우리 가운데 있는 가나안 족속 같다'고 하니까 기브온 사람들이 바짝 긴장하면서 화친

조건을 바꾸었습니다. 즉 그들은 우리가 대등한 관계를 맺으러 온 것이 아니라 종이 되려고 왔다고 했습니다. 이 사람들 말 한 마디에서 조건이 달라지는 것이었습니다.

그들은 자신들이 이렇게 항복하게 된 이유를 설명했습니다.

**9절중-10절** 이는 우리가 그의 소문과 그가 애굽에서 행하신 모든 일을 들으며 또 그가 요단 동쪽에 있는 아모리 사람의 두 왕들 곧 헤스본 왕 시혼과 아스다롯에 있는 바산 왕 옥에게 행하신 모든 일을 들었음이니이다

처음에는 이들이 얼렁뚱땅 속여서 화친을 맺으려고 하다가 '가까이 있는 것 같다'고 하니까 진심을 털어 내어놓았습니다. 즉 그들은 하나님의 능력에 대한 소문을 듣고 진짜 항복하러 왔다는 것입니다.

그리고 그들은 절대로 대등한 조약을 맺으러 온 것이 아니라고 했습니다.

**11절하** 우리는 당신들의 종들이니 이제 우리와 조약을 맺읍시다

여호수아는 이들이 하나님의 능력을 들었고 종이 되려고 왔는데 조약을 맺어서 손해 볼 것이 없다고 생각을 했습니다. 그래서 여호수아는 하나님께 물어보지도 않고 덜컥 조약을 채결해버렸습니다.

**15절** 여호수아가 곧 그들과 화친하여 그들을 살리리라는 조약을 맺고 회중 족장들이 그들에게 맹세하였더라

고대에는 떡을 받으면 화친 조약에 성립되게 됩니다. 그래서 음식을

교환한 족속들과는 다시는 그들을 공격하거나 싸울 수가 없습니다. 그뿐 아니라 그들이 공격당하면 건져주기까지 해야 합니다. 그런데 여호수아는 곰팡이 핀 떡을 받고 한 큰 성읍 사람들을 고스란히 살려준 것입니다. 아마 이 세상에서 이런 바보 같은 조약은 다시없을 것입니다. 보통 떡도 아니고 곰팡이 핀 떡을 받고 기브온 지역을 고스란히 살려주었을 뿐 아니라 오히려 지켜주어야 할 책임까지 떠맡은 것입니다.

그러나 우리가 신앙적인 눈으로 생각을 해 볼 때 기브온 족속의 항복은 복음의 큰 승리였습니다.

우선 모든 가나안 족속들이 이스라엘의 소문을 듣고 이스라엘에 대항하기 위하여 힘을 모으는데 반하여 기브온 족속들이 어떻게 해서든지 화친을 하려고 한 것은 하나님의 은혜요 성령의 역사입니다. 그래서 하나님께서는 기브온 족을 살리기 위해서 여호수아나 이스라엘 백성들이 속는 것을 아시면서도 말씀하시지 않으셨을 수 있습니다. 교회가 부흥하는 초기에는 이런 일들이 일어납니다. 한 가족 전체가 회개하고 예수를 믿거나 아니면 한 공장의 직원 전체가 회개하고 심지어는 한 도시 전체가 회개하고 하나님께 돌아오는 일이 있습니다. 심지어는 무당들이나 타종교를 믿는 자들이나 깡패들이 회개하는 경우도 있습니다. 그러나 조심해야 할 것은 예수 믿고 난 후에 점을 치거나 주먹질을 하지 못하게 해야 하는 것입니다.

예수님 때 수가 성 사람들이 한 여인의 증거를 받고 집단적으로 회개를 했던 적이 있습니다. 요나 때 니느웨 성 사람들이 요나의 전도를 듣고 집단적으로 회개를 한 적도 있습니다. 베드로가 오순절에 성전에 온 세계 곳곳에서 온 사람들에게 설교했을 때 하루에 3천명이나 되는 사람들이 회개하기도 했습니다.

여기서 우리가 알 수 있는 것이 무엇입니까? 영적인 전쟁은 치열한 머리싸움이라는 것입니다. 여호수아는 아이 성을 칠 때 매복 전법을 썼지만 기브온 사람들은 곰팡이 전법으로 나왔습니다. 이것은 여호수아가 상상할 수 없는 전법이었습니다. 우리가 나름대로 머리를 쓴다고 하지만 세상 사람들은 너무나도 머리를 잘 굴리는 것입니다. 우리가 여기에 속아 넘어가지 않으려면 반드시 기도하면서 하나님께 물어보아야 합니다.

마귀가 아무리 교활하다 해도 정직한 사람 앞에서는 꼼짝할 수 없는 것입니다. 그래서 무엇인가 복잡할 때에는 정직한 것이 가장 힘이 됩니다. '아직 저는 이런 약속을 드릴 처지가 되지 못합니다. 대단히 죄송합니다.'라고 하면서 한번 욕을 먹으면 되는 것입니다.

## 드러난 기브온의 실체

우리가 어떤 일을 나름대로 최선을 다해서 한다고 했는데 속아서 최악의 선택으로 나타나게 되었을 때 우리는 굉장히 절망하고 좌절하게 됩니다.

예를 들어, 어느 집에서는 상대방이 아주 부잣집인 줄 알고 결혼을 시켰는데 알고 보니까 아무것도 없는 알거지로 판명이 되었을 때 속은 사실에 굉장히 화가 날 것입니다. 그러나 가난한 것보다 중요한 것은 결국 그 당사자가 어떤 사람이냐 하는 것입니다.

혹은 어떤 공장을 인수했는데 알고 보니까 실속이 전혀 없는 껍데기 공장이라든지 혹은 땅을 샀는데 터무니없이 비싼 가격에 별 쓸모도 없는 땅을 샀다면 엄청난 충격을 받게 될 것입니다.

일단 우리는 속았다는 사실에 화가 날 것이며 그것으로 인하여 발생할 금전적인 손해에 굉장히 가슴이 아플 것입니다. 그러나 이때 잘

해야 합니다. 우리가 실수해서 손해 본 것 중에서 털어버릴 것은 훌훌 털어버리고 피해는 최소한으로 줄이면서 과거를 청산하고 미래를 향해 나가야 합니다. 최근 우리나라 정치인들같이 과거를 또 청산하고 또 청산하는 사람들은 없을 것입니다. 그러나 사실 과거는 하나도 청산되지 못하고 있고 앞으로 나가지도 못하고 있는 것입니다. 그것은 하나님께 대한 믿음이 없어서 그런 것입니다. 하나님은 모든 것을 합력해서 선을 이루시는 분이심을 믿어야 하는 것입니다.

기브온 사람들이 여호수아를 속였다는 사실은 언약을 맺은 후 3일 만에 드러나게 되었습니다.

**16-17절** 그들과 조약을 맺은 후 사흘이 지나서야 그들이 이웃에서 자기들 중에 거주하는 자들이라 함을 들으니라 이스라엘 자손이 행군하여 셋째 날에 그들의 여러 성읍들에 이르렀으니 그들의 성읍들은 기브온과 그비라와 브에롯과 기럇여아림이라

이스라엘 백성들은 3일후에 기브온 성에 도착하게 되었고 그곳에서 그들은 기브온 족속이 먼데 사람이 아니고 아주 가까운데 있는 사람들인 것을 알게 되었습니다. 여호수아와 이스라엘 백성들은 완전히 속아서 조약을 맺은 것이었습니다. 기브온 족속은 완전히 부실 덩어리였습니다. 그들은 전혀 이스라엘을 도울 수 있는 형편이 아니었습니다. 오히려 그들은 이스라엘에게 무거운 짐을 안겨주는 무능한 족속이었습니다. 이스라엘 백성들은 이미 그들과 화친을 맺었기 때문에 그들을 공격할 수도 없고, 더욱이 기브온 족속의 짐까지 떠안게 되었습니다.

기브온은 가나안 땅의 남과 북을 연결하는 중간이었습니다. 그래서 이스라엘 백성들은 전략적으로 반드시 이곳을 차지해야 합니다. 이

스라엘은 기브온 족속을 몰아낼 수 없었기 때문에 작전을 수행하기에 어려움이 많이 생기게 되었던 것입니다. 그리고 이스라엘 백성들 안에 내부적인 분열이 생기게 되었습니다. 즉 이스라엘 백성 중에서는 일단 기브온에 속아서 화친을 맺은 것이니까 이 화친은 무효이고 깨어야 한다는 사람이 있는가 하면, 어떤 사람들은 여호와의 이름으로 맹세한 것은 반드시 지켜야 한다고 주장했습니다. 즉 이스라엘은 하나가 되어야 하는데 엉뚱하게도 전혀 실속 없는 기브온 사람들 때문에 의견이 갈라지게 되었습니다.

지금 기브온 뒤에는 남부에 있는 모든 가나안 족속 전체가 전쟁을 하려고 몰려오고 있었습니다. 그런데 이스라엘 백성들은 무엇이 옳으냐 그르냐 하는 것으로 옥신각신하고 있었습니다. 우리가 알아야 할 것은 아무리 우리가 믿음이 좋다 하더라도 처음부터 완벽할 수가 없습니다. 인간인 이상 실수가 있을 수 있습니다. 그런데 중요한 것은 실수를 했을 때 수습을 잘해야 합니다.

즉, 실수는 실수로 인정하고 할 수 있는 한 그 피해를 최소화하고 빨리 다시 일어서는 것입니다. 왜냐하면 이스라엘 백성들이 서로 다투는 동안에 이미 사탄은 엄청난 공격을 준비하고 있기 때문입니다.

이때 여호수아는 이스라엘 백성들을 설득했습니다. 즉 기브온 족속이 우리를 속였지만 이것은 계약을 취소할 사유가 되지 못한다는 것입니다.

**19-20절** 모든 족장이 온 회중에게 이르되 우리가 이스라엘의 하나님 여호와로 그들에게 맹세하였은즉 이제 그들을 건드리지 못하리라 우리가 그들에게 맹세한 맹약으로 말미암아 진노가 우리에게 임할까 하노니 이렇게 행하여 그들을 살리리라 하고

여호수아는 우리가 계약을 잘못하는 바람에 엄청난 정신적 물질적 손해를 보게 된 것은 사실이지만 우리에게는 그보다 더 큰 것이 있다는 것입니다. 그것은 바로 만군의 여호와의 이름인 것입니다. 여기서 '이름'이라고 하는 것은 그 사람의 힘과 능력과 재산 전부를 다 말하는 것입니다. 이스라엘 백성들에게는 여호와의 이름이라고 하는 워낙 엄청난 재산이 있기 때문에 기브온에게 속은 것은 아무것도 아니라고 설득을 했습니다.

베드로와 요한은 성전 미문에 앉은 앉은뱅이 걸인을 향하여 '은과 금은 없거니와 내게 있는 것으로 네게 주노니 곧 나사렛 예수의 이름으로 일어나라'고 말을 했습니다. 그리고 기적이 일어났습니다. 우리에게는 잃어버린 돈이나 집이나 직책보다 엄청나게 더 큰 것이 있습니다. 바로 만군의 여호와 하나님의 이름인 것입니다.

우리 그리스도인들은 과거에 잘못한 것을 너무 지나치게 후회하거나 거기에 붙들려서는 안 됩니다. 왜냐하면 비록 잘못해서 오늘까지 오게 되었다 하더라도 거기에는 분명 하나님의 뜻이 있기 때문입니다. 우리는 지금 내가 이 자리에 서 있는 것은 하나님의 뜻이라는 것을 인정해야 합니다.

저는 제가 지금까지 살아온 인생을 생각해 보면 제가 원하는 대로 된 것이 하나도 없었습니다. 저는 나중에 하나님이 제 인생에 간섭하지 아니하셨더라면 제가 무엇이 되었을까 하는 생각을 해보았습니다. 아마 제 어렸을 때 꿈은 키신저 같은 정치학자가 되는 것이었는지도 모릅니다. 그러나 하나님은 제 인생을 한 번도 제가 원하는 대로 가지 못하게 하셔서 결국 목회자가 되게 하셨습니다. 그런데 나중에 보니까 하나님은 이미 오래 전부터 이것을 계획을 하고 계셨던 것입니다. 그래서 너무나도 고집이 세고 야망을 가진 저의 인생을 여러 차례 틀어지게 하시고 실패하게 하셔서 결국 하나님의 손에 붙잡히게 하셨던 것입니다. 그래서 저는 자랑할 것이 하나도 없고 잘난체 할 것도 없습니다. 그런데 하나님은 제보다 훨씬 유능하고 똑똑한 사람들보다 훨씬 더 좋은 것을 주셨습니다. 그것은 하나님의 말씀이었고 하늘의 축복이었습니다.

여호수아는 기브온 사람들이 거짓으로 화친을 맺었다는 것을 알게 되었을 때 재빨리 그들의 한계를 정해주었습니다.

여호수아는 가장 먼저 그들이 거짓말 한 것을 책망했습니다.

**22절** 여호수아가 그들을 불러다가 말하여 이르되 너희가 우리 가운데에 거주하면서 어찌하여 심히 먼 곳에서 왔다고 하여 우리를 속였느냐

만약 여호수아가 기브온 족속들의 거짓을 책망하지 않는다면 기브온 족속들은 다시 거짓을 사용할 것입니다. 그래서 여호수아는 기브온 족속들이 거짓말을 한 것이 죄이며 그 결과 영원히 종이 되어야 한다는 것을 분명히 했습니다.

**23절** 그러므로 너희가 저주를 받나니 너희가 대를 이어 종이 되어 다 내 하나님의 집을 위하여 나무를 패며 물을 긷는 자가 되리라 하니

다시 말해서 그들이 가나안 족속인 것이 속여서 조약을 맺었기 때문에 대등한 조약은 맺을 수가 없고 주종의 조약을 맺어야 한다는 것입니다.

그리고 여호수아는 기브온 족속들을 성전 가장 가까이 두어서 성전을 위하여 나무를 패며 물을 긷는 일을 하게 한 것입니다. 이것은 두

가지 의미가 있습니다. 우선 하나는 그들을 종의 신분으로 전락시킴으로 영향력을 최소한으로 줄이는 것입니다. 그리고 또 다른 하나는 그들로 하여금 하나님께 예배드리는 일을 시중들게 함으로 빨리 하나님에 대하여 배우게 한 것입니다. 그러니까 사실 여호수아의 저주는 저주가 아니라 축복이었습니다. 다시 말해서 너희가 멸망하지 않으려면 죄된 습관으로 이스라엘에 영향을 주면 안 된다는 것입니다. 그 대신 그들은 얼마든지 하나님을 가까이 하며 하나님을 배울 수 있는 특권을 받았습니다.

우선 여호수아는 기브온 족속들에게 전투하는 일을 맡기지 않았습니다. 그 이유는 여호수아는 일체 기브온 족속들의 도움을 기대하지 않겠다는 뜻입니다. 여호수아는 기브온 족속들에 대하여 불필요한 기대를 걸지 않았습니다. 그래서 그들이 더 이상 방해가 되지 않도록 성전 일만 하게 했습니다.

그러나 기브온 족속들에게 있어서 성전에서 나무를 패고 물을 긷는 일을 하는 것은 너무나도 영광된 일이었습니다. 이런 일들은 원래 레위인들이 하는 것이었습니다. 그런데 이제 기브온 족속들은 하나님 가장 가까운 곳에서 하나님을 섬기는 일을 배울 수 있었기 때문입니다.

우리 교회 관리 집사님은 원래 배를 타셨고 엄청난 술고래였고 힘은 장사였습니다. 술고래인데 힘이 장사라면 이것은 정말 최고로 위험한 것입니다. 이 분은 거의 절망적으로 술을 많이 마시던 분이셨습니다. 그런데 하나님께서 강권적으로 예수 믿게 하시고 어느 정도 신앙이 안정된 후에는 하나님의 성전에서 섬기는 일을 하게 하셨습니다. 그는 단 하루도 새벽 기도를 빠지지 않습니다. 만약 그분이 계시지 않으면 예배 준비가 이루어지지 않습니다. 이 분은 다른 사람들은 감히 올라가지 못하는 강대상 위를 하루에도 몇 번씩 올라가서 마이크도

끼우고 청소도 하십니다. 시편 기자는 노래하기를 이 세상 왕궁에서 호의호식하면서 사는 것보다 여호와의 전에서 문지기로 하루 있는 것이 더 복되다고 했습니다.

기브온이 바로 그런 축복을 받은 것입니다. 이것이 바로 구원받은 자의 바른 자세입니다. 우리가 세상에서 한번 크게 실패하고 하나님께 돌아왔을 때 다른 것을 더 욕심을 내면 안 됩니다. 오직 우리 영혼 하나만 건질 생각을 해야 합니다. 우리는 우리 자신을 기브온 족속이라고 생각해 보시기 바랍니다. 우리가 예수 믿기는 믿었지만 모르고 믿는 경우도 많을 것입니다. 그러나 믿고 후에는 오직 한가지만을 원해야 합니다. 그것이 내 영혼이 구원받고 오직 하나님만 섬기면서 사는 것입니다.

여호수아가 믿음의 결단을 내렸을 때 하나님께서는 여호수아에게 더 큰 능력을 주셔서 실패했던 이 기브온에서 전무후무한 기적을 체험하게 하시는데 곧 태양이 머무는 기적이 일어나게 되는 것입니다. 우리는 이 세상에서 실수하거나 큰 손해를 봤다고 해서 너무 절망하거나 좌절하지 마시기 바랍니다.

다시 믿음으로 일어서서 더 큰 능력을 체험하시는 성도들이 되시기 바랍니다.

# 태양이 멈춘 전쟁

현대 전쟁은 옛날과는 상상할 수 없는 무기들을 사용해서 동시에 많은 것들을 파괴하고 살상하는 능력을 가지고 있습니다. 북한은 전 세계를 속이고 결국은 3차 핵실험에 성공을 했습니다. 더불어 장거리 미사일 발사에도 성공을 했습니다. 이제 북한은 그 미사일에 핵무기를 실으면 미국 본토까지 핵공격을 할 수 있다고 위협을 하고 있습니다. 이때 미국은 핵추진 잠수함 한 척을 한국에 보내었습니다. 이 잠수함 한대가 얼마나 대단한 위력을 가졌는가 하면 나라 하나를 초토화시킬 수 있는 위력을 가지고 있었습니다. 그래도 북한이 눈 하나 깜짝 하지 않으니까 이번에는 미 본토에서 스텔스 폭격기 한대를 공중 급유를 받아가면서 서해안까지 와서 폭탄을 하나 떨어트리고 갔는데 이 스텔스 폭격기는 무려 열여섯 개의 핵무기를 탑재할 수 있는 능력을 가지고 있었습니다. 옛날 월남전 때 미군이 썼던 폭탄 중에는 네이팜탄이라고 해서 불덩어리가 터져 나오는 폭탄이 있었습니다. 그 폭탄이 하나 터지면 그 주위는 온통 불덩어리가 되어서 사람들이 모두 불에 타 죽게 됩니다. 월남에서 한 여자 아이가 이 폭탄이 터졌을 때 알몸으로 울면서 도망치던 사진은 특종이 되었습니다. 그런데 요즘 미군이 쓰는 폭탄은 아무리 지하 동굴 안에 숨어 있어도 시멘트벽을 뚫고 그 안에까지 들어가서 터지는 폭탄이 개발이 되었습니다. 그런데 이스라엘은 어느 정도로 미사일 방어 시스템이 잘되어 있는가 하면 상대방 쪽에서 미사일을 발사하면 레이더로 그것을 일일이 추적해서 공중에서 다 폭발시킬 수 있게 되었습니다. 그래서 지난번에 이스라엘 어느 도시에서 공습경보가 울렸는데 잠시 후에 보니까 공중에서 모든 미사일들이 다 폭발되어버리고 땅에는 피해가 없었습니다.

그런데 우리 인간이 지금 가지고 있는 무기가 아무리 뛰어나고 아무리 대단한 위력을 가지고 있다 하더라도 하나님이 가지신 무기를 능가할 수는 없습니다. 하나님께서는 옛날 애굽을 공격하실 때 개구리 수백만 마리가 나일 강에서 올라오게 하셔서 바로와 그 신하들을 공격하였고, 엄청난 메뚜기 떼와 불 우박을 가지고 애굽을 치셨습니다. 나중에 하나님께서는 바다를 갈라지게 하신 후에 애굽 마병과 군인들이 바다에 들어왔을 때 바다가 합쳐지게 해서 모두 물에 다 빠져 죽게 하셨습니다. 그리고 하나님께서는 엘리사가 있던 도단 성을 하나님의 불말과 불병거로 지켜주셔서 수많은 적들이 손가락 끝 하나 대지 못하게 하셨고 앗수르 군대 18만 5천명이 예루살렘을 포위했을 때에는 천사 한 명이 밤에 내려가서 그 앗수르 군대 18만 5천명을 몰살하게 하셨습니다. 하나님께서는 하나님의 말씀에 불순종하고 죄만 짓던 소돔과 고모라에 대하여 하늘에서 불과 유황이 쏟아지게 하셔서 소돔과 고모라 사람들이 몰살당하게 하셨습니다. 우리가 이것을 보면 하나님 앞에서는 어마어마한 무기들이 준비되어 있고 또 어느 누구도 공격할 수 없는 방어 시스템이 구축이 되어 있는데 단지 우리가 그것을 사용할 줄 모른다는 사실입니다.

여호수아와 이스라엘 백성들은 그야말로 무기라고는 아무것도 없는 맨손을 가지고 가나안 땅을 오래 전부터 차지하고 강한 무기와 병거를 가진 가나안 족속들과 싸워야만 했습니다. 지금 이스라엘 백성들은 학교라고는 문턱에도 가본 적이 없었고 문명의 혜택이라고는 전혀 받아본 적이 없는 그야말로 무식한 사람들이었습니다. 그런데 이스라엘 백성들이 가지고 있었던 가장 강력한 무기는 오직 하나 '하나님의 이름'이었습니다.

여호수아는 모세의 사환이었는데 모세는 정말 능력의 종이었습니다. 모세의 얼굴에는 빛이 났고 그의 지팡이는 기적의 지팡이였습니다. 그런데 여호수아는 모세가 가진 능력을 하나도 가지지 못한 사람인데 하나님은 여호수아에게 모세도 하지 못한 가나안 땅을 정복하는 일을 하게 하셨습니다. 하나님은 여호수아에게 너는 오직 율법의 말씀을 네 입에서 떠나지 말게 하고 그 말씀을 지켜 행하라고 하셨습니다. 그러면 네 길이 형통하리라고 하셨습니다. 그러나 우리가 상식적으로 생각할 때 지금 전쟁을 해야 할 사람이 하나님의 율법만 줄줄 외운다고 해서 적들이 저절로 죽어줄 리는 없는 것입니다. 그런데 중요한 것은 여호수아와 이스라엘 백성들이 하나님의 말씀을 믿고 나갈 때 여호와의 사자가 그들 앞에서 싸우시는 것입니다. 여호와의 사자가 가진 능력은 오늘날 항공모함이나 스텔스 폭격기보다 더 강한 능력인 것입니다.

여호수아는 역시 인간의 약점을 가진 사람이었습니다. 여호수아는 하나님의 말씀을 믿고 요단강을 기적으로 건넜고 또 하나님의 말씀에 순종을 해서 여리고를 무너지게 했지만 아이 성에서는 실패했습니다. 왜냐하면 이스라엘 안에 숨은 죄를 알지 못했기 때문입니다. 그리고 그 다음 성 기브온에서는 그들의 말에 속아서 곰팡이 핀 떡을 받고 화친을 맺어버렸습니다. 이것은 너무나도 바보 같은 짓이었고 엉터리 같은 짓이었습니다. 그러나 여호수아는 두 가지를 믿었습니다. 하나는 우리에게는 이런 손해를 극복하고 남는 여호와의 능력이 있다는 것이었습니다. 그리고 다른 하나는 하나님은 모든 것을 합력해서 선을 이루시는 분이시라는 것이었습니다.

### 공격당하는 기브온

만약 이스라엘 백성들이 기브온 족속들에게 속지 않았더라면 정상적으로 기브온을 공격해서 정복을 하고 가나안 정복의 발판을 삼았을 것입니다.

이스라엘 백성들은 가나안에서 두개의 성을 정복했지만 아직까지 가나안 정복의 발판을 삼을 수 있는 성이 없었습니다. 왜냐하면 여리고는 폐허로 만들어버렸고 아이 성은 너무 작았기 때문입니다. 그래서 이스라엘 백성들은 언제나 길갈에서 출퇴근을 하면서 전쟁을 해야만 했습니다. 그런데 기브온 족속들에게 속아서 화친을 맺는 바람에 기브온 성을 정복할 수가 없었습니다. 그 대신에 기브온 족속이 다른 나라들로부터 공격을 당하면 그것을 다 지켜주어야만 하는 의무가 있었습니다. 그러니까 이스라엘 백성들이 기브온 족속에게 속아서 계약을 맺는 바람에 이익은 하나도 없고 오직 부채만 떠안는 격이 되고 말았던 것입니다. 그 결과는 바로 나타나게 되었습니다. 그것은 예루살렘 왕이 여러 가나안 왕들을 충동질해서 기브온을 공격해 온 것입니다.

1절-2절상 그때에 여호수아가 아이를 빼앗아 진멸하되 여리고와 그 왕에게 행한 것 같이 아이와 그 왕에게 행한 것과 또 기브온 주민이 이스라엘과 화친하여 그 중에 있다 함을 예루살렘 왕 아도니세덱이 듣고 크게 두려워하였으니

이스라엘이 기브온 족속에게 속아서 화친을 한 대가는 엄청났습니다. 그것은 모든 가나안 족속들이 이스라엘을 치는 대신에 기브온을 치러 올라온 것이었습니다. 이것을 이스라엘 백성들이 책임을 져야만 했습니다.

여기서 주동적인 역할을 하는 왕은 예루살렘 왕 아도니세덱이었습니다. 여기서 아도니세덱은 '의의 주인'이라는 뜻이었는데 실제로는 의의 왕이 아니고 굉장히 악한 왕이었습니다. 예를 들면, 어떤 깡패 두목의 이름이 '정의'나 '자비'인 것과 비슷한 것입니다.

예루살렘 왕 아도니세덱은 먼저 가나안의 배반자인 기브온을 공격해서 멸망시킴으로 이스라엘 백성들이 가나안에서 근거지를 가지지 못하고 또 앞으로 다른 가나안 족속들도 이스라엘에게 항복하지 못하도록 본때를 보여주기로 했습니다. 그래서 아도니세덱은 남쪽에 있는 네 도시 왕에게 사신을 보내어서 함께 모여서 기브온을 치자고 제안을 하였습니다.

3-4절 예루살렘 왕 아도니세덱이 헤브론 왕 호함과 야르뭇 왕 비람과 라기스 왕 야비아와 에글론 왕 드빌에게 보내어 이르되 내게로 올라와 나를 도우라 우리가 기브온을 치자 이는 기브온이 여호수아와 이스라엘 자손과 더불어 화친하였음이니라 하매

여기서 우리가 알 수 있는 것이 무엇입니까? 이 세상에서 하나님의 백성들 가운데 위대한 부흥이 있을 때에는 사탄이 절대로 가만히 있지 않는다는 것입니다. 결국 하나님의 백성들이 부흥된다는 것은 사탄의 나라가 무너지고 있는 것을 의미합니다. 하나님의 백성 한 사람 한 사람이 하나님의 말씀을 깨닫고 은혜 받는다는 것은 이제 더 이상 마귀에게 속지도 않고 마귀의 말에 복종하지도 않는 것을 의미합니다. 그래서 하나님의 백성들 가운데 은혜가 임하고 또 믿지 않는 사람들이 교회에 나가기 시작하면 사탄은 평소에 생각하지도 못했던 사람들을 동원해서 총공격을 하게 됩니다.

사무엘 선지 때에도 이스라엘 백성들이 미스바에 모여서 대대적으로 회개하며 하나님을 제대로 믿으려고 결단을 내릴 때, 어마어마한 블레셋 군대가 이스라엘 백성들을 공격했습니다. 그때 이스라엘 백성들은 하나님께 부르짖으면서 기도를 드렸고 사무엘에게도 '우리를 위해서 쉬지 말고 기도해 달라'고 부탁을 했습니다. 그때 사무엘은 '결단코 기도하는 것을 쉬는 죄를 범치 않겠다'라고 약속을 했습니다. 오늘날 교인들이 하루하루 사탄과의 어려운 영적 전쟁을 벌이고 있는데 기도를 쉬는 것은 죽으라는 말과 똑같은 것입니다. 이것은 죄를 짓는 것입니다. 사무엘과 이스라엘 백성들이 하나님 앞에 부르짖으면서 기도했을 때 하나님은 우박으로 블레셋 사람들을 내리치는 바람에 블레셋 사람들이 우박에 맞아서 많이 죽었고 남은 사람들을 모두 도망을 쳤습니다.

그래서 우리는 부흥이 오고 은혜 받았을 때 사탄의 시험이 오고 공격이 오는 것을 이상하게 생각해서는 안 됩니다. 겁을 먹어도 안 되고 무서워 도망을 쳐서도 안 됩니다. 우리는 담대하게 하나님께 부르짖어 기도하며 용기를 내어야 합니다.

이때 예루살렘왕은 기브온 족들을 멸망시키기 위해서 남부 가나안의 모든 세력을 다 집결시켰습니다. 이것은 사탄이 부흥을 저지시키려는 것입니다. 기브온 족속들은 가나안 족속들의 공격을 받았을 때 신속하게 여호수아에게 도움을 요청했습니다.

**6절** 기브온 사람들이 길갈 진영에 사람을 보내어 여호수아에게 전하되 당신의 종들 돕기를 더디게 하지 마시고 속히 우리에게 올라와 우리를 구하소서 산지에 거주하는 아모리 사람의 왕들이 다 모여 우리를 치나이다 하매

기브온 족속들은 남쪽 산지 아모리 족속들의 침략을 받았을 때 즉각적으로 여호수아에게 알렸습니다. 이것은 바로 여호수아와 이스라엘 백성들이 기브온 족속에게 속았기 때문에 뒤집어쓰는 것입니다.

즉, 이스라엘 백성들은 기브온 족속과 화친을 했기 때문에 기브온은 공격하지 못하면서 기브온의 어려움은 책임을 져야만 했던 것입니다.

사실 이런 일을 당하는 것은 너무나도 짜증나는 일일 수 있습니다. 사람들은 누구나 자기가 잘못해서 어려움을 당하는 것은 참지만 자기는 잘못한 것 없고 오히려 다른 사람을 믿어주었기 때문에 어려움을 당할 때 억울하고 분해서 참을 수가 없을 것입니다.

이때 자칫 잘못하면 이스라엘 백성들 가운데 원망과 불평이 다시 튀어나올 수가 있었습니다. 여호수아 자신도 약속을 잘못하는 바람에 너무나도 나쁜 책임을 뒤집어쓰게 되었을 때 자기를 속인 기브온 족속에 대한 미움의 감정이 다시 튀어나올 수도 있었습니다. 그러나 여호수아와 이스라엘 백성들은 그렇게 하지 않았습니다. 여호수아나 이스라엘 백성들 중에서 옛날이야기를 꺼내는 사람이 아무도 없었습니다. 그 이유는 그들에게는 과거의 실수를 얼마든지 회복시키시는 만군

의 하나님 여호와의 능력이 있었기 때문입니다. 우리에게 중요한 것은 과거에 속은 것이나 실패한 것을 가능한 한 빨리 털어버리고 새로운 마음으로 모든 것을 보는 것입니다.

### 여호수아의 믿음

여호수아는 기브온 족속이 가나안 다섯 왕으로부터 공격당하게 되었다는 소식을 듣게 되었을 때 잠시도 지체하지 않고 밤에 군대를 끌고 출동을 했습니다.

7절 여호수아가 모든 군사와 용사와 더불어 길갈에서 올라가니라

여호수아는 기브온 족속들을 도와야 하는 것을 전혀 귀찮게 생각하지 않고 마땅히 해야 하는 것으로 생각을 했습니다.

이것은 하나님의 백성들이 때로는 자기 십자가만 지고 가야 하는 것이 아니라 다른 사람의 십자가까지도 지고 가야 할 때가 있습니다. 여호수아는 어떤 일을 해야만 할 때 그것이 옳은 일이라면 순종하는데 지체하지 않았습니다.

우리는 신앙생활을 할 때 반드시 내 짐만 지고 가지는 않습니다. 때로는 다른 사람의 짐까지 같이 지고 가야 할 때도 많이 있습니다. 그럴 때 만약 그 일이 옳은 일이라면 기꺼이 감당을 해야 합니다.

가끔 청년들 중에는 다른 청년의 어려운 문제 때문에 자신과 전혀 상관없이 여기 저기 쫓아다니면서 도움도 부탁하고 찾아가서 설명도 해야 하는 경우가 있습니다. 우리는 모두 다 자기 시간이 아까운 사람들입니다. 그런데도 불구하고 자기 일도 아니고 친구도 아니고 오히려

평소에 싫어했던 청년인데도 막상 어려움 당해서 어쩔 수 없이 뛰어다녀야 하면 화가 나기도 하고 짜증스러울 때도 있을 것입니다. 그래서 요즘 현대인들은 어떻게 해서든지 남의 일에 관여를 하지 않으려고 합니다. 왜냐하면 괜히 남의 일에 끼어들었다가는 여기 저기 불려다니면서 고생만 해야 할 때가 많이 있기 때문입니다.

그러나 여호수아와 이스라엘 백성들은 이 점에 있어서 아주 신사적이고 깨끗했습니다. 그들은 속아서 화친을 했든 어떻게 해서 화친을 했든 일단 화친한 것을 깨끗하게 받아들이고 기브온 족속들의 문제를 바로 자신들의 문제로 생각하고 밤에 자지도 않고 기브온으로 달려갔던 것입니다.

바로 이것이 아직 마음에 열정이 있는 것입니다. 그리고 다른 사람에 대하여 사랑이 있는 것입니다. 우리는 가슴이 식어 있으면 안 됩니다. 자기 일만 하고 다른 사람의 어려움은 외면하는 차가운 이기주의자가 되어서는 안 됩니다. 요즘 우리는 너무 마음이 차가워져 있어서 스스로 놀랄 때가 있을 것입니다. 다른 사람의 어려움에 대하여 너무 냉담해지게 된 것입니다. 냉정한 사람이 되면 자기 이익과 상관이 없는 일에는 관여하려고 하지 않습니다. 이것은 무서운 냉소주의입니다.

이때 하나님께서 여호수아에게 승리를 약속하셨습니다.

**8절** 그때에 여호와께서 여호수아에게 이르시되 그들을 두려워하지 말라 내가 그들을 네 손에 넘겨 주었으니 그들 중에서 한 사람도 너를 당할 자 없으리라

우리가 하나님이 기뻐하시는 일을 할 때에는 하나님은 우리에게 승리의 자신감을 주십니다. 즉 지금 내가 하고 있는 일이 하나님을 기쁘

시는 일을 하고 있구나 하는 생각이 나면서 반드시 좋은 결과가 날 것 같은 믿음이 생기는 것입니다. 우리에게 필요한 것은 이와 같이 바른 믿음에서 나오는 자신감입니다. 이것은 우리가 하나님의 말씀에 따라 첫 발걸음을 옮길 때 하나님이 함께 하십니다. 하나님께서 우리에게 이길 수 있다는 약속을 주시면 우리는 어떤 어려움이 있더라도 반드시 이기게 됩니다. 왜냐하면 하나님의 말씀은 불가능한 것이 없기 때문입니다.

여호수아는 하나님의 약속을 붙잡고 밤새 올라가서 기습으로 가나안 족속들을 공격했습니다.

**9절** 여호수아가 길갈에서 밤새도록 올라가 갑자기 그들에게 이르니

여호수아는 하나님의 약속이 있고 자신감이 있다고 해서 천천히 움직이지 않았습니다. 여호수아는 밤에 전혀 잠을 자지 않고 밤을 새어서 올라가서 새벽에 공격을 했습니다. 우리는 하나님께서 우리와 함께 하신다고 해서 모든 것이 저절로 되지 않는다는 것을 알아야 합니다. 하나님께서 함께 하시는 일도 우리는 최선을 다해야 승리를 할 수 있습니다. 그래서 우리는 아무리 자신이 있고 선한 일이라 하더라도 즉각적인 행동을 취해야 합니다.

여호수아는 기브온을 지키는 전쟁에서 기습의 전법을 썼습니다. 가나안 족속들은 자기들이 기브온을 공격하는 것을 이스라엘 백성들이 전혀 모르고 있을 것이라고 생각해서 방심하고 있었습니다. 그때 이스라엘 군대가 갑자기 기습으로 공격을 하니까 전혀 정신을 차릴 수가 없었습니다. 이스라엘 백성들은 적의 허를 찌르기 위해서 밤새 잠을 한숨도 자지 않고 이동을 해야만 했습니다.

우리는 남들이 잘 때 다 자고, 남들이 놀 때 다 노는 사람은, 하나님의 일을 할 수가 없습니다. 하나님의 백성들은 어떻게 해서든지 남들이 모르고 있을 때 노력을 해야 하고 남들이 방심하고 있을 때 공격을 해야 합니다. 그리고 하나님의 일은 아무리 작은 것이라 하더라도 내가 할 수 있는 최선을 다해서 해야 합니다.

## 기브온에서 일어난 기적

여호수아가 하나님을 믿고 나갔을 때 하나님께서는 여호수아와 함께 하셨습니다. 가나안 족속과 싸우는 것은 이스라엘 백성들이었지만 결국 하나님께서 이 전쟁에서 가나안 족속들과 싸우셨습니다.

하나님께서는 세 가지 방향에서 이스라엘 백성들을 도우셨습니다.

첫째로 하나님께서는 이스라엘 백성들이 기습할 것이라는 것은 가나안 족속들이 전혀 눈치 채지 못하게 하셨습니다. 하나님께서는 이스라엘 백성들에게는 반드시 이긴다는 확신을 주시고 상대방은 이스라엘이 공격하는 것을 전혀 예상치 못하게 하셨습니다.

두 번째로 하나님께서는 직접적으로 가나안 족속들을 우박으로 공격하셨습니다. 기브온을 지나면 벧호론이 나오는데 올라가는 비탈이 있고 내려오는 비탈이 있었습니다. 그런데 내려가는 비탈에서 하나님께서 우박으로 치셔서 많은 가나안 족속들이 죽었습니다. 그런데 얼마나 많은 사람들이 우박으로 죽었는지 칼에 맞아 죽은 사람보다 우박에 맞아 죽은 사람이 더 많았다고 합니다. 하나님께서는 가나안 족속들을 직접 공격하셨습니다. 이것은 이스라엘 백성들로 하여금 그들이 믿음으로 나갈 때 어떤 결과가 나타나는지 눈으로 보게 하신 것입니다. 이스라엘 백성들이 칼로 사람을 다 찔러야 전쟁에 이기는 것이 아니었습니다. 칼로 찌르지 않아도 우박에 죽고 서로 밟혀서 죽는 사람들이 더 많았던 것입니다. 그래서 우리는 내가 가진 능력만 능력이라고 생각해서는 안 됩니다. 하나님께서 도우시면 안 되는 일도 다 되게 되어 있습니다.

이 모든 것을 행하시는 분은 하나님이십니다. 우리 인간들은 모두 사용되는 도구에 불과할 뿐입니다. 그런데 하나님의 손에 붙들려 사용된다는 것이 얼마나 신기하고 놀라운 일인지 모릅니다. 이렇게 하는 것을 '하나님께서 손을 보신다'고 합니다. 하나님께서 이 세상 사람들을 손을 좀 보셔야 합니다. 그래야 그들이 하나님과 하나님의 말씀을 두려워하게 될 것입니다.

세 번째가 역사적으로 전무후무한 기적이었습니다. 그것은 갑자기 여호수아가 전쟁을 하다가 해가 지려고 하니까 태양과 달을 향하여 명령을 내린 것입니다. 즉 태양이 기브온 골짜기에 머물라고 하고 달은 아얄론 골짜기 머물라고 명령을 내렸는데 하나님께서 그 말을 기도로 듣고 태양과 달이 하늘에서 멈추어 서게 하셨습니다.

하나님께서는 이스라엘 자손들에게 승리를 주셔서 이 전쟁에서 이기게 되었는데 그만 시간이 너무 많이 흘러서 날이 어두워지게 되었습니다. 그런데 만일 해가 져서 어두워지면 가나안 사람들이 다 도망을 치게 되는데 그러면 가나안 땅을 차지하는 것이 그만큼 더 오래 걸리게 될 것입니다.

이때 갑자기 여호수아가 하늘을 향하여 소리를 질렀습니다. '태양아 너는 기브온 위에 머무르라 달아 너도 아얄론 골짜기에서 그리할지어다'라고 했습니다.

12절 여호와께서 아모리 사람을 이스라엘 자손에게 넘겨 주시던 날에 여호수아가 여호와께 아뢰어 이스라엘의 목전에서 이르되 태양아 너는 기브온 위에 머무르라 달아 너도 아얄론 골짜기에서 그리할지어다 하매

아마도 여호수아는 높은 곳에서 이스라엘 백성들이 가나안 족속들과 전쟁하는 장면을 지켜보았던 것 같습니다. 그런데 이스라엘 백성들이 한창 이기고 있는데 그만 시간이 다 되어서 해가 뉘엿뉘엿 서산으로 지려고 합니다. 만일 해가 져서 어두워지게 되면 이스라엘 백성들은 가나안 족속들을 추격할 수 없기 때문에 가나안 족속들은 모두 자기 성안으로 다 들어서 숨어버릴 것입니다. 그러면 가나안 정복이 그만큼 더 오래 걸리고 더 어려워지게 될 것입니다. 그때 여호수아의 마음속에 무슨 생각이 들었는가 하면 도대체 저 지는 태양을 잡아맬 수 없는가 하는 것입니다. 그리고 아마 그때 달도 비쳤던 것 같습니다. 여호수아는 혹시 저 달까지 전쟁터에 잡아맬 수는 없을까 하는 생각이 들었던 것입니다. 그때 여호수아의 마음속에 하나님의 말씀에는 능치 못함이 없다는 생각이 들게 되었습니다. 그래서 여호수아는 성령에 감동이 되어서 상식적으로는 말도 되지도 않는 명령을 해와 달에게 내렸습니다.

즉, 그것은 태양이 지지 않고 달이 움직이지 않는 것이었습니다. 태양은 기브온 위에 꼼짝 못하고 매여 있고 달도 움직이지 않고 아얄론 골짜기 위에 있는 것입니다. 이것은 마치 잠실 운동장의 쌍라이트와 같아서 온 구석구석을 환하게 비추게 되는 것입니다. 그런데 하나님께서 여호수아의 기도를 들어주셔서 기브온 위에는 태양이 지지 않고 달도 아얄론 골짜기에서 움직이지 않고 그대로 머물러 있었습니다. 이것은 이 세상이 생긴 후 처음 있는 일이었습니다. 태양이 져야 가나안

족속들은 어두움을 틈타서 도망을 칠 텐데 이상하게 너무너무 낮이 긴 것이었습니다. 거기에다가 달까지 비춰니까 가나안 족속들은 도무지 도망칠 수가 없었습니다. 그래서 이스라엘 백성들은 밤을 대낮같이 환한 가운데 전쟁을 치러서 이겼습니다.

그러면 어떻게 해서 이런 일이 일어났겠습니까? 바로 이것이 하나님의 능력이었습니다. 기브온 족속에게 사기를 당해서 쓸데없는 전쟁에 말려 든 이스라엘 백성들을 하나님께서 사랑하신 것입니다. 사람들은 오직 눈에 보이는 돈이나 더 챙기고, 오직 눈에 보이는 이익을 더 받기 위해서 눈에 불을 켜고 덤벼들지만 하나님은 우리의 기도를 들으셔서 태양을 머물게 하시고 달을 머물게 하시는 것입니다.

하나님께서는 이스라엘 백성들이 하나님의 뜻에 순종하여 위험을 무릅쓰고 싸울 때 하나님은 상상할 수 없는 방법으로 도와주셨습니다. 하나님은 같은 방법을 자꾸 쓰시는 분이 아니십니다. 늘 새로운 방법으로 우리를 도우십니다. 그래서 우리는 하나님의 뜻을 행할 때 어려운 여건이나 상황을 생각하면서 주저앉으면 안 됩니다. 하나님은 우리가 생각하지 못한 방법을 가지고 계십니다. 그래서 최악의 경우에 최고의 기적으로 축복하시는 것입니다.

결국 하나님께서는 이스라엘 백성들을 대항해서 싸웠던 다섯 개 성의 왕들과 그 백성들을 여호수아를 통하여 심판하셨습니다.

**16-18절** 그 다섯 왕들이 도망하여 막게다의 굴에 숨었더니 어떤 사람이 여호수아에게 고하여 이르되 막게다의 굴에 그 다섯 왕들이 숨은 것을 발견하였나이다 하니 여호수아가 이르되 굴 어귀에 큰 돌을 굴려 막고 사람을 그 곁에 두어 그들을 지키게 하고

이 세상에는 많은 악한 자들이 있습니다. 이 악한 자들의 특징이 무엇인가 하면 그들은 교만하여 남을 두려워하지 않습니다. 그리고 다른 사람들보다 강한 힘을 가지고 있기 때문에 자기 멋대로 그 힘을 휘두르는 것입니다.

악한 자들은 자기 머리나 힘만 믿고 마치 자기가 신이라도 되는 것처럼 멋대로 행동하면서 온갖 악한 짓을 하게 됩니다. 이때 모든 사람들은 사람이 힘이 있고 능력이 있으면서 교만할 때 얼마나 악해질 수 있는지 똑똑히 보게 됩니다. 이것은 마귀가 혀를 내두를 정도로 악한 짓들을 서슴지 않고 하게 됩니다. 그러다가 이상하게 하나님의 때가 되었을 때 악한 자들은 어느 한 순간 꼼짝 못하고 망하게 됩니다. 이때 모든 사람들은 하나님의 살아계심을 깨닫고 하나님을 두려워하게 되는 것입니다. 즉 악한 자가 시시할 때 망하게 하시면 사람들은 하나님을 대단하게 생각하지 않을 텐데 그렇게 엄청나고 대단한 악한 자들을 하나님은 마치 미친 개 한 마리 두들겨 잡듯이 간단하게 해치워버리시는 것입니다.

그런데 악한 자들이 망할 때 보면 어떻게 그렇게 바보짓을 하는지 알 수가 없습니다. 악한 자들이 천하 돌대가리들처럼 행동하는데 도대체 어떻게 이런 사람들이 온 세상을 주물럭거렸는지 이해가 되지 않습니다.

그런데 악한 자의 속성은 악한 자들이 자기보다 약한 자에게는 무한히 강하지만 일단 자기보다 더 강한 자를 만나면 그때는 전혀 힘을 쓰지 못하는 것입니다.

가나안 족속들은 기브온과 이스라엘 백성들이 자신들보다 약한 줄 알고 맹공격을 했습니다. 그러나 일단 이스라엘 백성들이 자기들보다 강하다는 것을 알게 된 순간 급격히 무너지기 시작했습니다. 그래서 가나안의 다섯 부족들은 도망치기에 급급했습니다. 이때 다섯 왕은 도무지 이해가 되지 않는 행동을 합니다. 그것은 그들이 이스라엘을 피하여 숨는다고 숨는데 막혀 있는 굴속에 들어가 버린 것입니다.

여호수아는 우선 다섯 왕들이 도망치지 못하도록 굴 입구를 돌로 봉하고 군사로 하여금 지키게 했습니다. 그리고 나머지 군사들을 추격해서 견고한 성안으로 들어가기 전에 할 수 있는 대로 다 죽이게 했습니다.

참으로 놀라운 것은 가나안 다섯 왕이 도망을 치다가 막게다 굴속으로 숨었는데 그것을 이스라엘 백성들 중에서 누군가가 본 것입니다.

사실 이스라엘 백성들의 입장에서 볼 때에는 지난밤 한숨도 자지 못하고 행군을 했고 하루 종일 싸웠기 때문에 지칠 대로 지친 상태였습니다. 그러나 여호수아는 하나님이 승리를 주셨을 때 백성들에게 쉬지 못하게 했습니다. 그 대신 끝까지 밀어붙이게 해서 철저하게 승리하게 했던 것입니다.

**21절** 모든 백성이 평안히 막게다 진영으로 돌아와 여호수아에게 이르렀더니 혀를 놀려 이스라엘 자손을 대적하는 자가 없었더라

원래는 가나안 족속들이 남을 욕하고 헐뜯는 것이 전공이었습니다. 그러나 감히 혀를 놀리는 자가 없었습니다. 왜냐하면 하나님의 능력이 그들과 함께 함을 보았기 때문입니다. 처음에는 얼마나 이들을 우습게 여기고 입만 벌리면 욕을 해대었는지 모릅니다. 그러나 그 입들이 모두 다물어지게 되었습니다. 하나님의 백성들은 다른 사람들이 욕하는 것을 두려워 할 필요가 없습니다. 왜냐하면 이제 가나안 족속들은 이스라엘이 얼마나 두려운 자들인지 똑똑히 알게 되었기 때문입니다.

여호수아는 전쟁이 끝난 후 모든 사람들 앞에서 아모리 다섯 왕을 끌어내었습니다. 모든 이스라엘 백성들은 드디어 가나안 땅의 일부를 차지하고 그렇게 악랄하게 세상을 지배했던 왕들의 얼굴들을 똑똑히 보았습니다.

막상 이들을 붙잡아 놓고 보니까 형편없는 자들이었습니다. 이들은 별 것도 아닌 것들이 마치 자기가 신인 것처럼 군림해 왔던 것입니다.

이라크가 미군에게 지기 전에 사담 후세인은 미국과 전 세계를 대상으로 큰 소리를 쳤습니다. 그러나 막상 전쟁에 지고 땅 속에 숨었다가 붙잡히게 되었을 때 그는 그저 평범한 늙은이였습니다. 미군들은 일부러 사담 후세인의 입을 벌려서 입안을 검사하고 수염을 당겼습니다. 전 세계 사람들은 저런 사람이 어떻게 전 세계를 상대로 공갈을 하고 협박을 했는지 이해가 되지 않았습니다.

여호수아는 군장들로 하여금 이 왕들의 목을 발로 밟게 했습니다. 왜 여호수아는 하필 그들의 목을 발로 밟게 했을까요? 고대에서 상대왕의 목을 발로 밟는 것은 완전한 정복을 나타냅니다. 뱀의 목을 발로 밟으면 어떻게 됩니까? 아무리 고개를 쳐들려고 해도 쳐들 수가 없고 목을 빼내어 물려고 해도 물 수가 없습니다.

이것은 마치 모세가 뱀이 된 지팡이 꼬리를 손으로 잡았을 때 다시 딱딱한 나무로 변한 것과 같은 원리입니다. 애굽의 어떤 미신이나 사술도 모세의 손에서 무력하게 굴복할 수밖에 없었습니다.

마찬가지로 군장들이 왕들의 목을 밟은 것은 이들의 어떤 술책이나 속임수나 마술도 이스라엘 군사들을 대항하지 못한다는 뜻입니다. 일단 말을 해야 사정을 하든지 위협을 하든지 할 텐데 여호수아가 목을 발로 밟아버리니까 말을 할 수가 없었습니다. 우리가 해야 할 것은 일체 악한 자에게 말을 하지 못하게 하는 것입니다.

우리가 복음으로 나아갈 때에 마귀의 마술이나 저주가 통하지 않습니다. 그러니까 그들이 저주하는 말을 하나도 두려워 할 필요가 없습니다. 입에 거품을 흘리면서 악담과 저주를 퍼부을 때 하나도 해당이 되지 않을 것입니다.

여호수아는 왕들의 목을 밟고 있는 군장들에게 이렇게 말합니다.

**25절** 여호수아가 그들에게 이르되 두려워하지 말며 놀라지 말고 강하고 담대하라 너희가 맞서서 싸우는 모든 대적에게 여호와께서 다 이와 같이 하시리라 하고

우리는 부흥이 일어날 때 잠을 자거나 게으름을 피워서는 안 됩니다. 우리는 하나님께서 기회를 주셨을 때 더 열심히 수고해서 완전한 정복을 이루어야 하겠습니다.

# 메롬 물가의 전투

중국 역사를 보면 전쟁은 힘이나 군사력만으로 이기는 것이 아니라는 것을 알게 됩니다. 중국 국민당의 장개석은 일본을 몰아내는 것보다는 모택동의 공산당을 뿌리 뽑는 것이 더 중요하다고 생각해서 공산당을 치는 일을 했습니다. 그러나 장개석은 자기가 2인자로 생각했던 장작림에게 속아서 연금되면서 억지로 공산주의와 손을 잡게 되는데 그때 모택동의 공산당은 거의 멸망 직전에 회생했다고 합니다. 결국 장개석의 국민당은 공산당에 의해서 본토에서 밀려나 대만으로 가게 됩니다. 장개석은 거의 중국을 통일한 것 같았고 중국 전체의 지배자인 것 같았지만 결국 그의 측근이나 부하들의 부패를 막지 못했습니다. 거기에 비해 모택동의 공산당은 농촌으로 파고들어서 철저하게 농민들과 하나가 되어 농민들의 지지는 얻는데 성공을 하게 됩니다.

중국의 전국 기대를 끝내고 천하를 통일한 사람이 진시황제인데 진시황제가 너무 사람들을 많이 죽이고 잔인한 통치를 했기 때문에 그가 죽고 난 후에 반란이 일어나게 됩니다. 그때 대표적인 두 장군이 항우와 유방인데 항우는 힘으로는 월등하게 유방보다 강하지만 결국 힘만으로는 유방을 이기지 못합니다. 유방은 진나라의 군사들을 사면해 주는데 비하여 항우는 항복한 진나라 병사들 이십만 명이나 한꺼번에 다 죽여 버립니다. 결국 항우는 끈질지게 달라붙는 유방의 군대를 이기지 못해서 자결을 하고 맙니다. 이때 전쟁의 승패를 결정하는 가장 중요한 것이 무엇이었는가 생각해보면 그것은 하나님의 도우심이었습니다. 즉 그들은 하나님을 모르고 믿지도 않았지만 하나님은 교만한 자를 물리치시고 겸손한 자에게 은혜를 주셨던 것입니다.

요즘 우리나라에서 갑과 을이라는 이야기들을 많이 하고 있습니다. 즉 계약서를 쓸 때보면 갑은 어떻게 하고 을은 어떻게 한다는 식으로 되어있는데 이때 실권을 쥔 쪽에서 약한 쪽에 일방적으로 무리한 요구를 많이 한다고 해서 문제가 생깁니다. 그러나 힘을 가진 쪽에서 오만하게 행동하거나 너무 작은 이익에 집착할 때 큰 것을 잃게 됩니다. 우선 힘을 가진 자가 오만할 때 인심을 잃게 되고 나중에는 하나님의 축복을 잃어 망하게 됩니다.

아마 사업을 하시는 분들 중에서 돈도 없고 기술도 없이 맨 주먹으로 이미 성공한 기업들과 경쟁해서 이긴다는 것은 기적이 일어나는 것보다 더 어려울 것입니다. 그러나 하나님의 백성들은 정말 가진 것은 아무것도 없이 오직 믿음 하나만 가지고 일을 시작해야 하는 분들도 있습니다. 그런데 우리 성도들 중에서는 이미 그런 밑바닥에서 성공해서 많은 축복을 받는 분들이 있습니다. 그런데 그들이 일하시는 것을 보면 굉장히 통찰력이 있을 뿐 아니라 철저하게 신앙적으로 일을 하신다는 것을 알게 됩니다.

이스라엘 백성들은 애굽에서 노예로 있다가 40년을 광야에서 돌아다닌 난민들이었습니다. 이스라엘 백성들은 전쟁을 할 수 있는 무기가 있는 것도 아니었고 훈련받은 군인들이 있는 것도 아니었습니다. 이스라엘 백성들이 그 동안 받은 훈련이라고는 믿음의 훈련밖에 없었습니다. 그런데 이스라엘 백성들은 너무나도 놀랍게 전쟁을 잘해내고 있었습니다. 이것은 이스라엘 백성들이 하나님과 함께 협력을 하는데 탁월했기 때문입니다.

우리가 아무것도 없는 상태에서 이 세상 속을 파고 들어가서 승리하려면 몇 가지 필요한 것이 있습니다. 그 첫 번째가 무엇인가를 볼 수 있는 눈이 있어야 합니다. 예수님께서도 우리가 몸의 등불이 밝아야 온 몸이 환하게 된다고 말씀하셨는데 사실 눈이 밝아야 무엇이든지 할 수 있습니다. 그런데 우리가 하나님의 말씀을 자꾸 생각하고 말씀에 순종하다 보면 무엇인가 보이는 것처럼 생생하게 생각이 날 때가 있습니다. 그것이 바로 하나님이 주시는 영감입니다. 어떤 사람은 전혀 길이 없다고 말하는데 길이 보일 때가 있고 어떤 사람들은 자꾸 괜찮다고 하는데 위험을 미리 감지할 때가 있습니다. 사실 장사하는 분들이나 기업하는 분들의 이야기를 들어보면 그들이 한창 잘 나가고 성공할 때 돈 버는 길이 눈에 보인다고 말을 합니다. 어떤 분은 집을 사는데 은사가 있어 집을 보면 집값이 오르는 것이 보인다고 했습니다. 마찬가지로 경영자들은 남들이 보지 못하는 어떤 사업의 기회를 볼 수 있는 눈이 있어야 성공할 수 있습니다. 마찬가지로 우리 크리스천들은 돈 버는 길이나 세상에서 유명해지는 길이 아니라 하나님의 뜻을 현실에 적응시킬 수 있는 탁월한 눈이 있어야 합니다. 어떤 사람은 길이 아닌데 자꾸 가려고 하고 어떤 사람은 전혀 승산이 없는데도 이길 수 있다고 우길 때가 있습니다. 그러나 그것은 망하는 길입니다. 우리는 하나님의 눈을 가지고 현실을 볼 수 있는 눈이 있어야 합니다. 그러면 반드시 틈이 있고 내가 할 수 있는 영역이 있으며 내가 아주 잘할 수 있는 것이 무엇인지 알게 됩니다. 결국 남들이 다 하는 것에 성공을 해봐야 별 수가 없는 것입니다.

그뿐만 아니라 하나님의 백성들은 가능한 한 힘을 집약시켜야 합니다. 여호수아가 가나안 땅을 정복할 때 했던 방법을 보면 거의 모두가 기습 작전이었던 것을 볼 수 있습니다. 그 이유는 이스라엘 백성들은 무기나 전술 면에서 가나안 족속들보다 많이 뒤떨어졌기 때문입니다. 예를 들어, 주전자에 물이 끓을 때 그냥 두면 아무것도 할 수 없지만 증기의 힘을 집약시키면 기차도 움직일 수 있게 됩니다. 마찬가지로 하나님의 백성들은 많은 일을 벌리기 보다는 한 가지 중요한 일에 힘을 집약시켜서 끈질기게 밀고 나가야 성공할 수 있습니다.

세 번째로 중요한 것은 기도하는 것입니다. 우리는 내가 가지고 있는 판단력이나 돈의 힘을 믿는 것이 아니라 하나님의 능력을 믿어야 하고 하나님의 능력을 나의 현실로 끌고 올 수 있는 비결이 있어야 합니다. 결국 사람의 지혜나 사람의 힘은 정상적일 때 효력을 발휘할 수 있는 것이지, 위기적인 상황에서는 하나님의 능력밖에 없고 기도의 힘밖에 없습니다. 오늘 많은 기독교인들이 일을 하는 전략을 보면 아무 어려움도 없는 정상적일 때를 전제로 해서 계획을 세웁니다. 그러나 그런 전략은 위기에서는 전부 실패하게 됩니다. 그래서 우리는 평소에 아주 작은 일에 하나님의 능력이 나타나는 훈련을 자꾸 반복해서 해야 합니다. 어떤 사람은 작은 냇가도 헤엄치지 못하면서 하나님이 힘 주시면 바다를 건너가겠다고 합니다. 그러나 작은 냇가를 수없이 건너가 봐야 바다도 건너갈 수 있는 힘과 믿음이 생기는 것입니다. 그렇게 하려고 하면 말씀 붙잡고 기도하는 것을 자꾸 훈련을 해야 합니다. 그래야 큰일에도 하나님의 도우심을 체험할 수가 있습니다.

이스라엘 백성들이 40년 광야를 돌고 난 후에 가나안 중부지역을 뚫고 들어왔습니다. 그래서 이스라엘 백성들은 여리고를 무너뜨리고 아이 성을 정복했습니다. 그리고 중부의 큰 성이 기브온 족속들의 성이었는데 그들은 거짓말을 해서 화친을 맺는 바람에 이스라엘은 기브온을 칠 수가 없었습니다. 그때 남부 가나안의 모든 족속들이 기브온으로 몰려왔는데 이것은 여호수아로서는 엄청난 기회였습니다. 왜냐하면 여호수아가 남부 지역 가나안 족속들을 일일이 친다면 엄청난 시간이 걸릴 텐데 그들이 몰려와 주었기 때문에 기브온에서 몰살을 시키게 됩니다. 이때 여호수아는 태양이 멈추는 기도를 드리는데 하나님이 응답해주셨습니다.

그런데 이제 가나안 땅에는 북부 가나안 족속들이 남아 있게 되었습니다.

북쪽 가나안 족속들은 남쪽 아모리 왕들과 다른 점이 있었습니다. 그것은 북쪽은 평지이기 때문에 북쪽 가나안 족속들은 말과 병거를 사용했다는 것입니다. 남쪽은 산지였기 때문에 전쟁이 보병 중심이었습니다. 그래서 이스라엘 백성들도 말과 병거가 없었기 때문에 상황이 비슷했다고 볼 수도 있습니다. 그러나 북쪽 가나안 족속들은 말과 병거를 사용했기 때문에 이스라엘 백성들은 마치 맨 손으로 탱크에 덤벼드는 셈이었습니다. 그러나 하나님은 여호수아와 이스라엘 백성들을 북쪽 가나안 전쟁에서도 이기게 하셨습니다.

### 북쪽의 모든 가나안의 총집결

**1-3절** 하솔 왕 야빈이 이 소식을 듣고 마돈 왕 요밥과 시므론 왕과 악삽 왕

과 및 북쪽 산지와 긴네롯 남쪽 아라바와 평지와 서쪽 돌의 높은 곳에 있는 왕들과 동쪽과 서쪽의 가나안 족속과 아모리 족속과 헷 족속과 브리스 족속과 산지의 여부스 족속과 미스바 땅 헤르몬 산 아래 히위 족속에게 사람을 보내매

남쪽 가나안 땅이 예루살렘 왕 아도니세덱이 중심이었다면 북쪽 가나안 땅은 하솔 왕 야빈이 중심이었습니다. 그런데 야빈은 이스라엘 백성들을 대항하여 싸우기 위해서 북쪽 가나안의 모든 왕과 족속들을 다 모았습니다. 그리고 자신들에게 절대적으로 유리한 말이나 전차를 사용해서 지형이나 기술에 있어서 불리한 이스라엘 백성들을 초반에 격파하려고 하는 전략을 가지고 싸우려고 했습니다.

우리가 여기서 알 수 있는 것은 비록 이스라엘 백성들이 숫자는 많다고 하지만 가나안 땅에 대하여 아는 것이 전혀 없는 무지한 사람들이었습니다. 거기에다 이스라엘 백성들은 북방 지역에서 유리하게 사용할 수 있는 말과 병거가 전혀 없었습니다. 가나안 왕들은 이스라엘 백성들이 아직 힘을 쓰지 못하고 있을 때 전력을 기울여서 이스라엘 백성들을 가나안 땅에서 쫓아내려고 하는 것입니다.

사실 우리가 이 세상에서 사업이나 어떤 특정 분야에서 성공한다는 것은 엄청나게 어려운 일입니다. 아마 신앙 없는 사람들이 사업이나 어떤 분야에서 성공하는 것은 몇천 명이나 몇만 명 중 한 명에게 겨우 기회가 생길까 말까 한 일이라고 보아야 합니다. 그러나 하나님의 백성들에게는 이 세상 살면서 신앙 연단을 잘 받으면 그럴 수 있는 기회가 생깁니다. 그런데 사탄은 이 세상을 자신의 것으로 생각해서 어떻게 해서든지 하나님의 백성들이 들어오지 못하게 하려고 총력을 기울이게 되는 것입니다.

하나님께서 이스라엘 백성들을 가나안 땅에 들어가게 하셨을 때에는 '이미 가나안에 대한 나의 인내심은 끝났다. 이제 내 백성으로 하여금 이 부패한 세상을 뒤집겠다'는 것을 선포하신 것입니다. 그럼에도 불구하고 악한 세력들은 모든 가나안 사람들의 세력을 집결시켜서 이스라엘 백성들을 가나안 땅에서 몰아내려고 하는 것입니다.

마귀가 노리는 것은 하나님을 잘 믿는 사람들이 아예 이 세상에 발을 붙이지 못하게 하는 것입니다. 그리고 마귀는 악한 사람들을 충동질을 해서 부흥이 일어나는 교회나 믿음으로 살려고 하는 하나님의 백성들을 철저하게 이 세상에서 몰아내려고 하는 것입니다. 그래서 우리가 알아야 할 것은 마귀와 타협을 하려고 하면 우리는 이 세상에서 아무것도 할 수 없습니다. 그러나 하나님은 그런 가운데서도 우리가 살 수 있게 하십니다. 일단은 굶어 죽지 않고 살아 있는 것만 해도 기적입니다. 그리고 그 다음에는 세상에 대하여 대대적인 반격을 할 준비를 해야 합니다. 그러나 가장 중요한 반격이 영적인 반격입니다. 당장 세상에서 성공하는 것은 어렵습니다. 그러나 우리가 믿음에 충만한 은혜를 받고 영적인 부흥이 일어나면 우리는 세상에서 승리할 가능성이 많아지게 됩니다. 왜냐하면 하나님은 우리 안에 영적인 부흥이 일어날 때 거의 모든 복들을 다 부어주시기 때문입니다. 그때 우리는 이 세상에서 내가 할 수 있는 것을 찾게 됩니다.

그러나 사탄의 세력들은 하나님의 백성들을 이 세상에서 몰아내기 위해서라면 모든 세력들이 다 연합을 합니다. 그래서 평소에 전혀 친하지 않던 사람들도 연합이 되고 심지어는 원수들까지도 손을 잡는 것을 보게 됩니다. 예수님 당시에 예수님을 십자가에 못 박기 위하여 대제사장과 헤롯과 빌라도가 손을 잡는데 이들은 평소에 자기들끼리는 원수들이었습니다.

예수님은 분쟁하는 나라마다 서지 못한다고 말씀하셨습니다. 물론 이 세상 나라들은 서로 싸우고 다투고 헐뜯습니다. 그런데 놀라운 것은 아무리 악한 자라 하더라도 하나님의 백성들을 대적하고 몰아내는 일을 위해서라면 그렇게 단합이 잘될 수가 없다는 것입니다. 그 이유가 무엇입니까? 하나님의 백성들이 이상하게 싫고 시기심이 생기고 밉기 때문입니다. 그 뒤에는 반드시 눈에 보이지 않는 사탄의 세력이 있습니다.

우리는 우리의 싸움의 상대가 이 세상 사람들이 아니고 그 뒤에 있는 악한 사탄의 세력이라는 것을 알아야 합니다. 그런데 우리가 무슨 재주로 이 세상 사람들을 이기고 눈에 보이지 않는 마귀도 이길 수 있을까요? 우리는 믿음과 기도로 분명히 살 길이 열린다는 것을 믿어야 합니다.

**4-5절** 그들이 그 모든 군대를 거느리고 나왔으니 백성이 많아 해변의 수많은 모래 같고 말과 병거도 심히 많았으며 이 왕들이 모두 모여 나아와서 이스라엘과 싸우려고 메롬 물 가에 함께 진 쳤더라

이스라엘 백성들을 대항하기 위하여 모인 가나안 족속들이 얼마나 많은지 바다의 모래처럼 많았다고 성경은 기록하고 있습니다. 이 모든 사람들은 이스라엘 백성들이 가나안 땅에 들어오는 것을 원치 않았습니다. 더욱이 그들은 이스라엘 백성들이 가지고 있지 않는 무기들을 가지고 있었는데 그것은 바로 말과 병거였습니다. 결국 이 많은 사람들이 이스라엘 백성들을 죽이거나 광야로 몰아내려고 하는 것입니다.

우리 힘으로 싸워서 이기려고 하면 절대로 안 됩니다. 이스라엘 백성들이 해야 하는 것은 하나님께서 이들과 싸우게 해야 합니다. 즉 하

나님께서 주력부대가 되시고 이스라엘 백성들은 보조하는 군대가 되면 승산이 있는 것입니다.

그래서 우리로 하여금 도저히 이 세상에서 살 수 없도록 만드는 어려운 시련이 찾아왔을 때 우리는 놀라지 말아야 합니다. 왜냐하면 그것은 정상적인 일이기 때문입니다. 마귀는 언제나 우리를 이 세상에서 뿌리를 뽑아서 내어 쫓으려고 합니다. 그러나 하나님께서는 우리를 이기게 하셔서 최고로 우리에게 적합하고 맞는 삶을 살게 하시는 것입니다.

## 여호수아의 기습전법

이스라엘 백성들이 북쪽 가나안 족속과 싸우는데 가장 불리한 것은 적들이 가지고 있는 말과 병거였습니다. 이것은 이스라엘 백성들이 아무리 애를 써도 극복할 수 없는 한계였습니다. 어떻게 맨 손을 가진 군인이 탱크를 이길 수 있겠습니까? 이때 여호수아는 요행을 바라지 않았습니다. 지금까지 여호수아가 써먹었던 것 중에서 가장 잘할 수 있는 것은 기습 작전이었습니다. 특히 밤에 기습을 하면 말이나 병거가 있어도 아무런 소용이 없습니다.

**7절** 이에 여호수아가 모든 군사와 함께 메롬 물 가로 가서 갑자기 습격할 때에

여호수아는 자신이 가장 잘 할 수 있는 방법으로 공격을 했고 그것은 이번에도 먹혀 들어갔습니다. 북쪽에 있는 가나안 족속들은 숫자적으로도 이스라엘 백성들보다 많았고 또한 말과 병거라고 하는 막강한

무기가 있었습니다. 그래서 그들은 아마 속으로 이번 전쟁은 싸우나마나 가나안 족속이 이긴다고 생각했던 것 같습니다. 왜냐하면 온 세상에서 마병과 병거를 가진 군대를 맨 손으로 이길 수 있는 군대는 없었기 때문입니다. 그러나 이것이 바로 가나안 족속들이 가진 교만이었습니다. 세상 사람들은 조금 유리한 상황에 있으면 교만하고 방심하게 되는 것입니다.

지금 여호수아의 가장 큰 숙제는 어떻게 저 막강한 가나안 군대의 말과 병거를 깰 수 있느냐 하는 것입니다. 정상적으로는 어느 누구라도 북부 가나안 족속들의 말과 병거를 이길 수는 없습니다. 그런데 하나님께서는 여호수아에게 순간적으로 영감을 주셨습니다. 그것은 밤에 기습을 하라는 것입니다. 밤에 기습을 하면 어차피 아무것도 보이지 않기 때문에 말과 병거의 기동력이 힘을 발휘할 수가 없습니다. 더욱이 여호수아는 두 번 이상 가나안 땅에서 기습작전에 성공을 한 경험이 있었습니다.

우리가 영적인 싸움을 할 때에 중요한 것은 자기가 가장 잘할 수 있는 것을 가지고 싸우는 것입니다.

다윗이 골리앗과 싸울 때 절대로 사울 왕의 무기나 갑옷을 사용하지 않았습니다. 왜냐하면 그것은 자기가 잘할 수 있는 방법이 아니었기 때문입니다. 다윗이 가장 잘할 수 있는 것은 물맷돌을 던져서 맞추는 것이었습니다. 이것은 다윗이 너무나도 많이 연습이 되어서 어떤 일에도 빗나가는 법이 없었습니다. 그래서 다윗은 골리앗과 싸울때 사울이 자기 투구와 갑옷을 사용하라는 권면을 듣지 않았습니다. 왜냐하면 그렇게 되면 몸이 무거워서 골리앗을 이길 수 없다는 것을 잘 알았기 때문입니다.

그리스도인은 영적 훈련을 받으면 일단 자기 고집이나 욕심을 깨고 하나님 앞에서 자기 자신을 낮추는 것을 배우게 됩니다. 이것이 가장 어려운 훈련입니다. 우리가 세상 사람들이 가지고 있는 사고방식을 가지고 이 세상에서 성공한다는 것은 대단히 어렵습니다. 그러나 우리가 연단을 받으면서 자기 자신을 하나님 앞에서 낮출 때 자기가 가장 잘할 수 있는 것을 발견하게 될 것입니다. 그래서 내가 가장 잘할 수 있는 방법을 쓰면서 내가 가장 약한 것은 피하는 것이 성공하는 비결인 것입니다.

우리나라 기업들은 무조건 외형을 키우고 할 수 있는 모든 방법을 다 쓰려고 합니다. 그러나 이런 방만한 경영은 위기를 이겨낼 수가 없습니다. 우리는 자기가 할 수 없는 모든 일에 군살을 다 빼야 합니다. 쓸데없이 이름을 내기 위한 사업들은 다 정리를 해야 합니다. 그 대신에 하나님이 나에게 주신 특별한 노하우, 어느 누구도 모방할 수 없는 기술을 가지고 승부를 해야 하는 것입니다.

특히 여호수아는 메롬 물가 전투에서는 거의 자신의 힘으로 전쟁을 이기는 것을 볼 수 있습니다. 처음에 이스라엘 백성들이 여리고를 정복할 때에는 거의 100퍼센트 하나님의 능력으로 이겼습니다. 이스라엘 백성들은 손도 대지 않고 여리고 성이 무너지게 했습니다. 그런데 아이 성을 공격할 때에는 하나님께서 작전 지시를 하셨습니다. 즉 매복을 하고 거짓으로 도망을 치라는 것이었습니다. 그리고 기브온 전투 때에는 하나님께서 우박으로 치시고 태양과 달을 머물게 하셨습니다. 그런데 메롬 물가의 전투에서는 우박도 없었고 태양이나 달도 멈추지 않았습니다. 이스라엘 백성들은 거의 자신들의 힘으로 그 많은 적들을 물리쳤다고 볼 수 있습니다. 그 이유는 이스라엘 백성들이 전투를 한 번씩 경험하면서 점점 더 강해졌기 때문입니다. 우리는 시간이 갈수록 우리의 능력은 그만큼 더 강해지는 것입니다.

그러나 하나님께서는 여호수아에게 그들이 포기해야 할 것을 말씀하셨습니다.

6절 여호와께서 여호수아에게 이르시되 그들로 말미암아 두려워하지 말라 내일 이맘때에 내가 그들을 이스라엘 앞에 넘겨 주어 몰살시키리니 너는 그들의 말 뒷발의 힘줄을 끊고 그들의 병거를 불사르라 하시니라

하나님께서 이미 전쟁을 시작하기 전에 여호수아에게 승리를 약속하셨습니다. 그러나 현실적으로는 이스라엘 백성이 가나안 족속들을 이길 가능성은 거의 없었습니다. 그러나 하나님은 우리에게 믿음의 자신감을 주십니다.

하나님은 이스라엘 백성들의 힘을 아주 강하게 하셔서 가나안 족속들을 집중적으로 치게 하시니까 가나안 족속들이 이스라엘을 이기지 못했던 것입니다. 결국 북부 가나안 족속들과 이스라엘 백성들 앞에서 완전히 무너지게 됩니다. 그러나 이스라엘 백성들에게 중요한 것은 전쟁보다도 전쟁이 끝난 후였습니다. 하나님께서는 이스라엘 백성들에게 가나안 족속들에게 빼앗은 말의 힘줄을 끊고 병거를 불사르라고 말씀하셨습니다. 이것은 참으로 이해가 되지 않는 것입니다. 만약 이스라엘 백성들이 말을 사용하여 전쟁을 하면 얼마나 유리하며 빼앗은 병거를 그들도 전쟁에 사용하면 너무나도 유리할 것입니다. 그러나 하나님께서는 말과 병거를 의지하지 못하게 하셨습니다. 그리고 병거는 모두 태워버리게 하시고 말의 뒷발 힘줄은 끊어버리게 하셨습니다. 뒷발 힘줄을 끊은 말은 달리지도 못하고 서 있지도 못합니다. 죽은 말과 다를 바가 없습니다.

그렇게 하시는 이유가 무엇입니까? 하나님께서는 이스라엘 백성들

이 말이나 군사력을 의지하지 않고 눈에 보이지 않는 하나님을 의지하길 원하셨기 때문입니다.

이스라엘 백성들의 무기가 무엇입니까? 기도입니다. 그런데 우리는 말이나 병거가 있으면 기도를 하지 않게 됩니다. 우리가 생각하기에 말이나 병거도 가지고 하나님도 의지하면 될 것 같습니다. 그러나 인간의 마음은 너무나도 간사해서 말이나 병거가 없을 때에는 어쩔 수 없이 하나님께 매달리게 되는데 일단 유리한 것이 생기게 되면 그 때부터는 그 힘을 의지하고 하나님을 의지하지 않는 것입니다. 그래서 무엇인가 아는 사람은 자꾸 토론을 해서 다른 사람을 설득을 하려고 하지 기도를 하지 않습니다. 그 대신에 돈이 있는 사람은 자꾸 돈으로 승산을 따집니다.

어떤 사람이 하나님 앞에서 가장 복된 사람인가 하면 언제나 하나님을 의지할 수밖에 없는 사람입니다. 하나님께서는 사랑하는 자들에게 언제나 중요한 나사를 하나 빼놓으셔서 꼼짝 못하게 하십니다. 결국 죽을 때까지 하나님을 의지하지 않을 수 없게 만드시는 것입니다.

예수님은 사도 바울을 너무나도 사랑하셨지만 바울에게는 심각한 병이 있었습니다. 바울은 자신의 병이 낫도록 세 번이나 간절하게 기도를 했지만 하나님의 응답은 그 병을 위해서 더 이상 기도하지 말라고 하셨습니다. 왜냐하면 그 병이 없어지면 바울도 교만해질까봐 두렵다는 것입니다. 그래서 바울은 '내가 연약할 때 오히려 더 강하다'는 고백을 했습니다. 우리는 때때로 무엇인가 남보다 못하고 부족하기 때문에 힘들게 살아갈 때가 많습니다. 그러나 사실은 그것이 없는 것이 복입니다. 왜냐하면 그것이 없기 때문에 우리는 단 하루라도 하나님을 의지하지 않을 수가 없는 것입니다. 기도하지 않고는 견디지 못하는 것입니다.

이스라엘 백성들이 얼마든지 말을 가질 수 있고 병거를 가질 수 있음에도 불구하고 말의 힘줄을 끊고 병거를 태워버릴 때 하나님이 그들의 말이 되어주시고 병거가 되어주셨습니다. 세상 사람들이 보기에는 이스라엘에 말도 없고 병거도 없기 때문에 그들을 쉽게 이길 수 있을 것 같습니다. 그러나 이스라엘을 이기는 것은 쉽지 않습니다.

왜냐하면 어느 누구도 하나님 백성들을 공격하는 것이 쉽지 않기 때문입니다. 왜냐하면 도덕적으로 더러운 자들을 무너뜨리는 것은 너무나도 쉬운 일입니다. 그러나 아무리 무지한 사람들이라 하더라도 도덕적으로 깨끗하고 하나님 앞에서 깨끗한 사람들은 공격하는 것이 결코 쉽지가 않습니다.

왜냐하면 사람들의 마음속에는 양심이 있어서 자기들도 자기들이 이렇게 해서는 안 된다는 것을 알고 있기 때문입니다. 그래서 악한 자들도 악한 자들을 공격하는 것은 쉽지만 도덕적으로 고결한 자들을 공격하는 것은 쉽지가 않습니다.

### 여호수아의 승리

**7-8절** 이에 여호수아가 모든 군사와 함께 메롬 물 가로 가서 갑자기 습격할 때에 여호와께서 그들을 이스라엘의 손에 넘겨 주셨기 때문에 그들을 격파하고 큰 시돈과 미스르봇 마임까지 추격하고 동쪽으로는 미스바 골짜기까지 추격하여 한 사람도 남기지 아니하고 쳐죽이고

여호수아는 자기들보다 월등하게 군사력이 강한 가나안 족속들을 기습공격으로 쳤습니다. 여호수아가 기습 작전으로 승리한 것을 보면 하나님의 백성들은 역시 부지런해야 한다는 것을 알 수 있습니다. 하

나님의 백성들이 잘 것 다 자고 놀 것 다 놀면 영적인 전쟁에서 이길 수가 없습니다.

여호수아가 몇 번씩이나 이길 수 있었던 것은 밤에 자지 않고 힘을 집중시킬 수 있었기 때문입니다. 야간 행군은 길을 잃을 수 있기 때문에 위험했습니다. 또 소리를 내면 안 되고 장시간 질서 있게 행군을 해야 하기 때문에 훈련이 되어 있어야 합니다. 그리고 한밤중에 모든 것을 다 준비해야 하기 때문에 다른 군인들보다 몇 배는 부지런해야 합니다. 또 야간 기습 공격은 사람들이 눈에 잘 보이지 않기 때문에 자기 편끼리 죽일 수도 있습니다. 그래서 야간 기습은 정말 훈련된 사람들만이 할 수 있는 전법입니다. 그러나 이스라엘 백성들은 한 마음이 되었기 때문에 기습 작전에 성공할 수 있었습니다. 그래서 교회 안에서 가장 중요한 것은 모든 교인들의 생각이 하나가 된다는 것입니다. 교인들의 생각이 하나 되지 않으면 그때까지는 이런 위험한 전쟁을 할 수가 없습니다.

사실 이 세상에서 교인들만큼 스스로 똑똑하고 훌륭하다고 생각하는 사람들은 없을 것입니다. 왜냐하면 다 나름대로 하나님을 믿고 또 은혜 받은 체험들이 있기 때문입니다. 그러나 아무리 은혜 받았다고 하지만 아직 다듬어지지 않아서 자기 생각밖에 하지 못합니다. 이렇게 다듬어지지 않은 돌로 집을 지으면 전부 무너지게 되고 다른 사람이 다치게 됩니다. 그러나 하나님의 말씀은 마치 물이 바위를 뚫듯이 조금씩 깎고 다듬게 됩니다. 그래서 처음에는 자기가 생각하는 것이 가장 중요하다고 주장을 하다가 어느 순간 교인들의 입이 다물어지면서 조용해질 때가 있습니다. 왜 그런 일이 일어나는지 알 수 없지만 이때가 바로 믿음의 공감대가 생겼을 때이고 다른 사람을 나보다 낫다고 인정할 때입니다. 이때가 비로소 하나 될 때이고 교인들은 말을 하기

보다는 기도를 하게 되고 모이는데 힘쓰게 됩니다. 그리고 모였을 때에도 세상 이야기 같은 것은 하지 않고 성경을 읽거나 기도를 하게 됩니다. 사실 오래 믿은 교인들이 어느 곳에 모였을 때 장시간 기도하는 것을 보기 굉장히 어렵습니다. 그러나 세상 돌아가는 이야기는 신문보면 얼마든지 알 수 있고 모두 다 아는 이야기인 것입니다. 세상 입이 다물어지고 기도하게 될 때 그때가 부흥의 때입니다.

여호수아는 북쪽 가나안 땅을 전부 다 불태우게 했습니다. 그래서 이스라엘 백성들은 하솔은 완전히 불태우고 아무것도 남기지 않았습니다. 전쟁은 실컷 하고 전리품을 얻지 못한 것입니다. 그것은 하솔을 죄의 상징으로 본 것입니다. 그러나 다른 성들에서는 물건이나 가축은 전리품으로 취했습니다. 그래서 우리는 어떤 일을 할 때 얻을 수 있는 것이 있는가 하면 아무것도 얻지 못하고 수고만 해야 할 때도 있습니다. 그래서 이익을 우선으로 하나님의 일을 하면 안 됩니다. 때때로 영혼을 살리기 위해서라면 어떤 손해라도 감당을 할 수 있어야 하는 것입니다.

그러나 하나님께서는 이스라엘 백성들에게 상급을 주십니다. 그래서 우리가 하나님의 일을 할 때에 하나님께서는 반드시 먹고 살 수 있게 하십니다. 그 이유는 우리가 먹고살아야 계속 하나님의 일을 할 수 있기 때문입니다.

이스라엘 백성들이 북쪽 가나안 족속들을 이긴 것은 완전한 기적이었습니다. 이것은 하나님께서 함께 싸워주시지 않으시면 불가능한 것이었습니다.

이제 우리가 기억해야 할 것은 우리의 싸움에 하나님이 함께 하시느냐 않느냐 하는 것이 무기나 사람 수보다 훨씬 더 중요하다는 것입니다.

하나님이 함께 하시게 하려면 하나님이 우리를 사랑하시며 긍휼을 베풀도록 해야 합니다. 그것은 우선 기도보다 더 강한 무기는 없다는 것을 인정하는 것입니다. 그리고 철저하게 하나님의 말씀에 헌신하는 것입니다. 여호수아는 아무리 적이 많아도 그들을 몰아내는 비결을 알고 있었기 때문에 승리할 수 있었습니다.

세상 사람들이 가지고 있는 힘은 사용하면 사용할수록 점점 더 고갈되게 되는 것입니다. 이것은 마치 물을 다 퍼내고 나면 바닥이 드러나게 되는 우물물과 같습니다. 그러나 하나님의 백성들의 지혜는 마치 샘이 터지는 것 같습니다. 지속적으로 하나님의 지혜가 임하고 하나님의 능력이 임하기 때문에 절대로 고갈되지 않습니다.

본문 16절 이하를 보면 여호수아가 가나안 땅을 정복한 것에 대한 개괄적인 요약이 나옵니다.

**16절** 여호수아가 이같이 그 온 땅 곧 산지와 온 네겝과 고센 온 땅과 평지와 아라바와 이스라엘 산지와 평지를 점령하였으니

가나안 땅은 북쪽이 평지로 되어 있고 남쪽이 산지로 되어 있습니다. 그런데 이스라엘 백성들은 하나님의 말씀을 의지했기 때문에 이 모든 것을 다 빼앗을 수 있었습니다. 그런데 그 많은 가나안 성읍 중에서 이스라엘 백성들과 화친을 한 백성들은 오직 기브온 족속 하나 밖에 없었습니다. 그 이유는 모든 가나안 족속들이 교만하여 스스로 회개하기를 거부했기 때문입니다.

**20절** 그들의 마음이 완악하여 이스라엘을 대적하여 싸우러 온 것은 여호와께서 그리하게 하신 것이라 그들을 진멸하여 바치게 하여 은혜를 입지 못

하게 하시고 여호와께서 모세에게 명령하신 대로 그들을 멸하려 하심이었더라

사람이 회개하는 것도 하나님께서 회개할 마음을 주셔야 하는 것입니다. 이것을 보면 오직 기브온 족속만 화친한 것도 하나님께서 허락하셨고 하나님의 뜻인 것을 알 수 있습니다.

가나안 족속들은 너무나도 악했기 때문에 하나님께서는 그들에게 회개할 기회를 주시지 않으셨습니다. 그리고 이스라엘 온 산지에서 아낙 자손들을 멸절했다고 말씀하고 있습니다. 왜냐하면 이 아낙 자손들은 모두 거인이었고 악한 자들이었습니다. 이들은 영원히 이스라엘 백성들의 두려움의 대상이 된 사람들이었습니다. 이스라엘 백성들은 이때 이 거인족들을 거의 멸망시킵니다. 하지만 블레셋 땅의 일부가 남아있게 됩니다. 결국 이 후손 중에 골리앗이라는 사람이 나와서 하나님을 훼방하며 이스라엘을 대적했던 것입니다.

결국 우리 성도들은 믿음으로 이 세상을 차지하게 되는데 불가능한 것이 가능하게 되는 것입니다. 그래서 어려움을 당할 때에도 낙심하지 말고 굳게 서서 끝까지 견디는 것이 중요합니다. 그러면 하나님께서 가장 좋은 것으로 우리에게 주실 것입니다.

# 가나안 정복의 원리

영화에서 연기를 하는 사람들은 배우들이지만 영화를 실제로 만드는 사람은 영화감독입니다. 그래서 배우들의 얼굴이 아무리 잘생기고 인기가 높다 하더라도 감독의 의사와 맞지 않으면 영화를 만들 수가 없습니다. 또 축구나 야구 경기를 하는 사람들은 선수들이지만 전체적인 게임을 이끌어가는 사람은 감독입니다. 그런데 선수들이 감독의 지시를 무시하고 자기 마음대로 경기를 하면 교체가 될 것입니다. 세상에서 똑똑한 사람도 많고 성공한 사람들도 많이 있지만 이 세상을 이끌어 가시는 하나님의 뜻을 모르고 혼자 열정으로 날뛰는 경우가 많이 있습니다.

로마인들은 자주 알프스 산맥 밑에 있는 갈리아 족의 침략을 받았습니다. 이것을 해결하기 위해서 줄리어스 시저는 아예 알프스 너머에 있는 갈리아 족까지 정복을 해서 로마화했습니다. 시저는 아주 원대한 로마의 그림을 가지고 있었는데 그것은 지중해를 내해로 하는 거대한 로마 제국을 만드는 것이었습니다. 사실 시저의 꿈은 이루어졌지만 그가 황제가 되려고 한다고 의심한 원로원 귀족들에 의해서 살해를 당하게 됩니다. 그러나 로마가 이 거대한 제국을 가지고 한 일은 다른 나라의 좋은 물건들이나 노예들을 끌고 와서 사치하고 방탕한 것이었습니다. 어떤 역사가는 로마의 황제들에게는 광기가 흐른다고 말할 정도로 신하들이나 노예들을 아무 이유 없이 죽이는 일을 했습니다. 그리고 많은 황제들은 이미 남색이라고 해서 남자를 두고 살았습니다. 로마에 대한 하나님의 뜻은 로마가 지배하고 있던 영역 안에 있는 작은 나라에서 시작한 하나님의 나라를 지키고 보호하는 것이었습니다. 그러나 로마는 하나님의 아들을 죽였고 기독교인들을 무자비하게 탄압했습니다.

아마 프랑스의 나폴레옹 황제나 독일의 히틀러는 시저 같은 영웅이 되어서 유럽 전체를 자기 마음대로 주무르고 싶었던 모양입니다. 그러나 나폴레옹은 전쟁을 잘했지만 하나님의 뜻을 생각하지 못했습니다. 사람들은 처음에 나폴레옹이 하는 화려한 말에 속아서 나폴레옹을 코르시카 출신의 구세주라고 칭송하고 베토벤은 교향곡 3번을 보나파르트에게 바친다고 했지만 그는 야망에 미친 전쟁광이었던 것입니다. 나폴레옹은 전쟁하는 데는 천재였지만 하나님의 뜻은 읽지 못해서 결국 모스코바의 겨울을 이기지 못하고 철수하다가 거의 모든 군대가 얼어 죽게 됩니다. 그런데 히틀러도 이와 같은 전철을 똑같이 반복을 해서 소련을 침공하는데 히틀러가 생각하지 못했던 것은 독일군대의 빠른 진격이 프랑스나 헝가리같이 좋은 날씨이고 땅이 단단한 곳은 통하지만 안개가 낀 영국이나 비만 오면 진흙탕으로 변하는 소련은 쉽지 않다는 것을 알지 못했던 것입니다. 결국 독일군도 스탈린그라드의 싸움에서 추위를 이기지 못하고 후퇴를 하게 되는데 이것이 2차대전의 분수령이 되게 됩니다.

우리가 이런 것을 보면 위대한 영웅들이 야망과 힘을 가지고 다른 나라들을 정복해서 엄청나게 큰 나라를 만들지만 자신에 대한 하나님의 뜻을 몰라서 망하는 것을 알수 있습니다.

하나님께서는 모세와 여호수아에게 가나안 땅을 침공해서 가나안 사람들을 몰아내고 철저하게 하나님의 말씀이 다스리는 새로운 나라를 만들라고 말씀하셨습니다. 여기서 하나님의 말씀이 다스리는 나라가 하나님의 통치의 특징인 것입니다. 즉 하나님께서는 사람을 통해서 주의 백성들에게 하나님의 말씀을 가르치시고 백성들이 그 말씀에 순종해서 살 때에 큰 부흥이 일어나게 되는데 그때 하나님은 모든 복을 다 내려주시는 것입니다. 그런데 이스라엘 백성들은 가나안에서 큰 왕들을 정복하지만 영적인 부흥을 일으키는데는 실패하게 됩니다.

여호수아서의 중간 부분을 차지하고 있는 많은 내용은 이스라엘 열두 지파가 과연 가나안 땅을 어떻게 나누어서 분배를 받았는지를 기록하고 있습니다. 즉 여호수아서 12장부터 19장에 이르기까지 무려 일곱 장의 내용이 이스라엘 각 지파가 가나안 땅을 분배한 내용으로 되어 있습니다. 그런데 여기에 보면 많은 지명들이 나오는데 그 지명들 중에는 오늘 우리들이 확인을 할 수 없는 지명들이 많이 있습니다. 또 설사 확인을 할 수 있다 하더라도 이미 가나안 땅에 살지 않는 오늘 우리들에게 이 지명들이 무슨 의미를 주는지 알 수 없습니다.

우리가 여호수아서에서 배우게 되는 것은 하나님의 백성들이 어떻게 이 세상에서 승리할 것인가 하는 것입니다. 물론 우리 한 사람 한 사람이 능력을 발휘해서 세상에서 성공하는 것도 대단히 중요한 것입니다. 그러나 사실 하나님이 축복하시지 않으시면 개인이 아무리 능력이 있다 하더라도 돈 벌수 있는 일거리 자체가 없을 때가 많습니다. 그래서 저희들이 어렸을 때에는 사실 일거리 자체가 없었고 대학을 졸업해도 취직 못하는 사람들이 수두룩했습니다. 그때 교회에서 부흥이 일어나게 되었습니다. 특히 엑스폴로라고 해서 여의도에 기독교인들 수백만 명이 모여서 말씀을 듣고 기도하고 전도했는데 대부흥이 일어나게 되었습니다. 저도 그때 주일 오후 예배를 드리지 않고 교인들이 여의도에 가서 빌리 그래함 목사와 한경직 목사의 설교를 들었는데 은혜스러웠습니다. 그러면서 극심한 정치적 혼란 가운데서도 엄청난 경제 부흥이 일어나게 되었습니다. 그리고 우리나라는 기독교인들이 사회의 많은 부분에서 두각을 나타내고 있습니다. 그러나 우리는 다시 이스라엘 백성들이 가나안에서 겪었던 데카당스 즉, 영적인 침체를 경험하고 있습니다. 이것이 바로 우리 젊은이들의 미래를 어둡게 만들고 있습니다.

## 이스라엘의 승리의 기초

이스라엘 백성들이 가나안 땅을 차지할 수 있었던 가장 중요한 뿌리는 모세가 요단 동편의 두 왕을 쳐부수고 승리한 것입니다.

원래 이스라엘 백성들은 애굽에서 노예 생활을 하던 사람들이었기 때문에 전쟁을 할 줄 몰랐습니다. 그리고 이스라엘 백성들이 광야에서 40년을 돌아다니면서도 전쟁은 제대로 경험하지 못했습니다. 그러다가 이스라엘 백성들이 처음 전쟁다운 전쟁을 한 것은 요단 동편 헤스본과 바산 전투였습니다. 이스라엘 백성들은 40년을 광야에서 보낸 후 가나안 남쪽에서부터 올라온 것이 아니라 에돔과 모압 땅을 뺑 둘러서 요단강 동쪽에서부터 가나안 땅으로 들어왔습니다. 그런데 이스라엘 백성들이 가나안 본토에 들어오기 전에 만나야 했던 두 왕이 헤스본왕 시혼과 바산왕 옥이었습니다. 이 두 나라는 요단강 동쪽 지금의 레바논에 있는 나라였는데 이 두 왕은 거인들이었고 이 두 나라는 아주 강한 나라였습니다.

그런데 모세와 이스라엘 백성들이 하나님의 말씀을 믿고 두 왕과 싸웠을 때 이스라엘 백성들이 이겼습니다. 그래서 이스라엘 백성들은 이 두 나라에 있는 수없이 많은 성들을 모두 차지했고 그 나라 모든 사람들을 진멸하게 되었습니다. 이스라엘 백성들이 이때 가나안 땅을 차지한 것은 아니었지만 그들이 이 세상에서 무엇인가 할 수 있다는 것은 처음 알게 되었습니다. 사실 이스라엘 백성들은 자기들이 어떻게 해서 이 강한 두 왕을 꺾었는지도 잘 몰랐습니다. 이스라엘 백성들은 그냥 믿음을 가지고 열심히 싸웠는데 결과는 엄청난 승리였던 것입니다. 이스라엘 백성들은 여기서부터 자신을 얻게 되었습니다. 그리고 하나님께서 약속하시기는 너희들이 앞으로도 이 믿음을 가지고 나가면 능히 가나안 땅 전체도 차지할 수 있다고 말씀하셨습니다.

우리는 예수를 믿는다고 하지만 사실 제대로 잘할 수 있는 것이 아무것도 없는 평범한 사람들일 때가 많습니다. 또 우리는 아무것도 잘할 수 있는 것이 없기 때문에 감히 이 세상에서 성공할 수 있다는 것을 생각조차 하지 못합니다. 그런데 우리가 어떻게 하다가 내가 믿음 안에서 잘하게 되는 수가 있습니다. 이때 우리는 굉장히 놀라게 됩니다. 왜냐하면 도대체 내가 이 세상에서 잘할 수 있는 것이 아무것도 없는 줄 알았는데 나도 무엇인가 잘할 수 있다는 것을 알게 되었기 때문입니다. 그리고 그 후부터는 진짜 무엇인가 잘하게 되고 다른 사람도 대단하게 생각을 하게 됩니다. 그리고 나중에 상상할 수 없을 정도로 엄청난 성과를 거두게 되는 것입니다.

예를 들어, 어떤 학생은 도대체 잘할 수 있는 과목이 없는 지극히 평범한 학생이었습니다. 이 학생의 고민은 자기가 잘할 수 있는 것이 아무것도 없고 또 하나님이 자기에게 무엇을 원하시는지 알 수가 없었습니다. 그러다가 어떻게 해서 수학 경시 대회나 과학 경시 대회에 나갔는데 그때 공부 잘하는 학생들이 다 안 나왔는지 자기가 일등을 하게 된 것입니다. 도저히 믿어지지 않는 일이지요. 그런데 이 학생에게는 그것이 출발점이 될 수 있습니다. 왜냐하면 한 가지를 잘할 수 있다는 것은 다른 것도 잘할 수 있다는 것을 의미하기 때문입니다. 나중에 이 학생이 세계적인 학자가 되는 수도 있고, 유명한 교수가 되는 경우도 있습니다. 그것은 그 별 것 아닌 것 같은 대회가 이 학생에게 자기에게도 잘할 수 있는 것이 있다는 자신감을 주었기 때문입니다.

모세의 그 신앙을 그대로 물려받은 사람이 여호수아였습니다. 그래도 모세에게는 능력의 지팡이라도 있고 얼굴의 광채라고 있었지만 여호수아는 전혀 그런 것 없이 오직 모세의 말씀만 물려받았습니다. 그런데 모세가 멸망시킨 왕은 두 명이었지만, 여호수아가 쳐부순 왕들은 무려 서른 한 명의 왕들이었고 가나안 땅의 유명한 왕들 중에서 여호수아의 칼날에 죽지 않은 왕이 없었습니다.

이것이 바로 여호수아가 믿음으로 나아간 결과였습니다. 이것이 오늘 우리들에게도 나타나게 됩니다.

그래서 우리는 아무것도 제대로 해낼 자신이 없다가 무엇인가 하나 잘할 수 있게 되었을 때 그것이 하나님이 주시는 축복의 사인이라는 것을 알아야 합니다. 우리가 동일한 믿음으로 나갈 때 도저히 우리 머리로 상상할 수 없었던 그런 놀라운 결과가 나오게 되는 것입니다.

여호수아는 가나안 땅을 정복한 후에 하나님께서 모세와 자기를 통해서 이기게 하신 왕들의 이름을 다 적어보았습니다. 그랬더니 너무나도 놀라운 결과가 나오게 되었습니다. 그 이유는 하나님께서 보잘것없는 자기를 통해서 모세보다 비교할 수 없을 정도로 엄청난 승리를 주신 것을 알게 되었습니다. 여호수아는 자기가 정복했던 왕들의 이름을 적어보면서 이 왕 중 어느 한 사람도 여호수아가 쉽게 이길 수 있는 적은 없었다는 것을 알았습니다. 모두 강한 왕들이었고 힘이 센 왕들이었습니다. 그런데 하나님께서는 그 강한 왕들 중 한 사람도 빼놓지 않고 모두 여호수아의 손에 멸망당하게 하셨던 것입니다.

### 이스라엘 백성들의 정신적 후퇴

여호수아는 가나안의 모든 왕들을 다 죽이고 군인들을 멸망시켰지만 민간인들을 다 죽인 것은 아니었습니다. 이제 남아 있는 가나안 땅의 민간들을 몰아내고 새로운 사회를 건설해야 하는 것은 이스라엘 각 지파가 해야 하는 일이었습니다. 그러나 이스라엘 각 지파들은 여호수아가 가나안 땅에서 승리한 후에도 오랜 기간 동안 가나안 땅을 정복하지 못하고 있었습니다.

13:1 여호수아가 나이가 많아 늙으매 여호와께서 그에게 이르시되 너는 나이가 많아 늙었고 얻을 땅이 매우 많이 남아 있도다

여호수아는 가나안 땅에서 무려 31명의 왕들과 싸워서 다 물리쳤습니다. 이 놀라운 승리를 통해서 가나안 땅에서 군대나 무력으로 이스라엘 백성들과 싸울 나라는 없었습니다. 그럼에도 불구하고 이스라엘 백성들은 오랜 세월이 지나도록 거의 대부분의 가나안 땅을 차지하지 못하고 있었습니다. 그 이유는 가나안 사람들 즉, 민간인들이 남아서

버티고 있기 때문입니다.

이것은 마치 옛날 구청에서 무허가 건물을 철거할 때 구청직원들과 철거민들과의 전쟁과 비슷합니다. 낮에 구청에서 직원들이 와서 무허가 건물을 헐면 그날 밤에 철거민들은 다시 와서 건물을 세워놓습니다. 아무리 구청에서 나와서 건물을 부수어도 철거민들은 밤에 다서 들어와서 집을 지어 놓는 것입니다. 이런 문제를 해결하려면 무엇인가 철저한 합의가 있든지 대책을 세워져 있어야 할 것입니다. 오래 전에 덕수궁 돌담길 옆에 데모하는 사람들이 천막을 설치해 구청에서 철거하면 또 천막을 치고, 철거하면 또 천막을 치고, 꽃밭을 만들면 꽃밭에 들어가서 죽치는 바람에 애를 먹은 적이 있습니다.

예수님께서는 성전에 올라가셨을 때 성전에서 장사하는 자들을 내어 쫓으셨습니다. 그때 제자들은 예수님이 '주의 전을 사모하는 열심이 나를 삼키리라'는 말씀이 생각이 났다고 했습니다. 이것은 예수님께서 너무나도 열정적으로 장사하는 자들을 내어 쫓으셨기 때문에 그들이 감히 다시는 예수님 앞에 나타날 수 없었던 것입니다. 이스라엘 백성들이 가나안 족속들을 내어 쫓는 것은 마치 숨바꼭질하는 것과 같습니다. 이쪽을 내어 쫓으면 저쪽으로 들어옵니다. 이럴 때에는 대충 대충해서는 안 되고 가나안 족속들에 대하여 무슨 분명한 기준을 가지고 확고하게 밀어 붙여야 하는 것입니다. 즉 어느 선 이내에는 살지 말라고 하든지 아니면 다른 이주할 곳을 제시해 주고 보내든지 해야 하는 것입니다.

그런데 이스라엘 백성들이 이미 전쟁에서는 다 이겨놓고 민간인들을 내어 쫓지 못하고 있었습니다. 그 이유는 워낙 가나안 족속들이 악착같이 자기들이 살던 곳에 버티고 있었기 때문인 것 같기도 합니다. 그러나 가장 중요한 것은 이스라엘 백성들의 마음속에 이미 하나님의 일에 대한 열정이 식어버린 것입니다.

이스라엘 백성들은 가나안 땅에서 원주민들을 몰아내는 것을 중요하게 생각하지 않았습니다. 왜냐하면 그들은 가나안 땅에서 해야 할 일이 너무나도 많았기 때문입니다. 그들은 가나안 땅에서 농사도 지어야 하겠고 집도 지어야 했습니다. 그리고 귀찮게 가나안 족속들을 내어 쫓지 않고서도 얼마든지 잘살 수 있는데 무엇 때문에 가나안 사람들을 그 땅에서 몰아내어야 하겠습니까? 여기에 하나님과 이스라엘 백성들 사이에 중요한 생각의 차이가 있었습니다.

하나님께서는 '가나안 족속들은 악한 죄인들이다. 그러니까 너희가 그들을 몰아내지 않으면 너희들은 그들의 죄의 영향을 받게 된다'고 말씀하시는 것입니다. 즉 하나님께서는 이스라엘 백성들에게 너희가 가나안 땅에서 빨리 정착하고 안정된 생활을 사는 것이 중요한 것이 아니라 철저한 믿음으로 시작하라는 것이었습니다.

그런데 이스라엘 백성들의 생각은 철저한 신앙보다는 빨리 가나안 땅에서 정착해서 안정된 생활을 하고 싶어 했습니다. 그래서 이스라엘 백성들은 우리는 가나안 사람들이 있어도 얼마든지 신앙생활을 잘할 수 있다고 생각했습니다. 왜냐하면 가나안 사람들은 모두 농사를 지을 수 있는 사람들이었습니다. 또 이스라엘 백성들은 가나안 사람들에게 배울 것도 많았고 또 가나안 사람들에게는 기술이 있었고 문화가 있었습니다. 단지 가나안 사람들은 우상숭배가 심하고 음란한 것이 문제였을 뿐입니다. 그러나 이스라엘 백성들은 사는 것이 중요하다고 생각해서 이런 정신적인 문제를 중요하지 않게 생각했습니다. 그러다가 이스라엘 백성의 자녀들은 이 가나안 아이들에게 물들어 갔던 것입니다.

결국 이스라엘 백성들이 철저하지 않고 타협하는 바람에 가나안의 많은 문화나 방식을 받아들이게 되는데 이것이 나중에 이스라엘의 영적 부흥을 끄게 만들고 정신적인 올무가 되었습니다.

이것은 교회가 성장하는데도 마찬가지입니다. 교회가 처음부터 하나님의 말씀만 붙들고 사람을 만족시키지 않고 성경대로만 나가면 이해를 하지 못하는 분들이 많고 반대하는 분들도 많이 생기게 됩니다. 그리고 교인들 중에는 너무 꽉 막혔다고 해서 떠나는 사람들도 많이 있습니다. 그러나 어느 순간이 지나면서 교인들의 마음이 하나가 되면서 부흥의 불이 붙게 되는데 그때 교인들이 부흥의 맛을 보게 되고 기도의 응답을 체험하게 되고 나중에는 세상적으로도 복을 받게 됩니다. 그러나 많은 경우에 교인들의 비위를 맞추어주기 위해서 복음의 메시지보다는 인간적으로 기쁘게 하는 설교를 하고 인간적인 방법으로 교인들이 활동을 하게하고 추켜 세워줄 때 엄청나게 부흥이 되는 것 같습니다. 그런데 나중에는 완전히 인간적인 생각들이 교회를 지배하게 되어서 결국에는 걷잡을 수 없이 세속화가 되게 됩니다.

그 대표적인 사람이 이스라엘 초대왕 사울 왕이었습니다. 사울 왕은 처음에 왕이 되었을 때 하나님의 말씀을 의지하기 보다는 용병을 의지했습니다. 그래서 좋은 군인들이 있으면 돈을 주고서라도 주위에 사모았습니다. 그런데 이 용병들은 모두 돈 때문에 일하는 사람들이었습니다. 나중에 하나님께서 사울왕에게 아말렉을 치고 그 모든 양들과 가축을 다 죽이라고 명령하셨을 때 사울왕은 순종할 수가 없었습니다. 왜냐하면 자기들이 고용한 용병들의 돈을 주어야 했기 때문입니다.

그러나 다윗은 처음부터 하나님의 말씀만 가지고 모든 것을 했습니다. 그래서 이스라엘 사람들은 다윗을 싫어했습니다. 그 대신에 다윗 주위에 몰려든 사람들은 모두 말씀 때문에 몰려든 사람들이었습니다. 결국 이 사람들은 마음이 하나님의 말씀으로 일치되었기 때문에 나중에 40년 동안 부흥을 일으키게 되는 것입니다.

하나님께서 이스라엘 백성들에게 요구하신 것은 단순히 가나안 땅에 살기 좋은 땅이라고 해서 여기에서 농사짓고 집을 짓고 부자 되는 것을 생각하지 말고 처음에는 농사를 좀 망치고 집도 없고 자녀 교육에 어려움을 겪는다 하더라도 철저하게 말씀에 기초해서 시작하라고 하신 것입니다. 즉 하나님께서는 이스라엘 백성들이 가나안 땅의 열매로 만족하기 보다는 장소만 가나안 땅이지 광야 같은 부흥으로 살기를 원하셨던 것입니다. 그러나 이스라엘 백성들은 영적인 부흥만으로 만족하기에는 너무나도 약삭빠른 사람들이었습니다. 즉 부흥이라고 하는 것은 시간이 오래 걸리는 것이었습니다. 이스라엘 백성들이 수년 동안 가나안 족속들을 다 몰아내고 거기에 기도와 말씀에만 전념해야 하는데 그렇게 하면 너무나도 세상에서 늦어지게 되는 것입니다. 이스라엘 백성들의 생각으로는 너무 극단적으로 믿기 보다는 가나안 사람들을 이용해서 농사에 성공하고 집이 안정되고 그러면서 하나님을 믿어도 안 될 것이 전혀 없다는 식이었습니다.

그러나 아무 희생 없이 부흥은 일어나지 않습니다. 우리가 먹을 것 다 먹고 세상에서 챙길 것 다 챙기고 부흥을 일으킨다는 것은 불가능한 일인 것입니다. 돈을 손해 보고, 세상의 출세를 손해보고, 하나님의 말씀과 기도에 전념할 때 부흥의 복이 오게 되는 것입니다.

그래서 어떤 의미에서 이스라엘 백성들이 가나안 족속들을 몰아내는 가장 좋은 방법은 한 사람 한 사람 멱살을 붙잡고 싸우는 것이 아니라 자꾸 하나님의 말씀과 기도로 부흥을 일으키는 것입니다. 이런 영적인 부흥은 가나안 사람들이 가장 싫어하는 것이기 때문에 결국 이들은 신앙적으로 돌아오든지 아니면 스스로 떠나기 때문에 결국 하나님의 말씀을 사랑하는 사람들만 남게 됩니다. 이 사람들은 거의 성령의 불덩어리이기 때문에 모여서 기도하기만 하면 하나님의 능력이 나타나게 되는 것입니다.

우리 하나님의 백성들은 처음에 고생을 하는 것이 낫습니다. 고생을 해서라도 일단 성경적인 기초가 확립이 되고 나면 하나님이 거기에 축복하셔서 가속도가 붙으면서 더 축복도 빨라지게 되는 것입니다. 나중에 보면 세상적으로 타협한 경우보다 훨씬 더 빨리 복을 받는 것을 보게 되는 것입니다.

그래서 우리에게 중요한 것은 당장 좋은 것을 차지하는 것 보다는 하나님의 바른 말씀의 기초위에 서는 것입니다. 지금 당장은 아무것도 가지고 있는 것이 없다 하더라도 하나님의 말씀대로 걸어가고 있다면 하나님께서는 가장 좋은 것을 우리에게 주실 것입니다.

### 요단 동편 땅과 서편 땅의 분배

13:8은 모세가 요단 동편에 이스라엘의 두 지파 반에게 땅을 준 것을 기록하고 있습니다.

**8절** 므낫세 반 지파와 함께 르우벤 족속과 갓 족속은 요단 저편 동쪽에서 그들의 기업을 모세에게 받았는데 여호와의 종 모세가 그들에게 준 것은 이러하니

중요한 것은 요단 동편의 땅도 이스라엘 땅이라는 것입니다. 그러나 원래 하나님께서 약속하신 땅은 요단 서편 땅이었습니다. 그런데 모세가 정복하고 이스라엘 백성들이 차지하는 바람에 이스라엘 땅이 된 것입니다.

즉, 하나님께서 영원히 주시겠다는 본토는 아닌데 너무나도 초장이 아름답고 또 이 땅을 가지는 것이 경제적으로 유리하기 때문에 하나님께서 주신 것이었습니다. 그러나 이것이 우리에게는 대단히 중요한 상징적인 의미가 있다고 생각합니다.

사실 하나님께서 우리에게 주시려고 하는 것은 영적인 축복이고 영원한 천국의 상급입니다. 예수 믿는 사람들은 이미 영원한 천국의 상급을 약속 받았기 때문에 이 세상에서 아무것도 가질 필요가 없습니다. 우리는 이 세상에서 집도 필요 없고 직장도 필요 없습니다. 왜냐하면 우리는 이 세상의 복과는 비교되지 않는 영적인 복을 받았고 영원한 천국을 약속받았기 때문입니다. 그러나 우리가 천국의 약속만 가지고 직장도 없고 집도 없이 떠돌이처럼 살아간다면 우리의 구원은 초라하고 비참하게 느껴질 것입니다. 그래서 하나님께서는 우리에게 이 세상에서도 많은 것들을 풍성하게 주셨습니다. 하나님은 우리에게 건강도 주시고, 좋은 직장도 주시고, 아름다운 결혼 생활도 하게 하십니다. 하나님은 우리에게 좋은 차도 주시고, 어려운 시험에도 합격하게 하시고, 좋은 학위도 가지게 하셨습니다. 이것이 얼마나 우리를 풍성하게 하고 아름답게 하는지 모릅니다.

그래서 이스라엘 백성들은 요단 동편의 땅을 아주 중요한 하나님의 축복으로 생각을 했습니다. 이스라엘 백성들의 결심이 무엇인가 하면 절대로 요단 동편의 땅을 빼앗기만 안 된다는 것입니다. 이스라엘 백성들은 하나님께서 우리에게 주신 선물은 어떤 일이 있어도 빼앗기지 않겠다는 결심을 가지고 있었습니다. 그런데 놀라운 것은 신앙은 이 땅만큼 애착을 가지지 않았다는 것입니다. 예수님은 그 나라와 그 의를 구하라 그리하면 이 모든 것을 더하여 주실 것이라고 약속하셨습니다. 저는 이 말씀을 믿습니다.

사실 우리가 이 세상에 돈 벌기 위하여 애쓰는 노력의 일부만 구원을 위하여 힘쓴다 하더라도 우리의 신앙은 결코 냉랭하지 않을 것입니다.

우리가 지속적으로 복을 받는 비결은 역시 신앙적인 복을 놓치지 말아야 하는 것입니다. 세상일에 집착을 한다고 해서 이 세상의 좋은 것을 다 가질 수 있는 것이 아닙니다. 오히려 영적인 축복에 헌신할 때 하나님께서 덤으로 이 세상의 복까지 주시는 것입니다. 그래서 우리는 결코 요단 동편 땅이 일차적인 목적이 되어서는 안 됩니다. 우리는 언제나 구원의 감격과 열정이 일차적인 목표가 되어야 합니다. 그러면 하나님께서 이 모든 것을 더하여 주실 것입니다.

하나님께서는 요단 동편 땅을 목축업을 주업으로 하는 두 지파 반에게 분배하셨습니다. 즉 갓 지파, 므낫세 반지파, 르우벤 지파였습니다. 그리고 요단 서편을 나머지 아홉 지파 반에게 나누어 주셨습니다. 그런데 서쪽도 보면 중앙에 가장 중심 되는 부분을 요셉의 자손인 므낫세와 에브라임이 차지합니다. 그리고 남부 산악지대를 유다 지파가 차지하고 유다 지파의 일부는 시므온 지파가 차지합니다. 그리고 아셀이나 스불론이나 납달리 잇사갈은 모두 나중에 갈릴리 땅을 차지하게 됩니다. 그래서 나중에 예수님이 오셔서 갈릴리에서 복음을 전하셨을 때 이사야선지는 '스불론 땅과 납달리 땅과 요단 강 저편 해변 길과 이방의 갈릴리여 흑암에 앉은 백성이 큰 빛을 보았고 사망의 땅과 그늘에 앉은 자들에게 빛이 비치었도다 하였느니라'(마 4:15, 16)고 예언을 했습니다.

그러니까 요단 서편 본토 땅은 맨 위 갈릴리 지방에 스불, 납달리, 아셀, 잇사갈에게 분배되고 중앙 평지 좋은 땅을 므낫세와 에브라임이 차지를 합니다. 그리고 남쪽 산악지대를 유다와 시므온이 차지하고 유다와 요셉 중간 지대를 베냐민과 단 지파가 차지를 합니다. 베냐민 지파가 차지한 곳이 예루살렘을 포함한 그 부근이었습니다. 그리고 단 지파는 베냐민 서쪽인데 거기는 블레셋 백성들이 있어서 도저히 내려가서 차지하지 못하고 있었습니다. 나중에 단 지파는 약속의 땅을 포기하고 맨 위쪽으로 가서 거기서 다른 도시를 차지하고 정착을 하게 됩니다.

그런데 17:14 하반절을 보면 에브라임 지파의 불만이 나옵니다. 즉 에브라임 지파는 자기들이 므낫세 지파보다 불리하게 분배되었다고 하면서 우리에게는 산악 지대가 많아 못 쓰는 땅이 많고 평지에 거하는 가나안 족속들은 모두 철병거가 있어서 못 내려가겠다고 원망을 했습니다. 그때 여호수아는 말하기를 너희는 큰 민족이고 권능이 있기 때문에 스스로 개척을 하라고 합니다. 여호수아는 에브라임 지파 출신이었습니다. 그러나 자기 지파라고 해서 좋은 땅을 주지 않았고 그들이 요구한다고 해서 무조건 들어주지 않았습니다. 요즘 우리는 대통령 선거를 하면서 선거에 이긴 쪽이 마치 전리품이나 되는 것처럼 자기 편이 모든 좋은 자리를 싹쓸이를 하는데 국민들은 기분이 좋지가 않습니다. 오히려 자기 편 사람들에게 더 엄격하게 하고 더 고생하게 할 때 나라는 정의로워지고 공평해질 수 있습니다. 여호수아는 에브라임 족속들에게 산지는 개간을 해서 땅을 만들고 평지에 내려가서 철병거를 쫓아내고 그 땅을 차지할 수 있을 것이라고 격려를 합니다.

그러나 거의 대개 이스라엘 백성들은 싸워서 개척하기 보다는 저절로 굴러 들어온 떡을 차지하려고 했습니다. 그래서 이스라엘 백성들은 가나안 땅에서 그 부흥의 열정이 식어버리게 됩니다. 우리는 결코 너무 세상에서 빨리 성공하려고 해서는 안 됩니다. 우리는 너무 안정되고 편한 길을 택하려고 해서는 안 됩니다. 가능한 한 황무지를 개척을 해서 하나님의 땅을 넓혀 나가야 하고 싸워서 믿음으로 승리하는 것을 거저 받는 것보다 더 명예롭게 생각해야 합니다.

그런데 레위 지파는 땅을 차지하지 못했습니다. 그 대신 레위족들은 주거할 수 있는 성을 지정 받았을 뿐입니다. 그 이유는 레위족들은 하나님을 섬기는 일을 전적으로 책임 맡았기 때문입니다.

우리나라 국가 예산에서 가장 중요한 부분이 국방 예산입니다. 만일 국방 예산을 다 삭감하면 나라를 지킬 수가 없습니다. 그런데 이스라엘 백성들에게 국방과 같은 것이 하나님을 모시는 것입니다. 그들에게는 적이 쳐들어오는 것보다 더 중요한 것이 하나님 앞에서 죄 용서받는 것입니다. 결국 하나님 앞에서 죄 용서를 받지 못하면 그 진노 때문에 적이 쳐들어오고 흉년이 들기 때문입니다. 그래서 이스라엘 백성들에게 가장 중요한 것은 하나님을 전담하는 한 지파를 정해놓는 것입니다. 그리고 그들에게 그 일에 전념하게 했고 모든 이스라엘 백성들은 그들을 먹여 살려야만 했습니다.

레위 지파는 마치 우리 몸 안의 면역 기능과 같습니다. 우리 몸 안에 병균이 들어오면 면역 체계가 균을 잡습니다. 그러나 면역성이 떨어지면 결국 온 몸에 병이 퍼져서 죽는 것입니다.

그래서 교회 안에서 가장 중요한 것이 죄를 밝히고 치료하는 기능입니다. 아무리 다른 부분이 잘되어 있다 하더라도 죄를 밝히고 치료하는 말씀이 죽으면 그 교회는 결국 겉은 살아있지만 속으로는 죽어가는 교회인 것입니다.

지금 우리 교회는 대단히 건강해지고 있습니다. 그것은 면역 체계가 살아나고 있기 때문입니다.

가나안 땅의 정복 원리는 여호수아가 모든 가나안 족속들을 다 몰아낸 후에 땅을 나누어주는 것이 아니었습니다. 그 대신 여호수아는 주력 부대만 물리치고 그 뒤에 가나안 땅의 지도를 그린 후 제비를 뽑아서 각자 자기가 뽑은 땅을 찾아가서 거기서 남아있는 가나안 족속들을 몰아내고 자기 땅을 차지하는 것이었습니다. 결국 땅 분배의 원칙은 이스라엘 백성들이 자기 땅을 자기가 싸워서 차지해야 했습니다. 그래서 열심히 나가서 전쟁을 한 지파는 자기 땅을 다 차지했습니다. 대표적인 지파가 유다 지파였습니다. 그래서 유다는 오랫동안 비교적 건강한 신앙을 유지할 수가 있었습니다.

그런데 다른 지파들은 가나안 족속들을 다 몰아내지 않고 섞여서 같이 살았습니다. 그 결과 그들의 신앙은 비교적 빨리 변질이 되었습니다. 단 지파 같은 경우에는 블레셋 족속을 몰아낼 자신이 없으니까 아예 약속의 땅을 포기하고 다른 곳에 가서 땅을 차지했습니다.

이것은 오늘 우리들에게 아주 중요한 교훈을 줍니다. 하나님께서는 우리를 위해서 모든 것을 다 해주시지 않습니다. 그 대신 우리가 주님의 일을 할 수 있는 여건을 마련해 주십니다. 우리가 해야 할 것은 그 범위 안에서 최선을 다하여 전투를 하는 것입니다.

우리가 하나님의 백성이 된 것은 하나님이 주시는 능력으로 아름다운 축복의 삶을 살 수 있는 기회를 얻는 것과 같습니다. 우리가 열심히 기도하고 하나님을 위하여 살면 그만한 열매를 거두게 되는 것입니다. 그러나 구원받았다고 해서 세상적으로만 살면 세상적인 열매만 잔뜩 거두게 될 것인데 하나님 앞에서 부끄러울 것입니다. 우리는 영적으로 그리고 육적으로 많은 열매를 거두어서 큰 부흥을 나타내는 성도들이 다 되시기를 바랍니다.

# J O S H U A

# 갈렙의 신앙

우리 주위에는 한평생 어떤 꿈을 가지고 수없는 유혹과 실패를 이기고 끝내 자신의 꿈을 이루는 사람들이 있습니다. 얼마 전에 신문을 보니까 우리나라에서 드물게 달항아리를 만들어서 성공한 사람이 있었습니다. 이 분은 원래 산업디자인을 전공을 했는데 도자기를 만들고 싶어서 일본에 가서 도자기를 5년 배우고 우리나라에 와서 10년 동안 달항아리 하나 만드는 데만 전념을 했습니다. 여기서 달항아리라는 것은 달처럼 둥글게 생긴 항아리를 말합니다. 이 분은 수없이 실패한 끝에 결국 성공을 해서 지금은 그분이 만든 달항아리가 세계적으로 팔리고 있다고 합니다. 또 어떤 분은 젊어서부터 홀트 복지재단에서 외국에 입양되는 아이들의 병을 치료하던 소아과 의사로 할머니가 되었지만 청진기를 들 힘이 없을 때까지 아이들을 치료하는 것이 자신의 사명이라고 생각해서 아이들을 돌보는 분도 있습니다. 특히 등산하는 사람들 중에는 세계에서 가장 높은 봉우리를 전부 다 정복하는 꿈을 가지고 그 얼어붙어 있고 산소도 없는 높은 산을 끝까지 오르는 사람들도 있습니다.

사람이 한평생 자기가 할 수 있는 어떤 꿈을 가지고 그 꿈을 이루어 나가는 것은 누가 보기에도 참 아름답게 보입니다. 그런데 사람들이 보기에 결코 이해할 수 없는 것이 하나님의 꿈을 가지고 살면서 그 꿈을 이루어드리는 사람들이 있는 것입니다. 예를 들어서 요셉 같은 사람은 어렸을 때 하나님께서 꿈을 주셨는데 한평생 그 꿈을 붙들고 살다가 결국 애굽의 총리가 되어서 하나님의 꿈을 이루어드리게 됩니다. 그런데 하나님의 백성들에게 중요한 것은 이것이 자신의 꿈이 아니라 하나님이 주신 꿈이라는 사실입니다. 모세 같은 경우에는 원래 애굽에서 공부를 많이 해서 위대한 학자가 되든지 정치인이 되는 것이 꿈이었을 것입니다. 그러나 하나님은 모세로 하여금 실패하게 하셔서 애굽에서 도망치게 하시고 그로 하여금 무려 40년의 시간을 방황하게 하신 후 새로운 꿈을 주셨는데 그것은 애굽에 노예로 붙들려 있는 이스라엘 백성들을 해방시켜서 약속의 땅으로 데리고 가는 것이었습니다. 우리가 이것을 보면 하나님의 꿈을 이루는 것이 자신의 꿈을 이루는 것이 아니라는 것을 알게 됩니다. 오히려 하나님은 하나님의 백성들에게 자신들이 가진 세상의 허망한 꿈을 버리게 하시고 하나님의 새로운 꿈을 가지게 하시는데 대개 하나님의 꿈은 인간의 힘으로는 불가능할 때가 많습니다.

우리들은 모두 주님 안에서 꿈을 가지기를 원합니다. 내가 잘할 수 있는 일을 찾아서 열심히 노력해서 성공한 사람이 되기를 원합니다. 그러나 우리는 나에 대하여 하나님이 원하시는 뜻이 무엇인지 알 수가 없습니다.

갈렙은 젊었을 때 하나님으로부터 약속을 받은 것이 있었습니다. 그것은 그가 자기 발로 밟는 땅은 하나님께서 주시겠다는 것이었습니다. 그러나 갈렙의 꿈은 이스라엘 정탐꾼들이 모두 가나안 땅을 차지할 수 없다고 뒤로 나자빠지는 바람에 이루어지지 못하게 됩니다. 그런데 무려 45년이 지난 후 이스라엘 백성들이 여호수아를 앞세우고 가나안 땅을 정복하게 되었을 때 갈렙은 45년 전에 하나님이 주신 약속을 가지고 여호수아를 찾아와서 옛날 자기가 발로 밟았던 헤브론 땅을 차지할 수 있게 해 달라고 요구를 했습니다. 이것이 바로 갈렙이 한평생 기다려왔던 하나님이 주신 꿈이었습니다.

오늘 우리들은 우리 각자에게 가장 정복하기 어려운 산지가 있습니다. 바로 그 산지를 정복하는 것이 우리가 해야 할 일인 것입니다. 그러나 우리 눈에 이 산지는 보이지 않고 여전히 세상의 산들이 보일 것입니다. 우리는 주 안에서 새로운 신앙적인 목표를 찾아야지만 우리의 인생이 실패한 인생이 되지 않습니다. 그것을 위해서 우리를 결코 쉽게 성공하고 편하게 살려고 해서는 안 됩니다.

### 45년 전의 약속

우리는 대개 다른 사람들과 무슨 약속을 했다 하더라도 시간이 좀 지나면 무효가 되는 경우가 많습니다. 심지어는 나라의 대통령이 약속한 것도 시간이 지나면 무효가 될 때가 많은 것을 보게 됩니다. 그러나 하나님께서 약속하신 것은 아무리 많은 세월이 흘러도 절대로 취소가 되지 않습니다.

**7-8절** 내 나이 사십 세에 여호와의 종 모세가 가데스 바네아에서 나를 보내

어 이 땅을 정탐하게 하였으므로 내가 성실한 마음으로 그에게 보고하였고 나와 함께 올라갔던 내 형제들은 백성의 간담을 녹게 하였으나 나는 내 하나님 여호와께 충성하였으므로

45년 전에 그때 갈렙은 나이가 마흔 살이었는데 이스라엘 백성들이 애굽을 떠나서 가데스 바네아에 왔을 때 하나님은 이스라엘 열두 지파의 대표에게 가나안 땅을 정탐하라고 명하셨습니다. 하나님께서는 이스라엘 각 지파에서 대표를 한 명씩 뽑아서 도대체 하나님이 주시는 가나안 땅이 어떻게 생겼는가 알아보기 위해서 정탐하게 하셨습니다. 그리고 하나님은 이스라엘 대표들에게 누구든지 자기 발로 밟는 땅은 그 사람과 그 후손에게 주시겠다고 약속을 하셨습니다.

그래서 이스라엘 열두 대표들은 무려 40일에 걸쳐서 가나안 땅을 살펴보고 이스라엘 백성들에게로 돌아왔습니다. 가나안 땅을 정탐했던 이스라엘 대표들은 가나안 땅을 정탐한 후에 두 가지 보고를 했습니다. 우선 하나는 가나안 땅은 정말 비옥하고 농사가 잘되는 젖과 꿀이 흐르는 땅이더라는 것이었습니다. 정탐꾼들은 그 증거로 포도 한 송이를 두 사람이 작대기에 꿰어 가지고 어깨에 메고 왔습니다. 그것을 보면 가나안 땅이 농사가 얼마나 잘되는지 잘 알 수 있을 것입니다. 그리고 또 하나는 부정적인 보고였습니다. 즉 가나안 땅은 성들이 모두 견고했고 가나안 땅에 사는 사람들은 모두 거인 같아서 이스라엘 백성들의 힘만으로는 절대로 가나안 땅을 정복할 수 없다는 것이었습니다. 그런데 이 보고가 이스라엘 백성들에게 아주 좋지 못한 부정적인 영향을 미쳤습니다. 이스라엘 백성들은 이 정탐꾼들의 보고를 듣고 간담이 녹았다고 했습니다. 즉 이스라엘 백성들에게는 이 사실이 얼마나 큰 충격이 되었고 그들이 쇼크를 먹었는지 모릅니다. 사실 이스라

엘 백성들은 가나안 땅은 아무 주인이 없는 빈 땅인 줄 알았던 것입니다. 그래서 이스라엘 백성들은 빈 땅에 들어가서 이 땅을 차지하려고 했지 전쟁을 하려고 온 것은 아니었습니다. 그리고 이스라엘 백성들 중에서 전쟁을 할 수 있는 사람은 아무도 없었습니다.

예를 들어, 전쟁을 한 번도 해본 적도 없고 총은 손에 만져본 적도 없는 민간인들이 갑자기 전쟁을 해야 한다고 하면 아마 간담이 다 녹을 것입니다. 하나님께서 이스라엘 백성들에게 가나안 땅을 정탐을 하라고 하신 것은 도대체 가나안 땅이 어떤 땅인지 한번 알아나 보라는 것이지 이스라엘 백성들에게 싸울 수 있는지 없는지 판단하라는 것이 아니었습니다.

그러나 이스라엘 백성들은 자기들이 판단을 해버렸습니다. 그것은 우리 힘으로는 가나안 땅을 절대로 정복하지 못한다는 것이었습니다.

그래서 가나안 땅을 정탐했던 대표들은 우리는 차라리 애굽으로 돌아가서 다시 노예 생활이나 하면서 목숨이나 부지하자는 식으로 이스라엘 백성들을 선동을 했습니다. 그때 여호수아와 갈렙은 정반대되는 보고를 했습니다. 즉 가나안 성이 견고하고 사람들이 장대한 것은 사실이지만 하나님께서 우리와 함께 하시면 우리는 가나안 땅을 차지할 수 있다는 것이었습니다.

여기서 우리가 알 수 있는 것이 무엇입니까?

우선 이스라엘 백성들은 오직 모든 것을 눈에 보이는 것만 가지고 판단을 했습니다. 즉 이스라엘 백성들은 눈에 보이는 이스라엘의 능력 대 눈에 보이는 가나안 족속들의 능력으로 판단을 한 것입니다. 이스라엘 백성들은 눈에 보이지 않는 하나님의 능력이 얼마나 강한지 생각을 하지 않았습니다. 하나님의 백성들의 힘은 자기들이 가진 능력에 있지 않습니다. 오히려 하나님의 백성들의 힘은 눈에 보이지 않는 하나님의 능력에 있습니다. 즉 문제는 눈에 보이지 않는 하나님의 능력을 어떻게 나의 삶 가운데 끌어올 수 있느냐 하는 것입니다.

이것은 오늘 우리들에게도 마찬가지입니다. 우리 그리스도인들이 이 세상을 바라보면 도무지 파고 들어갈 여지가 없는 것 같습니다. 세상의 벽은 너무나도 높은데 우리가 할 수 있는 것은 아무것도 없기 때문입니다. 이때 우리들에게는 예수 믿기 전 세상에 있을 때 잘 나가던 때가 그리워지게 됩니다. 그래서 예수 믿고 난 후에 자꾸 왕년에 잘 나가던 때를 이야기 하는 사람들이 있습니다. 이런 분들은 지금이 별 볼일 없기 때문입니다. 어떤 분은 옛날 돈 많이 벌 때 먼데까지 가서 술 마시고 돈 쓰던 이야기를 많이 하는데 아직 세상 딱지가 덜 떨어져서 그런 것입니다. 우리는 다시 옛날 애굽 생활로 돌아갈 수 없습니다.

세상 사람들은 자기 목적을 달성하기 위하여 아예 목숨을 걸어놓고 덤벼듭니다. 그런데 우리 예수 믿는 사람들은 예수 믿고 난 후에 옛날의 말도 되지도 않는 야망의 꿈은 접었습니다. 그러나 우리가 세상 현실을 보면 도저히 나의 힘으로 이 세상에서 할 수 있는 것이 아무것도 없습니다. 그러나 우리는 더 이상 옛날로 돌아갈 수 없습니다. 우리는 더 이상 애굽에서 종살이하면서 죄짓던 시절로 돌아갈 수가 없는 것입니다.

지금 이 현실에서 뒤로 물러서느냐 아니면 현 위치를 고수하느냐 하는 것을 결정하는 것은 오직 하나님만이 결정할 수 있는 일입니다. 그러나 이스라엘 백성들은 자기들이 그것을 결정했습니다. 즉 일단 자신들이 생각해서 안 되겠다고 생각되면 자기들 마음대로 뒤로 후퇴를 해버리고 애굽으로 돌아가기로 결정을 해버린 것입니다. 이것은 너무나도 하나님을 무시한 불신앙의 처사였습니다.

그런데 우리가 사실을 놓고 보면 다른 열 명의 정탐꾼이 한 말이 옳았습니다. 열 명의 정탐꾼들은 자기들의 힘으로는 가나안 땅을 정복할 수 없다고 보고 했는데 그들의 판단은 옳았습니다. 즉 이스라엘 백성들의 힘으로는 가나안 땅을 정복하는 것은 불가능했습니다. 그런데 중요한 것은 현실이 아니었습니다. 즉 이 현실을 어떤 눈으로 보느냐는 것입니다. 우리가 글씨를 볼 때에 돋보기로 보면 크게 보이고 오목 렌즈로 보면 작게 보이게 되어 있습니다. 그러니까 하나님의 백성들에게 중요한 것은 현실 그 자체가 아니라 이 어려운 현실을 어떤 믿음의 눈으로 보느냐 하는 것입니다. 믿음을 가진 자는 아무리 상황이 어려워도 긍정적으로 보게 되어 있습니다. 이것이 바로 우리의 믿음인 것입니다. 하나님은 그 믿음을 축복하셔서 불가능한 것이 이루어지게 하시는 것입니다.

갈렙은 현실을 눈에 보이는 대로 믿지 않았습니다. 갈렙은 현실을 믿음의 눈으로 보니까 가나안이 자기들의 '밥'으로 보였습니다. 그래서 갈렙은 가나안은 우리 '밥'이라고 했습니다. 밥은 가져다가 퍼 먹으면 되는 것입니다. 물론 우리가 밥 퍼먹는 것도 쉬운 일은 아닙니다. 그러나 이스라엘 백성들은 가나안 사람들이 거인으로 보였고 자기들은 메뚜기로 보였습니다. 믿음은 현실을 보는 눈이며 예수님께서는 '네 믿음대로 될지어다'라고 축복하시는 것입니다. 결국 이스라엘 백성들은 하나님의 말씀을 믿지 않았기 때문에 40년 동안 광야에서 뺑뺑이 돌게 됩니다. 이스라엘 대표들이 하나님을 불신한 결과는 가혹했습니다. 하나님은 그들이 가나안 땅을 정탐했던 하루를 1년으로 계산을 해서 40일이 40년으로 늘어나게 되었습니다.

중요한 것은 어려운 상황이 아닙니다. 이 어려움을 어떤 눈으로 보느냐 하는 것입니다. 자신의 어려움을 믿음의 눈으로 감사하면서 볼 때 이것이 축복이 될 수 있습니다.

## 지연된 약속

하나님께서는 분명히 이스라엘 대표들에게 열심히 자기 발로 밟는 땅은 그와 그 후손에게 주시겠다고 약속하셨습니다. 그러나 불행히도 다른 이스라엘 백성들이 하나님의 능력을 불신하는 바람에 40년을 광야에서 돌게 되고 갈렙도 다른 이스라엘 백성들과 함께 40년을 광야에서 돌아야만 했습니다.

그런데 똑같이 광야를 40년 동안 방황을 하는데도 갈렙과 다른 족장들은 달랐습니다. 즉 다른 족장들은 그냥 도는 것이었습니다. 결국 하나님께서 이스라엘 백성들을 40년 동안 광야에서 돌게 하신 것은 불순종하는 족장들을 광야에서 나이 들어 죽게 하시기 위해서였습니다. 즉 그들은 광야에 돌면서 킬링 타임을 했고 늙어갔습니다. 그래서 애굽을 나올 때 20세 이상 되었던 사람들 중에서 여호수아와 갈렙을 제외하고는 모두다 광야에서 돌아다니다가 다 죽었습니다. 그러나 갈렙이 광야를 헤매었던 것은 하나님의 약속을 기다리는 소망이 있는 연단이었습니다. 이것이 하나님의 말씀을 붙드는 사람과 붙들지 않는 사람의 차이입니다. 하나님의 말씀 없이 고생하는 사람은 그야말로 죽어라고 고생만하는 것입니다. 거기에는 아무런 소망이 없습니다. 그 사람은 실컷 고생을 하다가 결국 죽을 것입니다. 그러나 하나님의 백성들은 일단 고생은 하지만 그것은 약속이 있는 고생이며 언젠가는 자신의 정금같은 신앙으로 변할 것이며 하나님의 약속을 물려받을 것이라는 소망이 있는 것입니다.

그래서 같은 실업자라 하더라도 말씀을 붙잡는 실업자와 그렇지 않는 실업자는 다릅니다. 말씀을 붙잡는 실업자는 소망이 있는 실업자입니다. 정금과 같이 연단이 된 후에는 하나님의 축복이 다시 임하게 됩니다. 또 같은 병실에 누워있는 환자라 하더라도 말씀을 붙잡는 환자와 그렇지 않는 환자는 다릅니다. 말씀이 없는 환자는 그야말로 그냥 고통당하는 것입니다. 그러나 말씀을 붙잡는 환자는 언젠가 다시 축복을 회복할 희망이 있는 것입니다.

하나님께서는 과거에 갈렙에게 약속하신 것이 하나 있었습니다.

**9절** 그 날에 모세가 맹세하여 이르되 네가 내 하나님 여호와께 충성하였은즉 네 발로 밟는 땅은 영원히 너와 네 자손의 기업이 되리라 하였나이다

하나님께서 약속하신 것이 정탐꾼들이 발로 밟은 땅은 영원히 그와 그 자손의 것이 된다는 것이었습니다. 그런데 다른 정탐꾼들은 그 약속을 믿지 않았기 때문에 하나님의 이 약속은 취소가 되었습니다. 아무리 발로 밟았다 하더라도 믿음으로 밟지 않은 땅은 소용이 없었습니다. 그런데 갈렙은 믿음으로 그 땅을 밟았기 때문에 그 약속이 자기에게는 유효하다고 믿었습니다. 즉 하나님께서 한번 약속하신 것은 30년이 지나건 40년이 지나건 아무리 오랜 세월이 흘러도 유효한 것입니다. 하나님의 말씀의 놀라운 점이 바로 이것입니다. 아무리 오랜 세월이 흘러도 그 말씀을 믿고 자기 것으로 붙잡으면 하나님의 축복이 그 사람의 것이 되는 것입니다.

성경에는 아브라함의 복이 약속되어 있습니다. 누구든지 그를 축복하면 복을 받고 저주하면 저주를 받는 복입니다. 즉 하나님이 아브라함에게 주신 복은 하늘의 복이 임하는 것인데 이 복이 자손들에게 상속이 되는 복이었습니다. 결국 이 복은 그 후에 모세와 다윗과 예수 그리스도를 거치면서 엄청난 복이 되었습니다. 그것이 성경 말씀을 통해서 그대로 예수 믿는 자들에게 상속이 되고 있는 것입니다. 그래서 하

나님의 말씀을 믿는 자는 그 엄청난 이스라엘의 복을 다 상속받게 됩니다. 이것은 로또 복권과도 비교가 되지 않고 노벨상과도 비교가 되지 않습니다. 그러나 오늘 크리스천들은 이 엄청난 복을 상속하려고 하지 않습니다. 오늘 우리 크리스천들은 그렇게 많이 성경을 읽고 또 성경을 공부한다고 하면서도 오직 세상의 복을 가지고 성공했다고 자랑하고 있는 것입니다. 그러나 갈렙은 자기가 이 약속을 붙들었기 때문에 아무리 세월이 흐른 지금도 유효하다고 믿었습니다. 그래서 갈렙은 지금 나이가 85세가 되었는데 자기는 지금이라도 그 약속을 차지하기 위해서 전쟁이 나가겠다고 했습니다.

갈렙은 지난 광야 40년을 그냥 살아 온 것이 아니고 하나님의 약속을 붙잡고 살아왔습니다. 사람이 어떤 목표가 있으면 어떻게 됩니까? 목표가 있는 사람은 다른 모든 것을 절제합니다. 갈렙은 지난 40년 동안 모든 것을 절제하면서 살아왔습니다. 그것은 자기가 밟았던 그 땅을 차지하게 해 주신다는 하나님의 약속을 믿었기 때문입니다. 갈렙은 언젠가는 이 땅을 차지하기 위해서 전쟁을 해야 하니까 힘을 기르고 또 길렀던 것입니다.

**10-11절** 이제 보소서 여호와께서 이 말씀을 모세에게 이르신 때로부터 이스라엘이 광야에서 방황한 이 사십오 년 동안을 여호와께서 말씀하신 대로 나를 생존하게 하셨나이다 오늘 내가 팔십오 세로되 모세가 나를 보내던 날과 같이 오늘도 내가 여전히 강건하니 내 힘이 그 때나 지금이나 같아서 싸움에나 출입에 감당할 수 있으니

사람은 결국 둘 중의 하나를 택하게 되어 있습니다. 하나는 지금 여기서 모든 것을 다 누려버리느냐 하는 것이고, 다른 하나는 지금은 참

고 미래를 위해서 힘을 아끼느냐 하는 것입니다. 미래를 바라보는 사람은 현재에는 모든 것을 아껴야 합니다. 왜냐하면 그래야 미래를 위하여 더 많은 힘을 모을 수 있기 때문입니다.

믿음의 사람들 역시 그렇습니다. 믿음의 사람들도 할 수 있는 대로 평소에 힘을 아껴둡니다. 왜냐하면 지금은 힘을 쓸 때가 아니기 때문입니다. 그러나 때가 되었을 때에 그 동안 아껴두었던 모든 힘을 다 사용하는 것입니다.

갈렙에게 지난 광야 40년은 고난과 환란의 시기였습니다. 왜냐하면 갈렙이 하나님의 약속의 말씀을 받았는데 그것이 이루어질 수 없었기 때문입니다. 갈렙도 다른 이스라엘 백성들처럼 광야를 방황하면서 돌아다녔습니다. 그러나 갈렙은 조금도 늙지 않았습니다. 그 이유는 그는 점점 더 믿음으로 연단되고 있었기 때문입니다. 그러나 다른 이스라엘 백성들은 이 믿음이 없었기 때문에 모두 다 광야 40년을 참지 못하고 죽었습니다. 갈렙이 살아남을 수 있었던 것은 말씀을 붙잡고 모든 것을 참았기 때문입니다. 환란의 때는 우리가 힘을 쓸 때가 아닙니다. 그때는 모든 힘을 아껴두어야 하고 오로지 영적으로 은혜를 많이 받고 자라는 시기입니다. 그러면 그 후에 힘을 쓸 때가 오게 되는 것입니다.

하나님께서는 우리에게 어떤 일부터 맡기시지 않으십니다. 그 이유는 하님이 우리에게 일부터 시키시면 우리는 하나님을 잊어버리고 그 일에만 매달리게 될 것이기 때문입니다. 진짜 풍성한 것은 이 세상의 일에 있지 않고 하나님께 있습니다. 그래서 우리들에게 가장 소중한 복은 하나님을 알아가는 것이 복인 것입니다. 따라서 하나님께서는 우리에게 세상일을 주시지 않고 하나님 자신을 알아가게 하십니다. 우리가 하나님을 안다는 것은 하나님을 소유하는 것이며 하나님의 능력을 나의 것으로 만드는 과정인 것입니다.

여기서 우리가 생각해야 할 것은 왜 하나님께서는 빨리 갈렙의 꿈을 이루어주시지 않으셨을까요? 이스라엘 백성들이 전체적으로 준비가 되지 않았기 때문입니다. 그래서 우리의 꿈이 빨리 이루어지는 방법은 나 혼자서 똑똑해지고 유능해지는 것이 아닙니다. 내가 아무리 똑똑하고 믿음이 좋아도 이스라엘 전체가 준비가 되지 않으면 기다려야 하는 것입니다. 그래서 빨리 하나님의 뜻이 이루어지게 하는 비결은 눈에 보이지 않는 성전을 짓는 것입니다. 즉 이것은 이스라엘 백성들이 전체적으로 신앙이 자라는 것입니다. 사실 그들은 광야 40년을 도는 것이 유익했습니다. 왜냐하면 이스라엘 백성들이 믿음이 덜 자란 상태에서 가나안 땅에 들어갔다 하더라도 40년이 아니라 400년이 걸렸을지 모릅니다. 그래서 우리는 빨리 성공하느냐 늦게 성공하느냐 하는 것이 중요한 것이 아니라 충분히 준비된 상태에서 성공하는 것이 오히려 시간을 더 절약하는 길이 됩니다. 요즘 우리 주위에는 아직 덜 준비된 상태에서 유명해지는 바람에 자신도 망하고 다른 사람들에게도 인상을 찌푸리게 하는 사람들을 많이 보게 됩니다. 우리 인간의 조급한 마음으로는 절대로 하나님의 뜻이 이루어지지 않습니다.

### 산지의 정복

드디어 갈렙은 이스라엘 백성들이 여호수아의 지도하에 가나안 땅을 정복하게 되었을 때 여호수아를 찾아가서 옛날 자기가 정탐했던 산지를 자기에게 달라고 요구했습니다.

**12절** 그 날에 여호와께서 말씀하신 이 산지를 지금 내게 주소서 하나님께서는 모든 가나안 족속들을 다 몰아내신 후에 지파별로 제비를 뽑아서 땅을 나누어주시지 않으셨습니다. 오직 여호수아는 가나안 땅의 주력부대만 파괴시키고 나머지는 각 지파는 제비를 뽑아서 자기에게 할당된 땅으로 쳐들어가서 차지해야 했습니다. 이것은 마치 상륙 작전을 할 때 배에서는 함포로 육지에 있는 진지를 폭격으로 부순 후에 각 부대가 상륙해서 진격을 하는 것과 같습니다. 그러나 여호수아는 거의 대부분의 가나안의 주력 부대를 다 부수어 놓았는데도 불구하고 이스라엘 백성들은 가나안 사람들과 맞붙어서 싸우는 것을 두려워하였습니다. 그러나 갈렙은 무려 85세의 나이임에도 불구하고 자기가 헤브론 땅에 진격해서 싸우겠으니까 그 산지를 자신에게 맡겨 달라고 요구를 합니다.

갈렙이 그렇게 할 수 있었던 이유는 두 가지였습니다. 우선 첫째는 하나님께서 이 땅을 자기에게 주시겠다고 약속을 하셨기 때문입니다. 갈렙은 하나님의 약속을 믿었습니다. 갈렙의 믿음은 하나님께서 한번 약속하신 것은 아무리 세월이 흘러도 변할 수 없다는 것입니다.

그래서 45년 전에 갈렙이 가졌던 신앙은 하나님이 함께 하시기만 하면 아무리 적이 강해도 이길 수 있다는 것이었습니다. 그리고 지금은 그의 육신이 85세나 되어서 너무 늙었음에도 불구하고 여전히 전쟁에 나가서 이길 수 있다는 믿음이었습니다.

사실 전쟁이라고 하는 것은 젊은 군인들이 하는 것이지 85세 된 할아버지가 전쟁을 할 수 없습니다. 젊었을 때에는 총이나 배낭을 메고 아무리 산을 넘고 들판을 뛰어도 감당할 수 있지만 늙으면 이미 그런 순발력이나 힘이 없습니다. 그러나 갈렙이 싸우겠다는 것은 힘으로 싸우겠다는 것이 아닙니다. 나이가 들었기 때문에 그만큼 지혜가 있는 것입니다. 믿음의 싸움은 지혜의 싸움이지 힘의 싸움이 아닙니다.

요즘 보면 군대나 경찰이나 최고 경영자나 학교 교수나 모든 영역에서 많은 여성들이 활약을 하고 있습니다. 그것은 이미 현대의 일은 힘으로 싸우는 것이 아니라 머리로 하는 일이기 때문에 얼마든지 여성들도 할 수 있게 된 것입니다.

그리고 갈렙은 지금까지 자기가 살아 있는 것이 바로 이 하나님의 뜻을 이루기 위한 증거라고 생각을 했습니다.

12절 중간에 보면 '당신도 그 날에 들으셨거니와 그곳에는 아낙 사람이 있고 그 성읍들은 크고 견고할지라도 여호와께서 나와 함께 하시면 내가 여호와께서 말씀하신 대로 그들을 쫓아내리이다'고 했습니다.

하나님께서 나에게 주시는 산지는 결코 쉬운 땅이 아닙니다. 그곳은 성도 경고하고 가나안 땅에서 가장 거칠고 사나운 거인들이 살고 있었습니다. 갈렙은 그 산지를 빼앗아야 한다고 생각했습니다. 왜냐하면 어려운 산지를 빼앗으면 평지는 그대로 손에 들어오기 때문입니다.

오늘 사람들이 생각하는 것은 어떻게 해서든지 쉽게 빨리 잘사는 길을 택하려고 하는 것입니다. 오늘 우리나라 사람들은 빨리 안정되고 빨리 성공하는 것을 얼마나 좋아하는지 모릅니다. 그러나 빨리 성공하고 빨리 출세하는 것은 결코 산지를 차지하는 것이 아닙니다. 그것은 평지를 차지하는 것 밖에 되지 않는 것입니다. 그러나 아무리 평지를 차지해봐야 강한 적이 쳐들어오면 빼앗기게 됩니다. 그래서 하나님의 백성들은 너무 쉽게 성공하고 너무 쉽게 잘 살려고 해서는 안 됩니다. 비록 좀 힘들고 오래 걸린다 하더라도 하나님의 말씀을 가지고 힘들게 하나씩 하나씩 해 나가야지만 산지를 차지하게 되고 그 뒤에는 아무리 사탄의 세력이 공격을 해도 쉽게 무너지지 않게 되는 것입니다.

우선 믿음의 용사들은 편안한 것을 좋아하지 않습니다. 믿음의 용사들은 거저 누워서 얻어먹는 것을 부끄럽게 생각해야 합니다. 하나님의 용사들은 가장 어려운 곳에 파송되어 가장 힘든 적들과 싸워서 이기는 것을 명예스럽게 생각합니다. 그래서 갈렙은 가장 힘든 적과 싸우는 것을 불평하지 않았습니다.

오늘 우리에게도 동일한 과제가 주어져 있습니다. 그것은 과연 오늘 내가 정복해야 할 산지가 어디일까 하는 것입니다.

이 시대에 가장 어려운 고지가 어딥니까? 일단 고지를 차지하고 나면 평지를 저절로 손안에 들어오게 되는 것입니다.

하나님께서는 사람을 통하여 일하십니다. 하나님께서 나를 연단하시고 훈련하셨다면 내가 교만하거나 죄만 짓지 않는 이상 하나님의 능력은 나타나게 되어 있습니다. 우리는 이것을 믿어야 합니다.

결국 갈렙이 여호수아의 허락을 받아 낸 후 어떻게 아낙 자손들과 싸웠습니까? 결국 이것은 혼자 할 수 있는 일이 아니었습니다. 결국 헤브론을 공격한 사람은 옷니엘이라는 그의 조카였습니다.

갈렙은 아마도 많은 젊은이들을 키운 것 같습니다. 그리고 이 젊은이들을 전쟁에 끌어들였습니다. 갈렙은 가장 먼저 이 성을 빼앗는 자에게는 딸 악사를 아내로 주겠다고 약속을 했습니다. 그래서 많은 유다 지파의 젊은이들이 하나님의 나라와 사랑을 위해서 전쟁에 뛰어들게 되었습니다. 그래서 유다 지파는 전쟁을 해도 아주 낭만적으로 전쟁을 했습니다. 왜냐하면 전쟁 가운데도 사랑이 있었기 때문입니다. 결국 옷니엘이 가장 용감하게 싸웠기 때문에 옷니엘이 악사를 아내로 차지하게 되었습니다.

결국 갈렙은 45년을 기다면서 많은 젊은 사람들을 믿음으로 준비시켰고 결국 이 젊은이들의 힘으로 전쟁을 이길 수 있었던 것입니다. 어차피 하나님의 일은 한 두 사람의 힘으로 감당하지 못합니다. 그래서 가장 중요한 것은 자기 혼자 다 되었다고 해서 이 산지를 차지하는 것이 아닙니다. 우리는 함께 준비되어야 하고 공동체로 성장을 해야 합니다. 그래야 헤브론 같은 난공불락의 성을 차지할 수 있는 것입니다.

오늘 우리가 이 세상에서 승리하는 것은 마치 이스라엘 백성들이 가나안 땅을 차지하는 것과 같습니다. 그러나 우리 힘으로는 이 세상에서 성공할 수가 없습니다. 우리는 눈에 보이지 않는 하나님의 능력을 의지해야 합니다. 그 비결은 두 가지입니다. 하나는 내 자신이 하나님의 말씀을 믿는 것입니다. 그리고 다른 하나는 온 교인들이 함께 믿음으로 자라는 것입니다. 그러면 여청년들은 모두 악사 같은 아름다운 신앙의 사람들이 될 것입니다. 그리고 형제들은 옷니엘 같이 용감한 사람이 되어 있을 것입니다.

그때 우리는 이미 산지를 차지하고 있는 것입니다. 이 세상에서 가장 어려운 산지는 결국 믿음의 공동체를 세우는 것입니다. 말씀의 성전을 세우는 것입니다. 그러면 우리 한 사람 한 사람도 구체적인 사랑의 목표나 차지할 목표가 보일 것입니다.

결국 시시하게 살다가 죽는 이유는 믿음의 비전을 가지지 못했기 때문입니다. 우리는 갈렙 같이 멀리 내다보는 믿음을 가져야 합니다. 그리고 우리는 믿음으로 함께 준비가 되어서 가나안 전체를 정복하는 성도들이 되시기를 바랍니다.

# 도피성의 지정

모든 사람에게는 한 평생이라고 하는 소중한 인생이 있습니다. 사람들은 일생을 통해서 사랑하는 사람을 만나 결혼하고, 아이를 낳고, 많은 일을 하다가 죽습니다. 그러나 자기에게 주어진 인생을 아름답게 끝내지 못하고 이 권리를 박탈당할 때가 있습니다. 그것은 다른 사람의 목숨을 해쳤을 때입니다. 이 세상에는 어느 사회든지 어떤 사람이 다른 사람을 죽이면 그 사람은 너무나도 위험하기 때문에 결국 그 사람도 죽여서 사회적인 불안을 없애는 것입니다.

그래서 사람들은 이 세상에서 얼마든지 자유롭게 살 수 있지만 단 한 가지를 절대로 용납이 되지 않습니다. 그것은 다른 사람의 목숨을 해치는 것입니다. 결국 어느 사회든지 다른 사람의 목숨을 해치는 사람은 자기 자신도 죽도록 되어 있습니다. 이것은 어느 사회든지 우리 인간의 목숨이 얼마나 중요한지 가르쳐주는 것입니다. 이 세상의 다른 죄는 다 용서가 되어도 사람을 죽인 죄는 절대로 용서가 되지 않는 것입니다.

그래서 어느 누구든지 폭력의 사용은 아주 두려워하고 피해야 합니다. 왜냐하면 결국 폭력이 발전해서 나중에는 남을 죽이는 자리까지 가게 되기 때문입니다. 그리고 심지어는 폭언도 조심해야 합니다. 폭언도 폭력이나 살인이나 같은 뿌리에서 나온 것이기 때문입니다.

그런데 이 세상에서 가장 억울한 일이 있다면 자기가 죄를 짓지도 않았는데 억울하게 누명을 뒤집어쓰고 사형을 당해야 할 때일 것입니다. 예를 들어, 어떤 사람이 다른 사람을 죽일 의사가 전혀 없는데 이상하게 사람이 죽은 현장에 있게 되었다든지 아니면 전혀 실수로 다른 사람을 죽게 했을 때 너무나도 억울할 것입니다.

미국의 드라마나 영화들 중에서는 자기가 다른 사람을 죽이지 않았는데 억울하게 살인자로 몰려서 죽게 되었을 때 변호사나 신문 기자가 죽으라고 뛰어다녀서 그 사람의 무죄를 밝혀서 살아서 나오는 내용들이 있습니다. 그때 그 사람은 완전히 한번 죽었다가 다시 태어나는 것과 같은 것입니다. 아무래도 미국은 다민족 사회이기 때문에 사람들이 잘 구별이 되지 않는 것 같습니다. 예를 들어, 우리가 백인을 볼 때 다 비슷비슷하게 보이는 것처럼 백인들의 눈에도 동양인들은 다 비슷비슷하게 보이는 것입니다. 그래서 잘못해서 운이 나쁘면 살인 혐의를 뒤집어쓰고 전기의자에서 생을 마감하기도 합니다.

이 세상에 죄를 지은 사람이 안전하게 피할 수 있는 도피처는 없습니다. 주로 죄를 지은 사람들이 피하는 곳이 사창가나 싸구려 여관이나 옛날에는 사찰 같은 데로 피했는데 그 어느 곳에도 경찰이 다 조사를 하기 때문에 완전한 피난처는 없습니다.

하나님께서는 가나안 땅을 정복하는 여호수아에게 놀라운 성을 지정하게 하셨습니다. 그 도시는 놀랍게도 살인을 한 사람이 도망을 쳐서 살 수 있는 도시였습니다. 그래서 그 도시의 이름이 '도피성'이었습니다.

그런데 이 도피성은 진짜 악의로 사람을 죽인 살인자에게는 해당이 되지 않았습니다. 이 곳은 자기가 사람을 죽이지 않았는데 죽였다고 누명을 쓰게 되었거나 혹은 고의가 아닌 과실로 사람을 죽게 했을 때 도망을 쳐서 살 수 있는 성이었습니다.

이 세상은 반드시 우리의 생각이나 사람의 이론대로 되는 것이 아닙니다. 예를 들어, 사람의 생각대로 라면 자기가 원치 않는 살인이나 사고는 있어서는 안 됩니다. 그러나 사람이 살다보면 자기는 전혀 원치 않았는데 살인의 누명을 뒤집어쓰거나 아니면 실수로 사람을 죽게 하는 일이 일어날 때가 있습니다. 이럴 때에는 아무리 자기 자신이 죽이지 않았다고 변명을 하거나 고의가 아니었다고 주장을 해도 아무도 믿어주지 않을 것입니다. 그때 이 사람은 하나님이 정해 놓으신 이 도피처로 도망을 치면 신분을 감추거나 이름을 속이지 않아도 얼마든지 안전하게 살 수 있었던 것입니다.

## 땅에 피를 흘린 자

**1-3절** 여호와께서 여호수아에게 말씀하여 이르시되 이스라엘 자손에게 말하여 이르기를 내가 모세를 통하여 너희에게 말한 도피성들을 너희를 위해 정하여 부지중에 실수로 사람을 죽인 자를 그리로 도망하게 하라 이는 너희를 위해 피의 보복자를 피할 곳이니라

하나님께서는 이스라엘 백성들에게 그들이 사는 땅이 아주 중요하

다고 말씀하셨습니다. 즉 이스라엘 백성들은 그들이 사는 땅을 더럽혀서는 안 되는데 더럽힌다고 하는 것이 결국 그 땅에 피를 흘리는 것을 말합니다. 사람은 하나님이 주신 땅에서 얼마든지 살 수 있습니다. 농사도 지을 수 있고, 장사도 할 수 있고, 집도 지을 수 있습니다. 그러나 사람의 피를 흘리면 안 됩니다. 사람이 피를 흘리게 되면 그 땅이 더럽혀지게 때문에 결국 흉년이 들거나 전쟁이 터지거나 해서 거기 사는 사람들이 모두 다 쫓겨나게 되는 것입니다. 그래서 사람의 피를 흘리면 그 피를 흘린 사람을 죽여야 그 땅은 깨끗케 되는 것입니다.

이 세상은 만들어질 때 특이하게 설계된 것이 있습니다. 그것은 죄의 수위가 어느 선 이상을 올라가면 아무 사전 경고 없이 재앙이 터지는 것입니다. 그 중에서 가장 무서운 죄가 살인과 간음입니다. 그래서 어느 사회든지 사람들은 그 사회의 수위가 어느 정도 이상 올라가지 못하도록 막아야 할 책임이 있습니다.

이것은 하나님께서 우리 인간들에게 한편으로는 자유를 주시면서도 다른 한편으로 자유의 한계를 정하신 것입니다. 즉 인간들은 이 세상에서 얼마든지 창조적인 삶을 살 수 있지만 다른 사람이 밉다거나 싫다고 해서 죽이게 되면 결국 자기 자신도 죽어야 하는 것입니다. 왜냐하면 사람의 생명은 하나님만이 가져가실 수 있기 때문입니다. 그래서 요즘 우리나라처럼 자살하는 사람이 한 시간에 한 명 이상씩 생기고 있다는 것도 이 땅이 엄청나게 더럽혀지고 있는 것입니다. 우리는 어떤 이유에서든지 이 땅에 사람을 죽게 하는 일을 막아야 합니다. 즉 사람은 아무리 약하고 부족하다 하더라도 하나님이 주신 생명만큼은 이 세상에 살 권리가 있는 것입니다.

그래서 우리는 다른 사람의 생명을 아주 소중하게 생각해야 합니다. 아무리 내가 싫어하는 사람이고 나와 스타일이 다른 사람이라 하더라도 그 생명이나 인격은 절대적으로 소중하게 생각해야 합니다.

그러나 사람들의 가장 큰 위험은 누구나 마음속에 다 분노가 있다는 것입니다. 그래서 다른 사람이 미워지게 되면 그 사람이 죽기를 원하게 됩니다. 이것은 굉장히 위험한 것입니다. 우리는 이 세상에서 폭력과 폭언을 영원히 추방을 해야 합니다. 이 세상에서 폭력을 주업으로 삼는 사람들이 조직 폭력배들입니다. 이런 사람들은 아마 다른 사람을 때리거나 죽이는 것을 쉽게 생각할 것입니다. 그러나 이것보다 더 위험한 것은 없습니다. 왜냐하면 남을 죽이는 순간 자기 생명도 끝나기 때문입니다. 하나님께서는 사람이 다른 사람을 죽이는 것은 인간의 범위를 벗어났다고 보시는 것입니다. 그래서 우리는 아무리 악한 사람이라 하더라도 법의 심판을 받게 해야지 사적으로 보복을 해서 분을 풀려고 하면 안 됩니다.

그러나 하나님께서는 억울한 사람이 누명을 쓰고 죽거나 혹은 실수로 다른 사람을 죽게 한 사람이 죽는 것도 땅이 더럽혀지는 것으로 보셨습니다. 다시 말해서 어떻게 해서든지 어떤 사람이 누명을 쓰고 죽거나 실수로 사람을 죽인 사람이 죽임을 당하면 안 되는 것입니다. 그래서 하나님께서 세우신 제도가 도피성 제도입니다.

도피성 제도는 여호수아서에 처음 나오는 것은 아닙니다. 이미 하나님께서는 모세의 율법에 장차 가나안 땅에 들어가면 실수로 다른 사람을 죽인 사람이 죽임을 당하지 않도록 도피성을 지정하라고 명령을 하셨습니다. 여호수아는 그 하나님의 말씀에 따라서 가나안 땅 여섯 군데에 도피성을 지정했습니다.

우리는 여기서 놀라게 되는 것이 하나님께서는 억울하게 누명을 쓴 사람이나 실수로 남을 죽게 한 사람이 피할 수 있는 곳을 마련하셨다는 사실입니다. 지금 같은 현대 사회에서도 약한 자들이 상대방의 폭력을 피하여 완전하게 숨을 수 있는 곳은 없습니다. 예를 들어, 어떤 여성이 주위에 있는 남성으로부터 폭행의 위협을 느끼고 경찰에 신고하면 경찰은 그런 느낌만으로는 그 남성을 구속할 수 없다고 할 것입니다. 또 설사 구속이 된다 하더라도 금방 풀려나기 때문에 풀려 난 후에는 더 큰 사고를 일으킬 것입니다.

하나님께서는 이스라엘 백성들 중에서 억울하게 누명을 쓰고 살인 혐의를 받거나 실수로 사람을 죽게 한 사람은 일단 도피성으로 피신하면 살 수 있게 하셨습니다.

예를 들어, 어떤 사람이 죽었는데 다른 목격자가 없는 것입니다. 그래서 어쩔 수 없이 죄를 뒤집어쓰게 되거나 아니면 일을 하다가 전혀 의도하지 않은 실수로 사람을 죽게 했을 때입니다. 물론 성경에는 억울하게 누명을 쓴 경우는 나오지 않습니다. 왜냐하면 옛날에는 그런 경우가 적었던 것 같습니다. 그러나 오늘 날에 와서는 오히려 과실 치사는 인정이 되는데 누명은 오히려 인정이 되지 않고 있습니다. 그 이유는 모든 범죄자들이 다 자신은 죄를 저지르지 않았다고 거짓말을 하거나 잡아떼기 때문입니다. 그래서 오히려 현대에 와서는 억울하게 누명으로 살인자로 몰리는 경우가 있는 것입니다. 그러나 그렇다고 해서 그 사람이 아무 죄가 없다고 말할 수는 없습니다. 왜냐하면 사람을 죽인 것은 사실이기 때문입니다. 그래서 이때에는 범인이 하나님이 정하신 도피성에 피하면 목숨은 건질 수 있게 하셨습니다.

여기에 보면 '피의 보복자'라는 말이 나옵니다. '이는 너희를 위해 피의 보복자를 피할 곳이니라'고 했습니다. '보복자'라는 것은 히브리어로 '고엘'이라고 하는데 가장 가까운 친족 중에서 이 집에 대하여 어떤 책임이 있는 사람을 말합니다. 예를 들어, 어떤 집이 망하게 되었을 때 가장 가까운 친척이 책임을 지고 돌보아주는 것을 말합니다. 이것이 룻기에는 이 '고엘'을 '기업 무를 자'라고 번역하고 있습니다.

그런데 여기에 나오는 '피의 보복자'는 하나님께서 명하신 것이 아닙니다. 이것은 이 세상에서 생긴 악한 풍습 중 하나입니다. 즉 어떤 자기 가족이 억울하게 죽임을 당했을 때에는 가족 중 가장 가까운 자가 복수를 맹세하고 그 사람을 찾아가서 죽이는 것입니다.

요즘 회교권에서는 자기 누이가 가문의 명예를 더럽혔다고 판단되면 가장 가까운 친족이 사실유무를 떠나서 누이를 죽여 버립니다. 그런데 그 사회에서는 그런 살인에 대해서는 재판에서도 별로 중죄로 다스리지 않는 것을 보게 됩니다.

어떤 의미에서 이 당시의 피의 보복자는 요즘의 형사와 같다고 말할 수 있습니다. 형사는 살인 사건이 일어나면 할 수 있는 한 끝까지 범인을 검거하려고 합니다. 그러나 고대에는 그런 형사가 없었기 때문에 피해를 입은 가족 중의 한 사람이 끝까지 범인을 추격하는 수밖에 없었습니다. 그래서 살인을 한 사람은 언젠가는 이 피의 보복자의 손에 잡혀 죽임을 당하게 되는 것입니다. 그러나 하나님께서는 실수로 사람을 죽게 한 경우 그 사람은 절대로 죽게 해서는 안 된다고 명령을 하셨습니다. 그런데 그 사람은 오로지 목숨만 부지하게 하고 과거처럼 자유롭게 살수는 없게 하셨습니다.

여기서 우리가 알 수 있는 것이 무엇입니까?

첫째로 사람이 악한 의도를 가지고 다른 사람의 생명을 해치는 것은 영원히 용서받을 수 없는 죄라는 것을 알게 됩니다. 모든 사람은 하나님의 형상을 닮은 아주 존귀한 자로 만들어졌습니다. 그래서 우리는 다른 사람의 생명을 함부로 해칠 수 있다고 생각하는 것이 너무나도 위험한 생각인 것입니다. 사람들은 누구나 다 하나님이 주신 만큼 이 세상에서 살 권리가 있고 그것은 누구도 함부로 빼앗을 수 없습니다.

그럼에도 불구하고 하나님께서는 정말 억울하게 살인하게 되었거나 누명을 쓰게 된 경우에는 도피할 수 있는 곳을 마련해 주셨습니다.

고대에 세상 어느 곳에도 죄인의 변명을 들어주는 곳은 없었습니다. 이것은 지금도 마찬가지입니다. 모든 사람들이 다 거짓말을 한다고 생각하기 때문에 일단 경찰에서는 아무리 내가 죄를 짓지 않았고 살인하지 않았다고 주장을 해도 믿으려고 하지 않습니다. 그러나 하나님께서는 비록 살인죄를 지은 자라 하더라도 억울한 자의 이야기를 들어주게 하셨고 믿어주게 하셨습니다. 즉 하나님의 용서가 복수의 감정을 이기게 하셨습니다.

## 도피성 제도의 원칙

하나님께서 명하신 도피성의 제도는 이렇습니다. 첫째로 살인을 저지른 자는 가만히 있으면 안 되고 도피성으로 달아나야만 했습니다. 그리고 성에 들어가는 문에서 장로들에게 자기가 저지른 사고를 고해야만 했습니다.

**4절** 이 성읍들 중의 하나에 도피하는 자는 그 성읍에 들어가는 문 어귀에 서서 그 성읍의 장로들의 귀에 자기의 사건을 말할 것이요 그들은 그를 성읍에 받아들여 한 곳을 주어 자기들 중에 거주하게 하고

어쩔 수 없이 사람을 죽인 사람은 자기 목숨을 살리기 위하여 두 가지를 해야만 했습니다. 그 하나는 안전한 곳으로 도망을 쳐야 하는 것입니다. 그것은 무조건 산에 가서 숨는다든지 아니면 다른 동네로 도망치는 것이 아닙니다. 반드시 하나님이 정해 놓으신 도피성으로 피해

야 합니다. 다른 사람들이 모르겠지 하면서 그냥 그대로 있거나 시치미를 떼고 있으면 아무 소용이 없습니다. 일단 사고가 났으면 하던 모든 일을 중단하고 피의 보복자가 따라오기 전에 가장 가까운 도피성으로 가야 합니다. 그리고 그가 해야 할 또 다른 하나는 그냥 성안에 들어 가버리면 안되고 성문에서 장로들에게 자기가 살인을 저질렀으며 그 경위를 알려주어야 합니다. 아무리 도피성이라 하더라도 여행하다가 들린 사람도 있을 것이요 친척을 방문한 사람도 있을 것이며 물건을 팔러 온 사람도 있을 것입니다. 그렇기 때문에 자기 죄를 고하지 않고 가만히 있는 사람은 보호될 수가 없었습니다.

우리는 이 세상에서 억울한 일을 당했을 때 혹은 실수로 누명을 뒤집어썼을 때 하나님 앞에서는 얼마든지 다 이야기를 할 수 있습니다. 또 그 이야기를 해야 합니다. 그러면 하나님께서 다 들어주시고 누명을 벗겨주시는 것입니다.

우리는 이 세상에서 굳이 살인이 아니라 하더라도 오해나 누명을 뒤집어쓰는 일들이 많이 있을 것입니다. 그때 그것을 혼자 안고 고민할 것이 아니라 하나님 앞에 가지고 와서 이야기를 다 하셔야 합니다. 그러면 하나님께서는 그것이 더 큰 문제가 되지 않도록 지켜주십니다. 우리가 세상일을 보면 정말 별 것 아닌 것이 커져서 엄청난 사건이 될 때가 많이 있습니다. 그러나 그런 일들도 가만히 보면 그 안에 큰 문제가 될 소지가 얼마든지 있습니다. 그래서 죄는 더 커지기 전에 하나님 앞에 나와 터트려야 합니다. 그러면 하나님께서 보호해주십니다.

일단 정상적인 절차를 밟고 도피성 안으로 들어온 죄인은 아무리 피의 보복자나 다른 사람들이 찾아와서 그 사람을 잡아가려고 해도 잡아갈 수가 없었습니다. 그 사람은 그 도피성 안에서 얼마든지 행복하게 살 수 있었습니다. 스스로 성 밖으로 나가지 않는 이상 그는 안전했습니다.

여기서 우리는 두 가지 교훈을 받게 됩니다.

하나는 아무리 실수로 사람을 죽였다 하더라도 그 사람은 일단 죄는 있다는 것입니다. 물론 옛날에는 과실치사, 고의살인, 정당방위냐 하는 개념은 없었습니다. 단지 일단 그는 사람을 죽였습니다. 그래서 법을 엄격하게 적용하면 그 사람은 죽어야 합니다. 그러나 하나님께서는 그의 억울함을 인정하신 것입니다. 그래서 그 사람은 지금까지 자기의 삶을 포기하고 도피성 안에서 새사람이 될 수 있는 기회를 주신 것입니다. 그래서 이 사람이 도피성으로 도망친다는 것은 일단 한번 죽은 것입니다. 그래서 그는 더 이상 도피성 밖으로 나갈 수가 없습니다. 왜냐하면 옛날의 그 자유롭던 사람은 죽었기 때문입니다. 그러나 도피성 안에서는 새사람으로 살 수 있습니다.

이것은 오늘 우리들에게 아주 중요한 교훈을 줍니다. 왜냐하면 우리가 지금 사는 원리가 바로 도피성의 원리이기 때문입니다.

물론 우리는 살인죄를 저지르지는 않았습니다. 그러나 우리 죄 때문에 예수님이 십자가에 못 박혀 죽으셨기 때문에 우리는 예수님을 죽게 한 살인자나 마찬가지입니다. 그뿐 아니라 우리는 이미 우리 마음속으로 얼마나 많은 살인죄와 간음죄를 저지르는지 모릅니다. 단지 우리는 그 죄들이 실제로 행동으로 가지 않았을 뿐이지 마음으로 많은 죄를 지었고 또 죄를 지을 환경이 제공되기만 했다면 얼마든지 죄를 지을 수 있었던 사람들입니다.

결국 이 도피성 제도는 우리에게 성경적인 교훈을 주시기 위한 것입니다. 우리는 물론 이 세상에 살면서 살인을 한다든지 간음을 한다든지 하지는 않았을 것입니다. 그러나 이미 우리들의 마음속에는 많은 사람을 죽였고 또 많은 악하고 추악한 죄를 지질렀습니다. 우리가 예수를 믿는 이유가 무엇입니까? 그것은 우리 자신이 너무 위험한 사람인 줄 알게 되었기 때문입니다. 우리가 겉으로 보기에는 정상적인 것 같고 남을 해칠 것 같지 않습니다. 그러나 마음속으로는 살인자요 간음자들입니다. 단지 그것들이 행동으로 옮겨지지 않았을 뿐입니다. 우리의 이런 죄 때문에 하나님의 아들이 십자가 위에서 죽었습니다. 우리는 하나님의 아들을 직접 죽이지는 않았지만 간접적으로 죽게 한 책임이 있습니다. 우리는 그리스도의 도피성으로 가야 안전한 것입니다. 우리가 하나님의 진노의 심판을 받지 않고 살 수 있는 유일한 길은 예수 그리스도에게로 피하는 것입니다. 그래서 고대의 도피성은 오늘 예수 그리스도의 십자가입니다.

우리는 내 죄가 하나님의 아들을 십자가에 못 박혀 죽게 했다는 것을 믿을 때 우리는 예수님과 함께 다시 살게 됩니다. 그래서 죄가 많은 나의 옛사람은 죽고 우리는 새사람으로 다시 태어나게 되는 것입니다.

그러나 그 살인자는 그 도피성 안에서는 안전하게 살 수가 있는데 그가 그 성을 벗어나면 죽임을 당하게 됩니다.

**5절** 피의 보복자가 그의 뒤를 따라온다 할지라도 그들은 그 살인자를 그의 손에 내주지 말지니 이는 본래 미워함이 없이 부지중에 그의 이웃을 죽였음이라

일단 도피성으로 도망을 친 살인자는 그 성안에서만 살 수 있습니다. 즉 이 죄인은 성 안에서는 안전했습니다. 왜냐하면 아무리 피의 보복자가 와도 내어주지 못하게 하셨기 때문입니다. 이것은 죄를 지은 사람이 도피성 안으로 들어옴으로 과거와 단절하여 완전히 새로운 삶

을 시작하는 것을 말합니다. 이 사람은 과거의 친구들도 더 이상 만날 수가 없습니다. 이 사람은 가족들과도 마음대로 만날 수 없습니다. 누군가가 자기 옛날 땅을 다 차지한다고 해도 그 사람을 잡으러 갈 수가 없습니다. 왜냐하면 이 사람은 일단 도피성 안에 들어옴으로 과거에 대하여 완전히 죽은 자가 되었기 때문입니다. 그래서 이 사람은 오직 도피성이라는 제한된 범위 안에서만 살아야만 하는 것입니다.

그래서 우리 믿는 사람들은 자신의 행동에 제약을 가해야 합니다. 왜냐하면 이미 우리들은 과거에 자기 욕심대로 살다가 하나님의 정죄를 당한 사람들이었습니다. 그래서 우리는 다시 죄짓는 생활에 빠지지 않기 위해서 자신의 생활에 분명한 한계선을 그어야 합니다.

즉, 우리가 이 세상에서 내가 원하는 것을 마음대로 다 할 수 없는 이유가 어디에 있습니까? 그것은 이미 우리가 그리스도의 십자가에서 한번 죽었던 목숨이며 이제 우리의 삶은 우리의 것이 아니기 때문입니다. 만일 우리가 믿는다고 하면서도 자기 욕심대로 살려고 한다면 아마 더 무서운 죄에 빠지게 될 것입니다. 우리에게는 많은 것을 하는 것이 중요한 것이 아니고 자기 자신을 죄에 빠지지 않게 지키는 것이 중요한 것입니다.

모든 것을 내 마음대로 할 수 있는 사람은 영웅입니다. 베토벤은 심포니 3번 '에로이카'를 원래 나폴레옹에게 헌정을 했다고 합니다. 그래서 심포니 3번 초반 겉장에는 '보나파르트에게 이 곡을 바친다'는 글이 적혀 있었다고 합니다. 그러나 베토벤은 나폴레옹이 황제가 되었다는 소식을 듣고는 이 겉장을 찢어버렸다고 합니다. 나폴레옹은 영웅이 아니라 유럽에서 수백만 명을 죽게 한 살인자였습니다. 그가 이런 무서운 짓을 한 이유는 자기가 얼마나 무서운 짐승인지 깨닫지 못했기 때문입니다.

그래서 사도 바울은 말하기를 '내게 능력 주시는 자 안에서 모든 것을 할 수 있다'고 고백을 했습니다. 왜 우리가 그리스도 안에서 모든 것을 해야 합니까? 그 이유는 이 범위를 벗어나면 다시 죄짓는 생활을 하게 되기 때문입니다.

구약 성경을 보면 이 도피성의 규정을 어겼던 사람이 두 명이 나옵니다.

한 사람은 다윗이 실각해서 도망칠 때 왕을 저주했던 시므이라는 사람입니다. 이 당시 왕을 저주하면 처형이었습니다. 그러나 시므이는 다윗이 정권을 잃고 도망을 칠 때 따라오면서 다윗을 저주했습니다. 솔로몬은 왕이 된 후 시므이를 불러서 그가 다윗 왕을 저주한 것이 죽을 죄라는 것을 알린 후 결코 자기 집을 벗어나지 못하게 했습니다. 만약 그가 자기 죄를 생각하고 겸손하게 자기 집안에서만 생활했더라면 그는 얼마든지 오래 살 수 있었을 것입니다. 그러나 그는 오래 살다 보니까 솔로몬의 말이 점점 중요하지 않게 느껴지게 되었습니다. 그리고 살짝 집 밖으로 나갔다 들어온다 하더라도 솔로몬은 모를 것 같았습니다. 그런데 하루는 시므이의 종 한 사람이 도망을 쳐버렸습니다. 원래 시므이는 자기 집을 벗어날 수 없기 때문에 종이 도망친 것을 알면서도 용서를 했었어야 합니다. 왜냐하면 그의 모든 과거는 다 죽었기 때문입니다. 그에게 주어진 인생은 덤으로 사는 것이기 때문입니다. 그러나 그는 솔로몬의 경고를 무시하고 자기 종을 붙들어 왔습니다. 결국 이 소문이 솔로몬의 귀에 들어가서 시므이는 죽임을 당하게 되었습니다.

또 한 사람은 다윗의 아들 압살롬이었습니다. 압살롬은 자기 여동생이 배다른 형 암논에게 강간을 당한 것에 앙심을 품었습니다. 그래서 잔치를 한다고 해 놓고 암논을 죽이고 도망을 쳤습니다. 그런데 그는 요압을 통해서 다윗 왕에게 간청해서 다시 이스라엘로 돌아왔습니다. 그러면 그는 자기가 죽은 목숨이라 생각하고 철저하게 도피성 안에서 겸손히 살았어야 하는데 그는 또 고개를 쳐들고 정치에 욕심을 부렸습니다. 그래서 결국 아버지를 쫓아내고 많은 사람을 죽게 한 후에 자기 자신은 머리털이 나무에 걸리는 바람에 요압의 창에 찔려서 죽고 말았습니다.

우리는 흔히 다른 사람들과 비교하면서 남들이 누리는 복은 다 누려야 한다고 생각하는데 그것은 위험한 생각입니다. 우리는 모두 다 한 번씩 큰 죄를 지었던 죄인이기 때문에 절대로 모든 행복을 다 누리려고 해서는 안 됩니다. 그저 목숨을 건지고 하나님께 예배드리며 나에게 지금 주어진 것으로 철저하게 만족해야 하는 것입니다.

우리는 죄짓는 것을 대단히 두려워해야 합니다. 우리는 단지 사람의 눈만 속이면 된다고 생각해서는 안 됩니다. 무서운 것은 사람의 눈이 아니고 하나님의 눈인 것입니다. 일단 하나님을 무서워하는 사람은 어떤 유혹이나 시험이 닥쳐와도 안전한 사람입니다. 어떻게 우리가 하나님이 보시는 앞에서 죄의 유혹에 넘어갈 수 있겠습니까? 그뿐만 아니라 우리는 자신의 야망을 따라서 사는 것을 두려워해야 합니다. 우리는 하나님 앞에서 죄인이었던 사람입니다. 그래서 이것을 항상 마음에 새겨놓고 절대로 하나님의 은혜를 벗어나서 정욕이나 야망으로 달려가면 안 됩니다. 하나님을 모르는 사람들은 이 세상에 모든 부귀와 영광을 다 차지하려고 합니다. 그러나 우리 그리스도인들은 자신을 영적으로 장애인이라고 생각해야 합니다.

우리는 내가 경제적으로 손해를 보더라고 성 밖까지 사람을 잡으러 가서는 안 됩니다. 왜냐하면 우리 자신들이 죄인이었기 때문입니다.

### 살인자의 해방

도피성 제도에서 특이한 것은 그 살인자가 도피성을 빠져 나올 때가 있었습니다. 그것은 대제사장이 죽을 때입니다.

**6절** 그 살인자는 회중 앞에 서서 재판을 받기까지 또는 그 당시 대제사장이 죽기까지 그 성읍에 거주하다가 그 후에 그 살인자는 그 성읍 곧 자기가 도망하여 나온 자기 성읍 자기 집으로 돌아갈지니라

잘 이해가 되지 않는 것이 어떻게 대제사장이 죽으면 살인자가 그 모든 혐의에서 해방될 수 있느냐 하는 것입니다. 이것은 하나님께서 그 살인자의 생명을 대제사장의 생명과 일치를 시켰기 때문입니다. 그러니까 그 살인자의 생명은 대제사장의 생명과 같은 것입니다. 그래서 대제사장이 죽으면 그 사람이 죽은 것과 같기 때문에 일사부재리의 원칙에 의해서 그는 모든 혐의에서 벗어나게 되어 있습니다. 마치 무죄 판결을 받은 것과 똑같은 효력이 생기는 것입니다. 이것은 예수 그리스도의 죽으심으로 우리가 모든 혐의에서 벗어나서 진정한 자유인이 되는 것을 나타냅니다.

그래서 속죄와 칭의는 다릅니다. 속죄는 단지 있는 죄를 지워주는 것뿐이지만 칭의를 얻으면 손해배상을 할 수 있으며 의를 행하는데 필요한 모든 능력을 요구할 권리가 생기게 됩니다.

우리는 예수님의 십자가로 죄 용서 받았을 뿐 아니라 필요한 모든 것을 하나님께 요구할 수 있는 권한이 생기게 되는 것입니다.

그러나 그리스도인들은 자유를 얻어도 그 자유를 마음대로 쓰지 못합니다. 왜냐하면 하나님의 아들이 죽고 얻은 자유이기 때문입니다.

우리는 우리의 자유로 절대로 정욕을 위하여 살지 못하고 가장 아름다운 일에 자신을 헌신하게 되는 것입니다.

아무리 도피성의 제도가 좋다 하더라도 그 성이 먼 곳에 있다거나 해서 피하기 어려운 곳에 있으면 아무 소용이 없을 것입니다. 그래서 하나님께서는 가나안 땅 어느 곳에서나 쉽게 도망을 칠 수 있는 곳에 도피성을 세우셨습니다. 즉 이스라엘 안에서는 요단강 계곡이 도망치는데 어려웠습니다. 그래서 요단 동편에도 세 개, 요단 서편에도 세 개를 정하셔서 누구든지 이런 죄에 빠진 자는 쉽게 도망을 치게 하셨습니다.

**7-8절** 이에 그들이 납달리의 산지 갈릴리 게데스와 에브라임 산지의 세겜과 유다 산지의 기럇 아르바 곧 헤브론과 여리고 동쪽 요단 저쪽 르우벤 지파 중에서 평지 광야의 베셀과 갓 지파 중에서 길르앗 라못과 므낫세 지파 중에서 바산 골란을 구별하였으니

하나님께서는 대단히 합리적으로 도피성을 정하였습니다. 요단 동편과 서편으로 나누어서 북쪽에 하나, 중간에 하나, 그리고 남쪽에 하나 이렇게 셋을 정하셨습니다. 그래서 도피자들 중에서 도피성이 멀어서 도망을 가지 못하거나 아니면 강을 건너지 못해서 붙들리는 일이 없도록 배려를 하셨습니다.

이것은 오늘 교회의 원리와 같습니다. 교회는 언제나 죄인들 가까이에 있어서 언제든지 와서 회개할 수 있어야 하고 죄인들이 하나님께 나아오는데 아무 걸림돌이 없게 해야 합니다. 그래서 실제로 우리나라의 웬만한 도시에는 교회가 없는 곳이 없습니다. 이것은 누구든지 자기가 죄인이라고 생각되는 사람은 가까이에 있는 도피성으로 피하라는 것입니다.

신약에 보면 유대인들이 성전 뜰에서 장사를 하는데 그곳은 이방인들이 기도하는 곳이었습니다. 예수님은 내 아버지의 집으로 장사하는 집을 만들지 말라고 하시면서 '내 집은 만민이 기도하는 집이라'고 말씀하셨습니다. 이것은 어떤 사람이든지 하나님께 나아오는 것을 방해하지 말라는 뜻입니다.

교회는 눈에 보이지 않는 불성곽입니다. 그래서 사탄이 과거의 우리 죄를 들추어내어서 멸망으로 끌고 갈 수가 없습니다.

**롬 8:1** 그러므로 이제 그리스도 예수 안에 있는 자에게는 결코 정죄함이 없나니

결국 교회가 얼마나 권세가 있는지 모릅니다. 우리가 바른 믿음을 붙들고 살아갈 때에 어떤 악한 세력들도 우리를 이기지 못합니다.

사탄은 오늘도 우는 사자처럼 삼킬 자를 찾아서 돌아다니고 있습니다. 우리 주위에는 너무나도 많은 사탄의 함정들이 입을 벌리고 있습니다. 마치 물고기로 비유하자면 우리 주위에 온통 낚시꾼들이 내려놓은 낚시 바늘이 널려 있는 것과 같습니다. 여기서 우리가 안전하게 살 수 있는 길은 모든 욕심을 버리는 것입니다. 사탄이 가장 사냥하기 어려운 사람이 바로 겸손한 자입니다. 그 대신에 교만한 자는 너무나도 사냥하기가 쉬운 것입니다.

그래서 예수님은 '나는 양의 문이다'라고 말씀하셨습니다. 들판에는 양들은 모르지만 많은 맹수들이 숲속에서 노리고 있습니다. 그러나 목자는 이것을 알기 때문에 목자의 보호를 받아야 양들이 안전할 수 있습니다.

우리가 그리스도 안에 있으면 절대로 안전합니다. 어느 누구도 우리

를 과거의 죄로 내어 쫓아서 심판받게 하지 못할 것입니다. 그래서 우리는 완전히 죄의 세력에서 풀려나서 능력 있는 삶을 살 수가 있습니다. 그럼에도 불구하고 우리는 모든 것을 자기 욕심대로 행해서는 안 됩니다. 주님이 주시는 범위 안에서 최선을 다하시고 죄짓지 않고 오래 주님께 귀하게 사용되는 성도들이 다 되시기 바랍니다.

# 성숙한 신앙

우리가 인생을 살아가면서 경험이 있고 분별력이 있는 것이 어떤 때는 생명을 좌우할 때가 있습니다. 전에 저희 가족 중에 한 명이 배가 너무 아파서 병원 응급실에 갔더니 그때 담당 의사가 레지던트 2년 차였는데 수술이 필요하다고 했습니다. 그런데 저는 아닌 것 같아서 가족을 집으로 데리고 가서 화장실에 한번 갔더니 그만 나아버렸습니다. 이것은 자칫 잘못했으면 수술을 해야 하는 것인데 오히려 그분의 말을 믿지 않기를 잘한 경우였습니다.

그러나 전에는 다른 분이 아프셨는데 그때 너무 어리고 분별력이 없어서 작은 동네 병원에서 시간을 오래 지체 하는 바람에 돌아가시게 한 적도 있었습니다. 가끔 수련회 같은 데를 가보면 청년들 중에서 귀신들렸다고 소란을 피우는 때가 있는데 가서 자세히 보면 꼭 귀신들린 것은 아닐 때가 자주 있습니다. 그런데 이런 경우 판단을 잘못해서 귀신을 쫓아낸다고 고함을 치거나 소리를 지름으로 해서 오히려 악화될 때도 있습니다. 그래서 목회를 하는데 있어서도 책으로 공부만 해서는 알 수 없는 많은 것들이 있습니다.

이것은 군대 생활도 마찬가지인데 군 경험이 없는 신병들은 밤에 보초를 서면서 너무 긴장한 나머지 물 위에 통나무가 떠내려 오는 것을 보고 적인 줄 알고 조명탄을 터트리고 총을 쏘고 난리를 치다가 진짜 적이 나타나면 온 몸이 얼어붙어서 아무것도 하지 못하는 경우가 있는 것입니다. 그래서 군대에서는 경험이 있는 것과 없는 것이 생사를 결정할 때가 많이 있습니다.

집에서도 어린 아이들만 있으면 자주 싸울 때가 많습니다. 왜냐하면 어렸을 때에는 남의 입장은 이해를 하지 못하고 자꾸 자기 생각만 옳다고 우기게 되기 때문입니다. 이때 하나님의 백성들이 성숙하면 서로 상대방의 의견을 충분히 듣기 때문에 얼마든지 싸우지 않고 해결할 수가 있습니다. 그러나 교인들이 하나님의 말씀으로 성숙하지 못하면 작은 차이가 오류를 너무 심각하게 보는 나머지 분열하고 싸우고 다투게 되는 것입니다.

옛날에는 신앙의 입장이 다르면 서로 오해를 하고 비난을 하는 경우가 많았습니다. 그러나 어느 정도 성숙을 하면 입장이 다른 부분을 이해를 하게 되고 굳이 싸울 필요가 없게 됩니다. 왜냐하면 내가 평소에 관심을 가지지 못하고 열심히 하지 못하는 부분을 다른 사람이 해주기 때문에 오히려 고마울 때가 있는 것입니다.

우리가 여호수아 끝 부분과 사사기 끝 부분을 보면 성숙한 신앙이 얼마나 큰 차이를 가져오게 되는지 알게 됩니다. 오늘 여호수아서에서 보게 되는 것은 요단강 동편에 있는 두 지파와 반 지파가 전쟁을 끝내고 돌아가면서 요단강 한쪽에 큰 단을 쌓았는데 이것을 다른 지파가 다른 신을 섬기려는 것으로 오해를 해서 전쟁을 하려고 하다가 비느하스가 중재를 해서 싸우지 않고 원만하게 해결이 된 것입니다. 그러나 사사기에는 레위 지파의 한 제사장이 첩을 데리고 베냐민 지파의 한 곳에서 밤에 베냐민 지파 깡패들의 난동으로 이 첩이 강간당하고 죽게 되는데 결국 이것으로 이스라엘 전체와 베냐민이 전쟁을 해서 이스라엘 전체도 많이 죽고 베냐민 지파는 도망친 육백 명만 남고 여자와 어린 아이까지 전부 다 몰살을 당하는 비극을 경험하게 되는 것입니다. 그래서 우리는 무조건 커지고 발전한다고 해서 좋아지는 것이 아니라 속사람이 성숙하지 않으면 어느 순간 불신과 오해로 산산이 깨어질 수 있다는 것을 알아야 합니다.

우리가 이스라엘 지형을 보면 우리나라와는 달리 남쪽이 산지이고 북쪽이 평지로 되어 있습니다. 그리고 동서로 요단 협곡이 있어서 땅이 깊이 갈라져 있어서 요단강으로 동서로 분리가 되게 되어 있습니다. 우리나라는 대대로 동서로 갈라져서 지역감정으로 대립을 할 때가 많았습니다. 특히 정치를 하면서 어느 한쪽만 우대를 한다든지 하면 다른 한 쪽은 소외감을 느끼게 되어 대대로 반골이 되게 되는 것입니다. 그런데 지금 언론에서는 동서의 지역감정보다는 수도권과 지방의 차별이 너무 심하게 나타나는 것이 문제라는 말을 하고 있습니다. 특히 이런 현상은 대학이나 젊은이들의 심리에 많은 영향을 주어서 지방에 있는 것 자체가 열등한 것이나 성장에 뒤떨어지는 것으로 생각하게 되는 것입니다.

본문 말씀은 요단 동편의 지파들이 가나안 본토 전쟁에 참예하고 전쟁이 끝난 후에 자기 집으로 돌아가면서 요단 협곡을 보고 앞으로 자기들이 본토 사람들로부터 이방인 취급을 당하지 않을까 염려하는 데서부터 시작되게 됩니다. 결국 이것이 오해를 불러 일으켜서 큰 전쟁을 할 뻔하였는데 성숙한 믿음을 가진 비느하스의 중재로 은혜스럽게 해결되는 내용입니다.

## 요단 동편 지파의 귀환

르우벤 지파와 갓 지파 그리고 므낫세 반 지파 사람들은 요단 동편 땅이 너무나도 목축하기에 좋았기 때문에 가나안 본토를 포기하고 요단 동편 땅을 차지했습니다. 그러나 이때 모세는 말하기를 그들이 요단 동편 땅을 차지하는 것은 좋은데 이스라엘 백성들보다 앞장서서 다른 이스라엘 백성들이 가나안 땅을 차지하는 것을 도와주어야 한다고 했습니다. 그래서 그들이 요단 동편 땅을 차지했지만 전쟁이 끝날 때까지 가나안 땅에 들어가서 다른 이스라엘 백성들과 같이 전쟁을 했습니다. 그리고 이제는 가나안 전쟁이 다 끝났기 때문에 이들은 요단강을 다서 건너서 자기 식구들이 있는 곳으로 돌아가게 되었습니다. 이들은 참 훌륭하게도 자기들이 모세에게 한 약속을 지켰습니다. 그리고 이들은 더 이상 전쟁할 것이 없게 되었을 때 여호수아의 축복을 받으면서 많은 전리품을 가지고 자기 땅으로 돌아갈 수 있게 되었습니다. 그때 여호수아는 요단 동편 이스라엘 백성들을 축복했습니다.

**4절** 이제는 너희의 하나님 여호와께서 이미 말씀하신 대로 너희 형제에게 안식을 주셨으니 그런즉 이제 너희는 여호와의 종 모세가 요단 저쪽에서 너희에게 준 소유지로 가서 너희의 장막으로 돌아가되

이스라엘 백성들에게 중요한 것은 가나안 본토였습니다. 왜냐하면 가나안 땅은 하나님이 약속하신 땅이고 하나님의 말씀이 임하는 곳

이었기 때문입니다. 그런데 요단 동편 사람들은 목축 때문에 땅을 먼저 차지하고 본토를 포기한 사람들이었습니다. 그럼에도 불구하고 모세는 이 동편 사람들에게 본토를 차지하는 전쟁에 참여하게 했습니다. 이것은 자신들이 참 이스라엘이 될 수 있는 기회를 준 것이었습니다. 그런데 요단 동편 사람들은 이 기회를 놓치지 않고 성실하게 잘 감당을 했습니다. 요단 동편 사람들은 그렇게 함으로 본토인들과 똑같은 이스라엘의 자격을 얻게 된 것입니다.

신약 성경에 보면 사도 바울의 전도를 통해서 이방인들 가운데 많은 부흥이 있었습니다. 그때 온 땅에 흉년이 들었는데 특히 예루살렘 교회가 참 어려웠습니다. 그때 사도 바울은 조금도 주저하지 않고 이방인 교회들로부터 헌금을 거두어서 예루살렘으로 가서 전달했습니다. 이렇게 함으로 이방인 교회도 예루살렘 교회와 같은 교회인 것이 증명이 된 것입니다. 그리고 한 걸음 더 나아가서 이제부터는 이방인 교회가 더 중요한 위치를 차지하는 시대가 오게 되었습니다. 그래서 사람들에게는 어떤 일에 물질이나 몸으로 동참한다고 하는 것이 참 중요합니다.

특히 요단 동편 사람들은 자칫 잘못했으면 목초지만 차지하고 그 위대한 아브라함의 복과 이스라엘의 복을 놓칠 뻔했는데 전쟁에 동참을 함으로 그 복을 함께 물려받게 된 것입니다. 그래서 신앙이라고 하는 것은 머리로 하는 것도 아니고 입으로 하는 것은 더 아닙니다. 이것은 진정으로 물질과 몸으로 동참하는 것을 통해서 이루어지게 되는 것입니다.

그러나 요단 동편 사람들이 전쟁에 동참하는 것이 결코 쉬운 일은 아니었습니다. 우선 하나의 걱정은 자기들이 본토 전쟁을 하는 동안에 요단 동편에 있는 자기 아내나 자식들을 누가 공격하면 어떻게 합니까? 또 만일 본토의 전쟁이 아주 오래 질질 끌게 되면 그들은 완전히 자기 집에 돌아가지 못할 수도 있을 것입니다. 그러나 이 모든 것은 걱정에 불과합니다. 우리는 아직 실현되지 않은 어려움을 미리 다 생각해서 걱정할 필요가 없습니다. 우리가 하나님의 말씀에 순종할 때 하나님은 우리가 생각하지 못하는 많은 문제를 해결해주시는 것을 믿어야 하는 것입니다.

여호수아는 전쟁을 마치고 고향으로 돌아가는 이스라엘 백성들을 축복했습니다. 그것은 요단동편 백성들에게 그들이 하나님의 말씀을 사랑하고 하나님을 가까이 하라는 것이었습니다.

**5절** 오직 여호와의 종 모세가 너희에게 명령한 명령과 율법을 반드시 행하여 너희의 하나님 여호와를 사랑하고 그의 모든 길로 행하며 그의 계명을 지켜 그에게 친근히 하고 너희의 마음을 다하며 성품을 다하여 그를 섬길지니라 하고

요단 동편 사람들은 아무래도 가나안 중심에서 멀리 떨어진 곳에 사는 사람들이었습니다. 특히 그들은 여호와 하나님의 성전으로부터도 멀리 떨어진 곳에 있게 될 것입니다. 여호수아는 요단 동편 사람들에게 어떻게 해서든지 정보에서 뒤떨어지지 않도록 노력을 하라고 하지 않았습니다. 세상이 어떻게 돌아가는지 그 정세에 대해서도 신경을 많이 쓰라고 말하지 않았습니다.

여호수아가 요단 동편 사람들에게 강조한 것은 오직 모세의 율법을 지키고 사랑하라는 것이었습니다.

우리나라도 수도인 서울과 지방의 문화적으로나 경제적으로 여러 가지 출세에 있어서 엄청난 차이가 있습니다. 그래서 특히 모든 직장

들이 서울에 편중이 되어 있고 지방은 무시하는 경향이 있기 때문에 지방에 있는 젊은이들은 어려움이 많습니다. 그러나 하나님께서는 우리에게 이러한 차이를 없애기 위해서 많은 노력을 하라고 말씀하시지 아니하셨습니다. 지방에 있는 사람들은 서울을 따라가도록 기를 쓰라고 말씀하시지도 않으셨습니다. 하나님께서 우리에게 요구하시는 것은 오직 단 한 가지입니다. 그것은 하나님의 말씀을 사랑하고 하나님을 가까이 하는 것입니다. 여기에 보면 모세의 율법을 지키는 것과 하나님을 사랑하는 것이 나란히 나오고 있습니다. 이것은 같은 것입니다. 우리가 어떻게 하나님을 사랑할 수 있습니까? 물론 우리는 여러 가지 방법으로 하나님을 사랑할 수 있을 것입니다. 하나님을 향하여 사랑의 편지를 보낼 수도 있을 것이며 신비적인 체험을 해서 하나님과 가까워지려고 할 수도 있을 것입니다. 어떤 의미에서는 세상의 모든 유혹이나 쾌락을 멀리함으로 하나님과 가까워지려고 할 수도 있을 것입니다. 그러나 그런 것으로는 하나님께 가까워질 수 없습니다. 단지 우리가 하나님의 말씀을 사랑할 때 우리는 하나님과 가장 가까워질 수 있습니다.

우리가 하나님의 말씀을 가까이 하고, 사랑할 때 우리 속에는 이스라엘의 진액이 흐르게 됩니다. 즉 돌감람나무 진액이 아니라 참 이스라엘의 진액, 하나님의 축복의 진액이 흐르게 되는 것입니다.

그래서 우리가 이 세상에서 최고로 하나님의 사랑을 받고 최고로 존귀한 자가 되는 비결은 서울에 산다거나 혹은 엘리트 그룹에 속해 있는 것이 아닌 것입니다. 우리가 순수한 하나님의 말씀을 사랑하고 열정적으로 하나님을 사랑할 때 우리 속에는 순수한 이스라엘의 축복의 진액이 흘러 들어오게 됩니다. 이것이 바로 우리가 복을 받는 비결인 것입니다.

그러나 오늘 사람들은 반대로 세상의 진액을 먹으려고 애를 쓰고 있습니다. 어떤 사람들은 반드시 지역적으로 서울 가까운데 있어야 하고 엘리트 그룹에 속하는 것이 세상의 진액을 먹을 수는 있지만 순수한 이스라엘의 진액을 먹지는 못하는 것입니다. 그래서 우리는 다른 것은 몰라도 하나님의 말씀을 사랑하고 열정적으로 기도하고 예배드리는데 있어서는 어느 누구에게도 져서는 안 되는 것입니다. 그러나 만일 우리가 만약 말씀도 시원찮고 하나님을 향한 열정마저도 없다면 그것은 진짜 뒤떨어지는 것입니다.

사실은 요단 동편 사람들이 가나안 전쟁이 참여하면서 그들이 깊이 인상 받는 것이 있었습니다. 그것은 바로 가나안의 정신적인 중요성이었습니다. 그리고 다른 지파 사람들이 가지고 있는 하나님에 대한 자부심이었습니다. 그래서 요단 동편 사람들은 돌아가다가 엉뚱한 큰 단을 하나 쌓게 됩니다. 이것은 우리도 본토와 똑같은 이스라엘로 인정해 달라는 것이었습니다.

그러나 여호수아의 말대로 하면 그들은 걱정할 것이 없었습니다. 즉 이런 쓸데없는 큰 단을 쌓을 것이 아니라 본토 사람 이상으로 하나님의 말씀을 사랑하고 본토 사람들 이상으로 뜨겁게 기도하는 것입니다. 그러면 하나님의 부흥은 요단 동편으로 옮겨지게 되었을 것입니다.

그래서 우리는 어떤 의미에서 세상적으로 조금 뒤떨어지는 것이 훨씬 더 나을 수도 있습니다. 왜냐하면 세상에서 너무 잘 나가면 머리가 너무 복잡해서 하나님의 말씀이 들어갈 틈이 없기 때문입니다. 우리는 무엇인가 세상적으로 부족하기 때문에 하나님을 생각하게 되고 하나님의 말씀이 머릿속에 들어올 수 있게 되는 것입니다. 그러다보면 드디어 불이 붙게 됩니다. 이것이 진정으로 이스라엘의 복을 받는 비결인 것입니다.

## 요단 동편 지파가 만든 단

요단 동편 지파들은 성공적으로 전쟁을 끝내고 여호수아의 축복과 많은 전리품을 가지고 고향으로 돌아가게 되었습니다. 그러면서 그들이 요단 협곡을 건너면서 생각해 보니까 아무래도 의심이 생기기 시작했습니다.

그 이유는 아무리 생각해도 요단강의 계곡이 너무 깊어서 동쪽과 서쪽이 통행을 하는데 어려울 것 같은 생각이 든 것입니다. 그래서 요단 동편 사람들은 장차 이 요단강을 기준으로 해서 동이스라엘과 서이스라엘이 나누어지게 될지 모른다는 의심을 했습니다. 그렇지 않으면 한걸음 더 나아가서 아예 요단 동쪽을 이스라엘로 인정하지 않고 모압이나 암몬처럼 이방인으로 취급할지도 모른다는 의심이 들게 되었습니다.

지금 요단 동편 이스라엘 사람들은 무려 7년 동안이나 본토 사람들을 위하여 싸우고 돌아가는 길입니다. 그런데 그들의 마음속에는 나중에 본토 사람들이 '아, 이스라엘의 경계는 요단강이고 그 건너편은 이스라엘이 아니라'고 하면서 자기들을 이스라엘에서 소외시킬 것이 걱정이 되었습니다.

즉, 요단 동편 사람들이 본토 전쟁에 참여하면서 본 것은 본토의 엄청난 엘리트 의식이었습니다. 그리고 하나님을 사랑하고 섬기는데 있어서 자기들이 도저히 따라갈 수 없는 열정을 가진 것입니다. 그래서 동편 사람들은 얼마가지 않으면 본토 사람들이 우리를 따돌리고 이스라엘로 인정하지 않게 될 것이라는 의심을 하게 되었습니다. 즉 본토 사람들은 자신들을 아예 촌놈 취급하는 것이 아니라 이방인 취급할 것이라는 생각이 들었던 것입니다.

그러나 그것은 쓸데없는 걱정이었습니다. 여호수아가 그들에게 하나님의 말씀을 잘 지키라고 했으면 하나님의 말씀을 잘 지키면 되는 것입니다. 이것은 쓸데없이 자기 자신을 다른 사람과 비교한데서 생기는 것입니다. 우리는 때로 지리적으로 열등할 수도 있고 신체적으로나 지적으로 얼마든지 다른 사람들에 비하여 열등할 수 있습니다. 그러나 이런 것이 하나님의 복을 받는데 불리한 것은 아닙니다. 오히려 하나님께서 나에게 주신 조건들이 내가 하나님의 복을 받는데 최선의 조건일 수도 있습니다.

다윗은 형들이나 다른 사람들에 비하면 열등했습니다. 그는 형들에 비해서 인정받지도 못했고 다윗이 태어나서 자란 베들레헴은 아주 작은 도시였습니다. 그러나 그는 그렇기 때문에 더 하나님의 말씀을 사랑할 수 있었고 더 순수할 수 있었습니다. 입다 같은 사람은 요단 동편 사람인데 거기에다가 어머니가 창녀였습니다. 그래서 입다는 아이들의 물을 버린다고 해서 집에서 어릴 때 쫓겨나서 부랑자 생활을 했었습니다. 그러나 그가 철저하게 하나님을 믿었기 때문에 하나님은 입다를 길르앗의 최고 높은 사람으로 세워주셨습니다. 우리는 열등한 것이 반드시 나쁜 것이 아니라는 것을 알아야 합니다.

우리 믿는 사람들이 잘못하기 쉬운 것이 아직 일어나지 않은 미래의 일에 대하여 미리 너무 많은 생각을 할 필요가 없다는 것입니다. 그렇게 할 때 우리는 결국 불필요한 많은 오해를 하게 되고 불필요하게 다른 사람들을 정죄하게 되는 것입니다.

그러나 요단 동편 사람들은 이스라엘 백성들을 믿지 못해서 다른 한 큰 단을 쌓았던 것입니다. 문제는 바로 여기에서 생겼습니다.

**10-11절** 르우벤 자손과 므낫세 반 지파가 가나안 땅 요단 언덕 가에 이르자

거기서 요단 가에 제단을 쌓았는데 보기에 큰 제단이었더라 이스라엘 자손이 들은즉 이르기를 르우벤 자손과 갓 자손과 므낫세 반 지파가 가나안 땅의 맨 앞쪽 요단 언덕 가 이스라엘 자손에게 속한 쪽에 제단을 쌓았다 하는지라

요단 동편의 지파들은 여호수아의 말만으로는 안심이 되지 않았습니다. 자기들이 아무리 하나님을 친근히 하고 그의 율법을 아무리 열심히 지켜도 본토 사람들이 우리를 무시하고 업신여길 것이라고 의심이 들었던 것입니다.

그래서 그들은 자기들도 틀림없는 이스라엘 사람이라는 것을 증명하는 큰 단을 쌓았습니다. 바로 이것이 자신들의 지리적 열등감에서 나온 것이었습니다. 즉 우리는 이만큼 큰 단을 쌓을 실력이 있기 때문에 앞으로도 우리를 절대로 무시해서는 안 된다는 뜻이었습니다.

물론 요단 동편 이스라엘 족속들이 그렇게 한 의도는 나쁜 것이 아닙니다. 그러나 그들의 생각은 대단히 잘못된 것이었습니다. 그들은 여호수아의 말을 믿고 열심히 하나님의 말씀에 순종해서 살면 되는 것입니다. 순수한 이스라엘의 진액이 흐르는데 누가 무시를 하며 누가 감히 이스라엘이 아니라고 말하겠습니까? 참 감람나무 열매가 맺히는데 누가 이스라엘이 아니라고 하겠습니까? 그러나 이들은 하나님의 말씀의 능력을 믿지 못했습니다.

결국 이것은 다른 이스라엘 백성들에게 많은 오해를 불러일으켰습니다. 즉 다른 이스라엘 백성들은 이들이 하나님을 버리고 다른 신을 섬기려 한다고 생각하게 되었습니다. 그래서 전체 이스라엘이 요단 동편과 전쟁을 하려고 했습니다.

동편 이스라엘 족속들이 자기들이 우려하고 걱정하는 것은 여호수

아나 다른 이스라엘 백성들과 한번 의논을 했더라면 큰 문제가 되지 않는데 의논을 하지 않고 큰 단을 쌓은 것이 오해를 불러 일으키게 되었습니다. 결국 교회에서 미리 자기가 걱정하고 생각하고 있는 것은 미리 의논만 하면 큰 어려움 없이 해결될 수 있는데 아무 의논도 하지 않고 자기 혼자 생각으로 일을 처리해버리기 때문이 나중에 큰 오해를 불러일으키고 불신을 가져오는 일이 많습니다. 그래서 너무 오만하면 혼자 생각하고 혼자 판단해서 일을 처리하는 경향이 있는데 나중에 불신이 생기게 됩니다. 그래서 미리 미리 좀 의논을 하는 것이 좋습니다. 요단 동편 사람들이 아무 의논도 하지 않고 자기 마음대로 큰 단을 쌓았을 때 본토 이스라엘 사람들은 이들이 하나님을 버리고 우상을 섬기려고 하는 줄 오해를 하게 되었습니다. 그래서 이스라엘 백성들은 이것이 하나님께 대한 반역이라고 생각해서 전쟁을 벌이게 되는 사태까지 발전하게 되었습니다.

### 전쟁의 위기

**12절** 이스라엘 자손이 이를 듣자 곧 이스라엘 자손의 온 회중이 실로에 모여서 그들과 싸우러 가려 하니라

이때까지만 해도 이스라엘 백성들이 가졌던 예배의 개념은 온 이스라엘은 한 곳에서 하나님께 예배를 드려야 한다는 것입니다. 당시 그들은 두 곳에서 예배를 드린다는 것도 용납하지 못했습니다. 이스라엘 백성들은 또 다른 단을 쌓는 것은 하나님께 대한 반역으로 보았고 이것은 이스라엘 백성 전체에 재앙이 오는 것으로 생각을 했습니다.

즉 이스라엘 백성들은 이스라엘 안에는 이단이나 우상숭배를 막을

책임이 있고 이것을 소홀히 하면 함께 하나님의 진노를 사게 된다는 생각이 있었습니다. 특히 이들이 모압 평지에서 바알 브올의 제사에 참가했다가 많은 사람들이 재앙으로 죽은 것을 기억하고 있었습니다.

**17-18절** 브올의 죄악으로 말미암아 여호와의 회중에 재앙이 내렸으나 오늘까지 우리가 그 죄에서 정결함을 받지 못하였거늘 그 죄악이 우리에게 부족하여서 오늘 너희가 돌이켜 여호와를 따르지 아니하려고 하느냐 너희가 오늘 여호와를 배역하면 내일은 그가 이스라엘 온 회중에게 진노하시리라

이스라엘 백성들에게 다른 단이라고 하면 바로 우상 숭배를 의미하는 것이었습니다. 그런데 그들이 무엇이라고 말하는가 하면 자신들이 바알 브올의 죄에 빠진 후 아직까지 그 죄에서 깨끗함을 받지 못하였다는 것입니다. 이것은 급히 그 죄의 불을 끄기는 했지만 완전히 죄를 지을 가능성까지 다 해결된 것은 아니라는 뜻입니다. 이스라엘 백성들이 깨달은 것은 그들은 비슷한 여건이 주어지기만 하면 자기들은 얼마든지 다시 범죄할 수 있다는 것이었습니다. 그래서 그들은 모든 죄는 원천봉쇄를 해야 한다고 생각했던 것입니다.

이것을 보면 단지 의사소통의 부족이 같은 이스라엘 백성들 사이에 큰 전쟁을 가져올 뻔하였다는 것을 알게 됩니다. 아무리 하나님의 백성이고 여호수아라 하더라도 사람인 이상 이들의 행동을 나쁜 쪽으로 오해했고 이것이 큰 전쟁을 가져올 수도 있었습니다.

이스라엘 백성들은 요단 동편 족속들과 전쟁을 하기 전에 먼저 제사장 엘르아살의 아들 비느하스를 보내어 전쟁을 하기 전에 먼저 이야기를 듣게 했습니다. 이것이 굉장히 잘한 것이었습니다. 특히 비느하스는 아론의 손자인데 이스라엘 백성들이 바알 브올에 속아서 음행

에 빠졌을 때 이방 여자와 간음하던 사람 등에 창을 찔렀던 장본인이었습니다.

**13-14절** 이스라엘 자손이 제사장 엘르아살의 아들 비느하스를 길르앗 땅으로 보내어 르우벤 자손과 갓 자손과 므낫세 반 지파를 보게 하되 이스라엘 각 지파에서 한 지도자씩 열 지도자들을 그와 함께 하게 하니 그들은 각기 그들의 조상들의 가문의 수령으로서 이스라엘 중에서 천부장들이라

우리가 다른 사람과 대화를 나누는데 가장 먼저 해야 할 것이 들어주는 것입니다. 일단 그 사람이 하는 이야기를 잘 들어주는 것이 쌍방간의 어려움을 해결하는데 가장 중요한 출발점이 됩니다. 제대로 이야기를 들어보지도 않고 야단부터 쳐버리면 그때는 정말 마음이 닫혀버리는 것입니다.

비느하스는 요단 동편의 이스라엘 사람들을 만나서 이 문제가 대단히 심각한 것이라고 알려주었습니다.

비느하스는 두 가지 예를 들어, 설명을 했는데 하나는 브올의 사건이었습니다. 모압 사람들이 이스라엘 사람들을 저주에 빠트리게 하기 위하여 이스라엘 백성들이 지나가는 곳에 우상의 제단을 마련해놓고 모압의 여자들로 그들을 유혹하게 했습니다. 그때 이스라엘 백성들이 그 모압 여인들의 유혹을 이기지 못하여 범죄하고 우상의 제물을 먹는 바람에 하루에 삼만 명이나 죽임을 당했습니다. 결국 비느하스가 이스라엘 백성 중 하나가 모압 여인을 이스라엘 진중에 끌고 들어와서 죄를 짓는 것을 둘 다 창으로 찔러 죽였을 때 하나님의 진노가 그치면서 염병이 수그러들었던 것입니다.

그리고 또 하나의 사건이 아간이 다른 이스라엘 백성들 몰래 여리

고 성의 물건을 감추었다가 아이 성 싸움에서 패배한 것을 예로 설명을 했습니다. 그래서 이스라엘 백성 한 사람의 죄는 한 사람의 죄로 끝나는 것이 아니고 그 죄를 그냥 두면 이스라엘 공동의 책임으로 돌아오게 된다는 사실을 알려주었습니다. 그러면서 비느하스는 파격적인 제안을 합니다. 그것은 만일 요단 동편 땅이 마음에 들지 않으면 본토로 넘어와서 같이 좀 좁게 지내자는 것이었습니다.

**19절** 그런데 너희의 소유지가 만일 깨끗하지 아니하거든 여호와의 성막이 있는 여호와의 소유지로 건너와 우리 중에서 소유지를 나누어 가질 것이니라 오직 우리 하나님 여호와의 제단 외에 다른 제단을 쌓음으로 여호와를 거역하지 말며 우리에게도 거역하지 말라

이때 이스라엘 백성들이 가지고 있는 생각은 오직 신앙 제일주의였습니다. 그들의 관심은 땅이나 집 문제보다도 얼마나 우리가 하나님 앞에서 거룩할 수 있느냐 하는 것이었습니다. 그리고 요단 동편 사람들이 자기들이 여호와의 전에서 멀기 때문에 덜 거룩할 수 있다고 생각했습니다. 그래서 그 땅이 거룩하지 않으면 본토에 와서 같이 살자고 했습니다.

그때 요단 동편 지파는 비느하스에게 자세하게 설명을 했습니다. 즉 이 단은 우리가 다른 신을 섬기기 위한 단이 아니라고 했습니다. 그리고 단 모양을 보라고 하면서 이것은 제사용이 아니라고 했습니다. 단지 자기들이 동편으로 돌아가면서 생각하니까 자기들이 지리적으로 불리해서 본토 사람들로부터 무시를 당하고 이스라엘의 축복을 거절당할까봐 걱정이 되어서 증거로 이 단을 쌓았을 뿐이라고 대답을 했습니다. 이 설명이 비느하스나 이스라엘 대표들에게 설득이 되었습니

다. 그래서 이 말을 듣고 비느하스는 요단 동편 사람에게 고마워했습니다. 비느하스는 뭐라고 말하는가 하니까 '우리 가운데 하나님이 계신 것을 알겠다'고 했습니다. 왜냐하면 하나님께서 오해를 풀어주셔서 전쟁을 막아주셨기 때문입니다. 우리는 하나님께서 억울한 오해와 누명을 풀어주실 때 하나님이 하셨다는 것을 알아야 합니다. 그리고 온 이스라엘이 기뻐하며 감사했습니다. 왜냐하면 이스라엘이 하나 되는 것이 큰 힘이요 축복이기 때문입니다.

교회가 하나 되고 말씀과 은혜로 충만할 때 우리는 세상의 어떤 어려움도 다 이겨낼 수가 있습니다. 그러나 교회가 분열되고 시험에 들면 아무리 세상 일이 잘되어도 기쁨이 없게 됩니다.

우리는 때때로 기독교가 여러 교파로 나누어져 있는 것이 걱정이 되고 마음이 답답할 때가 있을 것입니다. 그러나 우리 자신이 하나님의 말씀을 깊이 사랑하고 은혜를 받으면 이미 우리는 하나가 되어 있는 것을 깨닫게 될 것입니다. 우리에게 문제가 되는 것은 지리적인 여건이 아닙니다. 우리에게 중요한 것은 하나님의 말씀의 능력을 믿고 이스라엘의 순수한 진액으로 최고의 신앙의 열매는 맺는 것입니다. 그 때 하나님은 가장 큰 부흥의 복을 우리에게 내려주실 것입니다.

# 고별 설교

오늘 대부분의 사람들은 다른 사람들의 말이나 편지 같은 것을 주의깊게 생각하지 않습니다. 그럼에도 불구하고 돈이 많은 사람이나 유력한 사람이 남긴 유언이나 유언장은 아주 결정적으로 중요한 것으로 여겨지며 법적인 효과를 가지게 됩니다. 그 이유는 그 사람이 죽으면서 마지막으로 남긴 말이나 글이기 때문에 그 사람이 바라는 모든 것이 거기에 담겨 있고 그분의 모든 권리가 그 안에 들어있다고 여겨지기 때문입니다.

그런데 하나님의 백성들은 죽으면서 자기가 살아온 신앙을 한마디의 고백으로 표현할 수 있습니다. 하나님의 백성이 죽으면서 자신의 믿음의 후손들에게 자기는 이런 신앙을 가지고 한평생을 살아왔다고 말할 수 있을 때 이것은 이 세상의 다른 어떤 유언이나 유서보다도 더 분명한 증거가 되는 것입니다.

본문 말씀은 여호수아가 아주 나이 많아 늙게 되었을 때 그가 죽기 전에 이스라엘 백성들에게 자신의 신앙이 어떤 신앙이며 한평생을 어떻게 달려왔는지 내용입니다. 왜 여호수아는 죽기 전에 굳이 이런 자신의 고백을 남기려고 하는 것일까요? 여호수아는 그가 이스라엘 자손들에게 물려줄 수 있는 가장 중요한 유산은 바로 자기가 한평생 붙들고 살아왔던 신앙이라고 생각했기 때문입니다. 그리고 또한 아직 가나안 정복이 완성되지 않는 상태에서 끝임 없는 우상 숭배의 유혹과 풍조가 이스라엘 백성들에게 밀어닥치고 있었기 때문입니다. 이때 여호수아는 비록 자신은 늙어서 죽지만 자신이 지금까지 걸어온 길이 하나의 이정표가 되어서 앞으로 이스라엘 백성들이 바른 길을 걸어가기 바랬던 것입니다.

우리가 어떤 곳에 처음 가게 될 때 지도를 참조하거나 그곳에 오래 살았던 사람들의 말을 통해 정확한 목적지를 확인할 수 있습니다. 만약 그곳에 서 오래 살았던 어떤 노인을 만나게 되고 그 노인을 통해 길을 안내 받았다면 원하는 목표 지점에 쉽게 이를 수 있는 것입니다. 마찬가지로 여호수아는 자기는 이런 식으로 해서 살아왔다는 것을 유언으로 남기고 있습니다.

여호수아는 자신이 가나안 땅을 정복했던 것은 전술이 뛰어났던 것도 아니고 능력이 출중했기 때문도 아니라고 말하고 있습니다. 오직 하나님의 약속의 말씀을 믿고 그대로 따라왔더니 이렇게 상상할 수 없는 결과를 얻게 된 것입니다. 그래서 여호수아는 남은 이스라엘 백성들에게도 오직 여호와의 말씀을 붙들고 나기만 하면 능히 이 세상을 정복할 수 있다는 것을 알려주는 것입니다.

### 하나님이 주신 안식

여호수아가 늙어서 더 이상 하나님의 일을 감당할 수 없게 된 때는 하나님께서 주위의 모든 대적을 파하신 때였습니다.

1절 여호와께서 주위의 모든 원수들로부터 이스라엘을 쉬게 하신 지 오랜 후에 여호수아가 나이 많아 늙은지라

하나님께서는 여호수아를 통하여 주위의 대적을 파하시고 이스라엘에게 안식을 주셨습니다. 이것은 상당히 새겨들어야 할 표현입니다. 이것이 무슨 말인가 하면 하나님께서 가나안 군인 세력을 파하셔서 무장 해제를 시키든지 멸절을 시켰기 때문에 이스라엘에 대한 대항 세력이 없어졌다는 것입니다. 그러니까 이제 가나안 사람들 중에서 무기를 들고 이스라엘을 공격할 자들은 없어졌다는 뜻입니다. 그러나 가나안 족속들이 다 없어졌다는 뜻은 아닙니다. 오히려 민간인들은 그대로 남아 있었습니다. 그러니까 이제부터 이스라엘 백성들과 가나안 족속들이 가나안 땅에 함께 어울려 살게 된 것입니다. 즉 이스라엘 백성들과 가나안 사람들과의 싸움은 칼을 들고 싸우는 전쟁이 아니라 오히려 함께 어울려 살면서 누가 이기느냐 하는 영적인 전쟁이 더 치열하게 된 것입니다.

이것은 마치 오늘 우리의 상황과 비슷합니다. 우리 사회에서는 다양한 사상과 가치관을 가진 사람들이 어울려서 살아가고 있습니다. 겉으로는 서로 공격하지도 않고 함께 어울려서 살아가고 있지만 눈에 보이지 않는 영역에서는 치열한 영적인 전쟁이 일어나고 있는 것입니다.

이제는 가나안 족속들이 이스라엘 백성들의 이웃이 되었습니다. 이

때 이스라엘 백성들에게 중요한 것은 어떻게 하면 신앙의 힘으로 이 세상을 거룩한 땅으로 만들 수 있느냐 하는 것입니다. 어떻게 보면 이것이 가나안 성시화(聖市化) 운동이라고 말할 수도 있습니다.

가장 중요한 것이 하나님의 백성들의 수가 많아지는 것입니다. 이것이 가장 확실한 성시화 운동입니다. 그래서 우리는 하나님 나라의 확장에 있어서 개인 전도의 위력을 빼놓을 수가 없습니다. 그리스도인들은 개인 전도가 생활화되어야 합니다. 두 번째는 그리스도인들의 분명한 생활 윤리를 확실히 하는 것입니다. 즉 그리스도인들은 적어도 거짓말은 하지 않는다든지 아니면 돈 거래를 깨끗하게 한다든지 아니면 남을 불편하게 하지 않는다든지 하는 것을 보여주는 것입니다.

특히 그리스도인들의 강한 자부심이 필요합니다. 그렇지 않으면 세상 사람들의 유혹에 넘어가기 쉽습니다. 그리스도인들은 이 세상에서 많은 것은 가지지 않았지만 자신들은 하나님의 백성이라는 강한 자의식이 필요합니다. 그렇게 하기 위해서는 말씀의 은혜를 충만하게 받아야 합니다. 그러면 세상에서 자신이 그리스도인이라는 것을 떳떳하게 나타낼 용기가 생기게 됩니다. 그리고 주위에 있는 사람들도 처음에는 비난하고 공격을 하다가 나중에는 하나씩 하나씩 이 신앙을 인정하게 됩니다. 처음에는 믿는 사람들과 세상 사람들 사이에는 팽팽한 긴장이 있습니다. 그러나 어느 순간에는 그들이 그리스도인들의 사랑에 굴복할 때가 있는 것입니다.

### 지금까지 되어진 것

여호수아는 완전히 가나안 족속을 없앤 것은 아니지만 그래도 모든 대적하는 세력을 굴복시킨 것만 해도 하나님의 큰 은혜인 것을 증거하고 있습니다. 우리 주위에 모든 사람들이 다 하나님의 백성이 된 것은 아니라 할지라도 일단 겉으로 노골적으로 반대하는 자들이 없어진 것만 해도 큰 승리인 것입니다. 그러나 이것은 시작에 불과합니다.

여호수아는 다음 몇 가지를 상기시키고 있습니다.

첫째 이렇게 된 것은 절대로 우리의 힘이 아니고 하나님의 힘이라는 것입니다.

**3절** 너희의 하나님 여호와께서 너희를 위하여 이 모든 나라에 행하신 일을 너희가 다 보았거니와 너희의 하나님 여호와 그는 너희를 위하여 싸우신 이시니라

이스라엘 백성들은 원래 전투 경험이 전혀 없는 자였습니다. 그럼에도 불구하고 그들이 그렇게 잘 싸울 수 있었던 것은 그들의 군대를 하나님께서 지휘하셨기 때문입니다. 하나님께서는 절대로 실패하지 않는 지휘관이십니다. 그러니까 그의 명령대로 행하기만 하면 반드시 이기게 되어 있습니다. 하나님께서 이스라엘 군대를 지휘하신 것을 보십시오. 한 번도 같은 작전을 사용하신 적이 없습니다. 그만큼 하나님께서는 다양한 전술과 능력으로 이스라엘 백성들을 이기게 하신 것입니다. 우리가 알아야 할 것은 내가 가진 능력이 하나님의 능력의 전부가 아니라는 사실입니다. 아직 하나님에게는 내가 알지 못하는 수십 배 수백 배의 능력이 준비되어 있습니다. 중요한 것은 어떻게 하면 그 지혜를 나의 지혜로 끌어올 수 있느냐 하는 것입니다. 방법은 오직 하나님의 말씀을 지속적으로 붙들고 나가는 것입니다.

두 번째는 그 하나님께서 동일한 방법으로 가나안의 세력을 몰아내신다는 것입니다.

4절과 5절에 보면 하나님께서 요단에서 대해까지 모든 나라들을 격파하셨는데 하나님께서 그 남은 자들을 몰아내는 일도 하게 하신다는 것입니다. 즉 하나님께서는 우리를 한번만 도우시는 것이 아니라 앞으로도 얼마든지 도우시는 분이십니다. 오히려 지금까지 큰 싸움에서 이기게 하셨으니까 앞으로 사소한 싸움에도 얼마든지 이기게 하실 것입니다. 우리에게 늘 두려운 것이 바로 이것입니다. 즉 하나님께서 지금까지는 도와주셨는데 어느 한 순간에 내가 믿음이 부족하다고 나를 버리시면 어떻게 하느냐 하는 것입니다. 그러나 하나님은 우리가 부족하다고 결코 우리를 버리시는 분은 아니십니다.

하나님께서 어떻게 가나안 족속들을 몰아냅니까? 가장 좋은 방법이 그들이 바알을 버리게 되면 몰아내지 않아도 몰아낸 것과 같은 것입니다. 이것이 가장 좋은 방법입니다. 안 믿는 사람을 받아 들여서 믿게 한다면 그보다 더 놀라운 승리는 없을 것입니다. 가장 놀라운 승리는 악한 자에게 복수를 하는 것이 아니라 그 사람을 변화시켜서 하나님의 일을 하는 사람으로 바꾸는 것입니다. 그리고 그것이 되지 않으면 아예 도저히 안 되겠다고 해서 스스로 포기하고 떠나게 하는 것입니다. 그 다음에는 그들의 영향력을 극소화시켜서 있기는 하지만 아무런 영향을 미치지 못하게 하는 것입니다.

아무리 악한 사람에게도 최소한의 생각은 있게 마련입니다. 자기에게 잘해주는 사람을 끝까지 대적하지는 않을 것입니다.

세 번째는 여호수아는 율법책에 기록된 것을 지키는 것이 승리하는 길이라고 알려주었습니다.

**6절** 그러므로 너희는 크게 힘써 모세의 율법 책에 기록된 것을 다 지켜 행하라 그것을 떠나 우로나 좌로나 치우치지 말라 바로 이것이 여호수아가 지금까지 가나안을 정복했던 원리였습니다. 여호수아는 늘 자기 앞에 여호와의 율법을 두고 읽고 묵상을 했습니다. 그래서 여호와의 율법이 자신을 이끌어 가는 힘이 되게 하셨습니다.

북극해에 배가 항해를 하려면 앞에 있는 얼음을 깨어야 나아갈 수가 있습니다. 그래서 먼저 쇄빙선이라고 해서 얼음을 깨는 배가 가야 다른 배가 진행을 할 수 있습니다. 여호수아는 자신의 계획이나 생각을 앞세우지 않고 언제나 하나님의 말씀을 앞세우고 나갔습니다. 즉 하나님의 말씀을 꾸준히 묵상하고 그 말씀을 따라가면서 길이 열리는 대로 순종해서 나갔더니 가나안 땅을 모두 정복하게 되었던 것입니다.

그래서 오늘 우리가 이 세상에서 승리하는 생활을 하려면 가장 중요한 것이 먼저 교회로 모이는 것입니다. 그래서 먼저 교회에서 계속 하나님의 말씀을 배워나가면서 길이 열리는 대로 나가는 것입니다. 그러면 여호수아가 승리했던 것처럼 우리도 이 세상에서 승리할 수가 있는 것입니다.

우리가 성경을 배우면 하나님을 배울 수가 있습니다. 바로 이것이 우리 인간이 할 수 있는 가장 위대한 일입니다. 우리가 하나님을 아는 것은 하나님을 소유하는 것이며 하나님께서도 우리를 통하여 일하시게 되어 있습니다. 그래서 하나님의 능력을 끌어들이는 방법이 하나님의 말씀을 부지런히 배우는 것입니다.

여기서 '좌로나 우로나'하는 말씀이 중요합니다. '우'라는 것은 지나친 것입니다. 성경이 말씀하지 않은 것을 하나님의 말씀인 것처럼 받아들이는 것입니다. 너무 지나치게 신비주의적으로 믿는 것을 말합니다. '좌'는 무시하는 것을 말합니다. 분명히 하나님의 말씀이 있는데도 세상적인 방법으로 사는 것입니다. 하나는 신비주의나 열광주의요 다른 하나는 세속주의요 인본주의입니다. 그래서 가장 중요한 방법이 성경을 배워가는 계획을 한평생을 통하여 세워놓는 것입니다. 그래서 말씀을 배워가다 보면 모든 것이 저절로 이루어지게 되어 있습니다.

## 이스라엘 백성들이 기억해야 할 것

**7절** 너희 중에 남아 있는 이 민족들 중에 들어 가지 말라 그들의 신들의 이름을 부르지 말라 그것들을 가리켜 맹세하지 말라 또 그것을 섬겨서 그것들에게 절하지 말라

이스라엘 백성들이 가나안 땅에 사는 목적은 우상과 음란을 파괴시키는 것입니다. 하나님께서 가장 싫어하시는 두 가지가 우상 숭배와 음란입니다. 그래서 이스라엘 백성들은 귀신 문화라든지 음란한 문화와는 끝까지 싸워야 합니다. 그런데 문제는 우리에게도 죄스러운 호기심이 있다는 것입니다. 그래서 늘 우리도 이런 죄의 유혹에 빠지기 쉽습니다. 그래서 그리스도인들은 항상 경건한 습관을 길러야 순간적인 유혹에 빠지지 않습니다. 눈으로 보는 것으로 범죄하지 않으려면 꾸준히 독서하는 습관을 길러놓아야 합니다. 그리고 언제나 거룩한 성도들과의 정직한 사귐이 있어야 은밀한 사탄의 유혹을 뿌리칠 수가 있습니다.

또한 기억해야 할 것은 가나안 사람들 덕을 보려고 하지 말라는 것입니다. 그들을 찾아가거나 맹세하는 것은 상거래를 하는 것을 말합니다. 이스라엘 백성들은 가나안 사람들을 도와주는 대상으로 생각해야지 그들로부터 경제적인 덕을 보려고 하면 결국 그들의 올무에 빠지게 됩니다.

즉, 우리는 이 세상에서 필요한 것을 얻습니다. 그러나 하나님께서 주신 것이라고 생각해야지 세상이 준 것이라고 생각하면 안 됩니다. 하나님께서는 우리의 것을 이 세상에서 다 챙겨주십니다. 그리고 세상 사람들을 찾아 갈 필요가 없습니다. 자기들이 급하면 다 찾아오게 되어 있습니다.

세 번째는 나의 힘으로 싸우려고 하지 말고 하나님의 도우심을 의지하는 것이 늘 승리하는 비결입니다. 어떻게 하면 하나님의 도우심을 얻을 수 있습니까? 내가 결코 하나님을 앞서지 않는 것입니다. 일단 가장 중요한 것이 나에 대한 하나님의 뜻이 있다는 것을 인정해야 합니다. 지금 잘하고 있거나 못하고 있거나 모든 것을 하나님께서 붙잡고 있다는 것을 믿어야 합니다.

그리고 하나님의 뜻이 아닌 것부터 제거해 나아야 합니다. 부정적인 것을 먼저 찾는 것입니다. 죄가 되는 것이나 율법이 금하고 있는 것부터 하지 않는 것입니다. 이것이 많은 가능성을 줄여 놓습니다. 그리고 하나님이 기뻐하신다고 생각되는 것을 열심히 하는 것입니다.

여호수아는 가나안 사람들과 가까이 하지 말고 하나님을 친근히 하라고 말씀하고 있습니다.

**8절** 오직 너희의 하나님 여호와께 가까이 하기를 오늘까지 행한 것 같이 하라

너무 하나님만 가까이 하면 세상이 멀어지는 것이 아닐까요? 가장 걱정되는 것이 너무 하나님을 가까이 하면 세상에서 완전히 낙오가 될 것 같다는 것입니다. 실제로 하나님을 가까이 하다보면 세상의 밑바닥까지 내려가서 완전히 폐인이 되어버리는 경우도 있습니다. 그러

나 두려워하지 마시기 바랍니다. 하나님의 말씀을 붙드는 사람은 바로 그 바닥에서부터 다시 올라오게 되어 있고 다시 올라오면 온 세상이 두려워하는 능력의 사람이 되게 되는 것입니다.

**9절** 이는 여호와께서 강대한 나라들을 너희의 앞에서 쫓아내셨으므로 오늘까지 너희에게 맞선 자가 하나도 없었느니라

참으로 놀라운 일들은 지금까지 가나안 땅에서 여호수아의 군대를 당한 나라가 없었다는 것입니다. 가나안 사람들은 한결같이 그들을 패배를 당하고 멸망을 당했습니다. 그 이유가 어디에 있습니까? 하나님께서 친히 그들과 함께 싸우셨기 때문입니다. 이스라엘 백성들이 가나안 땅에서 싸운 전쟁을 보면 그들의 힘으로는 이길 수 있는 전쟁이 하나도 없었습니다. 심지어는 그들이 가장 작은 성 아이 성에도 패배했습니다. 이것이 이스라엘 백성들의 실력이었습니다. 그런데 사람의 눈에는 보이지 않지만 하나님께서 친히 그들의 편에서 싸워주셨습니다.

아이가 칼을 휘두르려면 힘이 없어서 잘 휘두를 수가 없었습니다. 그런데 어른이 그 칼을 잡아 준다면 아무리 휘둘러도 힘들지 않을 것입니다. 처음에 자전거를 배울 때를 생각해 보면 좋을 것입니다. 누군가가 뒤에서 잡아 주면 처음 자전거를 타고 잘 나갈 수가 있습니다. 그런데 뒤에서 잡아 주던 사람이 손을 놓아버리면 그때는 넘어지게 되는 것입니다.

우리가 이 세상에 살 때에 하나님께서 우리의 손을 잡아 주셔야 합니다. 그러면 어떻게 됩니까? 적들이 와서 칼에 맞아 줍니다. 이것보다 더 쉬운 일이 어디에 있습니까?

하나님께서는 앞으로도 어떻게 하실지 약속을 하셨습니다.

**10절** 너희 중 한 사람이 천 명을 쫓으리니 이는 너희의 하나님 여호와 그가 너희에게 말씀하신 것 같이 너희를 위하여 싸우심이라

한 사람이 천 명을 이긴다고 했습니다. 이것은 다른 말로 말해서 한 사람이 천 명의 몫을 해낸다는 뜻입니다. 한번 생각해 보십시오. 우리가 천 명의 인생을 살 수만 있다면 얼마나 그 삶이 복되고 아름답겠습니까? 그러나 이것이 전혀 과장된 표현만은 아닙니다. 우리에게 성령이 임하시면 우리의 인생이 천 명의 인생으로 변합니다. 삼손의 생애를 보십시오. 그의 힘은 천 명의 힘을 능가했습니다. 특히 중요한 것은 사랑의 능력입니다. 도저히 사람의 힘으로는 사랑할 수 없는 사랑을 해 냅니다.

사실 여호수아서는 우리에게 천국 운동의 모형을 보여주는 아주 중요한 성경입니다. 천국이라는 것은 단순히 죽어서 가는 곳만이 아닙니다. 이 세상에서 우상과 음란이 몰려나가고 하나님의 의로운 통치가 임하는 곳이 하나님의 나라가 이루어지는 곳입니다. 그런데 우리가 어떻게 이 하나님의 나라를 이룰 수가 있습니까? 천 배나 강한 하나님의 말씀과 천 배가 강한 사랑의 능력입니다. 특히 우리 믿는 사람들이 함께 모이면 거기에서는 무궁무진한 진리와 사랑이 솟아오릅니다.

한번은 아프리카를 배경으로 한 사진을 보게 되었습니다. 그 사진에는 아프리카에서 모래 바람이 몰려올 때 그곳 처녀들이 바로 돌아서서 모여서 모래 바람을 피하는 장면이 찍혀 있었습니다. 우리 그리스도인들이 주님의 이름으로 모이기만 하면 거기서 사탄의 모래 바람을 피할 수 있으며 거기에서 진리의 샘이며 성령의 역사가 터지게 되는 것입니다.

### 하나님의 축복의 조건

그런데 하나님께서는 이스라엘 백성들에게 아주 중요한 조건을 하나 요구하셨습니다. 그것은 어떤 일이 있어도 세상을 따라가지 아니하며 세상의 신들을 섬기지 않는 것입니다.

**11-12절** 그러므로 스스로 조심하여 너희의 하나님 여호와를 사랑하라 너희가 만일 돌아서서 너희 중에 남아 있는 이 민족들을 가까이 하여 더불어 혼인하며 서로 왕래하면

하나님께서는 이스라엘 백성들에게 이 큰 축복을 약속하시면서 스스로 조심해서 너희 하나님 여호와를 사랑하라고 하십니다. 그 이유는 하나님께서도 이스라엘 백성들만 사랑하시기 때문입니다.

하나님께서 수천 년 동안 기다려 오신 것이 무엇입니까? 하나님께서 마음껏 사랑할 수 있는 한 민족을 만드시는 것입니다. 하나님께서는 오직 한 민족을 택하셔서 그 민족을 통해서만 하나님 자신을 나타내기를 원하셨습니다. 그러니까 이 민족은 하나님의 배타적인 사랑을 받는 셈입니다. 하나님께서는 그들에게는 자신을 나타내십니다. 그리고 이들은 하나님이 주시는 은혜만으로 살아야 합니다. 예를 들면, 어떤 대리점에서 여러 회사의 물건을 갖다 놓는 대리점이 있는가 하면 오직 한 회사의 물건만 갖다 놓는 대리점도 있습니다. 이스라엘 백성들은 여러 회사의 물건을 갖다 놓는 대리점이 아닙니다. 그들이 취급하는 것은 오직 하나님의 은혜입니다. 그렇게 하지 않을 때에 하나님께서는 그들을 망하게 하시겠다고 말씀하십니다.

그래서 이스라엘 백성들이 각오해야 하는 것이 있습니다. 그 하나

가 무엇인가 하면 당시 다른 나라들은 모두 우상을 섬기는 민족들이고 우상을 같이 섬기지 않으면 상종을 하지 않는 것입니다. 그러니까 철저하게 따돌림 당할 각오를 해야 하는 것입니다. 본문을 보면 '남아 있는 이 민족들을 가까이 하여 더불어 혼인하며 서로 왕래하면'이라고 말씀하고 있습니다. 이것은 그렇게 하지 말라는 뜻입니다. 왕래도 하지 말고 가까이 하지도 말라는 뜻입니다. 이것은 다시 말해서 이스라엘 백성들이 이 세상 사람들과의 관계에서 신앙을 양보해가면서 가까워질 필요가 없다는 뜻입니다. 신앙을 양보하지 않기 때문에 관계가 악화되는 것을 두려워하지 말라는 뜻입니다. 즉 이스라엘 백성들은 하나님만 두려워하면 되는 것이고 하나님을 두려워하기 때문에 생기는 여러 가지 어려움들은 하나님께 맡겨버리라는 것입니다.

두 번째는 다른 사람들이 아무리 우상을 섬겨서 잘되고 세상적인 방법으로 성공하여도 절대로 부러워하지 말라는 것입니다. 왜냐하면 그들의 길과 우리의 길이 다르기 때문입니다. 그래서 우상과 타협하고 신앙을 포기하는 방법으로 성공하는 것보다는 성공하지 말라는 것입니다. 왜냐하면 우리에게는 하나님의 계획이 있기 때문입니다. 이것이 말로는 쉽지만 실제로는 얼마나 바보 같으며 멍청한 짓인지 모릅니다. 세상과 조금만 타협하면 얼마든지 큰돈을 벌 수 있고 출세할 수 있는데 그것을 하지 않아서 출세도 하지 못하고 돈도 벌지 못한다고 생각해 보십시오. 얼마나 답답한 일입니까? 그러나 믿는 사람들은 그것을 참아내어야 합니다. 한번 생각해 보십시오. 얼마든지 출세할 수 있고 능력도 있는 사람이 신앙 때문에 아무것도 하지 못할 때 사람들은 그를 바보라고 부를 것입니다. 그러나 우리는 다른 사람들이 아무리 세상적인 방법이나 미신적인 방법으로 성공을 한다 하더라도 그것을 부러워하거나 따라가서는 안 됩니다. 왜냐하면 우리에게는 하나님의 길이 따로 준비되어 있기 때문입니다.

이것을 끝까지 견디어 내려면 다른 사람들과 다른 가치관을 가지는 수밖에 없습니다. 즉 세상의 그 많은 부귀영화보다도 하나님을 알아가는 것이 더 자기에게 복이 되어야 합니다. 사도 바울이 말한 것처럼 예수 그리스도를 아는 지식이 너무나도 고상하기 때문에 오직 예수님만 알아가려고 할 때 세상적으로 다른 사람들처럼 잘 살지 못해서 덜 화가 나고 견딜 수 있는 것입니다. 이 시험을 견디어 내어야 하나님이 주시는 부요함을 체험할 수 있습니다. 그래서 사도 바울은 이 세상에 자랑하는 모든 것들을 배설물로 여긴다고 말을 했습니다.

그리스도인들은 예수님의 기사입니다. 기사는 아무에게나 충성하지 않습니다. 자기 주인이 알아주든지 알아주지 않든지 끝까지 자기 주인에게만 충성하는 것이 왕의 신하가 해야 할 도리입니다. 우리 그리스도인들은 오직 한 분, 주님께만 충성을 다 바치는 것입니다.

**13절** 확실히 알라 너희의 하나님 여호와께서 이 민족들을 너희 목전에서 다시는 쫓아내지 아니하시리니 그들이 너희에게 올무가 되며 덫이 되며 너희의 옆구리에 채찍이 되며 너희의 눈에 가시가 되어서 너희가 마침내 너희의 하나님 여호와께서 너희에게 주신 이 아름다운 땅에서 멸하리라

하나님께서는 이스라엘 백성들이 세상을 따라갈 때 두 가지 결과가 생길 것을 말씀하십니다. 첫째는 그들이 세상 사람들을 이기지 못할 뿐 아니라 그들의 평생 종이 될 것이라고 말씀하셨습니다. 그것에 대하여 무려 네 가지로 말씀을 하십니다.

첫 번째는 올무입니다. 목에 올무가 매여 있으면 어떻게 됩니까? 원하지 않아도 질질 끌려가게 되어 있습니다. 덫은 어떻습니까? 한번 발

이 덫에 덜리면 꼼짝달싹을 할 수가 없습니다. 그러니까 완전히 이 세상 사람들의 종이 되어서 자기 마음대로는 아무것도 하지 못하고 오로지 그들이 하자고 하는대로 질질 끌려 다닐 수밖에 없습니다. 그뿐만 아니라 옆구리에 채찍이 되어 심심하면 옆구리를 걷어찹니다. 그러니까 자기가 좀 쉬고 싶어서 게으름을 부리면 어느새 채찍이 옆구리에 날아오는 것입니다. 말을 보면 말 탄 사람이 장화 끝이 뾰족한 것을 가지고 옆구리를 치기 때문에 뛰기 싫어도 달리지 않을 수가 없는 것입니다. 그래서 세상을 사랑한 사람의 결과가 쉬고 싶어도 쉴 수가 없는 것입니다. 왜냐하면 이미 끝없이 돌아가는 욕심의 수레바퀴에 붙들려 매여 있기 때문에 쉴 수가 없습니다.

특히 우리 믿는 사람들이 육체의 유혹에 넘어가게 되면 눈알이 뽑힌 삼손처럼 됩니다. 어느 한 순간에 그 모든 존귀함과 명성과 능력을 다 빼앗기기 때문에 가장 비참한 자리에 굴러 떨어지게 되는 것입니다.

삼손은 하나님이 세우신 가장 귀한 종이었습니다. 그런데 그 존귀함을 지키지 않고 한 여인에게 자기 믿음을 팔아버렸을 때 머리털은 밀리고 눈알은 뽑혀서 지하 감옥에서 대형 맷돌을 돌리게 되었습니다. 어떻게 해서 그렇게 되었습니까? 죄의 중독이 되었기 때문입니다.

가까이 해서는 안 되는 여자 들릴라에 중독이 되어서 눈알이 뽑히고 비참한 죄의 종이 되었습니다. 그러니까 아예 원천적으로 죄를 봉쇄하는 것이 가장 좋습니다. 그렇지 않으면 죄에 조금 빠졌을 때 눈알을 뽑든지 팔을 자르든지 결단을 내려야 합니다.

두 번째가 이 약속의 땅에서 멸절이 된다는 것입니다. 그것은 단 한 명도 남아있지 못하고 다 쫓겨나든지 죽든지 하게 된다는 뜻입니다. 그러면 가나안 땅은 다시 황무지가 되게 됩니다.

교회가 타락하면 하나님의 무자비한 심판이 임한다는 것을 기억할 필요가 있습니다. 교회가 타락한 곳에 하나님의 무시무시한 심판이 임하게 됩니다. 왜냐하면 교회가 하나님을 두려워하지 않으면 이 세상은 볼 필요도 없기 때문입니다. 그곳은 완전히 소돔과 고모라가 되어버리는 것입니다. 교회는 세상의 등대인데 만약 등대의 불이 꺼지면 바다에서는 대형 참사가 일어나게 되어 있습니다. 그래서 교회도 망하고 세상도 망하게 되어 있습니다.

우리가 세상을 지키는 길이 교회에서 말씀의 등불을 꺼트리지 않는 것입니다. 그렇게만 해도 대형 참사는 일어나지 않을 것입니다.

# 이스라엘의 뿌리

한때 알렉스 헤일리라는 사람이 쓴 『뿌리』라는 책이 미국 사회에 큰 관심의 대상이 되었던 적이 있습니다. 그 책은 지금 미국에 있는 흑인들이 아프리카에서 어떻게 해서 노예선을 타고 미국까지 오게 되었으며 그 후손들이 미국에서 어떤 어려움을 겪었고 또한 어떻게 미국에 정착하게 되었는지를 보여주고 있습니다. 겉으로 보기에는 게으르고 무식한 흑인 노예이지만 그는 아프리카에 있을 때 추장이었고 또 사랑하는 사람도 있었으며 아주 신실한 젊은이였다는 것입니다. 단지 백인들이 인간을 사냥해서 강제로 노예선에 태워서 미국에 보내었기 때문에 노예가 되었고 그 후손은 사회 문제나 일으키는 건달들이 되고 만 것입니다. 그러나 그 뿌리를 거슬러 올라가면 그들에게는 강한 자존심이 있고 사랑도 있으며 유능한 사람들이었다는 것입니다.

지금 여호수아는 가나안 땅에 어느 정도 정착해서 살고 있는 이스라엘 백성들에게 자신들의 뿌리를 이야기해주고 있습니다. 겉으로 보기에 이스라엘 백성들은 가나안 사람들과 아무것도 다를 바가 없습니다. 그러나 그들의 뿌리를 거슬러 올라가면 도저히 가나안 족속들과는 하나 될 수 없는 근본적인 차이가 있는 것입니다. 그것은 바로 하나님의 능력과 인도하심이었습니다.

이스라엘 백성들의 역사에서 '하나님'이라는 단어를 빼고는 아무것도 설명할 수 없는 것입니다. 여호수아가 말하는 이스라엘 백성들의 역사는 단순한 가나안 땅의 역사가 아닙니다.

이스라엘 백성들을 이야기하려면 무려 네 곳의 무대를 이야기해야 하는데 첫 번째 무대가 하란 땅입니다. 하나님은 바로 거기서 이스라엘의 조상 아브라함을 부르셨습니다. 그리고 두 번째 무대는 애굽입니다. 이스라엘 자손들은 무려 400년 동안 애굽에서 종살이를 한 후 하나님의 능력으로 구원을 받았습니다. 그리고 세 번째는 광야입니다. 이스라엘 백성들은 광야에서 무려 40년 동안 하나님의 훈련을 받았습니다. 그리고 네 번째가 바로 가나안 땅이었습니다. 하나님께서는 이스라엘 백성들로 하여금 가나안의 모든 악한 원주민들을 몰아내고 새로운 하나님의 나라를 세우는 사명을 주신 것입니다.

이스라엘 백성들의 뿌리는 어디에 있습니까? 바로 위대한 하나님의 부르심에 있고 하나님의 능력에 있습니다. 그런데 지금 이스라엘 백성들은 그 뿌리를 잊어버리고 전혀 자기들과는 다른 가나안 족속들과 어울려서 살아가고 있는 것입니다. 강가에 배를 줄로 매어 놓지 않고 그냥 풀어놓으면 자신도 모르는 사이에 떠내려가게 되어 있습니다. 그래서 배를 잃어버리지 않으려면 단단한 줄로 매어놓아야 합니다. 마찬가지로 그리스도인들은 자신의 정체성을 항상 붙들어야 합니다. 그리스도인들은 무엇을 하는 사람이냐 하는 것입니다. 이것을 놓쳐버리면 세상 사람들과 다를 바가 없게 됩니다.

여호수아는 죽기 전에 이스라엘 백성들의 지도자를 모아 놓고 이스라엘 백성들의 뿌리에 대하여 가르쳐 줍니다. 이 뿌리라고 하는 것은 그들이 어떻게 해서 오늘 이 자리까지 오게 되었느냐 하는 역사적인 근거를 말합니다. 이것을 놓쳐버리면 이스라엘 백성들은 가나안의 문화에 동화되어 결국 세상으로 떠내려갈 수밖에 없습니다. 이스라엘 백성들의 뿌리는 하나님의 위대한 약속과 구원이라고 말할 수 있습니다. 즉 하나님께서는 이스라엘 조상들에게 위대한 약속을 주셨고 후손들에게는 그 구원이 놀랍게 성취되게 하신 것입니다.

## 위대한 약속

여호수아는 자신의 고별 설교를 위해서 이스라엘의 지도자들을 세겜에 모았습니다.

**1절** 여호수아가 이스라엘 모든 지파를 세겜에 모으고 이스라엘 장로들과 그들의 수령들과 재판장들과 관리들을 부르매 그들이 하나님 앞에 나와 선지라

여기서 중요한 것은 여호수아가 이스라엘 지도자들을 세겜에 모았다는 것입니다. 여호수아는 가나안 족속들을 공격할 때에는 언제나 길갈을 출발점으로 삼았습니다. 그곳은 그들이 적을 앞에 두고 할례를 행했던 장소입니다. 즉 하나님 앞에서 철저하게 자신의 모든 것을 버리고 100퍼센트 하나님께 자신을 맡겼던 곳에서부터 전쟁을 시작했습니다.

그런데 하나님에 대한 신앙이 느슨해질 때에는 세겜에서 하나님의 말씀을 선포했습니다. 이곳은 다시 한 번 하나님과의 관계를 회복하기 위한 장소였습니다. 하나님의 백성들에게는 이런 과정이 반복적으로 필요했습니다. 왜 이런 과정이 필요한가 하면 우리 믿는 사람들은 자기도 모르게 가만히 두면 세상으로 떠내려갈 수밖에 없기 때문입니다. 배나 비행기로 항해하는 사람들은 수시로 자신의 위치를 확인해보아야 합니다. 그렇지 않으면 자기도 모르는 사이에 영 엉뚱한 곳으로 가버리게 되기 때문입니다. 요즘은 배나 비행기의 위치를 인공위성으로 확인을 하기 때문에 정확하다고 보아야 합니다. 만일 이 일을 무시하면 큰 위험을 당할 수 있습니다.

우리는 항상 하나님의 말씀을 들음으로 우리의 영적인 위치가 어떤 상태에 있는지 확인을 해야 합니다. 만약 우리가 하나님과의 정상적인 위치에서 이탈해 있을 때에는 하나님의 말씀이 아주 다급하게 경고의 음을 발할 것입니다. 그리고 우리가 하나님과 바른 관계에 있을 때에는 위로와 축복의 말씀이 끊임없이 우리에게 흘러넘칠 것입니다. 우리가 하나님과 바른 관계에 있을 때에는 마치 험한 산악 지역에 고속도로가 놓인 것과 같습니다. 하나님의 은혜와 능력이 무한정으로 우리에게 공급이 되는 것입니다. 바로 이것이 진정한 부흥의 역사입니다. 우리가 하나님과 바른 관계에 있을 때에는 언제나 감동이 있고 기쁨이 있습니다. 그리고 기도의 응답이 있고 하나님이 나를 위하여 일하시는 것을 구체적으로 체험할 수가 있습니다.

여호수아의 설교는 이스라엘의 뿌리에서부터 시작됩니다. 이스라엘의 뿌리는 하나님의 위대한 부르심에서부터 시작이 됩니다. 우리 인간에게 가장 위대한 축복은 하나님께서 아무 조건 없이 죄인을 부르시는 데서부터 시작됩니다.

**2-3절** 여호수아가 모든 백성에게 이르되 이스라엘의 하나님 여호와께서 이 같이 말씀하시기를 옛적에 너희의 조상들 곧 아브라함의 아버지, 나홀의 아버지 데라가 강 저쪽에 거주하여 다른 신들을 섬겼으나 내가 너희의 조상 아브라함을 강 저쪽에서 이끌어 내어 가나안 온 땅에 두루 행하게 하고 그의 씨를 번성하게 하려고 그에게 이삭을 주었으며

우리 인간은 하나님을 알지 못합니다. 하나님께서 자신을 우리에게 보여주시지 않는 이상 우리는 절대로 하나님을 알 수가 없습니다. 우리 인간에게 가장 귀중한 축복은 하나님께서 말씀으로 우리들에게 자신을 나타내시는 것입니다. 이것이 바로 우리 영혼이 복을 받는 것인데 여기서 모든 하나님의 축복은 이루어지게 됩니다. 그래서 하나님의 말씀이 없으면 믿음도 없고 믿음이 없으면 하나님의 축복도 받을 수 없습니다.

아브라함의 아버지 데라는 강 저편 즉, 유브라데 건너편에서 우상을 섬기던 자였습니다. 그러니까 이스라엘 백성들에게도 두 가지 뿌리가 있는 것입니다. 인간적인 뿌리로는 그들의 조상도 우상을 섬기던 자였습니다. 강 저편이라는 말은 이방인이었다는 뜻입니다. 그런데 하나님께서는 아브라함에게 믿음을 주셔서 오직 하나님만 믿고 순종하게 하셨습니다.

이스라엘 백성들에게는 두 조상이 있는데 하나는 우상을 섬기던 데라이고, 다른 하나는 하나님을 믿던 아브라함이었습니다. 하나는 육신적인 조상이고, 다른 하나는 신앙적인 조상이었습니다. 여호수아가 이 말을 하는 이유가 무엇입니까? 이스라엘 자손들도 이 가나안 땅에서 조심하지 않으면 얼마든지 육신의 조상이 하던 우상 숭배의 생활로 돌아갈 수 있다는 것입니다. 즉 그들이 말씀으로 계속 깨우침을 받

지 않고 그냥 가만히 두면 자기도 모르는 사이에 저절로 우상 숭배자가 되게 되어 있는 것입니다. 왜냐하면 그들의 피 속에는 우상 숭배의 본능이 흐르고 있기 때문입니다. 그래서 이스라엘 백성들이 그렇게 되지 않으려면 아브라함이 했던 것처럼 매 순간 하나님의 말씀으로 자기 자신을 쳐 복종시켜야 하는 것입니다. 이것은 우리에게도 마찬가지입니다. 우리는 그냥 가만히 내버려두면 저절로 과거의 하나님을 믿지 않던 생활로 돌아가 버립니다. 왜냐하면 이미 우리 안에는 소돔과 고모라의 부패한 피가 흐르고 있기 때문입니다. 그래서 우리는 한 순간도 자신을 게으르게 내버려두면 안 되고 말씀으로 채찍질을 해서 하나님을 향하여 나아가야 하는 것입니다.

하나님께서 아브라함에게 주신 약속의 내용은 두 가지입니다. 하나는 아브라함이 하나님을 믿고 따라온 가나안 땅을 그의 후손들에게 주신다는 것이고, 다른 하나는 하늘의 별처럼 많은 후손을 주신다는 것입니다. 여기서 가나안 땅과 자손이라는 것은 장차 이들의 후손을 통하여 하나님의 나라를 이 세상에 오게 하겠다는 것입니다. 가장 놀라운 것이 바로 이것입니다. 우리 인간들은 하나님의 나라를 볼 수도 없고 갈 수도 없습니다. 어떤 사람은 꿈에서 하나님의 나라를 보았다고 하지만 그것은 진짜 하나님의 나라가 아닙니다. 하나님의 나라라고 하는 것은 하나님의 다스림을 받는 나라를 말합니다. 하나님께서 진리로 통치하시고 모든 사람들이 하나님의 은혜로 죄 용서를 받고 변하여 새사람이 되는 나라를 말합니다. 하나님께서는 아브라함의 자손들에게 바로 그 하나님의 나라를 주시겠다고 약속하셨습니다.

하나님 나라의 가장 중요한 일은 사람의 죄가 용서되고 변하여 새사람이 되는 것입니다. 이 세상에서 인간이 살면서 경험할 수 있는 최대의 축복은 하나님 앞에서 죄 용서받는 것입니다. 죄수에게는 다른 어떤 것보다 죄에 대하여 면제받는 것이 중요합니다. 감옥에서 나오는 것이 새로운 인생을 사는 것입니다. 노예는 해방되는 것보다 더 중요한 것이 없습니다. 하나님은 아브라함을 죄에서 해방시켜주셨을 뿐 아니라 그에게 그런 나라를 약속하셨습니다. 아브라함은 그것을 믿었습니다.

## 위대한 구원

하나님께서 아브라함에게 주신 하나님의 나라의 약속은 금방 성취되지 않았습니다. 이스라엘 백성들은 이 약속이 성취되기까지 무려 450년을 애굽에서 더 기다려야만 했습니다. 그것도 그냥 자연적으로 되어진 것이 아니라 하나님의 위대한 구원으로 이루어졌습니다.

**4절** 이삭에게는 야곱과 에서를 주었고 에서에게는 세일 산을 소유로 주었으나 야곱과 그의 자손들은 애굽으로 내려갔으므로

야곱과 에서는 쌍둥이 형제이지만 각각 하나님이 주신 은혜가 달랐습니다. 에서는 이 세상에서 쉽게 자신의 땅을 얻을 수 있었습니다. 그래서 에서는 일찍부터 에돔 땅을 차지했습니다. 그러나 야곱은 애굽 땅에 내려가서 그의 자손들은 400년 이상을 애굽에서 살다가 나중에는 애굽에서 노예가 되어야만 했습니다. 그리고 이스라엘 자손들은 바로 이 애굽의 바로로부터 하나님의 능력으로 구원받는 것을 통하여 하나님의 백성이 되었습니다.

특히 이스라엘 백성들이 노예 상태에서 구원받는데에는 어마어마한 하나님의 기적이 필요했습니다. 하나님께서는 열 가지 재앙으로 애굽의 바로와 그 신하들을 치셨고 나중에는 결국 애굽의 모든 장자를

죽이는 재앙으로 애굽에서 자신의 백성들을 구원하셨습니다. 이스라엘 자손들은 멸망하지 않고 구원을 받았습니다. 왜냐하면 그들에게는 어린양의 피가 있었기 때문입니다. 이스라엘 백성들을 멸망에서 건지기 위해서 반드시 대가가 필요했습니다. 그것은 흠이 없는 어린양의 피였습니다.

이것이 이 세상일과 하나님의 일의 차이입니다. 이 세상일은 하나가 둘이 되고 둘이 셋이 됩니다. 열심히 하면 노력한 만큼 보상을 얻을 수가 있습니다. 그러나 하나님의 일은 그렇게 되지 않습니다. 하나님께서는 인간의 무능함을 철저히 보게 하시고 100퍼센트 하나님의 능력으로 이루어지게 하십니다. 그것을 위하여 이스라엘 백성들은 애굽에서 오랜 기간 동안 노예 생활을 해야만 했습니다.

그래서 우리는 십자가 없는 영광을 두려워해야 합니다. 마귀가 예수님을 유혹했던 것도 바로 이것입니다. 십자가를 지지 말고 내게 절을 하기만 하면 이 세상을 주겠다는 것입니다. 그러나 그것은 하나님의 나라가 아니고 인간의 나라이며 마귀의 나라입니다.

그러나 또한 우리가 이 세상에서 보게 되는 것은 하나님의 나라는 너무나도 더디게 이루어진다는 것입니다. 하나님의 나라에는 '빨리빨리'가 통하지 않습니다. 왜냐하면 우리 한 사람 한 사람이 변화되는데 그만한 시간이 걸리기 때문입니다.

하나님의 구원은 위대한 것이었습니다.

**5-6절** 내가 모세와 아론을 보내었고 또 애굽에 재앙을 내렸나니 곧 내가 그들 가운데 행한 것과 같고 그 후에 너희를 인도하여 내었노라 내가 너희의 조상들을 애굽에서 인도하여 내어 바다에 이르게 한즉 애굽 사람들이 병거와 마병을 거느리고 너희의 조상들을 홍해까지 쫓아오므로

하나님께서는 바로 몰래 이스라엘 백성들을 빼내지 아니하셨습니다. 모세로 하여금 당당하게 바로를 찾아가서 내 백성을 내어놓으라고 요구하셨습니다. 애굽의 바로가 하나님의 종 모세의 말을 거역했을 때 하나님께서는 열 가지 재앙으로 애굽을 치셨습니다. 하나님께서는 이스라엘 백성들을 당당하게 건져내셨고 뒤따라오는 애굽의 군대를 홍해에서 엎어버리셨습니다.

하나님의 구원은 위대하고 완벽한 구원입니다. 이스라엘 백성들은 그들을 추격하던 애굽 군대를 다시 볼 수 없었습니다. 그리고 그들은 다시 붙들려갈 염려도 없었습니다. 왜냐하면 그들을 추격하던 자들이 모두 다 바다에 빠져 죽어버렸기 때문입니다.

우리의 구원은 절대적인 힘을 가진 사탄의 세력에서부터의 구원입니다. 그런데 다른 것으로는 마귀의 세력을 벗어날 수 없습니다. 오직 하나님의 아들 예수 그리스도의 능력만이 우리를 사탄의 손에서 빼앗아 낼 수 있습니다.

사실 한평생 마귀의 종노릇하면서 살던 사람들이 그 미신을 버리고 그리스도인이 되는 것이 쉬운 일이 아닙니다. 이것은 오직 사탄의 능력보다 더 강한 하나님의 능력만이 할 수 있습니다.

## 위대한 영적인 싸움

이스라엘 백성들이 애굽으로부터 건짐을 받은 것이 이스라엘의 구원의 전부가 아니었습니다. 하나님께서는 그들로 하여금 악의 소굴을 공격해서 완전히 정복하게 하셨습니다.

**8절** 내가 또 너희를 인도하여 요단 저쪽에 거주하는 아모리 족속의 땅으로 들어가게 하매 그들이 너희와 싸우기로 내가 그들을 너희 손에 넘겨 주매 너희가 그 땅을 점령하였고 나는 그들을 너희 앞에서 멸절시켰으며

하나님께서는 이스라엘 백성들로 하여금 이 세상의 죄와 싸우게 하셨습니다. 그런데 시시하게 싸운 것이 아니고 악의 근거지를 초토화시켰습니다. 그리고 이 승리를 통해서 가나안 땅에 있는 일곱 족속들을 모두 이기게 하셨습니다.

하나님께서는 여호수아로 하여금 가나안 땅을 정복하기 이전에, 모세로 하여금 먼저 요단 동편의 가나안 족속의 땅을 철저하게 멸절하고 정복하게 하셨습니다. 이것은 이스라엘 백성들로 하여금 가나안의 악을 뿌리 뽑도록 하신 것입니다. 하나님께서는 이스라엘 자손들에게 아무도 없는 빈 땅을 차지하라고 주시지 않으셨습니다. 그들로 하여금 악을 정복하고 땅을 차지하게 하셨습니다. 그래서 오늘 우리 그리스도인들도 자기 땅이 없다고 불평하거나 직장이 없다고 불평해서는 안 되는 것입니다. 우리는 아무 주인도 없는 빈 땅을 물려받는 것이 아닙니다. 열심히 하나님의 뜻에 순종하여 죄와 싸우면 그만큼 자기 땅이 생기는 것입니다. 그래서 이 세상에는 얼마든지 우리가 일하고 싸울 수 있는 땅이 있는 것입니다.

물론 오늘 우리는 칼과 창으로 이 싸움을 싸우지 않습니다. 그 대신 우리는 진리로 이 싸움을 해야 합니다. 사람들을 죄짓는 생활에서 건져내어 하나님을 믿는 새로운 생활을 하게 할 뿐 아니라 사탄의 영역을 공격해야 합니다.

이것이 가나안 땅에서는 음란과 우상 숭배와 폭력이었습니다. 예수님 당시에는 그것이 귀신 들림과 질병과 종교적인 위선으로 나타났습니다. 오늘도 사탄은 변함없이 우상 숭배와 음란과 타락한 문화를 통

하여 사람들을 지배하고 있습니다. 그리스도인들은 그것을 공격해서 정복해야 합니다.

그런데 사탄의 공격도 만만치가 않았습니다. 그 대표적인 것이 발람의 공격이었습니다.

**9절** 또한 모압 왕 십볼의 아들 발락이 일어나 이스라엘과 싸우더니 사람을 보내어 브올의 아들 발람을 불러다가 너희를 저주하게 하려 하였으나

이스라엘 백성들은 하나님의 축복을 받은 백성들입니다. 그래서 이들을 축복하는 자는 자기가 복을 받게 되어 있습니다. 중요한 것은 오늘 우리 믿는 자들 역시 복을 받는 사람들이라는 것입니다. 우리가 다른 사람을 축복하면 그 축복이 이루어지게 됩니다. 뿐만 아니라 다른 사람들이 믿는 사람들을 축복하면 자기 자신이 하나님의 축복을 받게 되어 있습니다.

모압왕 발락은 이스라엘 백성들이 알지 못하게 그들을 저주하려고 하였습니다. 그리고 옛날 사람들은 저주는 모두 이루어진다고 믿었기 때문에 이 사실을 매우 두려워하였습니다. 오늘도 어떤 사람에 대하여 악성 루머를 퍼트리면 그에게 치명상이 될 수 있습니다. 그런데 아무리 발락이 발람이라는 선지자를 고용해서 이스라엘 백성들을 저주하려고 해도 결국은 저주할 수 없었습니다. 왜냐하면 하나님께서 발람에게 강권적으로 역사하셔서 저주가 축복이 되게 하셨기 때문입니다. 그러자 발람은 다른 꾀를 내었습니다. 그것은 모압 여자들로 하여금 이스라엘 백성을 성적으로 유혹한 것입니다. 이 작전은 그대로 먹혀 들었습니다. 많은 이스라엘 백성들이 모압 여자와 성 관계를 맺게 된 것입니다. 그 결과 하나님은 진노하셨고 이스라엘 진영에 염병을 내리셨

습니다. 그 결과는 엄청난 것이었습니다. 염병으로 죽은 자가 하루에 삼만 명이나 되었습니다.

말씀에 순종해서 사는 하나님의 백성들은 이미 복을 받은 자들입니다. 단지 그들이 교만하거나 범죄하지만 않으면 복은 자동적으로 주어지게 되어 있는 것입니다. 그러나 사탄은 하나님의 백성들이 복에서 벗어나도록 하기 위하여 교만하게 하고 죄에 빠지게 하고 정욕에 따라 죄를 짓게 하는 것입니다. 이것이 가장 치열한 영적인 전쟁입니다.

하나님께서는 이스라엘 백성들로 하여금 가나안을 정복할 수 있도록 왕벌을 보내셨습니다.

**12절** 내가 왕벌을 너희 앞에 보내어

여기서 '왕벌'이 무엇인지는 아직도 의미가 분명치 않습니다. 일반적으로 사람들은 팔레스타인의 사람들을 아주 공포에 떨게 만들던 왕벌이 있었을 것이라고 생각합니다. 어쩌면 이것은 왕벌 한 마리가 아니라 왕벌 떼였는지도 모릅니다. 빈들에서 이런 왕벌들의 습격을 받으면 피하지도 못하고 결국 죽게 되는 것입니다. 우리나라도 가끔 보면 산소에 성묘하러 갔다가 벌떼에게 쏘여서 죽는 사람들도 있습니다.

그런데 여기서 왕벌이라고 하는 것은 진짜 벌이라기보다는 하나님께서 적들의 마음에 주시는 두려움을 의미하는 것 같습니다.

이스라엘 백성들은 전쟁을 하기 전에 이미 그들의 적들의 얼굴이 새하얗게 질려 있고 두려움에 부들부들 떨고 있는 것을 많이 보았습니다. 그것은 하나님의 사자가 이미 그들의 마음속에 두려움을 주셨기 때문입니다.

이상하게 이스라엘 백성들만 나타나면 가나안 족속들이 마치 고양이 앞의 쥐처럼 꼼짝도 못하고 부들부들 떨었던 것입니다. 여호수아가 여리고 성을 공격하기 전에 여리고 성 사람들의 마음이 녹아버렸다고 말씀하고 있습니다. 우리가 이 세상을 이기려고 하면 바로 이런 자신감이 있어야 합니다. 우리들의 마음속에는 무슨 일이 있어도 이긴다는 자신감이 있어야 하는 것입니다. 또한 세상 사람들의 마음에는 우리는 지게 될 것이라는 두려움이 생겨나야 하는 것입니다.

이것은 우리가 어떤 일을 하기 전에 먼저 하나님께서 사람들의 마음을 치시기 때문에 그런 것입니다. 그래서 이스라엘 백성들을 보는 가나안 족속들의 얼굴이 마치 왕벌을 만난 사람들의 얼굴처럼 두려움과 공포에 빠져 있는 것을 보았던 것입니다. 그래서 우리가 하나님을 의지할 때에는 어떤 어려움도 다 이길 수 있었습니다. 이것은 앞으로도 그럴 것입니다. 그러나 그들이 하나님을 멀리하고 사람을 두려워하면 이번에는 왕벌이 그들에게로 달려들게 될 것입니다.

하나님께서는 이스라엘 백성들에게 놀라운 축복을 주셨습니다. 그것은 그들이 건축하지 아니한 성읍을 가지게 하셨고 그들이 심지 않은 과수원의 열매를 먹게 하신 것입니다. 이것은 가나안 사람들이 실컷 고생해서 지은 성읍을 이스라엘 백성들은 공짜로 가지게 되고 또 가나안 사람들이 실컷 경작했던 포도원과 감람원의 열매를 먹게 된다는 것입니다. 이것은 하나님께서 우리를 위하여 예비해 놓으신 선물이 따로 준비되어 있다는 뜻입니다. 이것을 성경에서는 '기업'이라고 말을 합니다. 즉 내가 한 평생 봉사할 직업이나 모든 살 수 있는 여건들이 준비가 되어 있는 것입니다. 오직 우리가 믿음으로 준비만 되면 다른 것은 하나님께서 준비해서 채워주십니다. 우리가 믿음으로 살면 자동적으로 먹고 살 길이 생기게 되어 있습니다.

하나님께서는 우리에게 무엇을 먹을까 무엇을 입을까 염려하지 말라고 하시면서 그 나라와 그 의를 구하면 모든 것을 주시겠다고 약속하셨습니다. 하물며 하나님께서 우리의 먹고사는 것을 다 채워주시지 않겠습니까?

이 세상 사람들이 아무리 모든 것을 다 차지하고 있어도 결국 그 가운데 우리의 것이 있으며 하나님께서는 그것을 챙겨주실 것입니다. 다른 사람들이 아무리 실컷 성을 쌓고 집을 지어도 하나님의 백성들은 공짜로 그것들을 차지하게 되는 것입니다.

여기서 우리가 기업을 차지한다는 것은 두 가지로 생각하면 좋겠습니다. 하나는 우리가 반드시 이 세상에 뿌리를 내릴 수 있도록 모든 필요한 축복을 하나님께서 준비해 주신다는 것입니다. 그래서 우리는 하나님의 말씀에 순종해서 살면 되는 것이지 사는 것으로 너무 두려워하지 마시기를 바랍니다. 아무리 집값이 올라도 내가 살 곳은 준비되어 있는 것입니다.

그리고 땅을 차지하는 또 다른 의미는 이 세상에서의 영향력을 의미합니다.

하나님께서는 우리 성도들로 하여금 이 세상에서 영향력 있는 삶을 살게 하십니다. 그래서 하나님의 말씀을 의지해서 사는 사람들을 세상 사람들이 도저히 무시할 수가 없는 것입니다. 내가 내 자신을 알리기 위하여 많은 노력을 하지 않아도 다른 사람들을 통하여 나의 존재가 알려지게 되기도 하고 영향력도 나타내게 되는 것입니다. 우리는 이 세상에 있는 많은 것들을 사용하면 되는 것이지 굳이 나의 것으로 만들려고 할 필요가 없습니다.

하나님의 백성의 특징은 세 가지로 표현할 수 있습니다. 하나는 위대한 부르심입니다. 그리고 두 번째는 위대한 구원입니다. 그리고 세 번째는 위대한 정복입니다. 그런데 부르심과 구원은 하나님이 하시는 것이지만 정복은 하나님의 능력으로 우리가 해야 할 일입니다. 그런데 이것도 우리가 내 힘으로 하는 것이 아닙니다. 예수님의 뒤를 따라가기만 하면 정복은 이루어지게 되어 있습니다. 왜냐하면 하나님이 왕벌을 먼저 보내시기 때문입니다. 일이 순조롭게 잘 이루어지지 않을 때에는 때가 아직 이르지 않았거나 내가 욕심으로 그 일을 하려고 하기 때문입니다.

하나님의 뜻과 때를 잘 분별하여 늘 승리하시기 바랍니다.

# 룻기 강해

## *Ruth*

# R U T H

룻기 1 (룻 1:1-18)

# 하나님의 비밀 계획

어느 곳에 대형 사고가 터져서 많은 사람들이 건물더미 같은데 깔리면 국가에서는 온갖 장비를 다 동원해서 건물더미에 깔린 생존자를 찾아내어서 살려내려고 할 것입니다. 몇 년 전에는 이란에서 큰 지진이 일어나서 약 사만 명가량의 사람들이 건물더미에 깔려 죽은 일이 있었습니다. 이런 엄청난 재난이 일어나자 전 세계가 구조대와 구호물자를 보내었고 심지어는 이란과 적대관계에 있는 미국도 구조 물자를 보내고 우리나라도 구조대를 급파했습니다. 그런 가운데 건물에 깔려 있던 어린 아기가 죽은 어머니의 품속에서 상처 하나 입지 않고 살아서 구조되었을 때 온 세계가 기뻐하였습니다. 그들은 그들을 위하여 전 세계 사람들이 구조에 참여하며 그들이 살아난 것이 전 세계에 얼마나 큰 기쁨이 되는지 모를 것입니다.

오늘 우리가 예수를 믿고 하나님을 믿게 되는 것은 마치 엄청난 건물더미에 깔려 있던 사람이 산채로 구출되는 것과 같습니다. 하나님께서는 우리 한 사람 한 사람을 죄의 세력에서 건져내시기 위하여 아주 오래 전부터 비밀리에 우리를 구출하는 작전을 세우시고 그것을 실천하신 것입니다.

모압 땅에 룻이라는 한 이방 여인이 있었는데 그는 하나님을 알지도 못했습니다. 그러나 하나님께서는 이 여인을 건지시기 위하여 흉년도 사용하시고 한 가정의 몰락도 사용하셔서 결국 하나님을 알게 하시고 구원받게 하신 것입니다.

우리는 하나님을 알지도 못한 채 죄의 노예가 되어 비참하게 살아가는 존재였습니다. 그러나 하나님은 거대한 구원 계획을 가지고 서서히 우리를 진리가 있는 쪽으로 몰고 가셨습니다. 그리고 복음을 듣게 하신 후에 능력의 손으로 죄에서 이끌어 내신 것입니다.

우리는 가끔 주위에서 희망이라고는 찾아볼 수 없는 너무 불행한 가정을 볼 수 있습니다. 예를 들어서 어떤 사고가 나서 집에 있는 남자들이나 아이들은 다 죽어버리고 또 경제적으로 망하게 되었을 때 이런 집에는 너무나도 절망적입니다.

성경에서 가장 슬프고 절망적으로 시작이 되는 내용이 룻기입니다. 룻기는 세 과부의 이야기로부터 시작됩니다. 남편과 두 자녀가 죽어버리고 살아남아 있는 사람은 시어머니와 며느리 둘 이렇게 과부 셋뿐입니다. 더군다나 며느리들에게는 자식이 한 명도 없었고 또 가지고 있는 재산이나 돈도 아무것도 없습니다. 사람이 망해도 어떻게 이렇게 철저하게 망할 수 있을까 라고 생각하게 하는 집이 바로 룻이 시집간 집이었습니다. 그런데 룻은 이 비참한 상황에서 세상으로 나가지도 아니하고 그 자리에 주저 않아 있지도 않고 오직 믿음으로 하나님께 나아갔습니다. 그 결과 하나님께서는 룻의 믿음을 축복하셨습니다. 룻은 이방 여인에서 이스라엘에서 가장 복된 여인으로 변화되었습니다.

### 엘리멜렉의 집에 닥친 불행

**1-2절** 사사들이 치리하던 때에 그 땅에 흉년이 드니라 유다 베들레헴에 한 사람이 그의 아내와 두 아들을 데리고 모압 지방에 가서 거류하였는데 그 사람의 이름은 엘리멜렉이요 그의 아내의 이름은 나오미요 그의 두 아들의 이름은 말론과 기룐이니 유다 베들레헴 에브랏 사람들이더라 그들이 모압 지방에 들어가서 거기 살더니

룻기의 배경은 '사사들이 치리하던 때'가 됩니다. 사사기가 보여주는 것은 이스라엘 백성들이 눈에 보이는 이익을 따라서 이방인들의 우상 숭배와 풍습을 따라갔을 때 큰 어려움을 겪지만 믿음으로 일어서면 또 축복을 받았던 그런 시기였습니다. 이때 베들레헴에 큰 흉년이 들게 되었습니다. 물론 우리가 이 세상을 살다보면 흉년이 들 때도 있고 풍년이 들 때도 있을 것입니다. 그러나 가나안 땅은 좀 특별한 땅입니다. 왜냐하면 가나안 땅의 흉년은 그들의 신앙 상태를 나타내는 표시판이었기 때문입니다.

예를 들어, 대도시의 공기가 나빠서 오존이 많아지면 오존주의보를 내립니다. 그러면 사람들은 그것을 보고 대기 오염의 상태가 심하구나 하는 것을 깨닫고 노약자들은 외출을 삼갈 것입니다. 마찬가지로 이스라엘 백성들이 하나님께 기도도 하지 않고 거룩한 생활을 하지 않으면 가장 먼저 타격을 받는 것이 농사입니다. 갑자기 기근이 들어서 농사의 소출이 엄청나게 줄어들거나 아니면 메뚜기나 깜부기 같은 병충

해가 생기는 것입니다. 아니면 이방인들이 쳐들어와서 가축이나 곡식을 약탈해 하는 일이 있었던 것입니다. 이럴 때에 이스라엘 백성들이 어떻게 해야 되겠습니까? 만사를 제쳐놓고 하나님 앞에 모여서 눈물 콧물을 흘리면서 회개를 하면 하나님께서는 그들을 고통에서 건져주십니다. 그래서 이스라엘 백성들은 흉년이 들었을 때 나의 신앙이 바른 노선에서 이만큼 멀리 벗어났구나 하는 것을 깨닫고 하나님의 말씀대로 살지 못한 것을 회개하고 특히 우상숭배와 같이 하나님께서 싫어하시는 것을 버려야 합니다.

그때 베들레헴에 엘리멜렉이라는 사람이 있었습니다. 이 사람의 이름은 대단히 신앙적이었습니다. 엘리멜렉이라는 이름은 '하나님은 왕이시다'라는 뜻입니다. 이름 하나만 가지고 보면 이 사람의 신앙이 얼마나 대단할 것 같습니까? 그러나 실제로 그의 신앙은 이름만큼 좋지 못했던 것 같습니다. 이런 흉년이 들었을 때 그가 진정으로 믿음을 가지고 있었다면 적어도 자기 혼자서라도 하나님 앞에서 기도하는 시간이라고 가졌어야 할 것입니다. 기도라고 하는 것은 처음부터 많은 사람이 모이지 않아도 됩니다. 하나님의 약속을 깨달은 한 사람부터 기도하기 시작하면 언젠가는 그 불길이 온 이스라엘 가운데 퍼지게 되는 것입니다. 그런데 엘리멜렉은 베들레헴에 흉년이 들었다고 해서 가나안 땅을 피하여 모압으로 이사를 가버렸습니다.

성경은 엘리멜렉이라는 사람이 '거류하려고' 모압으로 갔다고 말씀하고 있습니다. 그러나 엘리멜렉은 그곳에 아주 주저앉아 살려고 베들레헴에 있는 재산을 처분하고 모압으로 간 것입니다.

엘리멜렉은 먹을 것이 전혀 없어서 모압으로 간 것이 아니었습니다. 그들은 오히려 먹을 것이 풍족하게 있는데도 불구하고 베들레헴을 떠났습니다. 아마도 가난한 다른 사람들이 자꾸 도와달라고 손을 벌리는데 그것이 부담스러웠기 때문입니다. 모든 식구들이 다 가난한데 한 형제만 잘 살면 어려운 일만 있으면 모든 형제들이 다 도와달라고 손을 벌리는 것입니다. 그래서 어떤 사람은 이것이 귀찮아서 외국으로 이민을 가는 경우도 있습니다.

사람은 한 가지 사실을 관점에 따라 너무나도 다르게 생각할 수 있습니다. 어떤 사람은 이렇게 어려울 때 자기에게 재물이 있는 것은 어려운 사람을 돕기 위해서라고 생각을 합니다. 우리 믿는 사람들은 남에게 없는 것이 자기에게 있으면 너무나도 좋아합니다. 왜냐하면 나에게 있는 것으로 다른 사람을 도우라고 하나님이 주신 것이기 때문입니다. 다른 사람에게 없는 재능이 나에게 있으면 다른 사람을 섬길 수 있기 때문에 기뻐합니다. 그런데 어떤 사람들은 남에게 없는 것이 자기에게 있으면 우쭐해 하거나 남을 무시합니다. 혹은 가진 것을 남에게 주기 싫어서 도망을 쳐버리는 경우가 있습니다.

그런데 엘리멜렉이 베들레헴을 버리고 모압으로 도망을 친 더 중요한 이유는 그가 '약속의 땅'에 대한 비전이 없었기 때문입니다. 만일 그가 약속의 땅이 얼마나 중요한 곳인지 알았더라면 아무리 흉년이 왔더라도 끝까지 견디었을 것입니다. 약속의 땅은 하나님의 죄 용서가 있는 곳입니다. 누구든지 변하여 새사람이 될 수 있습니다. 거기에는 기도의 응답이 있습니다. 이곳은 믿음으로 일서거기만 하면 무궁무진한 복을 받을 수 있는 축복의 자리인 것입니다. 그래서 엘리멜렉이 진정으로 신앙이 있는 사람이었다면 이런 흉년이 들었다고 해서 쉽게 베들레헴을 포기해서는 안 되는 것입니다.

어떤 사람은 믿는다고 하면서도 세상의 이해관계 때문에 너무나도 쉽게 교회를 포기해버리는 사람들이 있습니다. 그러나 그 사람은 교회가 얼마나 복된 곳인지 모르기 때문에 그렇게 하는 것입니다. 교회는 하늘이 열린 곳이고 성령의 생수가 흐르는 곳입니다. 이 세상 어느 곳에서도 이루어질 수 없는 축복이 임하는 곳이 바로 교회인 것입니다.

### 엘리멜렉의 집에 일어난 비극

하나님께서는 엘리멜렉이 하나님의 약속을 외면하고 혼자서 잘 살려고 모압으로 도망친 것을 기뻐하지 않으셨습니다. 그래서 하나님께서 엘리멜렉을 치시는 바람에 십 년 안에 엘리멜렉과 두 아들 모두 죽고 말았습니다.

**3-5절** 나오미의 남편 엘리멜렉이 죽고 나오미와 그의 두 아들이 남았으며 그들은 모압 여자 중에서 그들의 아내를 맞이하였는데 하나의 이름은 오르바요 하나의 이름은 룻이더라 그들이 거기에 거주한 지 십 년쯤에 말론과 기룐 두 사람이 다 죽고 그 여인은 두 아들과 남편의 뒤에 남았더라

사람들이 어리석은 것 중에 하나가 자기들이 하나님을 잊으면 하나님도 자기들을 잊으실 것이라고 생각하는 것입니다. 그리고 자기가 신앙을 포기하면 하나님도 자기를 포기할 줄 아는 것입니다. 그러나 하나님은 절대로 아무도 잊지 아니하시며 포기하지 아니하십니다. 우리가 이 세상에서 하나님의 눈을 피하여 숨을 수 있는 곳은 아무곳도 없습니다.

시편 기자의 고백처럼 '영을 떠나 어디로 가며 주의 앞에서 어디로 피하리이까?'(시 139:7)입니다. 우리가 아무리 하나님을 피하여 바다 끝까지 도망을 쳐도 하나님은 거기에 계신 것입니다. 무엇 때문에 엘리멜렉이 재산을 정리해서 모압 땅으로 갔습니까? 자기가 모압 땅으

로 도망을 치면 하나님께서 자기들을 찾아내지 못하실 줄 안 것입니다. 그러나 하나님은 일단 하나님의 백성으로 등록이 된 사람은 그가 어디에 가서 숨어있더라도 다 찾아내십니다.

하나님께서는 엘리멜렉 가족의 신앙적인 탈선을 기뻐하지 않고 그들을 치셨습니다. 그래서 엘리멜렉 가족의 모든 남자는 십 년 안에 죽어버렸습니다. 사실 이 십 년이라는 시간도 하나님께서 무척이나 참으신 것입니다. 하나님께서는 얼마든지 당장 죽게 할 수도 있지만 한 번에 내리실 진노를 십 년에 걸쳐서 나타내셨습니다. 결국 남자 셋은 모두 다 죽고 남은 것은 나오미 자신과 두 자부였습니다.

우리가 기억해야 할 것이 무엇인가 하면 하나님의 공동체에는 눈에 보이지 않는 하나님의 보호막이 있다는 사실입니다. 가나안 땅에는 흉년이 들었지만 그들의 생명은 보호되고 있었습니다. 그러나 모압 땅에서는 그들이 하나님의 보호를 받지 못했습니다. 그래서 모두 자신들의 불신앙의 죄로 인하여 죽음을 당하고 만 것입니다.

그러나 여기서 놀라운 것이 무엇입니까? 하나님의 징계는 바로 축복의 기회가 될 수 있다는 것입니다. 만약 하나님께서 엘리멜렉의 집을 치시지 않으셨다면 나오미와 그의 자식들은 모압 땅에서 세상적으로 풍족하게 살면서 계속 있었을 것입니다. 그러나 세상에서 자신의 소망이 다 끊어지게 되었을 때 나오미는 다시 한 번 하나님을 바라 볼 수 있는 기회를 가졌습니다.

모압 땅에서 절망 가운데 있는 나오미에게 기쁜 소식이 들렸습니다. 그것은 바로 베들레헴에 먹을 양식이 있다는 것이었습니다.

**6절** 그 여인이 모압 지방에서 여호와께서 자기 백성을 돌보시사 그들에게

양식을 주셨다 함을 듣고 이에 두 며느리와 함께 일어나 모압 지방에서 돌아오려 하여

하나님의 백성의 놀라운 점은 아무리 어렵고 비참한 상태에 있다 하더라도 하나님께서 한번 불쌍히 여기시면 다시 일어설 수 있는 희망이 있다는 것입니다. 여기에 '돌보시사'라는 말은 아주 중요한 말입니다. 이것은 하나님께서 그들을 기억하셨다는 뜻입니다. 다시 말해서 하나님께서는 이 정도의 고생이면 이 백성들이 정신을 차릴 때가 되었구나 생각해서 어려운 고난을 풀어주기로 작정하신 것입니다. 그래서 우리가 하나님의 말씀을 듣고 빨리 정신을 차리면 차릴수록 고난의 시간은 줄어들 수 있습니다. 그러나 고집을 피우는 사람은 고난의 시간이 더 길어집니다. 어떤 사람은 공연히 끝까지 고집을 부립니다. 그러면 당할 수 있는 고생은 다 하고 만신창이가 되어서 결국은 하나님께로 돌아오게 됩니다. 그래서 누구든지 빨리 고집을 버리고 하나님 앞으로 돌아오면 그만큼 빨리 하나님께서 은혜를 주시는 것입니다.

가장 다행스러운 것이 무엇인가 하면 하나님의 백성들에 대한 기쁜 소식입니다. 왜냐하면 하나님의 모든 은혜는 바로 이 기쁜 소식에서부터 시작되기 때문입니다. 베들레헴에 먹을 것이 있다는 소식은 하나님께서 나오미와 룻에게 주신 기쁜 소식이었습니다. 다시 말해 이것은 하나님께서 나오미에게 더 이상 모압 땅에서 쓸데없이 허송세월하지 말고 하나님께로 돌아오라는 신호였던 것입니다.

우리가 신앙에서 탈선하게 되는 것은 세상에 대한 욕심 때문입니다. 그러나 세상에서 쫄딱 망하고 인생 밑바닥까지 내려가게 되었을 때 하나님께서 부르시는 소리가 들리는 것입니다. 옛날 신앙의 친구나 혹은 가족들의 권유에 의하여 신앙의 권면을 받을 때 못이기는 체하

고 하나님께 돌아오면 그 동안 밀렸던 은혜와 축복까지도 받게 되는 것입니다. 그래서 하나님을 떠난 사람들에게 교회에 대한 소문은 아주 중요합니다. 지금 자기가 알고 있는 교회가 부흥된다는 소식은 하나님이 자기를 부르고 있는 것입니다.

### 베들레헴에서 기다리고 있는 것

나오미가 베들레헴으로 돌아오려고 하니까 두 며느리가 함께 가겠다고 하면서 길을 따라 나섰습니다. 베들레헴으로 향하다가 갑자기 나오미는 베들레헴에 가더라도 그들을 기다리고 있는 것은 아무것도 없다는 것이 생각났습니다. 그래서 두 며느리에게 자기를 따라오지 말고 모압 땅에서 새 출발을 하라고 권면을 했습니다.

**7-9절** 있던 곳에서 나오고 두 며느리도 그와 함께 하여 유다 땅으로 돌아오려고 길을 가다가 나오미가 두 며느리에게 이르되 너희는 각기 너희 어머니의 집으로 돌아가라 너희가 죽은 자들과 나를 선대한 것 같이 여호와께서 너희를 선대하시기를 원하며 여호와께서 너희에게 허락하사 각기 남편의 집에서 위로를 받게 하시기를 원하노라 하고 그들에게 입 맞추매 그들이 소리를 높여 울며

나오미가 걱정한 것이 무엇입니까? 며느리들은 베들레헴으로 돌아가는 것 자체가 모든 어려움이 저절로 해결되는 줄 기대하는 것입니다. 룻과 오르바는 베들레헴에 가기만 하면 집도 있고 땅도 있고 결혼할 남자들도 많이 있는 것으로 생각하는 것입니다. 그러나 실제로 그곳에서 이들을 기다리고 있는 것은 철저한 가난밖에 없었습니다.

그러나 그들이 모압 땅에 남아 있으면 얼마든지 재혼해서 행복하게 살수는 있습니다. 그래서 나오미는 두 자부에게 그들이 자기를 따라서 베들레헴에 갔을 때 치러야 하는 대가에 대하여 말해 주었습니다. '각기 남편의 집에서 위로를 받게 하시기를 원하노라'고 말한 것은 베들레헴으로 간다고 해서 모든 것이 저절로 해결되는 것은 아니라는 뜻입니다.

많은 경우에 사람들은 신앙 자체가 도깨비 방망이나 되는 줄로 생각합니다. 그래서 예수만 믿기만 하면 돈도 척척 잘 벌고 결혼도 잘되고 모든 일이 자기 뜻대로 되는 줄 생각합니다. 그러나 실제로 그렇지 않습니다. 우리가 예수 믿는다고 해서 하루아침에 벼락부자가 되거나 병이 덜컥 낫는 것이 아닙니다. 오히려 정반대로 우리가 예수 믿은 후부터는 모든 것을 하나님의 말씀대로 해야 하기 때문에 과거에 세상 사람처럼 살지 못합니다. 전에는 사업을 하면서 뇌물도 쓰고 세상적인 방법도 썼지만 이제는 그렇게 하면 안 되기 때문에 몇 배나 더 어렵습니다. 그러나 이 길은 하나님께서 함께 하시는 길입니다. 그리고 하나님이 나를 도와주시고 인도하신다는 것을 믿어야 하는 것입니다.

나오미는 두 자부에게 그들이 하나님의 나라에서 치러야 할 대가를 미리 설명해 주었습니다. 그들이 나오미를 따라나서게 되면 그때부터는 세상적인 모든 행복을 버리는 것이며 철저한 가난과 하나님의 말씀에 순종하는 삶을 살아야 합니다. 그리고 그것이 싫으면 지금이라도 어미 집으로 돌아가도 괜찮다는 것입니다. 우리가 하나님의 백성으로 살아가려면 치러야 하는 대가가 있습니다. 그래서 예수님께서는 누구든지 나를 따라오려거든 자기 십자가를 지고 나를 좇으라고 말씀하셨습니다.

## 룻의 결단

나오미가 두 며느리에게 신앙의 대가를 설명해 주었을 때 두 며느리는 자신들의 생각을 행동으로 나타냈습니다. 즉 오르바라는 며느리는 시어머니를 따라서 베들레헴으로 가지 않고 모압 땅에 주저앉기로 결정을 했습니다. 왜냐하면 그녀는 자기가 베들레헴에 가더라도 아무것도 보장된 것이 없다는 것을 알았기 때문입니다. 그 대신 모압에서 세상적인 방법으로 다시 행복을 찾기로 마음먹었습니다. 하지만 룻은 끝까지 시어머니 나오미를 따르겠다고 합니다. 그 이유가 무엇입니까? 그녀는 이 세상에 있는 물질적인 행복을 바란 것이 아니고 진정한 하나님을 만나기를 원했기 때문입니다.

나오미가 시어머니를 결사적으로 붙들었던 이유가 무엇입니까? 그것은 룻이 시어머니를 통하여 하나님을 보았기 때문입니다.

귀족이 아무리 망해도 몸에서 귀족의 품위가 나타나게 되어 있습니다. 마찬가지로 아무리 나오미가 신앙의 세계를 떠나서 모압 땅으로 왔다고 하지만 나오미에게는 신앙의 향기가 묻어있었습니다. 룻은 시어머니와의 만남을 통하여 무궁무진한 신앙의 세계를 보았던 것입니다. 그리고 무슨 대가를 지불하더라고 이 믿음의 세계를 놓치지 않기로 결심을 했습니다.

룻은 분명하게 말을 했습니다. '어머니의 백성이 나의 백성이 되고 어머니의 하나님이 나의 하나님이 되시리니' 바로 이것이었습니다. 룻은 자기가 시어머니를 따라서 이스라엘에 가려고 하는 이유를 분명히 말을 했습니다. 그것은 내가 어머니의 백성이 되고 어머니의 하나님을 나의 하나님으로 모시기 위해서라는 것입니다. 룻은 이 놀라운 신앙을 위하여 자기가 이 세상에서 누릴 수 있는 모든 행복을 다 포기하기로 작정을 했습니다.

신앙이라고 하는 것은 바로 이런 것입니다. 우리는 이 세상에서 가질 수 있는 모든 행복의 조건을 포기하고 예수님을 붙잡는 것입니다.

사람들은 아무도 룻이란 여자를 몰랐지만 하나님은 이미 룻을 알고 계셨습니다. 그래서 하나님께서는 룻은 구원하시기 위하여 십수 년 전부터 베들레헴에 흉년을 보내기도 하고 엘리멜렉의 이기적인 삶을 사용하기도 하신 것입니다. 룻이 하나님의 백성이 된 것은 자기가 하나님을 선택했기 때문이 아닙니다. 하나님은 룻 한 사람을 신앙의 세계로 인도하기 위해서 베들레헴에 흉년을 준비하시고 또 한 가족의 몰락을 허용하셨습니다.

우리 한 사람 한 사람이 하나님을 알게 된 것은 놀라운 하나님의 계획에 따라 이루어진 것입니다. 그러므로 우리는 이 세상의 물질이 아니라 그 무궁무진한 하나님의 나라를 차지해야 합니다. 우리가 하나님의 부르심에 순종할 때 하나님을 알게 되며 하나님의 축복을 움켜쥐게 됩니다. 그래서 이 세상에서 불행한 것이 오히려 무한한 하나님의 축복의 세계에 들어갈 수 있는 기회가 되는 것입니다.

룻기 2 (룻 1:19–2:9)

# 가능성 제로의 인생

사람들이 신앙을 가지는 방식에는 여러 가지가 있는 것 같습니다. 물론 많은 사람들은 누군가가 전해주는 복음을 듣고 신앙에 관심을 가지고 교회에 나와서 믿음을 가지게 됩니다.

그러나 어떤 분은 사업의 실패를 통하여 신앙을 가지게 되고 어떤 사람은 중병에 걸려서 신앙을 가지게 되는 분들도 있습니다. 어떤 사람은 사업을 하다가 완전히 망해서 인생 밑바닥까지 내려가게 되었을 때 비로소 하나님께로 돌아오는 사람이 있습니다. 또 심한 중병에 걸려서 비로소 자신의 교만을 회개하고 하나님께로 돌아오는 사람도 있습니다.

그런데 이럴 때 생기는 문제가 무엇인가 하면 하나님을 믿는 과정에서 너무나도 절망적인 상황에 있기에 더 이상 재기할 가능성이 보이지 않는 것입니다. 즉 너무 심하게 사업에 실패를 했기 때문에 예수를 믿지만 다시는 정상적인 사회생활을 할 것 같지가 않습니다. 그리고 예수는 믿지만 중병에 걸려서 건강이 회복될 것 같지가 않습니다. 이런 경우를 '가능성 제로의 인생'이라고 말할 수 있을 것입니다.

사람이 얼마나 미련하고 교만한가 하면 하나님께서 이렇게 치시지 않으시면 절대로 하나님께로 돌아오지 않는 것입니다. 그런데 하나님께서 한번 치시면 너무나도 심하게 치시기 때문에 결국 인생 밑바닥에 굴러 떨어져서 거기서 하나님을 만나는데 도저히 이 세상에서는 소망이 없는 상태에 빠지게 되는 것입니다.

남편과 함께 모압으로 갔던 나오미는 하나님이 치셔서 완전히 알거지가 되어 며느리 룻과 함께 베들레헴으로 돌아오게 되었습니다. 베들레헴에서 그들을 기다리고 있는 것은 비참한 가난과 주위 사람들의 따가운 눈총이었습니다. 그러나 나오미와 룻은 베들레헴의 모든 부끄러움을 잘 감당했고 그런 가운데 하나님의 도우시는 손길을 체험할 수 있었습니다. 우리가 예수를 믿으면 도저히 이 세상에서 살 가능성도 없고 비참하게 굶어죽을 것 같지만 하나님께서는 우리의 삶을 인도하셔서 가장 풍성하고 아름답게 하십니다.

### 베들레헴 사람들의 소동

나오미와 룻은 먼 길을 걸어서 모압 땅을 떠나 고향인 베들레헴으로 돌아왔습니다. 옛날에는 이 길이 두 여인이 여행하기에 너무 멀고 또 위험한 길이었습니다. 그러나 나오미와 룻은 하나님의 보이지 않는 손의 인도하심으로 무사히 베들레헴에 도착할 수 있었습니다. 그러나 막상 베들레헴에서 그들을 기다리고 있는 것은 철저한 가난과 주위 사람들의 조롱과 비난이었습니다. 나오미와 룻이 베들레헴으로 돌아왔을 때 고향에서는 적지 않은 소동이 일어나게 되었습니다.

1:19절 이에 그 두 사람이 베들레헴까지 갔더라 베들레헴에 이를 때에 온 성읍이 그들로 말미암아 떠들며 이르기를 이이가 나오미냐 하는지라

베들레헴은 큰 동네가 아니고 자그마한 동네였습니다. 여기에서는 누가 누구인지 다 알 수 있었습니다. 나오미 가족이 베들레헴이 어려울 때 자기 재산을 챙겨서 도망을 친 후에 십 년이 지나서 돌아오니 온 베들레헴이 떠들썩하게 되었습니다. 그것도 완전히 망해서 빈털터리가 되어 돌아온 것입니다.

어떤 사람들은 조롱을 했을 것입니다. '그래, 혼자 잘 먹고 잘 살려고 떠나더니 쫄딱 망했구나'라고 말하는 사람도 있을 것이며, '하나님이 너희들을 심판 하신거야!'라고 정죄하는 사람도 있었을 것입니다. 또 어떤 사람은 '갈 데는 무슨 마음으로 가고 이제 쫄딱 망한 뒤에 무슨 낯짝으로 뻔뻔스럽게 왜 나타난 거야?'라고 비난하는 사람들도 있었을 것입니다.

나오미와 룻이 하나님께로 돌아와서 신앙생활을 하는데 가장 큰 걸림돌이 되었던 것은 자존심이었습니다. 사람은 모두 자존심을 가지고 있어서 다른 사람들로부터 무시당하고 조롱당하는 것을 몹시도 싫어합니다. 그런데 진짜 은혜 받은 사람의 특징이 무엇인가 하면 이런 조롱과 비난을 이겨내고 신앙을 가지는 것입니다.

우리가 하나님을 만나기 전에는 사람들의 인정이나 평가에 아주 예민하게 반응을 합니다. 그래서 사람들이 하는 한 마디 말에 기분이 하늘에까지 올라가는가 하면 밑바닥으로 내동댕이쳐지기도 하는 것입니다. 그런데 우리가 하나님을 인격적으로 만나고 나면 그 환한 영광의

광채로 인하여 나의 모든 자존심이나 교만은 죽어버립니다. 그리고 하나님의 영광 앞에서 사람들의 비난이나 조롱은 그렇게 큰 문제가 되지 않는 것입니다.

나오미가 하나님의 백성으로 돌아오는 데는 자신의 모든 자존심을 버려야 하는 시험거리가 남아 있었습니다. 나오미는 온 베들레헴 사람들이 떠들썩하게 자기 이야기를 하는데 조금도 화를 내거나 변명하려고 하지 않았습니다.

**1:20-21절** 나오미가 그들에게 이르되 나를 나오미라 부르지 말고 나를 마라라 부르라 이는 전능자가 나를 심히 괴롭게 하셨음이니라 내가 풍족하게 나갔더니 여호와께서 내게 비어 돌아오게 하셨느니라 여호와께서 나를 징벌하셨고 전능자가 나를 괴롭게 하셨거늘 너희가 어찌 나를 나오미라 부르느냐 하니라

나오미는 현재 자신의 모습을 베들레헴 사람들 앞에서 그대로 인정을 했습니다. 만약 나오미가 베들레헴 사람들이 자기 이야기를 한다고 해서 버럭 화를 내거나 부끄러워서 숨었다면 그는 내내 당당하게 신앙생활을 할 수 없었을 것입니다. 그러나 나오미는 자기가 완전히 빈손으로 알거지가 되어서 돌아왔으며 하나님께서 자기를 징계하셔서 이렇게 비참하게 되었다는 것을 그대로 인정했습니다. 나오미가 자기 입으로 자신의 잘못과 처지를 인정하는데 누가 뭐라고 하겠습니까?

나오미는 베들레헴 사람들에게 자신을 '나오미'라 부르지 말고 '마라'라고 불러달라고 이야기를 합니다. 나오미라는 이름은 '기쁨'이라는 뜻입니다. 마라는 '고통' 또는 '쓰다'라는 뜻을 가지고 있습니다. 나오미는 자기는 더 이상 과거의 행복한 나오미가 아니고 하나님의 징

계를 받은 가장 비참한 마라이기 때문에 이제 자기를 그런 죄인으로 대해달라고 부탁을 합니다. 그녀는 떠날 때에는 나오미로 떠났지만 지금은 마라로 돌아왔습니다. 즉 죄인으로 돌아왔고 이제는 어떤 어려움도 달게 받겠다는 심정을 고백하고 있습니다. 예전의 나오미는 죽었고 이제는 마라가 남아 있는 것입니다.

여기서 나오미가 한 말 중에서 중요한 것은 '전능자가 나를 치셨다'는 것입니다. 여기서 '전능자'는 '샤다이shaddai'라는 이름인데 여호와와 함께 쓰는 이름입니다. '샤다이'는 모든 것을 다 감찰하시는 분이시며 그 앞에 아무것도 숨길 것이 없다는 뜻입니다. 나오미는 하나님을 피하여 모압 땅에 가서 숨으면 하나님이 못 찾으실 줄 알았는데 전능자는 거기까지 우리를 쫓아오셔서 징계하셨다는 것입니다. 그러나 '샤다이'가 우리를 치셨다는 말속에는 소망이 있습니다. 즉 '샤다이'가 치셨으면 앞으로 '샤다이'가 우리를 싸매어 주실 것이며 우리의 모든 삶을 회복시켜주실 것이라는 믿음이 있습니다.

하나님은 우리의 삶을 치료하시는 분이십니다. 병들고 상한 우리의 인생을 세상 끝까지 따라오셔서 우리를 땅에 쓰러트리신 후에 너무나도 아름답게 우리의 삶을 회복시켜주십니다.

우리가 은혜를 받는데 걸림돌이 되는 것이 바로 자존심입니다. 자존심을 버리지 못해서 다른 사람이 싫은 소리를 하면 화가 나서 은혜도 다 쏟아버리는 것입니다. 다른 사람이 나를 욕할 때 하나님께서 시켜서 욕을 하는 것으로 생각하면 됩니다. 사람이 자기 잘못을 시인하면 다른 사람들도 지속적으로 비난을 하지 않습니다. 내가 잘못했다고 하는데 누가 뭐라고 하겠습니까? 운전을 하다가 싸움이 일어나는 이유는 서로 미안하다고 한 마디만 하면 되는데 그렇지 않고 화를 내니까 싸우는 것입니다.

나오미는 모든 자존심을 다 버리고 베들레헴으로 돌아왔습니다. 그래서 그녀는 베들레헴에 살 수 있었고 또 약속의 땅의 일원이 될 수 있었습니다. 우리가 하나님의 축복을 누리려면 다른 사람의 비난이나 핀잔을 참아야 합니다. 그렇지 못하고 나를 잘 알아주지 않고 욕하는 사람이 보기 싫다고 교회를 버리면 결국 자기만 영적으로 곤고하게 되는 것입니다. 이것이 우리의 교만을 테스트하는 시험이라고 생각하시기 바랍니다. 그래야 약속의 유업을 받을 수 있습니다.

## 무엇부터 시작할 것인가

나오미와 룻이 베들레헴으로 돌아왔을 때 그들이 할 수 있는 것은 아무것도 없었습니다. 왜냐하면 죽은 엘리멜렉이 베들레헴을 떠나면서 땅을 다 처분하고 떠났기 때문입니다. 그러나 나오미나 룻은 자기들이 하나님을 찾아왔기 때문에 하나님께서 자기들을 비참하게 굶어 죽게 하지 않을 것이라고 생각했습니다. 그러나 그들은 막연한 기적을 바라고 가만히 누워서 하늘에서 감이 떨어지기를 기다리지 않았습니다. 자신들이 할 수 있는 작은 일부터 시작을 했습니다. 나오미와 룻이 베들레헴으로 돌아온 때에는 보리 추수를 시작할 때였습니다.

**1:22절** 나오미가 모압 지방에서 그의 며느리 모압 여인 룻과 함께 돌아왔는데 그들이 보리 추수 시작할 때에 베들레헴에 이르렀더라

나오미와 룻이 베들레헴으로 돌아오려고 생각하게 된 계기가 그곳에 먹을 것이 있다는 소문 때문이었습니다. 그런데 실제로 그들이 베들레헴에 도착해 보니까 그곳에는 보리 추수가 시작되고 있었습니다.

무슨 말인가 하면 타이밍이 맞았다는 뜻입니다.

우리가 하나님의 뜻에 순종할 때 마치 모든 것이 나를 위하여 준비된 것처럼 척척 맞아떨어질 때가 있습니다. 사실 나오미나 룻은 단 하루 먹을 것도 없는 처지였습니다. 그러나 하나님께서는 적어도 그들이 굶어죽지는 않을 정도의 환경을 만들어 주셨습니다.

우리가 하나님의 인도하심을 받을 때 한꺼번에 하나님의 뜻이 다 나타나거나 이루어지는 법은 없습니다. 중요한 것은 지금 우리가 굶어죽지 않고 하루하루 먹을 것이 있다는 사실입니다. 그런데 우리는 이것으로 만족을 하지 못합니다. 왜냐하면 사람들은 하루하루 먹고사는 것 정도는 너무 적은 것이고 그것보다 더 큰 일이 이루어져야 한다고 생각하기 때문입니다.

예수님께서는 제자들에게 기도를 가르치시면서 '일용할 양식을 주옵시며'라고 기도하라고 말씀하셨습니다. 그런데 우리는 사실 오늘 당장 먹을 양식이 없어서 굶주리는 작은 문제보다 더 큰 문제를 가지고 어려움을 당할 때가 많습니다. 대학 등록금이라든지 병원 입원비나 수술비라든지 아니면 사업할 자금 같은 것이 필요한 것입니다. 그러나 우리에게는 일용할 양식 속에 모든 것이 다 들어있습니다. 하나님께서 우리에게 일용할 양식을 주셨다면, 우리는 다른 모든 필요한 것도 채워주실 것을 믿어야 합니다.

저는 과거에 너무나도 삶에 자신감이 넘쳐서 일용할 양식을 위하여 별로 기도를 하지 않았습니다. 5년 후나 10년 후의 큰일을 가지고 기도를 해야 한다고 생각했습니다. 그러나 하나님께서는 저에게 6년 정도 직장을 주시지 않고 오직 하나님이 공급하시는 힘으로 살게 하셨습니다. 그때 저는 밥 한 끼 먹는 것이 하나님의 은혜라는 것을 알게 되었고 그 동안 나 자신이 얼마나 교만했는지를 철저히 깨닫게 되었습니다. 그래서 그 후로는 다른 것은 의지하지 않고 매 순간 하나님이 주시는 힘을 의지하게 되었습니다. 하나님의 백성에게는 오늘 하루 먹을 것이 있다는 것으로 충분합니다. 왜냐하면 하나님께서 우리의 필요한 다른 모든 것들도 채워주시기 때문입니다.

예수님은 먹을 것이 전혀 없을 때에도 공중에 나는 새를 보라고 하셨습니다. 왜냐하면 공중의 새들이 하나님의 백성인 내가 굶어죽지 않는다는 것을 하나님께서 약속하시는 증거물이기 때문입니다. 이 세상에 단 한 마리의 새가 남아 있어도 우리는 굶어죽지 않을 것입니다.

룻은 베들레헴에 와서 어떤 일부터 해야 하겠습니까? 아마 정신이 나간 여자 같았으면 결혼할 사람을 찾아서 돌아다녔을지 모릅니다. 그러나 룻은 전혀 그런 생각을 하지 않았습니다. 룻은 자신의 모든 문제는 하나님께 맡기고 자기가 할 수 있는 가장 작은 일이 무엇인가 생각해 보았습니다. 그것은 바로 들에 나가서 보리 이삭을 줍는 일이었습니다.

**2:2절** 모압 여인 룻이 나오미에게 이르되 원하건대 내가 밭으로 가서 내가 누구에게 은혜를 입으면 그를 따라서 이삭을 줍겠나이다 하니 나오미가 그에게 이르되 내 딸아 갈지어다 하매

보리 이삭을 줍는 것은 이스라엘에서 가장 가난한 사람들이 하는 일이었습니다. 다시 말해 이스라엘 안에서 가장 비천한 자들이 하는 일이었다고 말할 수 있습니다. 그러나 룻은 이스라엘에서 가장 가난한 사람이 되는 것을 조금도 부끄러워하지 않았습니다. 왜냐하면 그녀는 자신의 행복의 기준을 잘 사는데 두지 않았기 때문입니다. 룻이 가장 감사하게 생각하는 것은 자기가 하나님의 백성 가운데 있고 그들과

한 백성이 되었다는 것이었습니다. 그녀는 부자가 되는 것보다 결혼을 하는 것보다 하나님의 백성이 되는 것을 더 사모했습니다. 그러기에 룻은 기꺼이 비천한 자리에도 내려갈 수가 있었습니다. 그리스도인은 비천한 일들도 기꺼이 할 수 있습니다. 왜냐하면 내가 그 일을 한다고 해서 비참해지는 것이 아니기 때문입니다. 나의 모든 부요함은 하나님께 있기 때문에 나의 직업이 나를 비참하게 한다고 생각하지 않습니다. 그래서 그리스도인은 얼마든지 다른 사람 밑에 들어가서 그들의 발을 씻어줄 수 있는 것입니다.

한번은 신문에서 아주 감동적인 기사를 읽었습니다. 그것은 서울의 어느 대학교수들이 제자들의 발을 씻겨주는 세족식에 관한 것이었습니다. 사실 교수들이야말로 어떤 의미에서 이 세상에서 가장 자존심이 강한 사람들이며 자기가 자신의 분야에서 최고라고 생각하는 사람들입니다. 그런데 그런 교수들이 제자들의 발을 씻어준다면 얼마나 대단한 일이겠습니까?

사도 바울은 빌립보 교인들에게 편지를 쓰기를 '자신은 풍부에도 궁핍에도 처하는 일체의 비결을 배웠다'(빌 4:12)고 말을 하고 있습니다. 보통 사람들은 풍부하면 교만하기 쉽고 궁핍하면 비굴해지기 쉽습니다. 그러나 사도 바울은 풍부해도 교만하지 않고 궁핍해도 비참해지지 않았습니다. 그 이유는 그 사람 안에 다른 부요한 것이 있었기 때문입니다. 그것은 바로 그리스도를 아는 지식이었습니다.

룻은 시어머니 나오미를 통하여 하나님을 만났고 이 귀한 신앙을 가지게 되었기 때문에 나오미를 위하여 봉사하는 것이라면 무엇을 하더라도 아깝지 않았습니다.

진정으로 복음을 깨달은 사람은 자기에게 복음을 전해준 사람을 위해서 무엇이든지 해 주고 싶어집니다. 왜냐하면 그 복음을 통하여 자신의 가치를 되찾았으며 존귀함이 회복되었기 때문입니다. 그래서 그런 사람의 구두를 닦으면서 살라고 해도 기꺼이 할 정도로 사랑하게 됩니다. 진정으로 구원받은 사람은 죄악의 왕궁에서 사는 것보다 하나님의 성전 문지기로 지내는 것을 더 기쁘게 생각합니다. 성경은 모세가 애굽 공주의 아들로서 모든 부귀영화를 누리는 것보다는 하나님의 백성들과 함께 고난 받는 것을 더 좋아했다고 말씀하고 있습니다.

우리가 기억해야 할 것이 무엇인가 하면 하나님의 말씀에 순종하기만 하면 굶어죽지는 않는다는 것입니다. 이것이면 충분합니다. 왜냐하면 이것 자체가 이미 하나님께서 나를 지키신다는 증거이기 때문입니다. 우리가 인생 밑바닥에서 하나님을 만났을 때 갑자기 과거의 잘 나가던 때로 돌아가려고 해서는 안 됩니다. 하나님께서도 절대로 그렇게 돌아가게 하지 않습니다. 우리는 그런 비참한 자리에서도 만족하고 감사하며 내가 할 수 있는 최선의 일을 하면 되는 것입니다. 그러면 하나님의 뜻은 이루어지는 것입니다. 여러분이 어떤 어려운 형편에 처해 있어도 일단 그런 현실을 기쁨으로 인정하고 자기가 할 수 있는 최선의 것을 하시기 바랍니다. 그러면 하나님의 도우시는 손길을 체험하게 될 것입니다.

### 보아스를 준비하심

우리는 아무 생각이 없이 하루하루 살아도 하나님은 우리를 위하여 좋은 계획을 가지고 계십니다. 룻은 그냥 아무 사람의 밭에 나가 보리를 주우려고 생각했습니다. 그런데 하나님은 이미 룻을 위한 계획을 가지고 계셨습니다. 가장 먼저 하나님께서는 룻을 도울 수 있는 사람을 준비시켜주셨습니다. 그가 바로 보아스였습니다.

2:1절 나오미의 남편 엘리멜렉의 친족으로 유력한 자가 있으니 그의 이름은 보아스더라

여기서 중요한 것은 '유력한 자'라는 말입니다. '유력하다'는 것은 재물이 충분히 있어서 능히 다른 사람의 어려움을 도와줄 수 있는 능력을 가진 것을 말합니다. 사실 남을 돕고 싶은 마음이 있어도 내 자신에게 그럴만한 능력이 없어서 돕지 못하는 경우가 많습니다. 그런데 어떤 사람은 다른 사람을 도와줄 재물이 충분히 있어도 마음이 없어서 돕지 못합니다. 여기서 유력한 자라고 하는 것은 재물도 있고 마음도 준비되어 있는 사람을 말합니다. 이런 사람은 하나님이 특별한 목적을 위하여 준비된 사람입니다.

우리가 하나님의 일을 하려면 두 가지가 다 있어야 합니다. 하나는 남을 돕고자 하는 마음이고, 또 하나는 그렇게 할 수 있는 능력입니다. 둘 중 하나만 없어도 남을 잘 도울 수가 없습니다. 하나님이 이 두 가지를 다 주셨을 때 그는 하나님의 준비된 사람입니다.

룻은 보리 베는 자를 따라 밭에서 이삭을 줍는데 우연히 보아스의 밭에서 보리를 줍게 되었습니다.

2:3절 룻이 가서 베는 자를 따라 밭에서 이삭을 줍는데 우연히 엘리멜렉의 친족 보아스에게 속한 밭에 이르렀더라

여기서 성경은 '우연히'라고 말씀하고 있지만 이것은 인간의 생각으로 볼 때 그렇다는 뜻입니다. 사실은 하나님의 보이지 않는 손길이 룻을 그곳에 가게 만든 것입니다. 하나님은 사람을 통하여 일을 하십니다.

그래서 하나님이 준비하신 사람의 도움을 받는 것이 주님의 일을 하는데 가장 중요합니다. 그런데 왜 그 사람을 발견하기 어려운가 하면 내가 좋아하는 스타일이 아닐 때가 많기 때문입니다. 나는 돈 많은 사람을 좋아하는데 준비된 사람은 가난한 사람일 수 있고 또 나는 유식한 사람을 좋아하는데 준비된 사람은 무식한 사람일 수 있습니다. 나는 남자를 원하는데 준비된 사람은 여자일 수도 있습니다. 그래서 욕심이 있는 사람은 그 준비된 사람을 보지 못합니다. 복음을 전하는 자는 자기를 도울 자를 찾는 것이 중요합니다. 왜냐하면 그 준비된 사람의 도움을 받지 않고는 아무 일도 할 수 없기 때문입니다. 대개 하나님이 준비하신 사람은 최초로 복음에 뜨거운 반응을 보인 사람입니다. 이런 사람은 끝까지 마음이 변하지 않고 한결같이 신실한 것이 특징입니다.

보아스는 하인들이 얼마나 많은 보리를 베었는가 묻지 않고 떨어진 보리 이삭을 줍고 있는 한 가난한 여인에게 관심을 가졌습니다.

**2:5절** 보아스가 베는 자들을 거느린 사환에게 이르되 이는 누구의 소녀냐 하니

만약 십 년이 넘도록 흉년이 들었다가 이제 겨우 보리를 추수를 하게 되면 보통 사람들은 어떻게 하겠습니까? 모두 자기 창고를 채우기에 바쁠 것입니다. 그리고 당연히 이삭을 줍는 가난한 사람에게는 무관심합니다. 그러나 보아스는 가난한 자에게 관심을 가졌습니다. 이 당시에 이삭을 줍는 일은 밭주인에게는 아주 귀찮은 일이었습니다. 왜냐하면 추수하는 사람의 뒤를 따라오면서 떨어진 이삭을 줍는데 일하는데 방해가 될 수 있기 때문입니다. 사실 그 떨어진 이삭만 잘 모아도

상당한 양이 될 것입니다. 그러나 보아스는 자기 혼자 잘 살려고 하지 않았습니다. 그는 어려울 때 자기에게 재력이 있는 것이 가난한 자를 돕기 위해서라고 생각했습니다.

보아스의 질문에 대하여 사환은 이렇게 대답을 했습니다.

2:6-7절 베는 자를 거느린 사환이 대답하여 이르되 이는 나오미와 함께 모압 지방에서 돌아온 모압 소녀인데 그의 말이 나로 베는 자를 따라 단 사이에서 이삭을 줍게 하소서 하였고 아침부터 와서는 잠시 집에서 쉰 외에 지금까지 계속하는 중이니이다

룻은 지금 누가 누구인지 모르고 있지만 사람들은 이미 룻에게 관심을 가지고 있었습니다. 이스라엘 사람들은 이방 여인에 대하여 심한 거부감을 가지고 있었습니다. 특히 모압 사람들에 대하여는 더욱 그러했습니다. 왜냐하면 모압 사람들은 이스라엘 백성들이 출애굽해서 광야에서 가나안 땅으로 돌아올 때 올무를 놓아서 많은 사람들이 넘어지게 했기 때문입니다.

그럼에도 불구하고 일단 베들레헴 사람들은 룻에게 호감을 가졌습니다. 그 이유는 그녀가 남편과 자식이 없는 시모를 모시기 위하여 왔다는 것을 알았기 때문입니다. 이것은 이스라엘 백성들에게도 찾아볼 수 없는 효성이었습니다. 그리고 실제로 그녀는 밭에 와서 다른 사람과 이야기를 하려고 하지도 않고 잠깐 쉰 외에는 열심히 곡식을 주웠습니다. 이 성실함이 다른 사람이 보기에도 좋게 보였습니다.

사람의 눈은 비슷한 법입니다. 하나님이 보시기에 아름다운 것은 사람들이 보기에도 아름답습니다. 아무런 욕심 없이 모든 것을 하나님께 맡기고 매 순간을 열심히 사는 룻의 모습은 다른 사람이 보기에도 매

우 아름답게 보였습니다.

보아스는 이방 여자 룻의 신실함에 감동을 했습니다. 그래서 보아스는 눈으로 드러나지 않게 룻을 도왔습니다.

우선 보아스는 룻에게 계속 자기 밭에서 이삭을 줍는 것을 허락했습니다.

**2:8절** 보아스가 룻에게 이르되 내 딸아 들으라 이삭을 주우러 다른 밭으로 가지 말며 여기서 떠나지 말고 나의 소녀들과 함께 있으라

보아스는 자기가 룻에게 줄 수 있는 최소한의 도움을 약속했습니다. 그것은 자기 밭에서 계속 이삭을 주울 수 있도록 허락한 것입니다. 물론 그 기간은 길지 않았습니다. 그러나 그 동안만이라도 룻이 안심하고 먹을 것을 얻을 수 있게 했습니다.

두 번째는 룻이 당할 수 있는 위험을 줄여주었습니다.

**2:9절** 그들이 베는 밭을 보고 그들을 따르라 내가 그 소년들에게 명령하여 너를 건드리지 말라 하였느니라 목이 마르거든 그릇에 가서 소년들이 길어 온 것을 마실지니라 하는지라

이삭을 줍는 젊은 여인에게 가장 위험한 것은 겁탈이었습니다. 밭에서 이삭을 줍다가 갑자기 남자가 덤벼들어서 밭으로 끌고 들어가는 위험이 있었습니다. 특히 이방인이기 때문에 사람들이 모르는 체 할 수도 있습니다. 그래서 보아스는 자기 밭에서 일을 하라고 했습니다. 또한 자기 밭의 일꾼들에게는 건드리지 말라고 주의를 주었습니다. 그리고 물을 마시러 우물을 찾다가 밭을 잃을 수도 있기 때문에 떠놓은

물을 마시라고 알려 주었습니다. 룻은 보호될 필요가 있었습니다. 그 부분을 보아스가 채워주었습니다.

우리는 아무것도 모르고 살아가지만 하나님께서는 우리를 향한 놀라운 계획을 가지고 계십니다. 이것을 위해서는 우리가 바닥에까지 낮아지는 경험도 해야 합니다. 그리고 내 앞에 어떤 일이 있는지 모르지만 나에게 주어진 형편에서 하루하루 감사하면서 열심히 살아야 합니다. 그러면 이 하루하루가 모여서 기적을 이루게 될 것입니다.

# R U T H

# 예비하신 손길

우리 모든 인간들에게 가장 위대한 칭호가 있다면 아마도 그것은 어머니 혹은 아버지라는 칭호일 것입니다. 아이들이 이 세상에서 가장 먼저 배우는 단어는 엄마와 아빠라고 합니다. 우리 모든 인간들은 부모님으로부터 출생과 양육이라고 하는 절대적인 사랑과 도움을 받고 이 세상에 살아남게 되었습니다. 요즘도 텔레비전을 보면 어렸을 때 가족과 헤어져서 온갖 고생을 다하면서 살다가 나이가 들어 텔레비전에 나와서 부모를 찾는 방송을 보게 됩니다. 사회를 보는 사람이 출연한 사람에게 어떻게 부모님의 이름을 잊지 않고 기억을 하느냐고 물어보았더니 이것을 잊어버리면 죽는 줄 알고 필사적으로 이름을 기억하려고 했다는 것입니다. 그런데 아이들이 다 자라고 나면, 마치 새 새끼들이 다 자라고 나면 둥지를 떠나서 넓은 세상으로 날아가 버리듯이 자녀들은 다 자신의 가정을 이루어서 부모의 품을 떠나버리는 것입니다. 이제는 그 자식들이 너무 커버려서 다시는 품에 안을 수가 없습니다. 그래서 나이가 드신 부모님의 마음은 늘 허전한 것입니다.

우리가 만일 배가 난파되었는데 혼자 무인도에서 살아남게 되었을 때 물고기를 잡거나 조개를 따서 그럭저럭 먹고사는 것은 해결할 수 있을지도 모릅니다. 그러나 혼자 살아남은 사람의 가장 심각한 문제는 외로움입니다.

사람은 누군가가 있어서 자기를 상대해주고 알아주어야 살아갈 가치를 발견할 수 있는 사람들입니다. 그러나 오늘 많은 사람들은 마치 무인도에서 살고 있는 것처럼 부모와 자식과의 관계나 형제들의 관계를 끊어버리고 자기 혼자서 살아가고 있습니다. 오늘 현대인들이 정신적인 질병으로 고통을 받는 이유는 이런 사랑과 신뢰 관계를 잃어버려 자신을 잃어버렸기 때문입니다. 많은 사람들이 어렸을 때 입양이 되어서 외국에 살다가 자기를 버린 부모를 찾아서 오는 이유는 부모를 만나야 자기 인생의 문제가 풀리기 때문입니다. 그러나 우리는 만나야 할 또 다른 부모님이 계십니다. 그 부모님은 우리를 이 세상에 태어나게 하시고 우리에게 존재의 의미를 주신 하나님 아버지이신 것입니다.

우리가 본문 성경을 보면 모압 여자 룻이 결혼을 잘못하는 바람에 엄청나게 불행하게 되었습니다. 룻은 결혼한 지 얼마 있지 않아서 남편과 시아버지가 죽어버리고 가정은 경제적으로 몰락을 해버리게 됩니다. 그런데 룻은 남편이 없는 시어머니를 모압 땅에서 버리지 않고 끝까지 책임을 지기 위해서 함께 이스라엘 땅으로 돌아옵니다. 처음에는 이스라엘 사람들이 룻이 모압 여자라고 해서 좋아하지 않았는데 그의 효심에 감동이 되어서 점점 좋아하게 되고 하나님께서는 룻에게 신앙적인 부모를 만나게 하셨습니다. 그 사람이 보아스라고 하는 아주

신실한 사람이었고 또 한 사람은 신앙의 어머니 나오미였습니다. 오늘 우리가 알아야 할 것은 사람에게 보기 좋은 것은 하나님에게도 보기가 좋다는 것입니다. 룻이 하나님도 믿지만 시어머니를 극진히 봉양해드렸을 때 이것이 다른 이스라엘 사람들이 보기에도 좋았고 하나님에게도 보시기에 좋았습니다. 그래서 룻은 이스라엘의 최고의 복된 여자가 되었던 것입니다.

### 보아스의 도움

우리가 그리스도인이 된다는 것은 마치 이 세상에 새로운 아기로 태어나는 것과 같습니다. 누구든지 이 세상에 아기로 태어나면 반드시 부모의 보호를 받아야 하고 양육을 받아야 합니다.

하나님께서는 룻의 신앙 양육을 위하여 보아스라는 사람을 준비시켜놓으셨습니다. 보아스는 먼저 룻을 여러 가지로 도와주었습니다. 그런데 룻에게 가장 필요한 것은 신앙적인 격려와 인정이었습니다.

성도들 사이의 교제를 헬라어로 '코이노니아'라고 합니다. 그런데 '코이노니아'라는 것은 주로 물질을 나누어 가지는 것을 말합니다. 그러나 이 물질은 단순한 경제적인 도움만을 의미하지 않습니다. 사실 그리스도인들이 도와주는 것은 그의 신앙을 인정한다는 뜻입니다. 그리고 이것은 도와주기는 그 사람이 도와주지만 그 사람 뒤에 무한한 능력을 가지고 계신 하나님이 계신 것을 보여주는 것입니다.

**10-11절** 룻이 엎드려 얼굴을 땅에 대고 절하며 그에게 이르되 나는 이방 여인이거늘 당신이 어찌하여 내게 은혜를 베푸시며 나를 돌보시나이까 하니 보아스가 그에게 대답하여 이르되 네 남편이 죽은 후로 네가 시어머니

에게 행한 모든 것과 네 부모와 고국을 떠나 전에 알지 못하던 백성에게로 온 일이 내게 분명히 알려졌느니라

룻은 자기 자신을 너무나도 비천하다고 생각하고 있었습니다. 그래서 자신은 감히 다른 사람들의 관심의 대상도 될 수 없으며 또 그들을 쳐다 볼 수도 없는 사람이라고 생각했습니다. 그런데 놀랍게도 보아스 같이 성숙한 사람이 자기의 보잘 것 없는 신앙과 수고를 인정해준 것입니다. 이것이 룻을 너무나도 기쁘게 만들었습니다. 그 이유는 자기는 믿음 생활을 하면서도 늘 부족하고 제대로 하지 못한다고 생각했는데 그것이 아니고 믿음 생활을 잘하고 있다는 것이 다른 사람을 통하여 확인이 되었기 때문입니다. 이것은 결국 내가 길을 잃지 않고 바른 길을 가고 있다는 증거인 것입니다.

이것은 우리에게도 마찬가지입니다. 우리는 주님의 뜻대로 행한다고 하면서도 늘 잘못 사는 것 같고 무엇인가 틀린 것 같은 생각이 들 때가 많습니다. 그런데 어느 날 하나님의 말씀을 듣는 가운데 내가 힘들게 신앙생활을 하는 것이 성경에서 옳다는 것이 인정되어질 때 그 기쁨은 말로 표현할 수가 없습니다. 그래도 내가 믿는 것이 엉터리는 아니고 제대로 믿기는 믿는구나 라는 안도의 한숨과 함께 기쁨과 감사가 몰려오는 것입니다. 어려운 고난 가운데 있는 성도들에게 가장 필요한 것은 바로 이것입니다. '그래도 당신이 엉터리로 믿는 것이 아니며 지금 바른 길을 가고 있다. 이 믿음의 길을 똑바로 걸어가면 반드시 하나님의 축복이 온다.' 이것을 확인받는 것이 매우 중요합니다. 룻에게는 보아스의 신앙적인 격려와 인정이 필요했습니다.

반면에 베들레헴 사람들은 나름대로 룻의 신선한 믿음으로 도전을 받았습니다. 이스라엘 사람들은 하나님을 믿는다고 하면서도 타성에

젖어서 사실 성경적으로 믿지 못하고 있었습니다. 예를 들어서 이스라엘 사람들은 부모를 공경하는 문제도 룻처럼 돈도 없는 시어머니를 모시려고 하지 않았습니다.

우리는 막 하나님을 믿으면서도 모든 것을 하나님의 말씀대로 철저하게 순종하는 신선한 신자를 만났을 때 얼마나 신앙에 충격과 도전이 되는지 모르는 것입니다. 그래서 우리에게는 서로가 필요합니다.

**12절** 여호와께서 네가 행한 일에 보답하시기를 원하며 이스라엘의 하나님 여호와께서 그의 날개 아래에 보호를 받으러 온 네게 온전한 상 주시기를 원하노라 하는지라

우선 보아스는 룻의 신앙이 여호와의 날개 아래 피하러 온 신앙이라고 말을 했습니다. 날개 아래 피한다고 하는 것은 암탉이 병아리를 품는 것을 말합니다. 비가 오거나 바람이 심하게 불면 암탉이 병아리를 불러서 날개로 포근하게 덮어줍니다. 어미를 잃고 비를 맞고 있던 병아리 한 마리가 이 암탉의 날개 속으로 피하였습니다. 그때 어미 닭이 내어 쫓겠습니까? 다른 병아리들이 내어 쫓겠습니까? 하나님의 집에는 아무도 내어 쫓기지 않습니다. 왜냐하면 하나님의 날개가 충분히 크기 때문입니다. 이미 하나님께로 온 것 자체가 하나님이 부르신 것이며 여기에는 아무도 차별이 없습니다. 하나님은 모두를 품어 주십니다. 특히 룻이 모압을 버린 것은 모압의 죄 때문이었습니다. 룻은 자기가 아무리 모압 땅에서 행복하게 산다 하더라도 죄를 지으면 하나님의 심판을 피할 수 없다는 것을 남편과 시부와 남편의 형제의 죽음을 통해서 보았습니다. 하나님은 이런 이방인을 절대로 내어 쫓지 않으십니다. 오히려 하나님은 더 큰 은혜를 내려주십니다.

하나님께서는 하나님의 날개 아래 피하러 온 이방인들을 원래 이스라엘 백성들보다 더 존귀하게 하십니다. 하나님은 세상 것을 버리는 것을 보시고 상을 주십니다. 왜냐하면 세상의 것을 버리면 버릴수록 그만큼 더 하나님을 사랑하는 것이기 때문입니다. 그래서 최고로 하나님을 사랑하는 사람은 하나님을 위하여 자신의 모든 것을 버린 사람입니다. 룻은 모압의 행복을 버렸지만 하나님은 그녀를 이스라엘 전체의 어머니가 되게 하셨습니다. 우리가 세상의 것을 버리면 하나님으로부터 몇 배나 되는 축복을 받습니다.

두 번째로 보아스는 룻의 행실을 인정해주었습니다. 12절에 '여호와께서 네가 행한 일에 보답하시기를 원하며'라고 말하는데 여기서 룻이 행한 일이 무엇입니까? 시어머니를 버리지 않으려고 베들레헴까지 따라 온 것입니다. 나오미는 노동력도 없는 늙은 여자였습니다. 이런 나오미가 베들레헴에 와도 그녀는 아무것도 할 수가 없었습니다. 룻은 이런 시어머니가 버림받지 않도록 이방 나라인 베들레헴까지 왔던 것입니다. 그것은 베들레헴 사람들에게도 큰 충격이 되었습니다. 이스라엘 사람들 중에도 부모를 이렇게 공경하는 사람이 없었고 특히 과부가 된 시어머니를 이렇게 봉양하는 며느리는 없었던 것입니다.

### 하나님의 사랑 체험

**14절** 식사할 때에 보아스가 룻에게 이르되 이리로 와서 떡을 먹으며 네 떡 조각을 초에 찍으라 하므로 룻이 곡식 베는 자 곁에 앉으니 그가 볶은 곡식을 주매 룻이 배불리 먹고 남았더라

보아스가 룻을 식탁의 교제에 초청한 것은 그를 믿음의 한 식구로

받아주는 것입니다. 물론 보아스의 식탁에게 함께 음식을 먹었다고 해서 룻이 당장 이스라엘 여자가 되는 것은 아니지만 이스라엘의 유력한 자가 그를 식탁의 교제에 초청했다는 것 자체가 하나님이 주시는 위로였습니다. 하나님께서 보아스를 통하여 룻에게 '딸아, 나는 네 믿음을 잘 안다. 나는 너를 품에 안을 것이며 절대로 너를 버리지 않을 것이다'라는 말씀을 하시는 것과 같습니다. 특히 떡 조각을 초에 같이 찍어 먹으면 얼마나 맛이 있습니까? 그리고 볶은 곡식도 배부르게 먹으면 얼마나 속이 든든해집니까? 이것이 바로 하나님의 사랑을 피부로 느끼는 것입니다. 우리는 너무 미련해서 말만으로는 은혜를 깨닫지 못할 때가 많습니다. 마치 아버지가 아이를 말로만 사랑한다고 하지 않고 얼굴 볼을 비비면서 사랑을 표현하는 것과 같습니다. 저는 이것을 하나님의 스킨십이라고 말합니다.

사람이 얼마나 미련한지 하나님의 말씀만으로 위로를 받지 못할 때가 있습니다. 그때 하나님께서는 다른 성도들을 통하여 필요한 돈을 채워주든지, 또 병의 통증이 가라앉든지, 아니면 하나님의 특별한 위로를 통하여 하나님의 사랑을 체험하게 하십니다. 제가 하나님의 말씀만으로 깨닫지 못할 때 하나님께서는 구체적인 일들을 통하여 하나님의 사랑을 느끼게 하셨습니다. 어떤 때에는 어떤 분의 배려로 좋은 휴양지에서 아내와 함께 쉬면서 하나님의 사랑을 피부로 느끼는 것입니다. 그때는 정말 은혜에 배부른 것을 느끼게 됩니다.

룻이 하루 종일 주운 보리 이삭을 타작해 보니까 한 에바 정도 되었습니다. 이것은 큰 말에 해당되는 양입니다.

**17-19절** 룻이 밭에서 저녁까지 줍고 그 주운 것을 떠니 보리가 한 에바쯤 되는지라 그것을 가지고 성읍에 들어가서 시어머니에게 그 주운 것을 보이

고 그가 배불리 먹고 남긴 것을 내어 시어머니에게 드리매 시어머니가 그에게 이르되 오늘 어디서 주웠느냐 어디서 일을 하였느냐 너를 돌본 자에게 복이 있기를 원하노라

그날 저녁은 룻이나 나오미 모두에게 풍성한 저녁이었습니다. 처음에 보리를 주우러 나갈 때에는 무서운 사람을 만나서 보리도 줍지 못하고 쫓겨나지 않을까 두려운 마음으로 나갔는데 실제로 부딪쳐보니까 너무나 복된 하루였습니다. 이것은 우리가 자주 겪는 일이기도 합니다.

어떤 일이 시작되기 전에 우리는 일어날 수 있는 모든 위험과 좋지 않은 가능성을 생각하면서 불안해합니다. 예를 들어, 룻과 나오미의 경우에 '과연 어느 밭에서 이삭을 주워야 야단을 덜 맞을까? 혹시 룻이 이방 여자이기 때문에 같은 여자들 사이에서도 왕따를 당하지는 않을까?', 나오미는 '혹이 룻이 나쁜 남자들에게 붙들려서 욕을 보지는 않을까?' 등등 온갖 염려가 다 들었을 것입니다. 그런데 룻이 용기를 내어서 믿음으로 한번 부딪쳐보니까 너무나도 일이 잘 풀렸을 뿐 아니라 오히려 풍성한 결과를 얻게 되었습니다. 이것이 바로 하나님께서 함께 하시는 것입니다. 하나님께서 함께 하시면 모든 것이 준비가 된 것처럼 일이 저절로 이루어지기 시작합니다. 마치 우리가 수레에 짐을 잔뜩 싫고 높은 고개를 올라갈 때에 누군가가 뒤에서 밀어주면 힘이 들지 않고 저절로 올라가는 것과 같습니다.

룻이 믿음으로 나갔더니 모든 것이 준비되어 있었습니다. 보아스라는 마음씨 좋은 주인을 만났고 나쁜 사람들이 건드리지 못하도록 보호를 받았으며 또 볶은 곡식도 실컷 먹었습니다. 그리고 한 에바나 되는 엄청난 양의 곡식을 주웠습니다. 과연 이 보다 더 좋을 수가 있겠습니까?

예수님은 제자들에게 '구하라 그러면 주실 것이며 찾으라 그러면 찾을 것이요 문을 두드리라 그러면 열릴 것이니라'고 약속하셨습니다. 우리의 눈으로 보기에는 길이 완전히 막혀 있어도 하나님에게는 길이 다 있습니다. 그러니까 두려워 떨면서 안 된다고 주저앉아 있지 말고 하나님의 말씀이 내게 있으면 한번 부딪쳐 볼 필요가 있습니다.

## 하나님의 숨은 계획

나오미는 룻이 자기를 위하여 보리 이삭을 주우러 나갔다가 생각이외의 더 좋은 결과를 가져왔을 때 굉장히 기뻤습니다. 그러나 역시 신앙의 사람은 눈앞에 있는 먹을 것만 가지고 만족하지 않았습니다.

나오미는 몇 가지 일을 했습니다.

우선 첫째는 자기들을 선대한 보아스를 위하여 기도하는 일이었습니다.

**20절 상** 나오미가 자기 며느리에게 이르되 그가 여호와로부터 복 받기를 원하노라 그가 살아 있는 자와 죽은 자에게 은혜 베풀기를 그치지 아니하도다

우리가 다른 사람으로부터 물질적 혹은 정신적인 도움을 받았을 때 그를 위하여 해줄 수 있는 것이 있습니다. 그 사람을 위해 기도하는 것입니다.

우리가 그 사람을 위해 기도하면 하나님께서 그 사람을 더 능력 있고 사랑이 넘치는 사람으로 만드십니다. 그러면 당연히 더 큰 축복을 많은 사람들과 나눌 수 있게 되는 것이죠. 이것이 서로 주고받는 것입니다. 부자는 자신을 위해 기도해주는 가난한 사람들이 많이 있어야

하나님이 그를 긍휼히 여겨주십니다. 돈이 있는 사람이 교만하지 않고 신앙생활을 잘 한다는 것은 너무나도 어렵습니다. 그래서 많은 기도가 필요한데 실제로 사람들은 부요한 사람들을 위하여 기도를 잘하지 않습니다. 이것이 부자들에게 불행한 것입니다. 그 이유는 사랑을 베풀지 않기 때문에 기도해 줄 사람이 없는 것입니다. 계속적인 축복을 받기를 원한다면 다른 사람이 자기를 위하여 기도하게 만들어야 합니다. 사람들은 자기에게 은혜를 베푼 자를 위하여 기도하게 되어 있고 결국 그 능력으로 축복을 더 누리게 되는 것입니다.

두 번째로 나오미는 보아스를 통한 하나님의 뜻을 생각하게 되었습니다.

**20절 하** 그 사람은 우리와 가까우니 우리 기업을 무를 자 중의 하나이니라

여기서 '기업을 무를 자'라고 하는 말은 히브리어로 '고엘'이라고 합니다. 고엘이라는 뜻은 어떤 사람이 아이도 낳지 못하고 죽어버렸을 때 그의 부인은 과부로 아주 비참하게 살 수 밖에 없습니다. 그때 가장 아까운 친척 중에서 그 여자와 결혼 생활을 해서 죽은 자의 아이를 낳아주는 제도였습니다. 그래서 태어난 아이는 죽은 사람의 아이가 되고 죽은 자 몫의 땅을 사주어서 과부에게 돌려주는 것입니다. 그러면 그 과부는 한평생 빌어먹지 않고 살아가게 되는데 이것이 죽은 자에 대하여 친족이 베풀 수 있는 가장 큰 사랑이었습니다.

나오미는 당장 먹을 것으로 만족한 것이 아니라 숨어 있는 하나님의 뜻을 찾아내려고 했습니다. 즉 아무도 생각하지 못하고 있는 하나님의 약속을 나오미는 찾아내고 있습니다. 하나님의 말씀은 보물 창고입니다. 그 안에 있는 약속을 많이 찾아내면 낼수록 우리의 것은 풍성

하게 되어 있습니다.

나오미는 룻에게 추수가 마칠 때까지 다른 밭에 가지 말라고 주의를 줍니다. 물론 이 말은 보아스가 한 말입니다. 이것은 비록 짧은 시간이지만 룻을 보호하고 도와주겠다는 것입니다. 그런데 나오미는 이것이 하나님의 음성인지 모르며 혹시 이 추수기간 동안 하나님의 다른 뜻이 이루어질지도 모른다고 생각하게 된 것입니다. 그래서 하나님의 뜻을 한번 확인을 해 보자는 것입니다.

하나님은 한번 축복하시고 끝을 내시는 분이 아니십니다. 하나님은 우리의 생각보다 크신 분입니다. 우리를 향해서 하나님은 선한 계획을 가지고 계십니다. 우리는 그 숨은 계획을 찾아내어야 하는 것입니다. 이것이 바로 신앙의 부모님이 해야 할 일입니다.

광부가 광산에서 보석을 캐낼 때 보면 완성된 보석을 캐내는 것이 아닙니다. 단지 보석이 될 수 있는 원석을 캐낼 뿐입니다. 금광에서 황금을 캐낼 때도 마찬가지입니다. 완전한 금을 캐내는 것이 아니라 금성분이 많이 들어있는 원석을 캐내는 것입니다. 광산에서 캐낸 원석을 가지고 보석이나 황금으로 만들려면 갈기도 하고 녹이기도 하는 작업을 해야 합니다. 마찬가지로 우리가 성경에서 얻을 수 있는 것은 보석 그 자체가 아니고 보석이 될 수 있는 원석이라고 말 할 수 있습니다. 물론 이 원석을 캐내었다는 자체가 이미 우리에게는 하나님의 축복을 소유한 것이나 마찬가지입니다. 그러나 이 원석 자체가 우리에게 돈이 되거나 실제적인 가치를 가져다주는 것은 아닙니다.

다른 비유를 들면 우리가 성경을 보는 것은 어떤 중요한 곳의 지도를 보는 것과 같습니다. 그러나 우리가 어떤 곳의 지도를 본다고 해서 그 현장으로 바로 갈 수 없는 것은 당연한 이치입니다.

우리는 하나님의 말씀을 들은 그때부터 실제로 현장에 부딪치면서 그 목적지를 향하여 찾아가야 합니다. 그래서 하나님의 말씀을 듣고 축복이 저절로 오기를 기다리는 것은 결코 현명한 것이 아닙니다. 그런데 하나님의 말씀을 듣고 그것을 막상 현실로 옮기려고 했을 때 발견하게 되는 것은 하나님의 말씀과 현실 사이의 어마어마한 차이일 것입니다. 하나님의 말씀을 들으면 쉽게 해결이 될 것 같은데 실제로 현실에 부딪쳐 보면 생각하지도 못한 많은 일들이 벌어지게 되고 오히려 하나님의 말씀은 이 현실에서 실현 불가능한 것처럼 느껴지기도 한다는 말입니다.

이때 믿음이 없는 사람들은 한두 번 시도해보고 생각대로 잘되지 않으면 믿음을 포기하고 너무 쉽게 세상적인 방법을 사용합니다. 그러면 이 사람의 신앙은 절대로 자라지 않게 됩니다.

진정으로 용기 있는 신앙을 가진 사람은 일단 하나님의 뜻이라고 생각되면 문을 두드려봅니다. 왜냐하면 우리는 하나님이 아니어서 하나님의 뜻을 정확하게 알 수 없기 때문입니다. 그런데 이것이 예비된 하나님의 뜻이면 실타래가 풀리듯이 일이 풀릴 것입니다. 그러나 이것이 하나님이 기뻐하시는 뜻이 아니거나 혹은 하나님의 때가 아닐 때에는 일이 풀리지 않습니다. 그럴 때는 또 한 발 물러서서 하나님의 뜻을 기다려보는 지혜가 필요합니다.

가난한 사람들은 보리 이삭을 줍는 것으로 당장 먹는 문제를 해결할 수 있습니다. 그러나 추운 겨울이 오면 봄이 올 때까지 먹을 것을 걱정하지 않을 수가 없습니다. 나오미는 룻이 이스라엘 안에서 정착할 수 있기를 바랐습니다.

이스라엘의 과부는 땅을 소유할 수가 없었습니다. 왜냐하면 과부는 땅을 소유할 법적인 자격이 없었기 때문입니다. 그래서 남편이 아들을 낳지 못하고 부인만 남겨놓고 죽어버리면 땅은 자동적으로 씨족이나 다른 사람에게로 넘어가 버립니다.

과부가 땅을 가지려면 방법은 하나밖에 없었습니다. 누군가가 이 과부에게 아들을 낳아주어야 하는 것입니다. 그런데 누가 과부에게 아들을 낳아 주겠습니까? 그때 하나님께서 예외적인 법으로 허용하신 것이 죽은 사람의 형제 중에서 과부와 성 관계를 해서 아들을 낳아주는 것입니다. 그리고 과부는 돈이 없으니까 자기 돈으로 그 땅을 사서 주는 것입니다. 그런데 형제 중에 그럴만한 사람이 없으면 친족 중에서 가장 가까운 사람이 그 일을 할 수 있었습니다.

그러나 '고엘'이 된다는 것은 보통으로 어려운 일이 아니었습니다. 왜냐하면 이것은 몸도 주고, 아들도 주고, 돈도 주는 일이기 때문입니다. 내가 뭐가 답답하다고 과부된 사람을 위해서 아들을 낳아주고 내 돈으로 그 집의 땅을 사서 그 과부에게 주겠습니까? 특히 룻은 이방인 여자였습니다. 누가 이방인 여자에게 이런 은혜를 베풀어주겠습니까? 그런데 나오미는 룻에 대하여 생각하기를 이 불가능한 일이 이루어 질 것이라고 믿었습니다. 다시 말해 나오미는 하나님께서 룻을 믿음으로 이곳까지 오게 하셨을 때에는 시시하게 보리 이삭이나 주우라고 데리고 오시지는 않았을 것이라고 생각했습니다. 나오미는 하나님께서 룻에게 가장 좋은 것을 주실 줄 알았습니다.

우리는 이런 믿음이 필요합니다. 하나님께서 나를 산전수전 다 겪게 하시고 오늘 여기까지 이끄신 것은 시시하게 보리 이삭이나 좀 더 줍고 볶은 곡식이나 배부르게 먹게 하기 위해서가 아니라는 사실입니다. 하나님께서는 무엇인가 더 큰 하나님의 뜻을 이루기 위해 나를 연단시키고 여기까지 인도하신 것입니다. 이것을 생각할 때 우리는 시시한 욕심에 사로잡히지 않게 됩니다. 시시한 것은 다른 사람들이 다 가져가도 상관이 없습니다. 나에게는 무엇인가 이루어져야 할 하나님의 소중한 뜻과 계획이 있기 때문입니다.

우리의 육신에도 부모가 필요하듯이 신앙적으로도 하나님의 뜻을 먼저 깨닫고 이끌어줄 성숙한 신자가 필요합니다. 요즘은 신앙적으로 어른이 없다는 말을 합니다. 어른들은 믿음의 지혜가 있어야 하고 또 다른 사람들의 부족한 것을 용납해줄 수 있는 넓은 마음이 필요합니다. 그리고 젊은 사람들은 이런 말씀을 절대적으로 순종하고 또 끝까지 신뢰를 지키는 사랑이 필요합니다. 그리스도인들에게 있어서 여인들의 정조보다 더 중요한 것이 있습니다. 그것은 바로 끝까지 신뢰를 지키는 것입니다. 만일 이것이 없으면 아무리 기독교인들이 많고 세상적으로 잘 살아도 아무 가치가 없는 것입니다. 호세아서에서 하나님께서는 이스라엘 백성들에게 '너희의 인애가 아침 구름이나 쉬 없어지는 이슬 같다'(호 6:4)고 말씀하셨습니다.

오늘 우리들은 상대방에게는 너무 완전한 것을 요구하면서 자기 자신은 아무것도 지키지 않고 책임도 지지 않는 이상한 사회가 되어버렸습니다. 이런 사회는 하나님 앞에 아무런 존재 가치가 없습니다. 우리가 하나님 앞에 가치가 있는 사회가 되어야 하나님께서 분쟁이나 전쟁으로부터 이 나라를 지켜주실 것입니다. 이제 우리는 다시 헛간에 처박아둔 신뢰를 끄집어내어서 도로 찾는 신실한 교인들이 될 수 있기를 바랍니다. 자기 이익은 좀 죽이고 진정으로 존경받고 신뢰받는 성도들이 되시기를 축원합니다.

룻기 4 (룻 3:1–13)

# 믿음의 시도

큰 댐에 가보면 물이 쏟아지는 것도 장관이지만 더 놀라운 것은 그 쏟아지는 댐 줄기의 물을 타고 물고기들이 뛰어오르는 광경입니다. 물고기들이 안전하게 있으려고 하면 댐 물을 뛰어서 올라갈 필요가 없을 것입니다. 그러나 가만히 있으면 언제까지나 댐 밑에 있는 웅덩이에 머물러 있을 수밖에 없습니다. 그러나 수없이 실패를 하면서도 물을 박차고 댐을 뛰어넘었을 때에는 또 다시 넓은 세계를 경험할 수 있는 것입니다.

우리는 이 세상에서 많은 도전을 해야 귀한 것을 손에 넣을 수가 있습니다. 그러나 도전이라고 하는 것은 어디까지나 실패할 가능성이 많이 있는 것입니다. 학생들이 대학교에 시험을 칠 때에 시험이라고 하는 것은 어디까지나 붙을 수도 있고 떨어질 수도 있는 것입니다. 그런데 어려운 시험을 뚫고 합격을 했을 때에는 훨씬 더 폭넓은 공부를 할 수 있을 것입니다. 그러나 시험에 떨어져버리면 더 이상 거기서 앞으로 나아가지 못합니다.

이것은 사업을 하는데도 마찬가지입니다. 이 세상에 100퍼센트 안전한 사업이라고 하는 것은 존재하지 않습니다. 무엇이든지 처음 새로운 일을 시작할 때에는 항상 실패에 대한 부담을 지고 그 일을 시작하게 되는 것입니다. 마찬가지로 하나님께서 우리에게 말씀으로 축복을 주실 때 우리는 그것을 가지고 한번 시도를 해 보아야 합니다. 그러나 막상 우리는 그런 시도를 두려워 할 때가 많이 있습니다. 왜냐하면 실패에 대한 두려움이 있기 때문입니다. 예수를 믿는 사람에게는 하나님을 믿는 사람의 높은 자존심이 있습니다. 그래서 옛날에는 멋도 모르고 내 욕심으로 행하다가 실패를 했지만 이제는 다시는 그런 실패를 하고 싶지가 않은 것입니다. 그러나 아무리 하나님께서 우리를 축복을 하셔도 우리가 가만히 앉아 있기만 하면 그 축복은 나의 것이 되지 않습니다. 우리는 하나님의 약속이 분명할 때에는 한번 시도해 볼 필요가 있습니다.

진정으로 용기 있는 신앙을 가진 사람은 일단 하나님의 뜻이라고 생각되면 일단 한번 시도해 봅니다. 왜냐하면 우리는 하나님이 아니기 때문에 하나님의 뜻을 정확하게 알 수 없습니다. 그런데 우리가 믿음으로 한번 시도해 보았는데 하나님의 뜻이면 반응이 있을 것입니다. 마치 실타래가 풀리듯이 일이 풀릴 것입니다. 그러나 이것이 하나님이 기뻐하시는 뜻이 아니거나 혹은 하나님의 때가 아닐 때에는 일이 풀리지 않습니다. 그럴 때는 또 한 발 물러서서 하나님의 때를 기다려 보는 것입니다.

## 시어머니 나오미가 발견한 하나님의 뜻

**1절** 룻의 시어머니 나오미가 그에게 이르되 내 딸아 내가 너를 위하여 안식할 곳을 구하여 너를 복되게 하여야 하지 않겠느냐

룻은 결혼을 한번 잘못하는 바람에 완전히 인생을 망친 여자였습니다. 결혼한 지 얼마 되지 않아서 남편은 죽고 시댁은 완전히 몰락하고 말았습니다. 이 집에는 가난한 시어머니 한 사람밖에 남은 것이 없었습니다. 그러나 모압 여자 룻은 돈이나 육체적인 행복을 보지 않고 그 집에 있는 신앙을 보고 하나님을 보았습니다. 그래서 룻은 모압에서 재혼해서 얼마든지 행복하게 살 수 있는 기회를 포기하고 오직 한 가지 신앙을 위해서 시어머니와 함께 이스라엘로 돌아왔습니다. 이스라엘에서 룻이 할 수 있는 것은 이스라엘의 가장 가난한 여자들이 하는 보리 이삭 줍기였습니다. 그리고 또 추수가 끝난 후에는 어떻게 먹고 살아야 할지 아무것도 없었습니다. 그러나 룻은 실망하지 않고 열심히 보리 이삭을 주웠습니다.

룻은 자신을 향한 하나님의 뜻을 알 수도 없었고 또 하나님의 뜻을 분별할 수 있을 정도로 신앙이 성숙한 것도 아니었습니다.

그러나 나오미는 룻과 신앙의 수준이 달랐습니다. 나오미는 룻이 보아스라는 사람의 밭에서 선대를 받은 것을 보고는 여기에 무슨 하나님의 뜻이 있는 것이 아닌가 하는 생각을 했습니다. 즉 나오미는 룻이 가져온 보리를 보고 하나님의 말씀을 생각한 것입니다. 하나님의 말씀에는 과부가 기업 무를 친족과 결혼해서 자식을 낳는 것이 있는데 과연 그 말씀이 이번에 해당이 될 수 있느냐라는 것을 생각을 한 것입니다. 그러나 이것은 아무리 기도를 해도 알 수가 없는 것이고 그렇다고

해서 다른 사람을 통해서 물어볼 수 있는 성질의 것도 아니었습니다. 나오미는 룻에게 과감하게 밤에 직접 보아스를 찾아가서 청혼을 하라고 했습니다. 이것이 바로 '룻의 청혼 작전'이었습니다.

하나님의 뜻을 확인하는데 사람에게 묻지 않고 끝까지 기도를 통해서 확인을 받는 사람도 있습니다. 영국의 허드슨 테일러 같은 경우에는 하나님의 뜻을 알려고 할 때 사람에게 부탁하지 않고 오직 하나님께 기도를 해서 해결 받는 스타일이었습니다. 예를 들어, 그는 당시 영국에서 의사의 조수로 일하고 있었는데 그 의사는 건망증이 심해서 테일러에게 봉급을 주는 것을 자주 잊어버렸습니다. 그런데 테일러는 직접 주인에게 봉급을 달라고 하지 않고 하나님께 기도를 해서 주인이 그날이 봉급날인 것을 기억하게 했습니다. 이것은 테일러가 이미 중국 선교를 생각하고 있었기 때문에 중국에 가서는 부탁할 사람이 한 사람도 없기 때문에 영국에서부터 기도로 해결 받는 훈련을 해야 한다는 것이었습니다. 그래서 테일러와 그의 후계자들은 지금까지 모든 것을 기도로 응답받는 페이드 미션이라는 것을 하고 있습니다.

하지만 아무리 신앙인이라 하더라도 다른 사람의 형편이나 사정은 말을 해주지 않으면 모르는 경우가 많습니다. 그래서 결과는 하나님께 맡기기로 하고 일단 내가 이런 생각을 가지고 있다는 것을 상대방에게 알리는 것이 불신앙이라고 할 수 없는 것입니다. 어떤 경우에는 나는 가만히 있는데 상대방이 알아서 하나님의 일을 해주는 경우가 있습니다. 또한 도무지 일이 될 것 같지 않지만 믿음으로 문을 두드릴 때 열릴 때가 있고, 반면에 어떤 경우에는 거절을 당해도 좀 기다리고 있으면 다시 좋은 응답이 올 때가 있는 것입니다.

그래서 신앙이라고 하는 것은 기계적으로 어떤 공식에 집어넣기만 하면 바로 답이 나오는 것이 아닙니다. 변화무쌍한 현실 가운데서 돌다리를 두드리듯이 조심스럽게 걸음을 내딛는 것입니다. 그 가운데 우리는 하나님의 뜻을 발견할 수 있을 것입니다.

여기서 우리가 본문을 이해하려면 이스라엘에만 있는 독특한 한 가지 제도를 이해를 해야 합니다. 이스라엘의 토지는 사고 팔 수 있는 것이 아니었습니다. 단지 이스라엘 백성들은 하나님의 토지를 빌려서 사용할 뿐입니다. 그런데 이 토지 사용권이 아들에게만 있지 여자에게는 없었습니다. 그래서 아들이 없는 과부는 이스라엘 안에 전혀 토지를 가질 수가 없었던 것입니다. 그래서 이스라엘에서 가장 불쌍한 사람은 아들이 없는 과부였습니다. 나오미와 룻은 둘 다 아들이 없는 과부였기 때문에 이스라엘 안에서는 기업이라고 하는 것이 없었습니다. 이들은 전혀 자신의 땅을 가지고 농사를 지을 수가 없었습니다. 그런데 하나님께서는 이 불쌍한 과부들을 위해서 '고엘'이라는 제도를 허락을 하셨습니다. 이것은 가족 중에 가장 가까운 사람이 과부와 결혼을 해서 아들을 낳아주는 것입니다. 그러면 이 아들은 이 남자의 아들이 아니고 죽은 자의 아들이 되는 것입니다. 그리고 옛날에 그들의 사용하던 땅을 도로 사서 이들에게 주는 것입니다.

우선, 나오미는 보아스가 룻의 고엘에 되어줄 가능성이 있다고 생각했습니다. 그 이유는 일단 보아스가 성경적인 사람이었기 때문입니다. 하나님의 말씀을 믿는 사람들은 서로 통하는 것이 있습니다. 왜냐하면 같은 하나님의 말씀을 먹기 때문에 같은 사상이나 사고방식을 가지게 되기 때문입니다.

사람들이 어떤 사안에 대해 생각과 사상이 다르면 서로 의견을 조율하는데 너무나도 많은 시간과 에너지가 소요됩니다. 요즘 우리나라를 보면 무슨 일을 하든지 제대로 되는 일이 없습니다. 그 이유는 이 작은 나라에서 사람들마다 생각하는 것이나 추구하는 것이 모두 다르기 때문입니다. 그런데 성도들이 성경적인 공감대를 가지고 있으면 '척하면 삼천리'입니다. 긴 말을 하지 않아도 상대방의 마음을 이미 다 알고 있기 때문에 일사천리로 일이 진행이 되는 것입니다. 그리고 사탄이 아무리 이간질을 시키려고 해도 서로에 대한 깊은 신뢰를 가지고 있기 때문에 이간질이 되지 않습니다. 저는 우리 믿는 분들과 이런 공감대를 가지고 있는 분들이 있습니다. 우리 사이에 어느 누가 끼어들어서 이간질을 시키려고 해도 이간질이 되지 않습니다. 왜냐하면 깊은 인격적인 신뢰가 있기 때문입니다.

특히 나오미는 사람을 보지 않고 율법의 약속을 붙들었습니다. 과부가 가까운 친족으로부터 고엘의 도움을 받는 것은 여호와의 율법에 정해진 것이었습니다. 나오미는 하나님의 말씀에 있는 권리는 찾아야 한다고 생각했습니다. 하나님의 율법에 있는 권리는 다른 사람에게 구걸할 필요가 없습니다. 왜냐하면 하나님께서 당연히 허락하신 것이기 때문입니다. 하나님의 자녀인 우리는 성경에 약속된 축복을 모두 찾아서 자기 것으로 만들어야 하는 것입니다.

## 나오미의 작전 지시

**2-4절** 네가 함께 하던 하녀들을 둔 보아스는 우리의 친족이 아니냐 보라 그가 오늘 밤에 타작 마당에서 보리를 까불리라 그런즉 너는 목욕하고 기름을 바르고 의복을 입고 타작 마당에 내려가서 그 사람이 먹고 마시기를 다 하기까지는 그에게 보이지 말고 그가 누울 때에 너는 그가 눕는 곳을 알았다가 들어가서 그의 발치 이불을 들고 거기 누우라 그가 네 할 일을 네게 알게 하리라 하니

나오미는 룻에게 하나님의 뜻만 설명한 것이 아니라 구체적으로 룻이 해야 할 일을 가르쳐 주었습니다. 우리는 이렇게 하는 것을 멘토라고 합니다. 우리에게 신앙의 멘토가 있을 때 얼마나 도움이 되는지 모릅니다. 왜냐하면 이론을 가지고 실제에 부딪혀보면 잘되지 않습니다. 멘토는 그 부분을 잘할 수 있도록 도와주는 분이기 때문입니다. 무엇 때문에 코치가 필요하고, 선생의 레슨을 받습니까? 사람들은 같은 부분에 자주 넘어져 앞으로 나가지 못하는 것입니다. 그러나 멘토는 이미 그 과정을 겪어 보았기 때문에 나에게 가장 안 되는 부분은 잘할 수 있게 도와주는 것입니다. 그러면 다시 더 넓은 세계를 경험할 수 있게 되는 것입니다.

나오미는 룻에게 보아스를 찾아가서 직접 청혼을 하라고 합니다. 그러나 그냥 가라고 하지 않고 구체적으로 룻이 어떻게 해야 할 것인지 자세하게 지시를 해 주었습니다. 왜냐하면 이것은 매우 위험한 일이었기 때문입니다. 보아스가 룻을 음탕하게 유혹이나 하는 여자로 오해할 수도 있을 것입니다. '아니, 이 여자에게 좀 친절하게 대해주었더니 고엘이 되라고 하는군. 물에 빠진 사람을 건져주니까 보따리를 내놓으라는 것과 같군!'하면서 오해할 수도 있는 것입니다. 만일 이 사실이 다른 사람들에게 알려지게 되면 룻이 돌에 맞아 죽을 수도 있습니다.

가장 안전한 방법이 나오미가 보아스를 만나서 중간에 다리를 놓는 일인데 그것은 굉장히 구차하게 보일 수도 있고 또 나오미 자신도 과부이기 때문에 또 다른 오해의 소지도 있습니다. 나오미가 생각한 것은 율법에 과부의 권리가 있으니 룻으로 하여금 하나님의 말씀을 붙들고 당당하게 부딪쳐보라는 것입니다. 만일 이것이 아니라면 할 수 없는 것이지요. 한번 망신당하고 끝나면 되는 것입니다.

우리가 어떤 일을 할 때에 모든 일이 다 실패의 위험성을 가지고 있습니다. 우리가 실패를 두려워한다면 이 세상에서 아무것도 할 수가 없습니다. 왜 젊은 사람들이 잘 일어서는가 하면 실패를 두려워하지 않기 때문입니다. 그러나 우리는 오기로 덤벼드는 것이 아니고 하나님의 말씀에 구체적인 확신이 있어야 합니다. 그래도 실패할 수도 있습니다. 그러면 한 번 더 부끄러움을 당하고 끝내면 되는 것입니다.

그럼에도 불구하고 나오미는 룻에게 최선을 다하라고 했습니다. 왜냐하면 보아스도 사람이기 때문입니다. 나오미는 룻에게 목욕을 하고 치장을 해서 아름다운 모습으로 보아스를 찾아가게 했습니다. 아무리 하나님의 뜻이 분명하다고 해도 룻이 냄새나는 몸으로 가거나 또 말도 거칠게 하면 될 일도 안 되는 것입니다. 우리는 연약한 인간이라는 것을 기억할 필요가 있습니다. 인간이라는 것은 너무나도 연약하기 때문에 순간적인 감정이나 분위기에도 잘 넘어가는 것입니다. 그래서 나오미는 룻에게 보리를 줍던 그 복장 그대로 가서 청혼하지 말고 목욕도 하고 기름도 바르고 좋은 옷을 입고 가서 청혼을 하라는 것입니다. 즉 해주려면 해주고 말려면 말라는 식이 아니었습니다. 나오미는 룻이 최선을 다해서 할 수 있는 것은 하고 결과는 하나님께 맡기기를 원했습니다.

룻은 나오미의 말을 듣고 그대로 순종하겠다고 대답을 했습니다.

**5절** 룻이 시어머니에게 이르되 어머니의 말씀대로 내가 다 행하리이다

룻은 보아스가 자기의 고엘이 되어주는 것을 원치 않았습니다. 왜냐하면 룻은 이미 이스라엘에 올 때 모든 것을 다 포기하고 왔습니다. 그냥 이제는 가난하게 살더라도 시어머니와 신앙생활하면서 죽으려고 생각하고 있는 것입니다.

만약 청혼이 거절당하면 이제 그 밭에서 보리 이삭을 줍는 것도 포기해야 할 것입니다. 괜히 욕심을 부렸다가 일거리만 잃을 수도 있습니다. 그러나 룻은 순종합니다. 그 이유가 무엇입니까? 룻은 철저하게 나오미를 믿었기 때문입니다. 룻은 자기는 신앙의 어린 아이이고 하나님께서 시어머니를 통해서 말씀하신다고 믿었기 때문에 자기 생각과 달라도 철저하게 순종했습니다.

우리는 보통 변화를 싫어하는 경향이 많습니다. 지금까지 너무 잘 지내고 있는데 하나님께서 나에게 새로운 곳에서 일을 하게 하실 때 '지금까지 너무 좋았는데 꼭 이런 식으로 다른 곳에 가서 새롭게 시작을 해야 하는가?'하는 생각이 들 때가 있는 것입니다. 그러나 우리는 이런 새로운 변화와 도전을 받아 들여야 나도 살고 다른 사람도 살 수가 있는 것입니다.

**7절** 보아스가 먹고 마시고 마음이 즐거워 가서 곡식 단 더미의 끝에 눕는지라 룻이 가만히 가서 그의 발치 이불을 들고 거기 누웠더라

아마 보아스는 하루 일을 마치고 저녁을 먹고 기분 좋게 노적가리 옆에서 잠이 들었던 것 같습니다. 그런데 자다가 발치에 누군가가 있는 것 같아서 깜짝 놀라 일어나서 '누구냐?'고 물으니까 룻은 대답을 했습니다.

'나는 당신의 여종 룻이오니 당신의 옷자락을 펴 당신의 여종을 덮으소서' 그리고 룻은 보아스에게 '당신이 우리 기업을 무를 자'라고 대답을 했습니다.

우선 룻은 당신의 옷자락으로 나를 덮어 달라고 했습니다. 이것은 여자가 남자에게 청혼하는 것입니다. 그래서 남자가 여자를 옷자락으

로 덮어주는 것은 청혼을 받아주는 것이 됩니다. 그러니까 남자가 함부로 자기 옷을 벗어서 여자에게 입혀주면 안됩니다. 이것은 당신을 내가 책임지겠다는 뜻입니다. 그러면서 룻은 '당신은 나의 고엘입니다'라고 말했습니다. 이 말은 내가 지금 당신에게 청혼하는 것이 당신을 유혹하는 것도 아니고 사랑을 구걸하는 것도 아니라는 뜻입니다. 룻은 오직 율법에 근거하여 당신의 의사를 확인하려는 것이라는 것을 당당하게 밝혔습니다.

사실 옛날에는 타작마당에서 음란한 일들이 많이 이루어졌습니다. 특히 이교도들의 풍습이 그러했습니다. 그런데 룻은 율법에 근거하여 당당하게 자신의 권리를 주장했습니다.

우리가 여기서 깨달아야 할 것이 무엇입니까? 언제나 가만히 주저앉아 있는 것이 좋은 신앙은 아니라는 것입니다. 어떤 경우에는 말씀에 기초하여 조심스럽게 문을 두드려 볼 필요가 있습니다. 그런데 언제든지 아닐 수도 있다는 것을 전제로 해야 상처를 덜 입습니다. 이번에 무조건 되어야 한다는 자세로 성급하게 덤벼들면 큰 상처를 받습니다.

사실 보아스도 처음에는 룻의 청혼을 거절합니다.

우리는 덜 중요한 것은 다른 사람에게 빼앗겨도 됩니다. 하지만 영적으로 가장 중요하다고 생각되는 것은 절대로 포기해서는 안 되고 기회가 주어졌을 때 반드시 적극적으로 그것을 차지해야 합니다.

우리는 지금도 많은 선택을 해야 하고 어려운 결정을 내려야 합니다. 그런데 말씀과 함께 사는 사람은 반드시 하나님께서 선을 이루는 방향으로 몰아갈 것입니다. 만일 하나님이 원하시는 길이 아니면 하나님께서 미리 막으실 것입니다. 그러므로 길이 막힐 때에는 억지로 가려고 하지 말고 또 열릴 때에는 주저 할 필요가 없습니다.

그리스도인의 사랑은 책임을 지는 사랑입니다. 그래서 자기가 책임질 수 없으면 사랑을 받아들이면 안 되는 것입니다. 만일 보아스가 못된 바람둥이였다면 어떻게 되었겠습니까? 이런 바람둥이에게 아름다운 성도 한 사람이 희생되는 것입니다. 이런 경우에는 늑대에게 양 한 마리를 헌납하는 것이 됩니다. 요즘 우리는 중요한 일을 맡은 사람들이 책임을 지지 않고 오히려 자신의 이익만 생각하는 경우를 볼 수 있습니다. 한마디로 신실한 사람이라고 여겨졌던 사람이 갑자기 늑대로 돌변하는 것입니다. 이런 사람이 제대로 된 신자라 할 수 없습니다. 절대로 이런 사람은 믿어서는 안 되며 또 이런 사람과 함께 하나님의 일을 하겠다는 생각은 하지 말아야 합니다.

### 보아스의 신중한 자세

**10-11절** 그가 이르되 내 딸아 여호와께서 네게 복 주시기를 원하노라 네가 가난하건 부하건 젊은 자를 따르지 아니하였으니 네가 베푼 인애가 처음보다 나중이 더하도다 그리고 이제 내 딸아 두려워하지 말라 내가 네 말대로 네게 다 행하리라 네가 현숙한 여자인 줄을 나의 성읍 백성이 다 아느니라

보아스는 룻의 갑작스런 청혼에 놀랐습니다. 보아스는 신사적인 사람이었기 때문에 다른 젊은 과부를 욕심을 내는 사람이 아니었습니다. 그래서 보아스는 룻의 남편이 되기에는 나이 차이가 많이 났던 것 같습니다. 그런데 갑자기 룻이 자기 이불 발치 안으로 들어와서 청혼을 했습니다. 이때 성숙한 사람의 모습이 다릅니다. 대개 성급한 사람은 아무도 없는 빈 들판에서 아름다운 젊은 여인이 찾아와서 청혼을 하

면 감정에 넘어갈 수도 있습니다. 그러나 보아스는 사랑에 대하여 책임을 지는 사람이었습니다. 그는 과연 자신이 룻을 책임을 질 수 있는가 생각을 해 보았습니다. 그랬더니 마음은 원하지만 현실적인 장애가 있었습니다. 그것은 자기보다 우선순위가 더 빠른 친척이 있었던 것입니다. 보아스는 자신의 감정과 현실 사이에서 생각을 해 봅니다. 그리고 일단 이 룻의 청혼을 받아들일 수 없다고 결론을 내립니다. 왜냐하면 책임지지도 못할 약속을 했다가 나중에 이루어지지 않으면 더 큰 상처를 주게 되기 때문입니다. 그 대신 자기가 할 수 있는 최선은 다하겠다고 약속을 했습니다. 그래서 보아스가 룻의 청혼을 거절함으로 나오미의 결혼 작전은 실패하게 됩니다. 그러나 이것은 실패가 아니고 하나님의 때가 아직 조금 덜 되었을 뿐입니다.

그러나 보아스는 신사였습니다. 신사라고 하는 것은 여인에게 거절할 때 어떤 자세로 거절을 하는지를 통해서 나타나게 됩니다. 여인들은 어떤 것을 받아들이거나 거절당할 때 머리로 하지 않고 가슴으로 합니다. 그렇기 때문에 자존심이 상하지 않도록 해주어야 합니다.

보아스는 먼저 룻을 격려해주었습니다. 우선 그는 룻이 자기를 유혹하기 위하여 이 밤에 찾아왔다고 생각하지 않는다고 말했습니다. 오히려 보아스는 룻에게 나이가 많이 든 자기에게 고엘을 청하는 것을 보고 보아스는 상당히 놀랐다는 식으로 말을 하고 있습니다. 사실 보아스는 룻이 어느 정도 시어머니를 돕다가 결국 이방인의 방법대로 재혼을 해서 자기 살 길을 찾을 줄로 생각했습니다. 그러나 룻이 자기에게 고엘을 신청하는 것을 보고 그녀가 정말 죽을 때까지 이스라엘 사람이 되기를 원한다는 것을 다시 한 번 확인하게 된 것입니다.

그리고 보아스는 최선을 다해 이 문제를 도와주겠다고 약속을 했습니다.

보아스는 룻의 믿음이 너무 아름다워서 자기가 고엘의 책임을 하고 싶었습니다. 그러나 법적으로 보아스보다 우선권이 있는 친족이 있었습니다. 만약 그 사람을 무시하고 보아스가 고엘이 되겠다고 하면 법적으로 걸리는 것입니다. 그래서 보아스는 룻에게 자기 마음에 고엘이 되려는 의사는 있지만 법적으로 그것을 결정할 수 있는 권한이 없다는 것을 설명해주었습니다. 마음은 있는데 권리가 없는 것입니다. 그것이 거절 사유였습니다. 하지만 보아스는 룻에게 그 남자에게 가서 한번 알아보라고 말하지 않았습니다. 보아스는 낮이 밝으면 자기가 그 사람에게 직접 물어 보겠다고 약속을 했습니다.

사실 고엘이 되겠다고 하면서 성 관계만 가지는 남자들이 있었습니다. 그러면 여자는 완전히 속는 것입니다.

여기서 우리가 볼 수 있는 것이 룻과 보아스의 인애입니다. 여기서 '인애'라는 말은 '헤쎄드'라는 히브리어입니다. '신실한 사랑'이라는 뜻입니다. 인애는 변질되지 않습니다. 그리고 한번 약속한 것을 끝까지 지키는 것입니다. 룻은 남편과의 약속을 남편이 죽은 후에도 지키고 있습니다. 그것은 그의 후손을 낳아주겠다는 것입니다. 어떻게 죽은 자의 후손을 낳아줄 수 있습니까? 그러나 룻은 율법의 불가능한 약속을 믿었습니다. 그리고 나오미와의 약속을 지킵니다. 죽을 때까지 시어머니를 돌보아 드리겠다는 것입니다. 보아스 역시 인애를 가지고 있었습니다. 그것은 아무리 룻이 청혼을 하고 자기 마음에 들어도 법을 여겨가면서 청혼을 받아들이지 않는 것입니다. 사람은 책임질 수 없는 것을 약속하고 난 후에 나중에는 책임을 지지 않고 상처만 남기고 달아나는 경우가 많습니다. 그래서 결혼을 할 때에는 정말 신중하게 생각해야 합니다. 왜냐하면 한번 결혼을 하면 죽을 때까지 책임을 져야만 하기 때문입니다. 요즘 사람들은 사랑한다고 하면서 결혼을 해

놓고 책임을 지지 않는 경우가 얼마나 많습니까? 그러니까 많은 사람들이 한 평생을 고통 가운데서 사는 것입니다. 그리스도인들에게 인애가 없으면 생명이 없는 신앙만 남습니다.

하나님은 우리의 어려운 문제가 해결될 때까지 결코 가만히 계시는 분이 아닙니다. 우리도 하나님에 대하여 이런 태도를 가져야 하겠습니다. 일단 기도로 하나님께 말씀을 드린 후 우리가 할 수 있는 최소한의 것을 열심히 하는 것입니다. 그리고 그 모든 결과는 하나님께 맡기고 염려하거나 불안해하지 말아야 합니다. 왜냐하면 하나님은 우리의 일을 성취하기까지 결코 쉬지 않기 때문입니다.

룻기 5 (룻 4:1–17)

# 실수가 없으신 하나님

우리가 어떤 일을 처음으로 할 때에는 실수를 많이 하게 됩니다. 그것은 그 일에 대해서 경험이 없기 때문입니다. 처음 운전 할 때에는 주차를 잘하지 못해서 옆에 차를 흠집 내기도 하고 때로는 다른 차를 뒤에서 들이받기도 합니다. 그런데 더 걱정이 되고 무서운 것은 운전 경험이 부족한 사람의 차를 타고 갈 때입니다. 그때는 혹시 이 사람이 실수를 할까봐 타고 가는 사람이 더 초조해 합니다.

우리는 하나님을 믿는다고 하면서 사실 하나님을 믿지 못해서 불안해 할 때가 많습니다. 왜냐하면 하나님이 우리 눈에 보이지 않기 때문입니다.

신앙은 우리에게 모든 것을 하나님께 맡길 것을 요구합니다. 그런데 우리의 걱정이 무엇인가 하면 내가 하면 더 잘할 수 있는 것을 하나님께 맡겼을 때 망치지 않을까 하는 두려움이 생깁니다.

예를 들어, 결혼을 앞두고 지금 내 마음에 드는 좋은 사람이 있는데, 하나님께 맡기면 그 사람 대신에 못생기고 신앙만 좋은 사람을 배필로 주실 것 같은 것입니다. 또 어떤 사람은 유학을 가서 학위를 받고 교수가 되고 싶은데 하나님께서 먼 오지에 선교사로 가라고 하면 어떻게 하나 두려워합니다. 우리가 하나님을 완전히 믿지 못하는 모습이라고 할 수 있습니다.

룻이라는 여자는 모압 여자였습니다. 그러나 이스라엘 남자와 결혼을 하는 바람에 완전히 망해버렸습니다. 남편은 결혼한 지 얼마 되지 않아서 병들어 죽고 남편의 집은 시어머니 한 분만 남고 완전히 쫄딱 망해버렸습니다. 그러나 룻은 이 불행을 신앙의 눈으로 보았습니다. 그랬더니 이 집은 망하기는 했지만 그들의 신앙 안에 엄청난 하나님의 축복이 있다는 것을 알게 되었습니다. 그래서 모압 여자 룻은 모압 땅에서 재혼을 해서 행복하게 잘 사는 것보다는 하나님의 백성이 되기를 원했습니다. 그래서 아무것도 없는 시어머니를 봉양하기 위하여 이스라엘로 이민을 왔습니다. 그러나 하나님께서는 룻의 이 아름다운 마음을 아시고 축복을 준비해 놓으셨습니다. 하나님께서는 보아스라고 하는 아주 믿음이 좋은 사람을 준비해 놓으셨습니다.

우리가 룻기를 제대로 이해하려면 이스라엘의 아주 복잡한 토지 제도나 결혼 시스템을 이해할 필요가 있습니다. 이스라엘은 모든 땅이 하나님의 것이었습니다. 오직 이스라엘 사람들은 하나님의 땅을 빌려서 사용을 할 뿐이었습니다. 그런데 남자만 땅을 사용할 수 있고 여자에게는 그 권리가 없었습니다. 우리나라에는 부잣집에서 본부인이 아들을 낳지 못할 때 씨받이라는 것을 해서 자손을 만들었습니다. 그런데 이스라엘에는 씨를 빌려서 과부가 아이를 낳는 제도가 있었던 것입니다. 이것이 바로 고엘이라는 제도였습니다.

그러나 누가 자기 씨를 아무 과부에게나 주려고 하겠습니까? 그리고 아들을 낳게 되면 그 사람들의 밭도 사주어야만 했습니다. 룻은 시어머니가 시키는 대로 과감하게 보아스의 타작마당에 들어가서 고엘이 되어 달라고 부탁을 합니다. 그러나 보아스는 마음으로는 해주고 싶었지만 자기보다 더 가까운 친척이 있어서 해줄 수가 없다고 대답을 했습니다. 문제는 보아스보다 이 가까운 친족의 태도입니다. 그런데 이 가까운 친족이라는 사람이 엄청나게 계산적인 사람이었습니다. 고엘을 부탁한다고 하는 것은 잘못하면 완전히 이용만 당하고 신세를 망칠 수도 있는 위험한 것이었습니다. 그러나 하나님은 실수를 하시지 않는 분이십니다.

하나님께서는 이 이기적인 친척이 고엘을 포기하게 하심으로 룻은 보아스와 행복한 결혼을 할 수 있게 되었습니다. 그리고 룻이 낳은 아들을 통해서 이스라엘의 왕이 나오게 됩니다. 룻은 신앙을 위해서 모압 땅의 행복을 포기했습니다. 그렇게 했더니 하나님께서는 룻이 이스라엘에서 가장 복을 많이 받은 여자가 되게 하셨습니다.

우리는 당장 이 세상에서 잘사는 것보다 앞으로 하나님의 더 큰 축복을 받는 것이 중요하고 우리 대보다는 자자손손 복을 받는 것이 중요합니다. 그렇게 되는 데는 결국 신앙의 복을 받아야 하는 것입니다.

### 보아스의 지혜

1절 보아스가 성문으로 올라가서 거기 앉아 있더니 마침 보아스가 말하던 기업 무를 자가 지나가는지라 보아스가 그에게 이르되 아무개여 이리로 와서 앉으라 하니 그가 와서 앉으매 이스라엘 안에서 아마도 보아스가 룻이나 나오미를 가장 잘 이해하는 사람이었을 것입니다. 그러나 아무리 보아스가 룻을 도우려고 해도 법적으로 보아스는 제약이 있었습니다. 그것은 보아스보다 더 가까운 친척이 있었던 것입니다. 그러나 이 친척이 굉장히 이기적이고 계산적인 사람이었습니다.

보아스는 이 친척이 정말 아무 사심 없이 깨끗한 마음으로 룻을 도울 수 있기를 바랐습니다. 그러나 보아스의 고민은 그 친척이라는 사람이 그렇게 헌신적이거나 희생적인 사람이 되지 못하고 자기 이익이나 챙기려고 하는 이기적인 사람이었다는 사실입니다.

보아스는 반드시 자기가 룻을 도와야 한다고 생각하지는 않았습니다. 자기보다 가까운 친척이 룻을 도울 수 있다면 얼마든지 환영을 하는 처지였습니다. 그러나 문제는 이 친척이 룻을 돕는 척하면서 이용하기만 하면 룻은 신세를 망치게 되는 것입니다. 우리가 이미 알다시피 고엘이라는 것은 씨를 받는 것입니다. 씨는 받는다는 것은 성관계가 전제가 되는 것인데 이 이기적인 사람이 성관계만 가지고 아이를 생기게 하지 않으면 룻은 망하는 것입니다. 그래서 보아스는 지혜를 씁니다. 그것은 친척을 불러서 자초자종을 이야기하는 것이 아니라 길에서 지나가는 것을 기다려서 갑자기 물어보는 방법이었습니다.

보아스는 먼저 성문에서 증인으로 장로 열 명을 청하였습니다. 그리고는 이 친척이 지나가기를 기다렸습니다. 왜냐하면 미리 이 사람을 부르면 이 사람은 왜 보아스가 자기를 부르는지 생각을 할 것이고 머리를 굴릴 것입니다. 그래서 보아스는 이 친척이 머리를 굴릴 시간을 주지 않기 위하여 길에서 지나가는 사람을 잡아서 질문을 합니다.

**3-4절** 보아스가 그 기업 무를 자에게 이르되 모압 지방에서 돌아온 나오미

가 우리 형제 엘리멜렉의 소유지를 팔려 하므로 내가 여기 앉은 이들과 내 백성의 장로들 앞에서 그것을 사라고 네게 말하여 알게 하려 하였노라 만일 네가 무르려면 무르려니와 만일 네가 무르지 아니하려거든 내게 고하여 알게 하라 네 다음은 나요 그 외에는 무를 자가 없느니라 하니 그가 이르되 내가 무르리라 하는지라

원래 이스라엘 백성들은 땅을 사고 팔 수가 없게 되어 있습니다. 그래서 자기 땅은 아무리 세월이 오래 지나더라도 자기 땅인 것입니다. 그런데 문제는 그 땅을 경작할 권리는 사고팔았던 것 같습니다. 나오미의 남편 엘리멜렉은 모압 땅으로 가면서 자기 땅의 사용권을 다른 사람에게 팔고 갔던 것 같습니다.

여기서 나오미가 엘리멜렉의 땅을 관할한다는 것은 지금 관리하고 있다는 뜻이 아닙니다. 소유권은 있지만 사용권은 다른 사람에게 넘어가 있는 실정인 것입니다. 나오미가 그 땅을 도로 찾으려면 돈만 준다고 해서 되는 것이 아니고 나오미에게 아들이 있어야 했습니다. 그리고 그 아들 앞으로 누군가가 땅을 사주어야 하는 것입니다. 보아스가 지나가는 친족에게 나오미의 땅을 도로 사서 땅을 물려주겠느냐고 하니까 얼른 자기가 하겠다고 대답을 했습니다. 그 이유는 분명합니다. 이 사람의 생각으로는 어차피 나오미는 늙어서 아이를 낳을 수가 없기 때문에 그 땅을 사두면 자기의 것이 될 것이기 때문입니다. 이 사람은 자기 땅을 넓히기 위해서 나오미의 고엘이 되겠다고 했습니다.

이스라엘 백성들에게는 땅을 넓히는 것이 큰 이익이었습니다. 그런데 매매가 원칙적으로 되지 않기 때문에 아무리 돈이 있어도 땅을 넓힐 수가 없었습니다. 그러나 아이 없이 죽은 친척의 땅을 사면 과부가 아들을 낳지 못하면 그 땅이 자기 땅이 될 수 있었습니다. 이렇게 되면

그 어려운 땅이 자기 것이 되는 것입니다. 그래서 이 친척은 이것이 웬 떡이냐 하는 생각에 얼른 자기가 고엘이 되겠다고 했습니다. 즉 나오미에게 씨를 주겠고 그 땅을 사겠다는 것입니다. 이것은 나오미가 늙어서 아이를 낳을 수 없다는 것을 알고 완전히 속이 보이는 짓을 하는 것이었습니다.

그때 보아스는 그 친척에게 청천벽력과 같은 소리를 했습니다.

**5절** 보아스가 이르되 네가 나오미의 손에서 그 밭을 사는 날에 곧 죽은 자의 아내 모압 여인 룻에게서 사서 그 죽은 자의 기업을 그의 이름으로 세워야 할지니라 하니

이 친척이 계산한 것은 엘리멜렉의 집에서는 늙은 과부 하나밖에 없는 줄 알았습니다. 그러나 보아스는 그 좋아하는 친척에게 과부가 하나가 아니고 둘이 있다는 것입니다. 즉 나오미말고 그의 젊은 과부 며느리가 있는데 고엘을 신청한 여자는 나오미가 아니고 모압 여자 룻이라는 것입니다.

룻은 젊은 여자이기 때문에 얼마든지 아이를 낳을 수가 있었습니다. 만약 룻이 아이를 낳는 날에는 자기가 산 땅이 완전히 룻의 아이에게로 넘어가게 됩니다. 이 친척은 그 자리에서 또 머리를 빠르게 굴렸습니다. 자기는 엘리멜렉의 집에 젊은 과부가 또 하나 더 있는 것을 전혀 생각지 못했던 것입니다. 그런데 이 젊은 과부에게 고엘이 되어주면 자기는 완전히 몸을 주고 돈을 주고 자식을 주는 셈이 되는 것입니다.

원래 이 우선권을 가지고 있는 친척은 나오미나 룻을 위해서 희생을 할 생각이 전혀 없었습니다. 오히려 그가 생각한 것은 이 집의 불행을 통해서 자기 이익을 챙기려고 했던 것입니다. 그런데 과부가 하나

더 있다는 말이 이 친척은 생각을 완전히 바꾸게 되었습니다.

**6절** 그 기업 무를 자가 이르되 나는 내 기업에 손해가 있을까 하여 나를 위하여 무르지 못하노니 내가 무를 것을 네가 무르라 나는 무르지 못하겠노라 하는지라

결국 이 가까운 친척은 고엘을 포기한다고 공식적으로 선언을 하였습니다. 보아스는 이때까지 룻을 보여주지 않았습니다. 왜냐하면 혹시 이 친척이 룻의 아름다움을 보면 또 엉뚱한 생각을 할 수도 있었기 때문입니다.

결국 이 친척은 악한 사람이었습니다. 만약 이 악한 사람이 나쁜 마음을 먹고 고엘을 이용을 하면 다른 사람은 꼼짝할 수가 없이 당하는 것이었습니다. 그런데 이 악한 친척은 오직 경제적인 손해만 생각하고 고엘을 포기함으로 보아스가 룻을 합법적으로 도울 수 있는 길이 열리게 된 것입니다.

사실 이런 순간을 위해서 기도를 많이 해야 합니다. 아무리 하나님의 뜻이라고 하더라고 이 세상에는 얼마든지 악한 자들이 방해를 할 수 있습니다. 그러나 결정적인 순간에 하나님께서 악한 자를 바보로 만드셔서 나쁜 꾀를 부릴 수 없게 하셔야 하는 것입니다. 그래서 기도 외에는 이런 일을 바로 해낼 수가 없는 것입니다. 아마 이 시간에도 나오미와 룻은 기도를 하고 있었을 것입니다.

다윗의 아들 압살롬은 아들이 아버지를 몰아내고 왕이 되었습니다. 다윗은 아들에게 밀려서 피난을 떠났는데 그때 압살롬에게 아히도벨이라는 천재가 있었습니다. 이 사람은 다윗의 전략을 꿰뚫어보고 있는 사람이었습니다. 그는 압살롬에게 군사 만 이천만 주면 당장 따라가서

다윗만 죽이고 백성을 데리고 오겠다는 것입니다. 이것은 너무나도 무서운 전략이었고 핵심적인 것이었습니다. 그런데 하나님께서는 압살롬의 마음을 미련하게 하셔서 아히도벨의 천재적인 모략보다는 후새의 전면전의 계략을 듣게 하셨습니다. 그래서 다윗은 위기를 벗어나서 다시 재기할 수 있게 되는 것입니다. 이 세상의 많은 것들이 한 순간으로 뒤집어지는 일이 많습니다. 그래서 우리는 모든 것이 악한 자의 계략이나 사탄의 생각대로 되지 않고 하나님의 선한 뜻대로 이루어지도록 기도를 해야 하는 것입니다.

그러나 우리가 믿고 하나님께 맡길 때 하나님은 절대로 실수를 하시지 않으십니다. 하나님께서 결정적으로 중요한 순간마다 사탄의 목을 누르셔서 사탄의 뜻대로 되지 않게 하십니다. 사탄이 아무리 소리를 지르고 발버둥을 쳐도 모든 것은 믿음으로 되기 때문입니다.

이스라엘에서 사람들이 권리를 포기할 때에는 신을 벗어서 주는 습관이 있었습니다. 이 악한 친척은 혹시라도 보아스가 이 여자를 자기에게 떠넘길까봐 얼른 신을 벗어서 보아스에게 주었습니다. 이것은 이 문제에 대한 모든 권리를 포기한다는 뜻입니다.

하나님의 일을 하는데 언제나 장애가 있습니다. 그러나 그 장애는 우리의 믿음을 시험해 보는 것입니다. 그럴 때도 기도를 많이 하고 정정당당하게 나서야 합니다. 만약 이때 엉성하게 속임수를 쓴다든지 이상한 방법을 쓰면 마귀의 궤계에 넘어가게 됩니다. 그리스도인들에게 있어서 가장 강력한 무기는 정직입니다. 그리스도인들이 어려운 위기에서 진실을 이야기하고 사실 그대로 나가면 사탄은 갑자기 힘을 잃고 신발을 벗어 던지고 달아나 버립니다. 믿음이 없는 이 친척은 하나님의 일에 있어서 엑스트라에 불과했습니다. 하나님의 일에는 주인공과 엑스트라는 결코 바뀔 수가 없기 때문입니다. 왜냐하면 하나님께서 그 사람의 믿음대로 축복을 하시기 때문입니다. 믿음도 없는 친척이 주인공의 자리를 빼앗아보려고 했지만 그의 믿음으로는 그 자리가 어림도 없었습니다. 우리는 하나님의 나라에서 이렇게 엑스트라가 되지 말고 모두 주인공이 되는 신앙을 가지시기 바랍니다.

### 보아스의 선언

**9–10절** 보아스가 장로들과 모든 백성에게 이르되 내가 엘리멜렉과 기룐과 말론에게 있던 모든 것을 나오미의 손에서 산 일에 너희가 오늘 증인이 되었고 또 말론의 아내 모압 여인 룻을 사서 나의 아내로 맞이하고 그 죽은 자의 기업을 그의 이름으로 세워 그의 이름이 그의 형제 중과 그곳 성문에서 끊어지지 아니하게 함에 너희가 오늘 증인이 되었느니라 하니

이제 드디어 보아스는 베들레헴 모든 장로들과 백성들 앞에서 자기가 룻의 고엘이 되기로 했다고 공식적으로 선포를 합니다. 이것은 룻과 나오미에게는 너무나도 기쁜 소식이었습니다. 고엘이 아니면 나오미와 룻은 영구적으로 이스라엘에서 보리 이삭이나 줍는 가난한 자로 살 수밖에 없습니다. 그러다가 겨울이 되면 얻어먹어야 하고 그것도 없으면 다시 종으로 팔려갈지도 모릅니다. 이 보아스의 선언으로 나오미와 룻은 이스라엘의 시민권을 얻었을 뿐 아니라 영구적으로 이스라엘에서 땅을 가질 수 있게 되었습니다. 물론 아들을 낳는다는 것을 전제할 때 말입니다.

보아스는 나오미와 룻을 돕고 싶어도 법적인 제약 때문에 도울 수가 없었습니다. 그러나 보아스는 편법을 쓰지 않고 끝까지 믿음으로 나갔습니다. 그렇게 했을 때 결정적인 순간에 방해자가 제거되고 이제

는 당당하게 나오미와 룻을 도울 수 있게 되었습니다.

이런 의미에서 보아스는 그리스도의 예표가 됩니다. 그리스도는 우리를 돕고 싶어도 율법의 제약 때문에 우리를 도울 수가 없었습니다. 그래서 그는 철저하게 자기 자신을 율법에 복종을 시키셨습니다. 율법대로 속죄의 십자가를 지셨습니다. 그 결과 우리와 하나님 사이를 가로막고 있던 모든 죄의 장막은 사라지고 마음껏 우리를 도우실 수 있게 되었습니다.

우리가 알 수 있는 것이 하나님이 하시는 일은 비록 우리의 눈으로는 불가능해 보일지라도 틀림이 없다는 것입니다. 하나님은 실수가 없는 분이십니다. 인간의 좁은 생각으로는 하나님의 뜻이 늘 이루어질 수 없을 것 같습니다. 왜냐하면 우리는 하나님의 뜻에 대하여 무지하며 또 사탄은 하나님의 뜻이 이루어지는 것을 방해하기 때문입니다. 그러나 하나님은 믿음을 가진 사람을 통하여 하나님의 선한 뜻이 반드시 이루어지게 하십니다.

우리가 사람은 믿을 수가 없습니다. 왜냐하면 사람은 언제나 변덕을 부리기 때문입니다. 그러나 그 사람 안에 있는 하나님은 믿을 수가 있습니다.

바울이 빌립보 교인들에게 편지를 썼듯이 '너희 안에서 행하시는 이는 하나님이시니 자기의 기쁘신 뜻을 위하여 너희에게 소원을 두고 행하게 하시나니'(빌 2:13)라고 했습니다.

그런데 여기서 알아야 할 것은 보아스는 룻과 정식으로 결혼을 선포한 것입니다.

원래 고엘이라고 하는 것은 정식 결혼이 아니었습니다. 이것은 불행한 과부를 돕기 위하여 일시적인 성 관계를 허락을 하는 것입니다. 그러나 보아스는 룻과 정식으로 결혼을 합니다. 여기서 보아스가 독신이었는지 아니면 부인이 없었는지 알 수 없습니다. 룻은 보아스에게 고엘을 청혼을 하였는데 보아스는 고엘도 받아들이고 정식 결혼을 했습니다. 그래서 룻이 낳은 아들은 엘리멜렉의 땅과 보아스의 땅을 둘 다 차지하게 되었습니다.

## 실수가 없으신 하나님

보아스는 룻과 고엘도 하고 정식 결혼도 했습니다. 그러나 이 모든 것은 아들을 낳는다는 것이 전제가 되어야 하는 것입니다. 만약 룻이 보아스와 결혼은 했지만 아들을 낳지 못한다면 이 모든 노력은 수포로 돌아갈 수도 있었습니다.

하나님께서는 베들레헴 백성들과 장로들의 입을 통하여 룻을 축복을 하게 하셨습니다.

**11절** 성문에 있는 모든 백성과 장로들이 이르되 우리가 증인이 되나니 여호와께서 네 집에 들어가는 여인으로 이스라엘의 집을 세운 라헬과 레아 두 사람과 같게 하시고 네가 에브랏에서 유력하고 베들레헴에서 유명하게 하시기를 원하며

하나님께서 하시는 일은 모든 사람들의 눈에도 아름답게 보이는 법입니다. 심지어는 반대하던 사람들까지도 찬성하게 됩니다. 사람들의 눈은 어떤 욕심으로 어두워지지만 않으면 다 비슷비슷한 것 같습니다. 그래서 하나님이 하시는 일은 어떤 사람의 눈에도 아름답게 보이게 되어 있습니다.

베들레헴 사람들은 먼저 룻에게 최고의 축복을 했습니다. 그것은 룻

이 이스라엘의 두 어머니 라헬과 레아처럼 되기를 원한다는 것입니다. 라헬과 레아는 야곱의 두 아내로서 이들로부터 실제적인 이스라엘의 열두 아들이 태어나게 되었습니다. 그들은 이방 여자 룻에게 이스라엘의 어머니가 되어달라는 뜻이기 때문입니다. 즉 라헬과 레아가 육적인 이스라엘의 어머니였다면, 룻은 영적인 이스라엘의 어머니가 될 것이라는 뜻입니다. 중요한 것은 영적인 어머니입니다.

미국의 한 여성은 두 사람의 영적인 아들을 길러내었습니다. 한 사람은 네비게이토 선교회의 창시자인 도슨 트로트맨이요 다른 한 사람은 빌리 그래함 목사이었습니다. 이것은 육적으로 수많은 자녀들을 낳고 키우는 것보다 더 복된 일입니다.

그리고 이방 여자 룻에게 라헬과 레아처럼 되게 해 달라는 것을 신약적으로 표현하면 '먼저 된 자가 나중 되고 나중 된 자가 먼저 된다'(마 20:16)는 약속과 같습니다. 생각해보건대 이방인인 룻은 참으로 늦게 하나님의 백성이 되었습니다. 그러나 사람들은 룻의 참된 신앙을 보았고 그 신앙은 자기들의 신앙보다 더 뜨겁고 순수한 것을 알았습니다. 그리고 하나님께서 그 믿음을 축복해 주셔서 자기들보다 더 큰 축복을 누릴 것을 알게 하신 것입니다. 중요한 것은 내가 얼마나 오래 믿었느냐는 것이 아닙니다. 신앙의 순수함과 열정입니다. 그것을 잃으면 축복도 다른 사람에게 빼앗기게 됩니다.

그리고 베들레헴 사람들은 보아스도 베들레헴에서 유력하게 되기를 바란다고 축복을 했습니다. 이미 보아스는 베들레헴에서 유력한 사람이었습니다. 그런데 그것은 어디까지나 인간적으로 돈이 많다는 뜻이었습니다. 돈이 많다는 것은 하나의 가능성이 있다는 것이지 실제로 그것을 바로 사용하느냐 하는 것은 별개의 문제인 것입니다.

많은 사람들이 이 세상에서 유력하게 되었지만 그것을 바로 사용하지 못하고 오히려 교만하고 타락한 삶을 살 수도 있는 것입니다. 지식도 가능성이고 젊음도 가능성이 있습니다. 그러나 보아스는 자기에게 있는 재산을 하나님의 뜻대로 바로 사용함으로 그 믿음이 증명이 되었던 것입니다. 이런 사람은 하나님 앞에서 더 크게 사용되게 됩니다.

믿음은 사용해야 합니다. 보아스는 믿음을 사용함으로 믿음이 훨씬 더 커지게 되었습니다. 보아스는 이번 일로 아주 유력한 사람이 되었습니다. 반면에 고엘의 우선순위를 가졌던 이름도 없는 친척은 믿음을 포기함으로 있던 믿음까지 없어지게 되었습니다.

아무리 하나님께서 보아스의 마음을 움직이고 이스라엘 백성들이 한 마음으로 축복을 했다 하더라도 룻이 아들을 낳지 못하면 이 축복은 아무 소용이 없습니다. 그러나 하나님이 하시는 일은 틀림이 없습니다. 룻은 아들을 낳음으로 당당하게 이스라엘 시민권을 얻게 되었습니다.

**13절** 이에 보아스가 룻을 맞이하여 아내로 삼고 그에게 들어갔더니 여호와께서 그에게 임신하게 하시므로 그가 아들을 낳은지라

하나님께서는 기다리는 자에게 틀림없이 축복을 주십니다. 하나님은 절대로 우리를 기만하시지 않으십니다.

예수님은 제자들에게 말씀하셨습니다. '너희 중에 아버지 된 자로서 누가 아들이 생선을 달라 하는데 생선 대신에 뱀을 주며 알을 달라 하는데 전갈을 주겠느냐 너희가 악할지라도 좋은 것을 자식에게 줄 줄 알거든 하물며 너희 하늘 아버지께서 구하는 자에게 성령을 주시지 않겠느냐'(마 7:9-11).

하나님께서는 우리에게 무엇이 필요한지 다 알고 계십니다. 그런데도 우리의 기도를 들어주시지 않는 것은 더 좋은 것을 주시려고 하시

기 때문입니다.

그런데 룻이 아들을 낳았을 때 여인들이 나오미를 축하하면서 하나님께 찬송을 드렸습니다. 룻이 아이를 낳았는데 사람들은 나오미를 축하했습니다. 더군다나 사람들은 '나오미가 아들을 낳았다'고 말했습니다.

**16-17절** 나오미가 아기를 받아 품에 품고 그의 양육자가 되니 그의 이웃 여인들이 그에게 이름을 지어 주되 나오미에게 아들이 태어났다 하여 그의 이름을 오벳이라 하였는데 그는 다윗의 아버지인 이새의 아버지였더라

우선 룻이 낳은 아들은 영적으로 나오미의 아들이 되었습니다. 왜냐하면 사람들은 비록 룻이 낳은 아들이지만 실제로는 나오미의 믿음이 이 아들을 낳았다고 생각했기 때문입니다. 그래서 나오미의 아들이 되었습니다. 그러나 법적으로는 엘리멜렉의 아들이 되어야 하는데 보아스의 아들이 되었습니다. 이것은 믿음에 있어서 엘리멜렉보다 보아스가 훨씬 더 좋았기 때문이었습니다. 아마도 보아스에게는 다른 아들이 없었던 것 같습니다. 그래서 오벳은 보아스의 아들이 되었고 재산은 엘리멜렉의 땅과 보아스의 땅을 이중으로 상속을 받게 되었습니다. 하나님은 한번 축복을 하시면 왕창 축복을 하십니다.

결국 룻은 오벳을 낳고 오벳은 이새를 낳고 이새에게서 다윗이 태어나게 되는 것입니다. 룻은 다윗의 할머니가 되고 다윗은 이스라엘의 가장 위대한 왕이 되었습니다.

룻은 세상의 작은 행복을 포기했지만 하나님께서는 룻을 이스라엘의 신앙의 어머니가 되게 하셨습니다. 그리고 그녀에게서 이스라엘의 왕이 나게 하시는 축복을 주셨습니다. 룻은 세상의 행복을 버렸지만 하나님은 룻에게 가장 좋은 것으로 채워주셨습니다.